Hamburger Edition

Monica Prasad

Im Land des Überflusses

Reichtum und das
Paradox der Armut
in den USA

Aus dem Amerikanischen von
Michael Bischoff und Ulrike Bischoff

Mit der Laudatio von Wolfgang Knöbl
zur Verleihung des Siegfried-Landshut-Preises

Hamburger Edition

Für Stefan

Hamburger Edition HIS Verlagsges. mbH
Verlag des Hamburger Instituts für Sozialforschung
Mittelweg 36
20148 Hamburg
www.hamburger-edition.de

© der deutschen Ausgabe 2024 by Hamburger Edition
© der Originalausgabe 2012 by the President and Fellows of Harvard College
Titel der Originalausgabe: »The Land of Too Much: American Abundance and the Paradox of Poverty«
First published by Harvard University Press

Umschlaggestaltung: Lisa Neuhalfen, Berlin
Satz aus Alegreya Serif und Sans
durch Dörlemann Satz, Lemförde
Druck und Bindung: CPI books GmbH, Leck
Printed in Germany
ISBN 978-3-86854-391-9
1. Auflage Oktober 2024

Inhalt

Vorwort 7

I Staatliche Intervention in den Vereinigten Staaten 13
    1 Die Farmer-Tour 15
    2 Vergleich der Kapitalismusspielarten 44
    3 Eine Nachfragetheorie der vergleichenden politischen Ökonomie 71

II Die agrarorientierte Regulierung des Steuersystems 133
    4 Die Nichtgeschichte der nationalen Umsatzsteuer 135
    5 Das Land des Überflusses 170
    6 Progressive Besteuerung und der Sozialstaat 200

III Die agrarorientierte Regulierung des Finanzsystems 231
    7 Die adversatorische Regulierung in den USA 233
    8 Die Demokratisierung des Kredits 260
    9 Die Zielkonflikte zwischen Kredit und Sozialstaat 303

IV Schluss 327
    10 Der amerikanische Hypotheken-Keynesianismus: Zusammenfassung und politische Implikationen 329

Abbildungen und Tabellen 349
Bibliografie 350
Danksagung 395
Laudatio zur Verleihung des Siegfried-Landshut-Preises
von Wolfgang Knöbl 397

Vorwort

Eine der zentralen Fragen der vergleichenden politischen Ökonomie lautet, warum es in den Vereinigten Staaten so viel mehr Armut gibt als in anderen Industrieländern. Nach allen Messverfahren, mit denen sich Armut erfassen lässt, schneiden sie schlechter ab als andere Länder, selbst wenn man die unterschiedliche ethnische Zusammensetzung und die Einwanderungsgeschichte der US-amerikanischen Bevölkerung berücksichtigt. Seit nahezu hundert Jahren beschäftigen sich Soziologinnen[1], Politologen und Wirtschaftswissenschaftlerinnen mit dieser Frage und kommen unweigerlich zum gleichen Schluss: In den USA gibt es mehr Armut, weil der Staat nichts dagegen unternimmt. Die Marktungleichheit ist dort gleich stark ausgeprägt wie in anderen Ländern, und erst nach staatlicher Intervention durch Steuern und Transfers ist ein deutliches Auseinanderklaffen der Armutsraten zu beobachten. Anders gesagt: Wir wissen, wie sich Armut beheben oder zumindest auf das europäische Niveau reduzieren lässt, aber wir entscheiden uns dagegen. Die jahrhundertealte Tradition der vergleichenden politischen Ökonomie hat eine Reihe von Theorien hervorgebracht, die diese Situation zu erklären versuchen, indem sie auf die »rassische« Fragmentierung der amerikanischen Gesellschaft, die Kultur der freien Marktwirtschaft, die Schwäche der Arbeitervertretung oder die politische Macht der Unternehmen verweisen. In Details weichen diese Theorien voneinander ab, sind sich aber alle einig, dass die amerikanische Volkswirtschaft von einem Minimum an staatlichen Interventionen oder von solchen geprägt ist, die Markt-

---

[1] Die Übersetzung legt Wert auf gendergerechte Sprache und wechselt daher wahllos zwischen den grammatikalischen Geschlechtern.

unterschiede verstärken, und dass die USA ein »liberales« Laissez-faire-Land sind, das dem Staat misstraut und den freien Markt favorisiert.

Zugleich haben in den letzten beiden Jahrzehnten Forschungen in den Geschichtswissenschaften und in den historisch ausgerichteten Sozialwissenschaften gründlich mit der Möglichkeit aufgeräumt, zu glauben, die USA seien ein minimalinterventionistischer Staat. So hat das interdisziplinäre Forschungsprogramm »American political development« den »veralteten Mythos des ›schwachen‹ amerikanischen Staates«, wie William Novak es nannte, auseinandergenommen.[2] Aber auch diese historisch ausgerichtete Fachliteratur, die von der vergleichenden politischen Ökonomie ignoriert wird, vermag nicht zu erklären, warum es in den USA mehr Armut gibt und warum der Kapitalismus in verschiedenen Ländern so unterschiedliche Erscheinungsformen annimmt. Wenn die USA interventionistisch sind und es immer waren, lassen sich die relevanten Unterschiede zwischen den Ländern noch schwerer erklären.

Dieses Buch stellt einen Versuch dar, in der vergleichenden politischen Ökonomie einen Neustart zu wagen und anzuerkennen, was wir aus den historischen Forschungsergebnissen lernen können, dieses Wissen aber zu nutzen, um die von der vergleichenden Fachliteratur aufgeworfene Frage zu beantworten: Warum bestehen solche Unterschiede zwischen den USA und Europa? Warum interveniert der amerikanische Staat so stark in manchen Bereichen, die Arbeitskräften, Konsumenten und Armen nützen – wie Verbraucherschutz und Besteuerung –, aber in anderen nicht – wie einem Sozialstaat?

Meine Argumentation in diesem Buch will zeigen, dass es in den USA mehr Armut gibt, weil sich eine Reihe progressiver Interventionen als Bumerang erwiesen haben. Der amerikanische Staat ist keineswegs generell weniger interventionistisch, nur haben seine Eingriffe andere Formen angenommen, die in der Armutsbekämpfung weniger erfolgreich waren. Um zu erklären, warum sie diese besondere Ausprägung hatten und wie sie im Einzelnen fehlschlugen, entwickele ich eine »Nachfrage«-Theorie der vergleichenden politischen Ökonomie, die sich darauf konzentriert, wie Staaten den Massenkonsum strukturieren. Meine Argumentation geht von der Beobachtung aus, dass der Hauptunterschied zwischen Europa und den USA von der Mitte des 19. bis zur Mitte des 20. Jahrhunderts im explosionsartigen Wirtschaftswachstum der USA bestand,

---

2 Novak, »The Myth of the ›Weak‹ American State«, S. 754.

dem wirtschaftliche Schwierigkeiten Europas gegenüberstanden. Als die Produktivität und die Größe des amerikanischen Marktes auf der ganzen Welt zu sinkenden Preisen vor allem für landwirtschaftliche Produkte führten, reagierten die meisten europäischen Länder mit Protektionismus und schlossen ihre Grenzen gegen die amerikanische Invasion. Auch die Amerikaner ergriffen Schutzmaßnahmen, aber Zollschranken genügten nicht, weil das Problem in der Produktivität der amerikanischen Landwirtschaft bestand. In der Folge kam es in den USA zu einer starken Agrarierbewegung, die auf eine Umgestaltung der Wirtschaftspolitik abzielte. Für diese Neuordnung hatten die Populisten des 19. Jahrhunderts wichtige Vorbilder geliefert, aber der entscheidende Moment für diese neue Wirtschaftsordnung war die Weltwirtschaftskrise, die damals viele als Folge der »Überproduktion« sahen. »Das Land des Überflusses« war ein Ausdruck, den Huey Long in den 1920er Jahren für das Rätsel prägte, dass *Wohlstand* in Form einer ungewöhnlich guten Ernte zur *Katastrophe* in Form von sinkenden Preisen werden konnte, die es Farmern unmöglich machte, ihre Schulden zu begleichen. Wie viele andere zog Long eine direkte Verbindungslinie vom Preisverfall zu Zwangsvollstreckungen von Farmen, von dort zur Instabilität von Banken und zur Weltwirtschaftskrise. In dieser Krise ging es nicht darum, dass es zu wenig gab, sondern zu viel. »Leute hungern«, erklärte Long, »und doch haben wir in diesem Land mehr Weizen, Mais, Fleisch, Milch, Käse, Honig und Gemüse, als die ganze menschliche Rasse in Amerika verzehren könnte, wenn man alle frei essen lassen würde, was sie wollten. [...] Etwas stimmt nicht, wenn Leute ohne Nahrung darben und ohne Kleidung frieren und beides nicht bekommen können, weil es in diesem Land zu viel gibt.«[3] Wie viele andere kam auch er zu dem Schluss, das Problem sei die Konzentration des Reichtums in den Händen weniger, die verhindere, dass die Hungernden und Frierenden ihre Bedürfnisse in Marktnachfrage nach der Überfülle von Produkten übersetzten, die auf amerikanischen Farmen verrotteten. Daher trat er für eine grundlegende Transformation des Kapitalismus ein: »Würden wir unseren großen Reichtum genügend verteilen, sodass allen im Land des Überflusses gedient wäre – dann gäbe es eine Transfusion in den Handel, eine Verbesserung für die Vergessenen, eine Hoffnung für unsere Nation.«[4]

---

3 Long, »Will the God of Greed Pull the Temple Down on Himself?«.
4 Ders., »Transfusion With One's Own Blood«.

Seit den 1980er Jahren haben viele Beobachterinnen, darunter auch die meisten Sozialwissenschaftler, argumentiert, die Verteilung unseres großen Reichtums sei etwas ausgesprochen Unamerikanisches. Aber zuvor hatten die USA hundert Jahre lang genau das aus den von Long angegebenen Gründen getan. Der amerikanische Staat war von Bemühungen geprägt, auf Überflussprobleme zu reagieren, während ein politisch gespaltenes Europa sich abmühte, Wirtschaftswachstum zu generieren. Wie sich herausstellt, ist es eine tief verwurzelte amerikanische Tradition, »unseren großen Reichtum [zu] verteilen«.

Vorangetrieben durch Agrarpolitiker, die wichtige Stimmen von Wechselwählerinnen erhielten, einigten sich die USA auf ein Muster progressiver Besteuerung und agrarfreundlicher Bestimmungen, das zu einer Demokratisierung des Kredits und zu strengen Regulierungen für Unternehmen führte. Das Muster staatlicher Intervention in Bereichen, die für die Agraragenda wichtig waren, wie die Regulierung von Unternehmen, ist ein Punkt, den Historiker in ihren Schriften über den erstaunlich interventionistischen amerikanischen Staat angemerkt haben. Aber progressive Besteuerung und das Vertrauen auf Konsumkredite untergruben die Unterstützung für den Sozialstaat – in einem komplexen Prozess, den dieses Buch nachzeichnet –, und das ist das Hauptmerkmal, das Vertreterinnen der vergleichenden politischen Ökonomie untersucht haben.

Die Macht des Agrar-Etatismus anzuerkennen, hilft uns, gegenwärtige Entwicklungen in den USA zu verstehen. Als die Ölpreisschocks der 1970er Jahre den stabilen Wachstumsraten der frühen Nachkriegszeit ein Ende setzten, löste die progressive Besteuerung in den Vereinigten Staaten eine Steuerzahlerrevolte aus, und die strengen Regulierungen ließen auf dem gesamten politischen Spektrum Rufe nach Deregulierung laut werden. Im Zuge der Deregulierung sorgte die einfache Kreditvergabe für finanzielle Volatilität, die auf den Rest der Welt übergriff. Erstaunlicherweise hatte keine unserer ausgeklügelten Theorien der vergleichenden politischen Ökonomie viel zu der Finanzkrise zu sagen, die unsere Wirtschaft in jüngster Zeit erschüttert hat. Dieses Buch zeichnet nach, wie die Agrarinterventionen zu einer Form von »Hypotheken-Keynesianismus« führten, der über mehrere Jahrzehnte hinweg das Wirtschaftswachstum in den USA schürte, und stellt in den Industrieländern eine Abwägung zwischen dem Vertrauen auf den Sozialstaat und dem Vertrauen auf kreditbasierten Konsum fest. Meiner Ansicht nach würde der Ausbau des Sozialstaates dem Wirtschaftswachstum in den USA nützen, indem er die

Macht des Hypotheken-Keynesianismus schwächen, damit die Nachfrage nach Finanzmitteln senken und politische Bestrebungen und Ressourcen vom Finanzsektor auf stabilere Wachstumsquellen lenken würde.

Dieses Buch beschreibt die Entwicklungskraft des amerikanischen Staates seit dem Wiederaufbau nach den Sezessionskriegen, die Nutzung dieser Kraft zu Interventions- und Umverteilungszwecken, deren Folgen für die Entwicklung des Sozialstaates und die Gegenreaktion gegen diese Art der Governance in den 1980er Jahren und zeigt damit auf, dass die wesentlichen soziologischen, politologischen und ökonomischen Theorien über die vergleichenden Dimensionen des Kapitalismus auf der falschen Prämisse basieren, die USA seien ein liberaler Laissez-faire-Staat. Daher sind diese Theorien nicht in der Lage, einige zentrale Facetten des Kapitalismus wie die größte Finanzkrise seit der Weltwirtschaftskrise zu erklären. Den Blick darauf zu richten, wie kapitalistische Gesellschaften den Konsum prägen – eine »Nachfrage«-Theorie – macht viele ansonsten unerklärliche Merkmale des Kapitalismus und des amerikanischen Staates besser verständlich.

I Staatliche Intervention in den Vereinigten Staaten

1 Die Farmer-Tour

Die ersten Fälle einer seltsamen Erkrankung fielen Ärzten 1959 auf. In Deutschland, Großbritannien, Schweden, Australien und Dutzenden anderen Ländern kamen Tausende Babys mit verkümmerten Gliedmaßen und anderen schweren Geburtsfehlern zur Welt. Viele starben bei der Geburt an ihren Missbildungen. Bei anderen zeigten sich Gesundheitsprobleme, als sie heranwuchsen, unter anderem Herzschwäche und Spina bifida. Die Fallzahlen stiegen 1960 und 1961.[1]

Zwei Ärzte führten 1961 die Probleme auf das Beruhigungsmittel Contergan zurück, das in Deutschland entwickelt und weltweit unter verschiedenen Markennamen vertrieben worden war. Es wurde gegen Schlaflosigkeit und Übelkeit verschrieben, hatte anscheinend keine Nebenwirkungen, war in Überdosierung nicht toxisch und wurde so beliebt, dass man es als »Westdeutschlands Babysitter« bezeichnete.[2] Als die Fallzahlen stiegen, vermuteten und dokumentierten Kinderärzte einen extrem starken Zusammenhang zwischen den Geburtsfehlern und der Einnahme von Contergan im ersten Trimester der Schwangerschaft. Das Medikament wurde 1961 vom Markt genommen, und schließlich wies man eindeutig nach, wie es zu den Missbildungen geführt hatte.[3] Bis dahin waren jedoch schon über 10 000 Kinder »in einer der größten

---

1 Daemmrich, »A Tale of Two Experts«; Sherman/Strauss, »Thalidomide«; Kelsey, »Problems Raised for the FDA by the Occurrence of Thalidomide Embryopathy in Germany«; Taussig, »A Study of the German Outbreak of Phocomelia«; Carpenter, *Reputation and Power*.
2 Daemmrich, »A Tale of Two Experts«, S. 139.
3 Ebd.

medizinischen Katastrophen in moderner Zeit« von seinen Folgen betroffen.[4]

Inmitten dieser unheilvollen Lage kam ein erstaunlicher und zu Recht gefeierter Akt des Widerstandes ans Licht: Frances Kelsey, eine Forscherin der Food and Drug Administration (FDA), hatte das Medikament unter dem Namen Thalidomide vom amerikanischen Markt ferngehalten, da sie mit einer gewissen Vorahnung und einer Portion Selbstbewusstsein dessen Zulassung immer wieder hinausgezögert hatte, bis die Wahrheit schließlich bekannt wurde. Kelsey war für diese Aufgabe gut gerüstet. Sie hatte während ihres Promotionsstudiums an der University of Chicago (die sie aufgenommen hatte, weil man sie aufgrund ihres Vornamens »Frances« für einen Mann gehalten hatte) in dem Labor gearbeitet, das die Toxizität eines frei verkäuflichen Medikaments festgestellt hatte, durch das 107 Menschen 1937 gestorben waren. Die Arbeit dieses Labors führte 1938 zur Verabschiedung des Food, Drug, and Cosmetic Act. Während des Krieges hatte Kelsey in ihrer Forschung an trächtigen Kaninchen festgestellt, dass Medikamente die Plazentabarriere überwinden können und die Schwangerschaft die Reaktion des Körpers auf ein Medikament verändern kann.[5]

Der Zulassungsantrag für Thalidomide war Kelseys erster Fall bei der FDA. Sie erkannte, dass die Studien des Herstellers und des Vertreibers, die bei Tieren keine negativen Wirkungen dokumentierten, irrelevant waren, da das Medikament bei diesen Versuchstieren auch keine Müdigkeit bewirkte, wie es bei Menschen der Fall war; bei Menschen wirkte es schlicht anders. Sie bezeichnete es als »seltsames Medikament«.[6] Da es zum Einsatz gegen geringfügige Symptome gedacht war, beschloss sie, auf bessere Belege für seine Unbedenklichkeit zu warten.

Kelsey hatte es zwar nicht eilig, wohl aber der amerikanische Vertrieb, Richardson-Merrell, der die Zulassung gern noch vor Weihnachten bekommen hätte – anscheinend ist Weihnachten die Hochsaison für Beruhigungsmittel – und seine Vertreter immer wieder bei Kelsey anrufen und vorsprechen ließ. Als die – insgesamt 19 – Monate ins Land gingen, beschwerte sich das Unternehmen bei Kelseys Vorgesetzten, sie sei uneinsichtig. Aber sie blieb standhaft. Immer wieder reichte das Unternehmen den Zulassungsantrag mit der Begründung ein, etwaige Nebenwir-

---

4 Akhurst, »Taking Thalidomide Out of Rehab«, S. 370.
5 Bren, »Frances Oldham Kelsey«.
6 Mintz, »›Heroine‹ of FDA Keeps Bad Drug Off of Market«, S. A8.

kungen seien so selten, dass man sie vernachlässigen könne, und Kelsey lehnte ihn immer wieder wegen unzureichender Sicherheitsbelege ab.[7] Bald hatten europäische Ärzte ihre Schlüsse zusammengetragen, und Thalidomide kam nicht auf den amerikanischen Markt.[8] In den Vereinigten Staaten wurden zwanzig Fälle von Geburtsfehlern dokumentiert, die auf die Einnahme von Thalidomide im ersten Schwangerschaftstrimester zurückzuführen waren, nachdem Reisende das Medikament aus Europa mitgebracht oder Frauen es in einer frühen Versuchsphase erhalten hatten.[9] Aber die Tragödie, zu der es weithin gekommen wäre, wenn Kelsey sich weniger hartnäckig gezeigt hätte, wurde abgewendet.

Historikerinnen betonten in ihrer Darstellung dieser Episode Kelseys Rolle, und es stimmt, dass ihre Fähigkeit, dem Druck der Industrie zu widerstehen, eine Erklärung erfordert, die sich nicht auf den gesellschaftlichen Kontext reduzieren lässt, sondern die Mysterien des menschlichen Charakters auslotet. Allerdings gibt es in dieser Geschichte ein Element, das tatsächlich auf den gesellschaftlichen Kontext hindeutet, und der Hinweis auf die Umstände, die es Kelsey ermöglichten, so hartnäckig Widerstand zu leisten, schmälern ihre heldenhafte Haltung keineswegs: Die USA haben eine lange Geschichte, in anderen Ländern verfügbare Medikamente abzulehnen, eine »Medikamenten-Verzögerung«, über die sich Ärzte und Industrie gleichermaßen beschweren. Diese Geschichte strengerer Medikamentenregulierung versetzte Kelsey in die Lage, Thalidomide abzulehnen. In Großbritannien konnte damals »jeder Medikamentenhersteller jedes Produkt auf den Markt bringen, so unzureichend es auch getestet und so gefährlich es auch sein mochte, ohne dass er ein unabhängiges Gremium von dessen Wirksamkeit oder Sicherheit hätte überzeugen müssen«.[10] In Deutschland gab es traditionell eine Selbst-

---

7 Bren, »Frances Oldham Kelsey«.
8 Viele Jahre später fanden Forscher andere Einsatzwecke für das Medikament, unter anderem zur Behandlung von Lepra und Krebs, und für diese Anwendungen erhielt es eine Zulassung.
Obwohl es mit Warnungen versehen wurde, es Schwangeren nicht zu verschreiben, sorgte es erneut für Missbildungen bei Neugeborenen, besonders in Brasilien; siehe Brynner/Stephens, *Dark Remedy*; Fraser, »It's Back ...«; Gorman/McCluskey/Mondi, »Thalidomide's Return«.
9 »Briefing Statement for Secretary«, 11. Dezember 1962, Frances Oldham Kelsey Papers, Box 34, Folder 2, Thalidomide Miscellaneous 1962, Manuscript Division, Library of Congress.
10 Der britische Parlamentsabgeordnete Kenneth Robinson, zit. in: Ceccoli, »Divergent Paths to Drug Regulation«, S. 139.

regulierung von Pharmazeuten und Medizinerinnen. Der Staat konnte lediglich im Nachhinein empfehlen, ein Medikament vom Markt zu nehmen.[11] In diesen Ländern gab es keine Frances Kelsey, weil keine Zulassungsbehörde wie die FDA existierte.

Die unterschiedlichen Reaktionen auf die Contergan-Tragödie zeugen auch von der Tradition der strengeren Medikamentenregulierung in Amerika. Obwohl Europa stärker betroffen war, reagierten die Vereinigten Staaten mit so viel strengeren gesetzlichen Vorschriften für Medikamente, dass in Großbritannien in den 1960er Jahren vier Mal so viele Medikamente auf den Markt kamen wie in den USA, wie eine weithin publizierte Studie des Mediziners William Wardell herausfand.[12] In einer Folgestudie stellten Wardell und Louis Lasagna, der Leiter der Abteilung für klinische Pharmakologie an der Johns Hopkins University, fest, dass die USA bei der Zulassung neuer Medikamente um zwei Jahre hinter Frankreich, Großbritannien und Deutschland hinterherhinkten.[13] Ein bestimmtes Medikament gegen Bluthochdruck war in Europa bereits seit zehn Jahren auf dem Markt, bevor es in den USA zugelassen wurde. Wardell fragte sich, wie viele Todesfälle diese Verzögerung wohl verursacht haben mochte. Laut einer Studie von 1985 dauerte die Zulassung eines Medikaments in den USA dreißig Monate, in Frankreich und Großbritannien nur sechs Monate, und andere Forschungen zeigten, dass sich in Großbritannien 12 Prozent der Medikamente nach ihrer Markteinführung als unsicher erwiesen, in den USA dagegen nur 3 Prozent, was auf strengere amerikanische Prüfverfahren im Vorfeld hindeutete.[14]

Obwohl die Debatte über die verzögerte Zulassung von Medikamenten den aufkommenden Deregulierungseifer schürte, ließ die Frage der Medikamentenregulierung keine einfachen Lösungen zu. So zeigte sich bei einem Medikament, das Wardell als Beispiel für ein wichtiges Arzneimittel präsentierte, das dem amerikanischen Markt unnötigerweise vorenthalten wurde, – Practolol – später, dass es schwerwiegende Nebenwirkungen hatte, und es wurde in Europa vom Markt genommen.[15] Der

---

11 Daemmrich, »A Tale of Two Experts«, S. 140–141.
12 Wardell, »Introduction of New Therapeutic Drugs in the United States and Great Britain«.
13 Wardell/Lasagna, *Regulation and Drug Development*.
14 Wiktorowicz, »Emergent Patterns in the Regulation of Pharmaceuticals«, S. 625; Ceccoli, »Divergent Paths to Drug Regulation«.
15 Wright, »Untoward Effects Associated with Practolol Administration«; Daemmrich/Krücken, »Risk Versus Risk«.

Fall fand in der Öffentlichkeit keine sonderliche Aufmerksamkeit, aber die FDA hatte wieder einmal richtig entschieden, wo andere Länder das Falsche getan hatten. Während Analysten abzuschätzen versuchten, wie viel Leid wie in diesem Fall durch vorschnelle Zulassung von Medikamenten in Europa entstanden war und wie viel Leid in anderen Fällen die verzögerte Zulassung in den Vereinigten Staaten verursacht hatte, sorgten die Unsicherheiten dafür, dass die FDA in den 1970er Jahren durchgängig an ihrem vorsichtigen Vorgehen festhielt.[16]

Die Contergan-Geschichte ist aus vielen verschiedenen Blickwinkeln interpretiert worden: als Beispiel für die Raubgier der Pharmaindustrie, als Warnung vor den Risiken ungezügelten wissenschaftlichen Fortschritts, als Parabel für die Schwierigkeiten, in unseren komplexen Gesellschaften Risiken einzuschätzen, und als möglicher Ansatz, die gesellschaftliche Stellung der Wissenschaft zu untersuchen. Das Erstaunlichste an diesem Fall ist jedoch, dass die Vereinigten Staaten – das Land, das angeblich staatliche Intervention hasst und mit seiner Laissez-faire-Haltung den Markt begünstigt – den Staat am erfolgreichsten nutzten, um Verbraucher vor einem Pharmaunternehmen zu schützen, das ein gefährliches Medikament auf den Markt bringen wollte, während es überall im etatistischen Europa begrüßt wurde.[17]

---

16 Die Dinge änderten sich abrupt in den 1980er Jahren, als AIDS-Aktivisten, frustriert über die Verzögerungen bei der Zulassung von Medikamenten zur AIDS-Behandlung, das Problem zu dramatisieren begannen. Larry Kramer bezeichnete die FDA als »unverständlichsten Flaschenhals in der Geschichte amerikanischer Bürokratie – der tatsächlich den Zählappell des Todes verlängert«, zit. in: Daemmrich/Krücken, »Risk Versus Risk«, S. 514. 1988 demonstrierten AIDS-Aktivisten vor der Hauptverwaltung der FDA, indem sie sich vor Grabsteinattrappen niederlegten, die Aufschriften trugen wie: »Getötet durch Untätigkeit der FDA«; »Baby Doe starb, während es auf die Medikamentenzulassung wartete«; »Als Person of Color wurde ich von Medikamentenversuchen ausgeschlossen«; »Ich bekam das Placebo«; siehe Daemmrich/Krücken, »Risk Versus Risk«, S. 515; Duggan, »1,000 Swarm FDA's Rockville Office«; Epstein, *Impure Science*. In Deutschland gab es solche Proteste nicht, weil dort AIDS-Medikamente beschleunigt zugelassen wurden; siehe Daemmrich/Krücken, »Risk Versus Risk«, S. 517. Angesichts eines Trommelfeuers der Kritik wurde die FDA äußerst sensibel für das Problem der verzögerten Medikamentenzulassung und arbeitete verstärkt daran, seine Prüfverfahren zu beschleunigen. Laut Studien gab es in den 1990er Jahren in den Vereinigten Staaten keine verzögerte Medikamentenzulassung mehr; siehe Kessler u. a., »Approval of New Drugs in the U.S.«.
17 Carpenter, *Reputation and Power*.

Das ist insofern überraschend, als all unsere Theorien der vergleichenden politischen Ökonomie in den Fachgebieten Soziologie, Politologie und Wirtschaftswissenschaften beharrlich behaupten, die USA seien ein liberaler Staat mit einer starken Tradition minimaler staatlicher Intervention (»liberal« hier verstanden im klassischen Sinn eines Ideals begrenzter staatlicher Lenkung). In der Soziologie vertreten manche Analystinnen die Ansicht, nationale wirtschaftspolitische Unterschiede folgten unterschiedlichen kulturellen Mustern, die politische Kultur der Vereinigten Staaten sei darauf »ausgerichtet, Marktmechanismen zu stärken, um wirtschaftliche Freiheiten zu gewährleisten und Wachstum zu bewirken und andere Formen staatlicher Einmischung in das Wirtschaftsleben zu verhindern«,[18] und sie proklamierten »mehr als jede andere [Wirtschaft] ihre Konformität mit den Laissez-faire-Idealen, die als Verankerung für die vorherrschenden Strömungen moderner Wirtschaftstheorie dienen«.[19] Andere argumentieren, da in den USA die Arbeiterbewegung schwach sei und es keine von der Arbeiterschaft gestützte politische Partei gebe, sei es dort unmöglich gewesen, politische Maßnahmen zu verabschieden, welche »die Bedingungen für und die Ergebnisse der Marktverteilung verändern«.[20] In der Politologie sieht die vorherrschende Tradition der vergleichenden politischen Ökonomie, der Ansatz der »Spielarten des Kapitalismus« (varieties of capitalism), die Vereinigten Staaten als »liberales« Regime, in dem »Deregulierung häufig der effektivste Weg ist, um die Koordination zu verbessern«.[21] Koordinationsprobleme werden durch marktbasierte statt durch staatsbasierte Lösungen behoben, und staatliche Intervention wird nur eingesetzt, um Marktergebnisse zu stärken – nicht zu untergraben. Die ebenso starke Tradition des historischen Institutionalismus vertritt die Ansicht, der amerikanische Staat habe sich wegen der vielen in der politischen Struktur verankerten gegenseitigen Kontrollmechanismen nicht entwickeln können.[22] In den Wirtschaftswissenschaften haben zwei prominente Ökonomen dem Argument der nationalen Kultur eine vertraute Wendung gegeben und behauptet, die größere »rassische« Heterogenität der USA

---

18 Dobbin, *Forging Industrial Policy*, S. 24.
19 Fourcade, *Economists and Societies*, S. 254.
20 Korpi, »Power Resources and Employer-Centered Approaches«, S. 173; ders., *The Democratic Class Struggle*.
21 Hall/Soskice, *Varieties of Capitalism*, S. 9.
22 Steinmo u. a., *Structuring Politics*.

habe dazu geführt, dass dort minimale staatliche Intervention fortwährend bevorzugt werde, weil die Bevölkerung glaube, sein Eingreifen nütze den Angehörigen anderer ethnischer Gruppen.[23]

Wenn die USA so marktorientiert, so der Schwäche der Arbeiterschaft verfallen, so liberal, so misstrauisch gegenüber staatlicher Intervention sind, woher kam dann dieses Muster strengerer Medikamentenregulierung? Dank des erfolgreichen Eingreifens des amerikanischen Staates in den Markt laufen heutzutage Hunderte oder Tausende Menschen dort mit vollständig ausgebildeten Gliedmaßen und Körpern herum.

Wäre die Medikamentenregulierung der einzige Bereich, der dieses Muster aufweist, dürften wir diese Geschichte zu Recht für eine interessante Bagatelle halten oder mit teleologischen Argumenten abtun, dass Verbraucherschutz den Markt erhält.[24]

In den letzten Jahren haben historische Forschungen jedoch gezeigt, dass dieses Beispiel keineswegs eine Ausnahme ist – tatsächlich sind solche Eingriffe sogar die Regel. William Novak fasst die Erkenntnisse dieser neuen Forschergeneration zusammen: »Der amerikanische Staat ist und war schon immer mächtiger, umfassender, hartnäckiger, interventionistischer und umverteilender, als frühere Darstellungen der US-Geschichte erkannt haben.«[25] Nichts von diesen mittlerweile seit nahezu zwanzig Jahren angesammelten Forschungserkenntnissen hat es geschafft, über die Fachgebietsgrenzen hinaus in die vergleichende politische Ökonomie vorzudringen und dort eine Neuorientierung zu bewirken. All unsere Theorien zur vergleichenden politischen Ökonomie – mit ihren Implikationen für unser Verständnis von Wirtschaftswachstum und Armutsbekämpfung – basieren auf einem Bild amerikanischer Geschichte, das sich als unzutreffend erweist.

Es ist unschwer zu erkennen, warum sich der Glaube an einen schwachen amerikanischen Staat hartnäckig hält, da die USA sich in vielerlei Hinsicht von anderen Industriestaaten unterscheiden (siehe Tabelle 1.1): Amerikaner sind gegenwärtig wesentlich reicher als die Einwohner ande-

---

23 Alesina/Glaeser, *Fighting Poverty in the U.S. and Europe.*
24 Zur historischen Entwicklung der FDA mit dem Aufkommen der Abstinenzbewegung, der Chemie, der Enthüllungsjournalisten und der Gesellschaft zur Förderung von Landwirtschaft und Gemeindeaufbau, The Grange, siehe Swann, »The FDA and the Practice of Pharmacy«; Hamowy, *Government and Public Health in America;* Carpenter, *Reputation and Power.*
25 Novak, »The Myth of the ›Weak‹ American State«, S. 758.

rer Industriestaaten. Sie arbeiten mehr und verbrauchen mehr Energie. Sie sind zu einem geringeren Anteil gewerkschaftlich organisiert und zu einem höheren Anteil im Gefängnis, die Arbeitslosenquote ist etwas niedriger und die Lebenserwartung trotz erheblich höherer Gesundheitskosten um einige Jahre geringer. In den Vereinigten Staaten ist die Lohnungleichheit im oberen und unteren Teil der Einkommensverteilung größer als in anderen Ländern. Amerikanerinnen bezahlen insgesamt weniger Steuern als die Einwohner anderer Länder, und es gibt erst seit Kurzem eine allgemeine Krankenversicherungspflicht, fünfzig bis hundert Jahre später als andernorts. Weniger Unternehmen befinden sich in öffentlicher Hand. Wegen des weniger ausgeprägten Sozialstaates herrscht dort mehr Armut. Das Arbeitsrecht ist brutaler, die Arbeiterschaft wird gewaltsamer unterdrückt, und es gab bundesweit nie eine echte Arbeiterpartei. Laut Umfragen glauben Amerikaner eher als die Einwohnerinnen der meisten europäischen Länder an Gott, beten und besuchen Gottesdienste.[26] Außenpolitisch gehen die USA ihren eigenen Weg, häufig gegen erbitterten europäischen Widerstand.[27]

Aber die Dinge sind keineswegs so klar, wie sie scheinen. Wie jüngere Forschungen zeigen – und weiter unten eingehender erörtert wird –, haben die Vereinigten Staaten geringere Steuereinnahmen, weil die anderen Länder erhebliche Einnahmen aus nationalen Umsatzsteuern haben. Diese hat die Basis der Demokratischen Partei in den USA wegen ihrer regressiven Wirkung mehrfach erfolgreich abgelehnt. Obwohl es in anderen Ländern mehr Unternehmen im Besitz der öffentlichen Hand gibt, wird dieser Staatsbesitz häufig im Interesse des Kapitals, nicht der Arbeiterschaft genutzt – wie in Frankreich, wo staatliche Industriebetriebe die Speerspitze des Kapitalismus bildeten.[28] Arbeiterparteien waren auf der Ebene der US-Bundesstaaten durchaus eine dynamische Kraft, und viele von ihnen »eroberten die Demokratische Partei«.[29] Zudem sind viele der Trends, die die USA so anders erscheinen lassen, neueren Datums: So begann erst in den 1980er Jahren die Ungleichheit dort größer zu werden als in Frankreich und in Großbritannien,[30] und die Außenpolitik Ronald

---

26 Norris/Inglehart, »God, Guns and Gays«, S. 226–227.
27 Kagan, *Macht und Ohnmacht*.
28 Prasad, »Why is France So French?«.
29 Shafer, »American Exceptionalism«, S. 453; zur Stärke und politischen Ausrichtung der Arbeiterbewegung auf bundesstaatlicher und lokaler Ebene siehe z. B. Fink, *Labor's Search for Political Order*; Kazin, *Barons of Labor*.
30 Piketty/Saez, »Income Inequality in the United States«, S. 36.

Tabelle 1.1 Die Vereinigten Staaten im Vergleich zu anderen Industrieländern

	USA	Andere Industrieländer
Lohnungleichheit: Lohnverhältnis zwischen dem 90. Perzentil und dem 10. Perzentil, 1990er Jahre	4,6	2,8
Tarifbindung: Prozentsatz der Beschäftigten, deren Arbeitsverhältnis tarifvertraglich geregelt ist, 2000	14	67,7
Inhaftierungsraten: Häftlinge pro 100 000 Einwohner, 2003/04	726	101
Lebenserwartung für die Gesamtbevölkerung in Jahren, 2003	77,2	79
Gesundheitsausgaben in % des BIP, 2003	15,0	8,8
Pro-Kopf-BIP, 2004 (in Dollar)	39 732	29 562
Arbeitslosenquote, 2005	5,1	6,5
Jahresarbeitsstunden pro Beschäftigtem, 2004	1817	1582
Arbeitsproduktivität pro Stunde, 2000 (USA = 100)	100	95
Pro-Kopf-Energieverbrauch: in kg Öl-Äquivalent, 2003	7843	4766

Quelle: Baker, *The United States Since 1980*, S. 6–27. Folgende Länder wurden einbezogen: Lohnungleichheit: Australien, Belgien, Dänemark, Deutschland, Finnland, Frankreich, Italien, Japan, Niederlande, Neuseeland, Österreich, Schweden, UK (S. 6); Tarifbindung: siehe Lohnungleichheit plus Kanada und Norwegen (S. 9); Inhaftierungsraten: siehe Tarifbindung plus Spanien, Portugal und Irland (S. 12); Lebenserwartung: siehe Lohnungleichheit plus Kanada, Griechenland, Irland, Norwegen, Portugal, Spanien (S. 14); Gesundheitskosten: siehe Lebenserwartung plus Luxemburg (S. 15); Pro-Kopf-BIP: siehe Lebenserwartung plus Schweiz (S. 20); Arbeitslosenquote: siehe Inhaftierungsrate (S. 22); Jahresarbeitsstunden: siehe Inhaftierungsrate (S. 25); Arbeitsproduktivität: siehe Inhaftierungsrate plus Schweiz (S. 21); Energieverbrauch: siehe Gesundheitsausgaben plus Schweiz (S. 27).

Reagans unterschied sich erheblich von der Richard Nixons. Im Laufe der Geschichte waren die Arbeitszeiten in manchen Ländern und manchen Sektoren zu manchen Zeiten länger als in den Vereinigten Staaten und in anderen Ländern und anderen Sektoren zu anderen Zeiten kürzer.[31] Dies sind keine zeitlosen Merkmale des amerikanischen Staates, und viele, die wir dafür halten, entstanden erst in den 1980er Jahren.

Aber dieses durchwachsene Bild wurde irgendwie zu einer Erzählung über Staatsschwäche verwoben, die in den Sozialwissenschaften

---

31 Siehe z. B. Huberman, »Working Hours of the World Unite«.

vorherrscht. Die umfassende Geschichte des »Mythos vom ›schwachen‹ amerikanischen Staat«, wie Novak es nennt, muss erst noch geschrieben werden, aber Daniel Rodgers hat kürzlich einen interessanten Hinweis auf einen Aspekt der Entstehung dieses Mythos gegeben. Im frühen 20. Jahrhundert unternahmen progressive Reformer gesellschaftskundliche Rundreisen durch Europa, um Sozial- und Wirtschaftspolitik zu vergleichen und gegenüberzustellen. »Würden Sie gern mit dem Londoner Aufsichtsbeamten für Gefängnisse Tee trinken?«, fragte eine Annonce unter der Überschrift »Soziologische Europareise« in einer Zeitschrift 1931.[32] »Würden Sie gern als besonderer Gast weltberühmte Einrichtungen besuchen und deren Leiter kennenlernen, etwa einen großen Industriebetrieb und Ministerien, um etwas über Altersrenten und Arbeitslosenversicherung zu erfahren? Wie wäre es mit einem Besuch in einem walisischen Kohlebergwerk, einem Wohnungsbauprojekt, einer Genossenschaft?«

Von den 1890er bis in die 1930er Jahre bereisten, erkundeten und verglichen Interessenten, die auf solche Annoncen antworteten, europäische Länder. Rodgers sieht einen regen Austausch von Reformideen und zeichnet nach, wie die amerikanischen Progressiven die Mängel des amerikanischen Staates bei der Gesundheitsfürsorge und der Sozialgesetzgebung mit der Gesundheitspolitik im katholischen und pronatalistischen Frankreich, der Sozialgesetzgebung im antisozialistischen Deutschland, den Vereinbarungen im korporatistischen Schweden und dem Gepolter der aufkommenden Labour Party in England verglichen. So wurde die Vorstellung von den hinterherhinkenden Vereinigten Staaten geboren und im Laufe der Zeit von Mittelschichtschülern der Mittelschichtprogressiven zu einer kohärenten Erzählung ausgebaut. Diese Arbeiten nährten schließlich die Strömungen, die in der Schule des »Unternehmensliberalismus« (*corporate liberalism*) von Gabriel Kolko und anderen Historikern zusammenflossen. Sie warf den USA vor, fest im Griff der Unternehmen zu sein, und legte mit ihren Schriften die Grundlage für unsere Theorien der vergleichenden politischen Ökonomie.

Es waren Reformer aus der Mittelschicht, die sich solche Reisen leisten und diese Vergleiche anstellen konnten. Sie schufen eine neue internationale Sozialwissenschaft und verliehen unserem Verständnis der vergleichenden politischen Ökonomie tendenziell eine einseitige Aus-

---

32 Rodgers, *Atlantiküberquerungen*, S. 176 (dort nur im engl. Original abgedruckt. Anm. d. Übers.).

richtung auf die urbane Arbeiterschaft. Aber Progressivismus war nicht nur ein Mittelschichtphänomen. Viele der großen Errungenschaften jener Ära und sicher die meisten politischen Maßnahmen, die Amerikas Volkswirtschaft prägten, wurden von populistischen Vertretern des Progressivismus initiiert – von den streitsüchtigen alten Farmern der 1890er Jahre, die ihre Hoffnungen und ihre Opposition gegen das neue Jahrhundert weitergaben. Wie viele Historikerinnen und Sozialwissenschaftler argumentierten und woran Elizabeth Sander uns kürzlich erinnerte, kam der ursprüngliche Anstoß zu Amerikas staatlichen Interventionen in der entscheidenden Phase um die Jahrhundertwende zum 20. Jahrhundert von Farmern. Sie und ihre politischen Repräsentanten spielten eine zentrale Rolle zu Beginn der Auseinandersetzungen, deren Resultat Maßnahmen waren wie »die Neudefinition der Handelspolitik; die Einführung einer Einkommenssteuer; ein neues staatlich kontrolliertes Banken- und Währungssystem; Antitrustmaßnahmen; die Regulierung landwirtschaftlicher Vermarktungsnetzwerke; ein national finanziertes Straßensystem; Bundeskontrolle über Eisenbahnen, Seeschifffahrt und frühe Telekommunikation sowie landwirtschaftliche und berufliche Bildung« – also sämtliche Hauptmerkmale staatlicher Intervention in den USA.[33]

Aber Farmer waren nicht diejenigen, die Europareisen unternahmen, ihre Beobachtungen mit dem verglichen, was sie zu sehen hofften, und nach ihrer Rückkehr Forschungsberichte verfassten und Generationen von Studierenden ausbildeten. Sie waren nicht Teil jener »Atlantikverbindung«, die Rodgers als zentral für die internationalen Sozialreformbewegungen zu Fragen von Armut, Gefängnissen, Frauenrechten und Stadtplanung ausmacht. Was hätten diese Farmer gesehen, wenn sie diese Reisen hätten unternehmen können, und wie würde unsere Sicht des Progressivismus aussehen, wenn sie von Vergleichen zwischen Dingen geprägt worden wäre, die Farmer interessierten, nicht Reformer aus der urbanen Mittelschicht? Da die vergleichenden Wissenschaften diese Fragen vernachlässigt haben, können wir darauf keine systematische Ant-

---

33 Sanders, *Roots of Reform*, S. 7–8. Zu weiteren Autoren, die sich mit der Bedeutung der Farmer für die Entwicklung der amerikanischen Wirtschaftspolitik befasst haben, siehe z. B. Lipset, *Agrarian Socialism*; Esping-Andersen, *The Three Worlds of Welfare Capitalism*; Clemens, *The People's Lobby*; Schneiberg/Bartley, »Regulating American Industries«; Verdier, *Moving Money*; Postel, *The Populist Vision*; Schneiberg/King/Smith, »Social Movements and Organizational Form«; Carney, *Contested Capitalism*.

wort geben. In den meisten Fällen existieren schlicht keine vergleichenden Studien zu diesen Politikfeldern, und zu allen gibt es keine auch nur annähernd so eingehende Fachliteratur wie zum Sozialstaat. Zum Glück sind einige Studien vorhanden, vor allem zu den vier Bereichen, die Farmer besonders betreffen: Monopolmacht, Währungsreform, Besteuerung und Unternehmensregulierung. Anhand dieser Literatur können wir eine »Rundreise«, eine unsystematische Erkundungstour unternehmen, die uns dennoch einige wichtige Dinge lehren wird.

Monopolmacht

Die erste Sorge der Farmer dürfte ohne Zweifel die Frage der »finanziell gut ausgestatteten Trusts« des Nordostens betroffen haben, die um die Jahrhundertwende so viel Zorn und Wut erregten. Bestens vertraut mit den Schwächen und Mängeln des Sherman Antitrust Act und den Versuchen amerikanischer Gerichte, dieses Gesetz zu unterlaufen, hätten Farmer auf ihrer Europareise die Antitrustpolitik in anderen Ländern genau unter die Lupe genommen. Vielleicht hätten sie darauf gehofft, mit Antitrustanwälten in mehreren Ländern Tee zu trinken, und hätten sich entsprechend aufgemacht, einen Monokel tragenden Kronanwalt oder einen auf Antitrustrecht spezialisierten Juraprofessor aufzuspüren – nur um festzustellen, dass es in keinem europäischen Land etwas Ähnliches wie die amerikanischen Antitrustgesetze gab. Sie hätten erkannt, dass »Gesetze, die darauf abzielten, Kartelle und Monopole einzudämmen, außer in Nordamerika bis nach dem Zweiten Weltkrieg selten waren [...], das französische Recht [1884] Vereinigungen zum Schutz von Unternehmensinteressen zuließ und später das Verbot von Preisabsprachen zunächst durch Rechtsauslegung und 1926 durch eine Änderung des Strafrechts abgeschwächt wurde«; Schweden sorgte ab den 1920er Jahren »für eine Untersuchung von Monopolen, nicht aber für anschließende korrigierende Maßnahmen«.[34] In Deutschland hatten Arbeiter und die Öffentlichkeit ihre Unzufriedenheit über Kartelle ausreichend stark zum Ausdruck gebracht, um 1902 eine Überprüfung der Kartellpolitik zu erzwingen, aber es geschah nichts, bis in der Weimarer Republik 1923 ein Gesetz verabschiedet wurde, das Kartelle *legalisierte*, aber ihre Praktiken

---

34 Edwards, *Control of Cartels and Monopolies*, S. 3.

regulierte. In Deutschland wuchs die Zahl der Kartelle von einigen Hundert um die Jahrhundertwende auf einen Spitzenwert von über dreitausend im Jahr 1926.[35]

Die Lage in Großbritannien unterschied sich nicht sonderlich von der auf dem Kontinent. Die Mogul Steamship Company verklagte 1888 ein Kartell, weil es seine Preise so niedrig angesetzt hatte, dass es Mogul vom Markt verdrängt hatte. Aber zehn der elf Richter im britischen Oberhaus fanden daran nichts auszusetzen. Es sei nicht Sache des Gerichts, »der Geschäftswelt vorzuschreiben, wie redlicher, friedlicher Handel zu betreiben ist«,[36] erklärten sie – ein Zitat, das von der damals vorherrschenden Interpretation zeugt, dass Antitrustmaßnahmen eine staatliche Intervention in den Markt darstellten. Sie äußerten sich jedoch nicht eindeutig dazu, ob Kartellvereinbarungen tatsächlich gerichtlich durchgesetzt werden konnten, und das blieb die große Frage der britischen Anti-Kartell-Politik in den folgenden zwei Jahrzehnten, in denen die Gerichte eine »Zumutbarkeitsregel« festzulegen versuchten, die bestimmte, wann solche Verträge einklagbar waren. Das Oberhaus entschied schließlich 1914, Unternehmen seien selbst »die besten Richter darüber, was zwischen ihnen zumutbar ist«,[37] demnach waren Kartelle also nicht nur legal, sondern konnten tatsächlich gerichtlich durchgesetzt werden. Dass es auch in den USA eine sogenannte »Zumutbarkeitsregel« gab, hat in Fachkreisen für einige Verwirrung gesorgt. Aber »Zumutbarkeit« bezog sich dort nicht auf die Frage, ob Kartellvereinbarungen einklagbar waren, sondern ob Kartelle überhaupt legal waren, ein Prinzip, das in Großbritannien mit dem Mogul-Urteil bereits entschieden worden war.

Unsere Farmer hätten sich gewundert und vielleicht eine Theorie vom »hinterherhinkenden Europa« entwickelt. Ihnen war durchaus bewusst, dass es den amerikanischen Reformen nicht gelungen war, die Wirtschaft zu bändigen, dass trotz Antitrustverfahren »die Struktur der Konzernoligarchie zwar erschüttert wurde, aber nie zusammenbrach«[38] und dass »das mächtigste Element am Markt – Großkonzerne – weiterhin uneingeschränkt in der Gesellschaft herrschte«.[39] Sie dürften gewusst haben, dass Antitrustmaßnahmen, die Großkonzerne zu zügeln versuchten,

---

35 Ebd.; Feldenkirchen, »Competition Policy in Germany«.
36 Freyer, *Regulating Big Business*, S. 125.
37 Ebd., S. 131.
38 McGerr, *A Fierce Discontent*, S. 159.
39 Dawley, *Struggles for Justice*, S. 170.

ironischerweise letztlich zu einer Welle von Fusionen beitrugen, die diese Konzernoligarchie stärkten.[40] Aber in Europa versuchte der Staat offenbar noch nicht einmal, die Struktur der Konzernoligarchie auch nur zu »erschüttern«, geschweige denn zum Zusammenbruch zu bringen. Wie war es möglich, dass Großkonzerne »weiterhin uneingeschränkt herrschten« und es anscheinend niemanden kümmerte? Die Farmer hätten sicher gedacht, Europa sei fest im Griff der Konzernmacht.

Aus heutiger Sicht wissen wir, dass dieses Herangehen an Monopole sich erst im ausgehenden 20. Jahrhundert ändern sollte, als die Europäische Union eine Wettbewerbspolitik amerikanischen Stils einführte. Frankreich verfolgte die Strategie, »nationale Champions« zu schaffen – Firmen, die groß genug waren, mit der Flut amerikanischer Güter zu konkurrieren, und es dem Land ermöglichten, sich seinen Weg zur Industrialisierung zu bahnen – ein Meilenstein der *trentes glorieuses*, also der dreißig glorreichen Jahre von 1945 bis 1975. Schwedens wirkungsloses Antitrustgesetz von 1925 wurde erst nach dem Zweiten Weltkrieg verschärft. In diesem Kontext beklagte sich Crawford Greenwalt, der Vorstandsvorsitzende des Chemiekonzerns Dupont, um die Jahrhundertmitte: »Warum werden ich und meine amerikanischen Kollegen ständig vor Gericht gezerrt – und verklagt – wegen Tätigkeiten, für die unsere Kollegen in Großbritannien und anderen Teilen Europas in den Ritterstand erhoben, geadelt oder mit ähnlichen Ehren ausgezeichnet werden?«[41]

Das außergewöhnliche amerikanische Herangehen an Antitrustmaßnahmen ist selbstverständlich auch für Theoretikerinnen der vergleichenden politischen Ökonomie ersichtlich, aber sie interpretieren diese massive staatliche Intervention gegen konzentrierte Wirtschaftsmacht als Sieg des freien Marktes. Wie ich in Kapitel 2 eingehender erörtere, erhärtet die Geschichte diese Auslegung nicht, und die Farmer, die gegen Trusts agitierten, hätten das Fehlen von Antitrustmaßnahmen sicher als Problem angesehen. Wenn der Zusammenbruch der »Struktur der Konzernoligarchie« und Angriffe auf »das mächtigste Element am Markt«, die Großkonzerne, unser Maßstab für den Progressivismus sind – wie zwei der prominentesten Experten für dieses Gebiet behaupten –, dann waren die USA eindeutig progressiver als die europäischen Industrieländer.

---

40 Lamoreaux, *The Great Merger Movement*.
41 Zit. in: Verdier, *Democracy and International Trade*, S. XV.

Reform des Währungssystems

Nach der Rolle der Trusts hätte US-amerikanische Farmer zur Zeit des Progressivismus auf ihrer Europareise vor allem die europäische Haltung zu monetären Fragen interessiert, da es eine der Hauptforderungen der Populisten war, den Goldstandard aufzugeben. Milton Friedman und Anna Schwartz verteidigten die populistischen Farmer mit dem berühmten Argument, eine einfachere Geldversorgung hätte das Preisniveau in der rasch wachsenden Wirtschaft stabiler gehalten.[42] Barry Eichengreen fasst ihre Erklärung folgendermaßen zusammen: »Hätten die Vereinigten Staaten und Europa die uneingeschränkte Münzprägung beibehalten, wäre derselben Warenmenge eine größere Geldmenge gegenübergestanden, und die Deflation [im ausgehenden 19. Jahrhundert] hätte vermieden werden können.«[43] Manche schreiben den Populisten das Verdienst zu, als Erste die Rolle des Geldes in der Realwirtschaft erkannt zu haben.[44] Eindeutig ließen die Farmer das Interesse wiederaufleben, die Rolle des Geldes eingehender zu untersuchen, und brachten unter anderem den Ökonomen Irving Fisher dazu, sich mit dieser Frage zu befassen und letztlich die Grundlagen für den Monetarismus zu schaffen.[45]

Statt weltberühmte Einrichtungen zu besuchen und mit deren Leitern zu sprechen, hätten unsere fortschrittsbewegten Farmer auf ihrer Europareise Banken aufsuchen und von europäischen Finanziers erfahren wollen, wie sie mit Problemen der Deflation und der Geldmenge umgingen. Zum spezielleren Problem des Goldstandards hätten sie erfahren, dass die USA weder besonders progressiv noch besonders konservativ waren. Ebenso wie sie hatten England, Frankreich und Deutschland in den 1870er Jahren einen reinen Goldstandard eingeführt, der allerdings wegen kriegsbedingter Finanzerfordernisse zusammengebrochen war. All diese Länder führten ihn in den 1920er Jahren wieder ein (die USA be-

---

42 Friedman/Schwartz, *A Monetary History of the United States*.
43 Eichengreen, *Vom Goldstandard zum Euro*, S. 37.
44 Niemi/Plante, »Antecedents of Resistance«, S. 442.
45 R. L. Allen, *Irving Fisher*, S. 71–72; siehe auch Carruthers/Babb, »The Color of Money and the Nature of Value«; Ritter, *Goldbugs and Greenbacks*. Ganz im Gegensatz zum Bild der »Praktiker« als »Sklaven irgendeines verblichenen Ökonomen« (Keynes, *Allgemeine Theorie der Beschäftigung, des Zinses und des Geldes*, S. 323) folgten die Wirtschaftswissenschaftler dem Beispiel der Praktiker, die sich ihr eigenes Verständnis der Situation erarbeitet hatten, wie sie es auch während der Weltwirtschaftskrise tun sollten.

reits einige Jahre früher) und gaben ihn in den 1930er Jahren erneut auf (als erstes Deutschland und als letzter der großen Staaten Frankreich). Wegen der internationalen Reichweite des Goldstandards wirkten sich Maßnahmen eines Landes auch auf die Entscheidungen anderer aus, daher bestanden zwischen den hoch entwickelten Industrieländern kaum Unterschiede. Die wenigen Abweichungen, die es gab, waren insofern ungewöhnlich, als Frankreich sich um die Jahrhundertmitte als Verfechter des Goldstandards erwies. Unter der Führung des neoliberalen Ökonomen Jacques Rueff hielt das Land länger daran fest als die anderen Großmächte und setzte sich auch, nachdem man ihn aufgegeben hatte, stimmgewaltig dafür ein.[46]

Allerdings war der Goldstandard nur der Mechanismus, durch den die Farmer ihr Hauptinteresse zum Ausdruck brachten, nämlich das an einer rasch wachsenden Geldmenge und dem leichten Zugang zu Krediten.[47] Niemi und Plante fassen die Sicht der Farmer zusammen: Goldbindung sorgte für Deflation. »Deflation war eine Triebkraft für Zahlungsverzug. Zahlungsverzug brachte Sharecropping [eine Form der Naturalpacht] hervor«.[48] Der Widerstand der Farmer richtete sich also gegen die Deflation – besonders insoweit sie dadurch entstand, dass die Geldmenge nicht mit den wachsenden Erträgen Schritt halten konnte –, und ihre Opposition gegen den Goldstandard und ihr Eintreten für eine freie Silberwährung waren Mittel zu diesem Zweck.

Auf ihrer Europareise hätten Farmer gefragt, ob andere Länder es schafften, die Geldmenge entsprechend den zunehmenden Produktionsmengen wachsen zu lassen. Sie hätten festgestellt, dass dieses Problem kaum Aufmerksamkeit fand. So bestand die Bank of England zwar bereits seit 1694, verstand sich aber erst Jahrhunderte später als Einrichtung, die Verantwortung für die Geldversorgung trug. In ihren Anfängen sah sie sich vor allem als gewinnorientiertes Unternehmen und in zweiter Linie als Quelle für Staatskredite.[49] Allerdings ist anzumerken, dass diese Frage in keinem anderen Land derart drängend war, da in keinem die Produktivität – auch die der Landwirtschaft – so hoch war wie in den USA. Robert Gordon stellt fest: »Lagen Produktivität und Pro-Kopf-Einkommen in Europa um die Mitte des 19. Jahrhunderts auf dem gleichen Niveau wie in

---

46 Chivvis, *The Monetary Conservative*.
47 Ritter, *Goldbugs and Greenbacks*.
48 Niemi/Plante, »Antecedents of Resistance«, S. 437.
49 Wood, *A History of Central Banking*.

den USA, so sank in Europa beides stetig, bis es 1950 nur noch die Hälfte betrug.«[50] Das war nicht allein eine Folge der beiden Weltkriege. Gordon bricht diesen Trend auf verschiedene Zeiträume herunter: »Europa fiel bis 1913 stetig hinter die Vereinigten Staaten zurück, erlitt dann in Zusammenhang mit den beiden Weltkriegen eine Zurücksetzung, gefolgt von einer scharfen Kehrtwende und Aufholjagd in den goldenen Jahren von 1950 bis 1973 und dann einem offenkundigen Scheitern nach 1973, die verbliebene Lücke zu schließen.«[51] Aus vielen Gründen, mit denen wir uns weiter unten befassen, erlebten die USA im 19. Jahrhundert eine in der Weltgeschichte einmalige Produktivitätssteigerung, mit deren Folgen sie zu kämpfen hatten. Da europäische Länder mit diesem Problem nicht konfrontiert waren, hatten diejenigen, die eine Zentralbank besaßen, kein sonderliches Interesse daran, zur Bekämpfung der Deflation die Geldmenge zu erhöhen.

Als Nächstes hätten unsere Farmer sich dem anderen großen monetären Problem zugewandt, das sie betraf: dem Umgang mit Schulden. Die Erhöhung der Geldmenge war eine Möglichkeit, die Lage der Farmer zu verbessern, die andere war die Ausweitung von Krediten. In all diesen Ländern interessierten sich Landwirte im ausgehenden 19. Jahrhundert brennend für Kreditfragen, und in allen gab es Bestrebungen, Kredite leichter zugänglich zu machen. Aber in der Frage, was mit denjenigen passieren sollte, die ihre Schulden nicht bedienen konnten, wichen die USA – aufgrund der politischen Macht der Farmer – erheblich von anderen Ländern ab. David Skeel schreibt: »Das Insolvenzrecht in den Vereinigten Staaten ist einmalig auf der Welt.«[52] Sie hatten es zwar ursprünglich von England übernommen, aber im Laufe der Jahre hatte es sich in beiden Ländern drastisch auseinanderentwickelt: »Wenn ein einzelner Schuldner in England Insolvenz anmeldet, wird er in der Regel ohne anwaltliche Beratung von einem offiziellen Insolvenzverwalter genauestens überprüft. Der Insolvenzverwalter, nicht der Schuldner ist derjenige, der über den Umgang mit ihm entscheidet, und nur selten erhalten Schuldner umgehend einen Schuldenerlass. Weit häufiger zögert das Gericht auf Empfehlung des Insolvenzverwalters den Schuldenerlass vorübergehend hinaus oder verlangt vom Schuldner weitere Zahlungen

---

50 Gordon, »Two Centuries of Economic Growth«, S. 2.
51 Ebd., S. 5.
52 Skeel, *Debt's Dominion*, S. 1.

an seine Gläubiger.«[53] In den USA ist dagegen »der Schuldner derjenige, der entscheidet, ob er seine Vermögenswerte dem Gericht übergibt und ihm seine Zahlungsverpflichtungen sofort erlassen (also gelöscht) werden oder ob er seine Vermögenswerte behält und nach einem drei- bis fünfjährigen Sanierungsplan Zahlungen an seine Gläubiger leistet«.[54]

In anderen Ländern ist die Situation ähnlich wie in Großbritannien: »Vor den [19]90er Jahren gab es in Europa so gut wie kein Privatinsolvenzrecht [...] Häufig sind die Insolvenzkosten und die dadurch verursachten Unannehmlichkeiten so groß, dass Nichtfirmenkunden praktisch davon ausgeschlossen sind. Wichtiger ist, dass die Insolvenz keineswegs einen Schuldenerlass bietet und daher aus Sicht von Schuldnern mit geringem Vermögen nutzlos ist.«[55] Erst im ausgehenden 20. Jahrhundert begannen andere Länder, die amerikanische Herangehensweise an Insolvenzen in Betracht zu ziehen und zu übernehmen. Auch nach der Reform des amerikanischen Insolvenzrechts 2005 ist der vollständige Schuldenerlass, der für amerikanische Schuldner möglich ist, in anderen Ländern selten vorgesehen.[56]

Ihre Rundreise zum Thema Geldmenge und zur Frage, wie das Insolvenzrecht anderer Länder die Gläubiger, nicht die Schuldner begünstigte, hätte unsere Farmer zu der Erkenntnis gebracht, dass die Lage in den USA einzigartig war und europäische Länder stärker den Bedürfnissen und Wünschen des Kapitals verpflichtet waren.

Besteuerung

Statt das Ministerium für Renten hätten die Farmer als Nächstes eher das Finanzministerium aufgesucht, um etwas über die Fortschritte in der Steuergesetzgebung zu erfahren, da eine gestaffelte Einkommenssteuer ein weiterer großer Streitpunkt jener Zeit war. Auch hier hätten sie den Eindruck gewonnen, dass Europa sich keine sonderlichen Sorgen über den Siegeszug des freien Marktes und die Kapitalkonzentration machte. In Frankreich hätten sie ein so weit verbreitetes Misstrauen gegenüber

---

53 Ebd., S. 2.
54 Ebd., S. 7.
55 Niemi-Kiesiläinen, »Changing Directions in Consumer Bankruptcy Law«, S. 133–134.
56 Siehe Tabb, »Lessons from the Globalization of Consumer Bankruptcy«.

dem Staat und seinen Vertretern festgestellt, dass dieser seine benötigten Einnahmen nicht durch direkte Steuern zu decken vermochte und sich versteckter Steuern bedienen musste. Anstelle des amerikanischen Wunschs, »die Reichen zu schröpfen«, herrschte dort im ausgehenden 19. und frühen 20. Jahrhundert die Furcht vor der Aussicht auf eine »fiskalische Inquisition« durch den Staat vor.[57] Die Hauptsorge galt nicht dem Kapitalismus und den Trusts, sondern der wachsenden staatlichen Macht. Und diese Sorge war so groß, dass sie die Steuerpolitik des französischen Staates in eine Richtung lenkte, die er in den nächsten hundert Jahren beibehalten sollte, sodass Wissenschaftler bis zum Aufkommen des Neoliberalismus im ausgehenden 20. Jahrhundert in den USA immer noch eine progressivere Besteuerung feststellten als in Frankreich.[58] Weit davon entfernt, Privateigentum den besten Schutz zu bieten, hatten die USA zudem eine progressivere Erbschaftssteuer als Frankreich und Deutschland.[59]

Sowohl Deutschland als auch Schweden führten in den ersten Jahrzehnten des 20. Jahrhunderts progressive Einkommenssteuern im Rahmen von Bemühungen der Eliten ein, sozialistische Ressentiments abzuwenden,[60] allerdings wären unsere Farmer über die Entwicklung dieser Systeme in den folgenden Jahrzehnten entsetzt gewesen, da die Besteuerung der Arbeit und des Konsums stieg, während die Unternehmens- und Kapitalsteuern niedrig blieben (siehe Kapitel 6). So gab es bei der schwedischen Mehrwertsteuer nicht einmal Ausnahmen für Güter des Grundbedarfs wie Nahrungsmittel und Kleidung,[61] während in den 1980er Jahren »der effektive Nettosteuersatz für persönliche Kapitalerträge für die oberen 60 Prozent der Einkommensgruppen tatsächlich negativ war«.[62]

Nur in Großbritannien, dem Geburtsland der allgemeinen Einkommenssteuer, wären die Farmer zufrieden gewesen: Dort hatte die aufkommende Labour Party die Liberalen um die Jahrhundertwende gezwungen, nach links zu rücken und eine progressive Besteuerung einzuführen. In ihrem »Volkshaushalt« (People's Budget) von 1909 schlugen sie mehrere hohe Steuern für die Reichen vor. Lloyd George gelang es schließlich, eine

---

57 Morgan/Prasad, »The Origins of Tax Systems«.
58 Piketty/Saez, »Income Inequality in the United States«.
59 Beckert, *Unverdientes Vermögen*.
60 Steinmo, »The End of Redistribution?«.
61 Ders., *Taxation and Democracy*.
62 Lindert, *Growing Public*, S. 240.

gestaffelte Einkommenssteuer durchzusetzen, deren Einnahmen für Altersrenten und Sozialversicherungsvorhaben verwendet werden sollten. Wichtiger als die spezifische Maßnahme waren die Prinzipien, die sie in Großbritannien einführte und die der britischen Politik über siebzig Jahre hinweg bis zur Regierung Margaret Thatchers und darüber hinaus als Leitlinien dienen sollten: Umverteilung, Klassenpolitik und das Ende der realen Macht des britischen Oberhauses.[63]

Hätten unsere Farmer diese Beobachtungen in ihren Zeitungen und Zeitschriften diskutiert, hätten sie sich vielleicht mit einer Theorie der angloamerikanischen Marktregulierung auseinandergesetzt, die einen interventionistischen Staat privilegierte, im Gegensatz zur kontinentaleuropäischen Version, die den Staat anscheinend fürchtete und Unternehmen in all diesen für die Farmer interessanten Belangen sich selbst überließ. In diesen Bereichen hielten europäische Länder die Unternehmen für »die besten Richter darüber, was zwischen ihnen zumutbar ist«, stellten die Interessen der Gläubiger über die der Schuldner und machten sich Sorgen über die »fiskalische Inquisition« des Staates. Den Farmern wäre aufgefallen, dass diese Entwicklungen der wachsenden politischen Macht der Arbeiterklasse in den USA und Großbritannien und dem unterentwickelten Wahlrecht auf dem Kontinent entsprachen. Ein Farmer mit intellektuellen Neigungen hätte vielleicht eine Abhandlung über das »hinterherhinkende Frankreich« und den dort herrschenden irrationalen Hass auf den Staat verfasst. Er hätte sich wohl gefragt, worauf der außerordentliche französische Widerstand gegen den Staat zurückzuführen war – vielleicht auf die Revolution, die einen Widerstand gegen jegliche Form zentralisierter Obrigkeit im französischen Nationalcharakter verankert hatte? Oder reichte er noch weiter zurück bis zu den Bauernaufständen im Mittelalter, die zwischen Bürgern und Staat Grenzen geschaffen hatten, die mit jedem Straßenprotest reproduziert wurden? Oder wurden zusammen mit Rezepten für Blutwurst und Kutteln auch Mythen über den Widerstand alter gallischer Stämme gegen die römische Herrschaft weitergegeben? Es wären viele Studien entstanden, die gezeigt hätten, dass die Verstaatlichungen der Nachkriegszeit lediglich Symbolcharakter hatten und tatsächlich den Interessen des Kapitals dienten, dass der französische Sozialstaat tendenziell die Mittelschicht und die Reichen begünstigte und die Marktergebnisse eher stärkte als

---

63 Daunton, *Trusting Leviathan*.

untergrub.⁶⁴ Wissenschaftlerinnen hätten festgestellt, dass Staatsausgaben für die Gesundheitsfürsorge tatsächlich eine marktstärkende Intervention darstellten, da sie für gesunde Arbeitskräfte für die kapitalistische Produktion sorgten und Unternehmen von der Last befreiten, für eine Krankenversicherung zu bezahlen. Französische Einrichtungen zur Kinderbetreuung hätten ebenso wie die schwedischen als Mittel gegolten, weibliche Arbeitskräfte für den Markt freizusetzen.⁶⁵ Die Farmer hätten sich wohl gedacht, dass irgendetwas im französischen Charakter auf Freiheit und Markt besteht und staatliche Intervention oder Kollektivismus nicht ertragen kann.

Regulierung

Als letzten Punkt ihrer Rundreise hätten die Farmer die Regulierung der Wirtschaft unter die Lupe genommen, darunter auch die Regulierung von Nahrungsmitteln und Medikamenten, die Frances Kelsey einige Jahrzehnte später ihre feste Haltung gegenüber den Pharmaherstellern ermöglichen sollte. Auch hier hätten sie zufrieden festgestellt, dass es in Großbritannien eine rege öffentliche Debatte über den betrügerischen Handel mit Lebensmitteln gab und daraus gesetzliche Maßnahmen folgten wie die Vorschrift, Inhaltsstoffe von Nahrungsmitteln anzugeben, der Beschluss, Praktiken der Lebensmittelpanscherei zu untersuchen, und ein 1899 verabschiedetes Gesetz zur Lebensmittel- und Medikamentenüberwachung. Allerdings hätten sich die Farmer gewundert, dass im Zentrum der Debatte die Frage stand, ob Margarine als Butter ausgegeben werden durfte. Wo blieb das Problem der Hygiene und Arbeitssicherheit, das die Leser von Upton Sinclairs Werk *Der Dschungel* so erregte? Offenbar waren die Briten besessen davon, zu garantieren, dass die auf dem Markt verkauften Produkte tatsächlich das waren, was sie zu sein vorgaben – und nicht von der Frage, ob sie effektiv oder gesundheitlich unbedenklich waren.⁶⁶ Der Rahmen, in dem sich die Regulierung von 1875 bis 1938 bewegte, ging von der Annahme aus, »dass die Verfahren und

---

64 Zur Verstaatlichung im Interesse des Kapitals siehe Prasad, »Why is France So French?«; zur Mittelschichttendenz des französischen Sozialstaates siehe Cameron, »Continuity and Change in French Social Policy«.
65 Swenson, *Capitalists Against Markets*, S. 7.
66 Phillips/French, »Adulteration and Food Law«.

Zutaten der Lebensmittelherstellung im Grunde sicher waren und das eigentliche Ziel der Regulierung die Einzelhändler sein sollten, die hergestellte Waren verfälschten, bevor sie diese verkauften«.[67]

In Deutschland hätten die Farmer verwundert erfahren, dass die Industrie sich selbst kontrollierte. Der Staat kümmerte sich überhaupt nicht um Medikamentensicherheit, untersuchte jedoch, ob ein Medikament gestreckt wurde. Die deutsche Reaktion auf die aufkommende Ära der Pharmazeutika bestand im Wesentlichen darin, dass 1872 ein Gesetz verabschiedet wurde, das deren Verkauf auf Apotheken beschränkte. Apologeten des deutschen Vorgehens mögen auf informelle soziale Kontrollen für Apotheken oder andere Mittel informeller Regulierung verweisen, aber das Beispiel Contergan demonstriert das Versagen solcher Mechanismen. In Deutschland gab es weder eine Aufsicht über die Herstellung oder die Erprobung von Medikamenten noch Einschränkungen für deren Auszeichnung oder Werbung. Befürchtungen in Bezug auf die wachsende Menge an Pharmazeutika führten zu Vorschlägen, eine staatliche Aufsicht einzuführen, die jedoch immer wieder – zwischen 1928 und 1941 fünf Mal – durch Unternehmensinteressen zunichte gemacht wurden.[68]

In Frankreich hätte es unsere Farmer wohl mittlerweile nicht mehr überrascht, dass das 1905 verabschiedete Gesetz gegen Nahrungsmittelpanscherei sich gegen Fälschungen und Betrug richtete, aber nicht darauf abzielte, die Sicherheit oder Effektivität zu erhöhen.[69] Eindeutig war die Nahrungsmittel- und Medikamentenregulierung in den USA strenger als in jedem europäischen Land. Bis zu Frances Kelseys Zeit waren sie nicht nur bei Nahrungsmitteln und Medikamenten, sondern offenbar in jedem Regulierungsbereich strenger. So stellten Forschungen fest, dass die USA bis zu den neoliberalen Deregulierungen der 1980er Jahre auf manchen Gebieten stärker adversatorisch vorgingen als beispielsweise Schweden bei den Emissionsstandards für Kraftfahrzeuge,[70] als einige europäische Länder bei der Regulierung möglicher Karzinogene[71] und als Europa bei den Lebensmittel- und Umweltbestimmungen.[72] Auch die Arbeitsschutz-

---

67 Ebd., S. 356.
68 Daemmrich, *Pharmacopolitics*.
69 Dessaux, »Comment définir les produits alimentaires«.
70 Lundqvist, *The Hare and the Tortoise*.
71 Brickman/Jasanoff/Ilgen, *Controlling Chemicals*.
72 Jasanoff, »Acceptable Evidence in a Pluralistic Society«.

vorschriften,[73] die Regulierung zum Umgang mit Vinylchlorid[74] sowie die Gesundheits- und Sicherheitsbestimmungen waren in den USA strenger und stärker gegen die Industrie gerichtet.[75] Die Vorschriften für den Bergbau waren dort mit höheren Strafen belegt.[76] Als die Ozonschicht gefährdet war, erließen sie recht bald ein FCKW-Verbot, in Europa taten dies nur Norwegen und Schweden, während die Europäische Union erst auf amerikanischen Druck tätig wurde.[77] In den Vereinigten Staaten waren die Vorschriften gegen Gewässerverschmutzung strenger (aber nicht wirkungsvoller) als in Deutschland.[78] Wie in den Kapiteln 7 und 8 eingehender behandelt wird, gingen die USA aus der Weltwirtschaftskrise mit strengeren Kontrollen für die Finanzbranche hervor als jedes andere Land und schrieben unter anderem eine Trennung von Investitions- und Geschäftsbanken vor. Diese Muster tragen zur Erklärung bei, warum Frankreich – nicht die Vereinigten Staaten – die Architektur des neoliberalen globalen Finanzwesens der 1990er Jahre schuf.[79]

Frances Kelsey war eine Heldin. Aber ihr Heldentum wurde durch einen amerikanischen Kontext strenger Regulierungen ermöglicht, der vom ausgehenden 19. bis zum späten 20. Jahrhundert bestand.

Wie dieser Exkurs durch die jüngere historische und historisch ausgerichtete sozialwissenschaftliche Literatur zeigt, erscheint der amerikanische Staat wesentlich weniger liberal, wenn man ihn nach den Maßstäben, die Farmer um die Wende zum 20. Jahrhundert interessierten – statt nach denjenigen, die eine progressive Bewegung der urbanen Mittelschicht anlegte –, mit anderen Industrieländern vergleicht. Er ging stärker gegen Großkonzerne vor und besteuerte die Reichen höher als europäische Staaten, half Schuldnern auf Kosten der Gläubiger und unterwarf Kapitalgesellschaften umfangreicheren Regulierungen.

Während ich hier den Schwerpunkt auf Fragen gelegt habe, die Farmern bei diesem Vergleich am relevantesten erschienen wären, ist anzumerken, dass jüngere historische Arbeiten die Vorstellung von den

---

73 Kelman, *Regulating America*.
74 Badaracco, *Loading the Dice*.
75 Wilson, *The Politics of Safety and Health*.
76 Braithwaite, *To Punish or Persuade*.
77 Benedick, *Ozone Diplomacy*.
78 Verweij, »Why Is the River Rhine Cleaner«.
79 Abdelal, *Capital Rules*.

individualistischen, marktorientierten oder unternehmensgetriebenen USA im Gegensatz zu den etatistischen, korporatistischen oder eher sozialdemokratischen europäischen Ländern in manch anderer Hinsicht widerlegt haben. So zeigt eine vergleichende Studie zur Handelspolitik um die Jahrhundertwende, dass die USA Interessen der breiten Bevölkerung berücksichtigten, während andere Länder sich Unternehmensinteressen verpflichtet fühlten.[80] Zur Frage des Korporatismus, die eine Generation lang die Politikwissenschaften beherrscht hat, belegen neuere historisch orientierte Werke, dass der US-Staat mehr Ähnlichkeit mit dem in europäischen Ländern hat, als uns klar war.[81] Brian Balogh hat dokumentiert, dass dort der Staat auf Bundesebene im 19. Jahrhundert stärker war, als von der Forschung allgemein angenommen. Edwin Amenta und Theda Skocpol haben gezeigt, dass sie zeitweise auf dem Gebiet des Sozialstaates durchaus führend waren und keineswegs hinterherhinkten.[82] Selbst die Behauptung, die amerikanische Industrialisierung sei ausschließlich von Massenproduktion getrieben gewesen, wurde infrage gestellt, denn manche Wissenschaftler haben nachgewiesen, dass es im ausgehenden 18. Jahrhundert alternative regionale Produktionsverfahren gab, die sich hätten durchsetzen können,[83] und vergleichende Analysen haben festgestellt, dass in anderen Ländern subkulturelle Produktionslogiken existierten.[84] Diese historischen Werke stellen unsere Theorien zur vergleichenden politischen Ökonomie infrage, die nun umformuliert werden müssen, um der tatsächlichen Geschichte Rechnung zu tragen. Zudem deuten sie darauf hin, dass die Wissenschaftler, deren Arbeiten in den letzten fünfzig Jahren einseitig auf die urbane Arbeiterschaft ausgerichtet waren, die Unterschiede zwischen den USA und anderen Ländern übertrieben haben.

Um es klar zu sagen: Hier geht es nicht darum, dass die Geschichte in den Vereinigten Staaten durchweg eine stärkere staatliche Intervention belegen würde als in anderen Ländern. Hier habe ich die Bereiche hervorgehoben, in denen sie interventionistischer sind, um aufzuzeigen, wie viel unsere Theorien verdecken. Selbstverständlich gibt es viele Beispiele

---

80 Verdier, *Democracy and International Trade*.
81 Siehe z. B. C. Gordon, *New Deals*; Block, »Swimming Against the Current«; Berk, *Louis D. Brandeis*.
82 Amenta, *Bold Relief*; Skocpol, *Protecting Soldiers and Mothers*.
83 Scranton, *Endless Novelty*; Berk, *Alternative Tracks*.
84 Piore/Sabel, *Das Ende der Massenproduktion*; Herrigel, *Industrial Constructions*; zu einer Neuinterpretation der Regulierung in Amerika siehe Novak, *The People's Welfare*.

für Gebiete, in denen es in anderen Ländern mehr staatliche Eingriffe gibt als in den USA wie die Regulierung genmodifizierter Organismen, die Höhe der Umweltsteuern oder die Arbeitsschutzvorschriften, die im Laufe der amerikanischen Geschichte bestanden und seit dem Aufkommen des Neoliberalismus in den 1980er Jahren dort noch weiter gelockert wurden.[85] Vielmehr geht es darum, dass alle fortgeschrittenen kapitalistischen Länder in den Markt eingreifen, und in jedem Land manche dieser Interventionen den Markt stärken, während andere ihn untergraben. Daher brauchen wir bessere Möglichkeiten, die Unterschiede zwischen den Staaten begrifflich zu fassen, als all unsere Theorien der vergleichenden politischen Ökonomie sie bieten.

Aber auch bei den revisionistischen historischen Arbeiten gibt es ein Problem. Es genügt nicht, nur auf die Existenz starker staatlicher Interventionen in den Vereinigten Staaten oder auf alternative Logiken in den anderen Ländern hinzuweisen, da diese Literatur drei Fragen nicht zu beantworten vermag. Erstens: Wenn es in den USA in vielen Bereichen staatliche Eingriffe gab und gibt, warum herrscht dort mehr Armut als in anderen Ländern? Das ist die große Frage, die allen Theorien der vergleichenden politischen Ökonomie zugrunde liegt. Versuche, staatliche Intervention zu messen, sind ungenau und daher in vielerlei Hinsicht Ermessenssache. Aber ein Ergebnis bleibt immer gleich, egal wie wir es messen: In den USA gibt es mehr Armut als in den europäischen Ländern. Lee Rainwater und Timothy Smeeding zeigen in ihrer Studie zur Kinderarmut, dass dies auch zutrifft, wenn wir die absolute Armut untersuchen und sogar wenn wir nur Weiße und im Inland Geborene betrachten.[86] In einem bekannten Zeitschriftenbeitrag berechneten sie und andere die Armut in verschiedenen Ländern auf unterschiedliche Weisen und stellten fest, dass diese Berechnungen höchst sensibel auf die Annahmen reagierten, die dem jeweiligen Berechnungsmodell zugrunde lagen – mit einer Ausnahme: »Nach allen Maßstäben und Leitlinien haben die Vereinigten Staaten die höchste Armutsrate.«[87] Die OECD stellte aufgrund einer anderen Datenquelle fest, dass die USA für nahezu alle Kombinationen von

---

85 Siehe Echols, »Food Safety Regulation in the European Union and the United States«; Hines, »Taxing Consumption and Other Sins«; zur englischen Inspiration für das amerikanische Arbeitsrecht siehe Orren, *Belated Feudalism*.
86 Rainwater/Smeeding, *Poor Kids in a Rich Country*.
87 Buhmann/Rainwater/Schmaus/Smeeding, »Equivalence Scales, Well-Being, Inequality and Poverty«, S. 32.

Haushaltsformen und Arbeitsmarktteilhabe die höchste relative Armut unter den fortgeschrittenen westlichen Industrieländern aufweisen und von Mitte der 1990er bis Mitte der 2000er Jahre die zweitniedrigste Reduzierung der absoluten Armut erzielten.[88] Selbst wenn wir statt relativer absolute Maße für Armut anwenden, bleiben die Vereinigten Staaten nahe der Spitze auf der Liste der fortgeschrittenen Länder mit der höchsten Armut; so schätzte Smeeding die absolute Armut in acht Ländern anhand der Kaufkraftparität ein und kam zu dem Ergebnis, dass die Armen in den USA den zweitniedrigsten Lebensstandard haben, ein Bild, das sich noch weiter verschlechtert, wenn man bedenkt, dass sie dort Dinge kaufen müssen, die der Sozialstaat in anderen Ländern kostenlos zur Verfügung stellt.[89]

Zudem ist diese Diskrepanz offenbar keine Folge eines Marktes, der mehr Armut hervorbringt, da das Armutsniveau vor Steuern und Transferleistungen in den Industrieländern ähnlich hoch ist. Vielmehr unterscheidet es sich aufgrund staatlicher Maßnahmen. David Brady argumentiert: »Die grundlegende Armutsursache ist die Politik.«[90] Die historische Literatur zur Staatsintervention in den USA muss diese Merkmale erklären können – wenn sie einen starken Staat hatten, warum unternahm er nichts gegen Armut? Wenn es in jedem Land alternative Traditionen und wichtige subkulturelle Logiken gab, was erklärt dann die Hartnäckigkeit dieser durchgängigen Diskrepanz?

Zweitens leistet die historische Literatur keinen guten Beitrag dazu, die Angriffe auf staatliche Interventionen zu erklären, die in den 1970er und 1980er Jahren in den Vereinigten Staaten aufkamen. Selbst wenn dort nicht immer mehr Ungleichheit herrschte als in anderen Ländern, so ist es doch heute so. Tabelle 1.1 zeigt gegenwärtig erhebliche Differenzen, die eine umfassende Theorie zu erklären hat. Wenn die USA über weite Teile des 20. Jahrhunderts einen starken Staat hatten, was passierte dort ab den 1970er und 1980er Jahren? Was erklärt den Aufstieg des Neoliberalismus in den letzten Jahrzehnten?

Drittens kann weder die historische noch die vergleichende politische Literatur das folgenschwerste Wirtschaftsereignis der letzten Jahre

---

88 OECD, *Mehr Ungleichheit trotz Wachstum*.
89 Smeeding, »Public Policy, Economic Inequality, and Poverty«, S. 960–961; zur absoluten Armut siehe auch ders., »Poor People in Rich Nations«.
90 Brady, *Rich Democracies, Poor People*, S. 9; siehe auch Rainwater/Smeeding, *Poor Kids in a Rich Country*; Kenworthy, *Egalitarian Capitalism*.

erhellen: die Finanzkrise von 2007/08. Tatsächlich hat diese Krise gezeigt, wie wenig wir den Kapitalismus begreifen, wobei die wichtigsten Vertreter des ökonomischen Establishments öffentlich die Grenzen ihres Verständnisses eingestehen mussten.

In diesem Buch möchte ich die historischen Erkenntnisse, die starke staatliche Interventionen in den USA belegen, mit jenen der vergleichenden politischen Ökonomie verknüpfen, um diese Fragen zu beantworten. Ich werde zu zeigen versuchen, dass die Aufmerksamkeit auf den spezifisch amerikanischen Stil staatlicher Interventionen zu lenken, uns ein besseres Verständnis für die Entwicklung des amerikanischen Staates ermöglicht, unter anderem auch für die Frage, warum es dort mehr Armut gibt als in anderen Industrieländern – eben jene Frage also, die Reformer der progressiven Bewegung aus der urbanen Mittelschicht seit über hundert Jahren interessiert. Die Beschäftigung mit diesen Eingriffen liefert eine überzeugendere Erklärung für den unterentwickelten amerikanischen Sozialstaat. Die Entstehungsgeschichte dieser Elemente des amerikanischen Staates kann zudem den Aufstieg des Neoliberalismus in den 1970er und 1980er Jahren erklären helfen. Und ein angemessenes Verständnis der vergleichenden politischen Ökonomie, das mit der Geschichte in Einklang steht, ist entscheidend, um zu verstehen, wie es zur Finanzkrise kam.

Solange wir keine bessere theoretische Erklärung für stärkere Interventionsmuster in den USA liefern können, werden diese staatlichen Eingriffe immer als Ausnahmen behandelt werden, ganz gleich, wie viele wir davon ausfindig machen. Skocpol und Finegold verweisen auf die Erfolge des US-Landwirtschaftsministeriums während des New Deal, bezeichnen sie aber als »Insel staatlicher Stärke in einem Meer der Schwäche«.[91] Daniel Carpenter listet sorgfältig die regulatorische Macht der Food and Drug Aministration auf, findet aber, sie bilde nur »einen teilweisen Gegensatz zu den vergleichenden Darstellungen des Staates, in denen die Vereinigten Staaten als hinterherhinkend, schwach oder in ihrem Vertrauen auf Privatmechanismen außergewöhnlich erscheinen«.[92] Fred Block skizziert, wie in den USA eine Art Entwicklungsstaat entstand, der seiner Ansicht nach aber »gegen den Strom« der vorherrschenden Politik schwimmt.[93] David Vogel fasst seine Forschungsergeb-

---

91 Skocpol/Finegold, »State Capacity and Economic Intervention«, S. 271.
92 Carpenter, *Reputation and Power*, S. 22.
93 Block, »Swimming Against the Current«, S. 169.

nisse zur Regulierung so zusammen: »Die Vereinigten Staaten sind nach wie vor außergewöhnlich [...], aber dieser Exzeptionalismus ist genau das Gegenteil von dem, was man aufgrund eines Großteils der Literatur zur amerikanischen Politik erwarten sollte«, allerdings fügt er einschränkend hinzu: »zumindest in Hinblick auf diesen Aspekt«.[94] Selbst Wissenschaftlerinnen, die sich der großen Bandbreite von Eingriffen in die amerikanische Wirtschaft bewusst sind, bemühen sich, diesen Umstand mit dem Glauben an eine marktbegünstigende Ökonomie in Einklang zu bringen. Novak, der in seinem wichtigen Essay auf die vielen Aspekte staatlicher Stärke aufmerksam macht, kommt letztlich zu dem Schluss, die von ihm aufgeführten Interventionen würden genutzt, um das Kapital zu begünstigen, und deutet sogar flüchtig an, sie würden eingesetzt, um Gewalt über die Regierten auszuüben.[95] Alle kapitalistischen Staaten treffen politische Maßnahmen, die dem Kapital helfen, aber auch solche, die das Kapital kontrollieren. In Hinblick auf Erstere ähneln die USA anderen Staaten, und in Bezug auf Letztere trägt Novaks Formulierung nicht zu einer Erklärung bei. Ein weiterer Versuch aus jüngerer Zeit, die Belege für staatliche Intervention mit dem Glauben an eine Laissez-faire-Haltung zu vereinbaren, ist das Argument, der amerikanische Staat sei unsichtbar geblieben oder abgetaucht.[96] Wenngleich diese Argumente helfen, einige Aspekte amerikanischer Macht zu erhellen, tragen sie doch weniger dazu bei, andere Phänomene zu erklären: die extrem augenfälligen Bewegungen für Staatsintervention zu Beginn des 20. Jahrhunderts und während der Weltwirtschaftskrise und des New Deal; jene historischen Momente, in denen Amerika führend in den gut sichtbaren Umverteilungsmustern war, die heutzutage europäische Länder kennzeichnen; die äußerst sichtbaren staatlichen Regulierungen oder die Tatsache, dass eines der auffallendsten und folgeschwersten Merkmale des amerikanischen Steuersystems dessen größere Sichtbarkeit ist, wie in Kapitel 6 dargelegt.

Gegenwärtig bilden die Vereinigten Staaten den liberalen Pol aller vergleichenden historischen Rahmenwerke, wie Kapitel 2 zeigen wird. So argumentiert die Theorie der Kapitalismusspielarten, dass mehrere un-

---

94 Vogel, *National Styles of Regulation*, S. 28.
95 Novak, »The Myth of the ›Weak‹ American State«, S. 771 f.; siehe hierzu auch Block, »Understanding the Diverging Trajectories«.
96 Balogh, *A Government Out of Sight*; Sheingate, »Why Can't Americans See the State?«; Quinn, *American Securitization;* dies., »The Credit State«; Mettler, *The Submerged State.*

terschiedliche Kapitalismusmodelle, einschließlich des liberalen amerikanischen, gut funktionieren können. Neoklassische Wirtschaftswissenschaftler verweisen auf das höhere Pro-Kopf-Bruttoinlandsprodukt der USA und versuchen zu belegen, dass minimale staatliche Intervention zu stärkerem Wachstum führt.[97] Wenn aber die USA ebenso interventionistisch sind wie andere Staaten, kann vielleicht kein kapitalistischer Staat ohne umfangreiche staatliche Eingriffe überleben. Solch eine Demonstration wäre extrem wichtig für unser Verständnis, wie Wirtschaften wachsen, was für die Beratung heutiger Entwicklungsländer ebenso relevant ist wie für die Bemühungen, Kapitalismuskrisen zu verstehen.

Konservative argumentieren gegenwärtig gern, die USA seien seit jeher ein Land, das den freien Markt bevorzuge, staatliche Intervention fürchte und die Reichweite politischen Handels so weit einzuschränken versuche, dass es in den Rahmen dieser Überzeugung passe. Wenn es dort aber einen starken Bereich staatlicher Intervention gab und gibt, hat die Politik eine größere Reichweite. Aus völlig anderen Gründen sind linke Aktivistinnen ebenfalls bestrebt, an dieser Argumentation festzuhalten in der Hoffnung, die USA so weit zu beschämen, dass sie europäischen Modellen folgen. Aber einer Politik, die dem starken staatlichen Eingreifen in den USA Rechnung trägt, statt es zu ignorieren, könnte es gelingen, ein amerikanisches Modell der Armutsreduzierung zu verwirklichen. Die politischen Implikationen dieser Argumente behandele ich im Schlusskapitel, aber das vorrangige Ziel dieses Buches ist nicht, politische Lösungen vorzuschlagen, sondern ein zutreffenderes historisches Porträt zu erstellen. Denn sicher sind alle politischen Akteure, unabhängig von ihren ideologischen Vorlieben, daran interessiert, falsche Vorstellungen über die Vergangenheit auszuräumen.

---

97 Tanzi/Schuknecht, *Public Spending in the 20th Century*.

2 Vergleich der Kapitalismusspielarten

Im Laufe des 20. Jahrhunderts erzielten viele Länder ein anhaltendes Wirtschaftswachstum. Nahezu ebenso interessant wie dieses Phänomen ist die Geschichte, wie Forschende dieses zu verstehen versuchten. Von Anfang an war klar, dass nicht alle Länder den gleichen Weg verfolgten. Jedes, das ein schnelles oder anhaltendes Wirtschaftswachstum erreichte, hatte dafür offenbar sein eigenes Rezept, und alle paar Jahrzehnte veränderten sich die Geschicke und die relative Stellung der verschiedenen Modelle. Im frühen 20. Jahrhundert richtete sich die Aufmerksamkeit zunächst auf Schweden, das in der Zwischenkriegszeit Pionierarbeit für ein Modell zwischen Kapitalismus und Sozialismus leistete, was Analysten veranlasste, Lehren aus der Stärke der schwedischen Sozialdemokraten zu ziehen. Nach dem Zeiten Weltkrieg machte die rasche wirtschaftliche Erholung Frankreich zum Aushängeschild eines planwirtschaftlichen Kapitalismus, was Analysten die Rolle des Staates für das Wirtschaftswachstum eingehend untersuchen ließ. Mit der Wirtschaftskrise der 1970er Jahre verlagerte sich die Aufmerksamkeit auf das japanische Modell, das sie anscheinend unbeschadet überstanden hatte, und auf ein fasziniertes Interesse an kulturellen Unterschieden zwischen Japan und anderen Ländern. Heutzutage steht Deutschland im Fokus, das trotz des Schocks der Wiedervereinigung offenbar über Jahrzehnte hinweg ein stabiles Wirtschaftswachstum und eine breite Teilhabe an dessen Früchten beibehalten hat.

Zwei drängende Fragen motivierten diese Forschungen. Die erste lautet, ob der Kapitalismus allen Gesellschaftsmitgliedern nutzen könne. Ursprünglich fragten sich von marxistischem Argwohn durchdrungene Wissenschaftler, ob der Kapitalismus der Arbeiterklasse dienen könne; als im Laufe der Jahrzehnte klar wurde, dass von manchen Kapitalismusmodellen nicht nur die Arbeiterklasse, sondern auch die Armen profitierten, fragten sich Forschende, warum manche Länder im Umgang mit Armut und Ungleichheit erfolgreicher waren als andere. Die zweite Frage, die sich in wirtschaftlichen Krisenzeiten verschärft stellt, ist, welches Kapitalismusmodell am besten für anhaltendes Wirtschaftswachstum sorgen kann. Eine in dieser Tradition zentrale Frage lautet, ob die Programme, durch die manche Länder Armut und Ungleichheit verringern, das Wirtschaftswachstum behindern, wie neoklassische Wirtschaftsmodelle es vorhersagen. Da die europäischen Sozialstaaten Armut und Ungleichheit erfolgreicher reduzieren, darunter aber offenbar nicht sonderlich leiden, besteht großes Interesse daran, ihre Bilanz zu untersuchen. Während die amerikanische Presse seit Jahrzehnten regelmäßig den Niedergang des europäischen Sozialstaats voraussagt, hat eine Kombination kleinerer Reformen die wesentlichen Merkmale dieses Systems anscheinend erhalten.[1] Die Folgen der gegenwärtigen Krise in Europa lassen sich schwer vorhersagen, aber bisher ist eine über fünfzigjährige Bilanz des Wirtschaftswachstums mit geringer Armut aufzuweisen – eine einzigartige Leistung in der Geschichte des Kapitalismus, die anhaltende Aufmerksamkeit verdient.

In all diesen Theorien bildeten die USA immer explizit oder implizit ein wichtiges Gegenstück: Durch das Fehlen einer nationalen Arbeiterpartei standen sie in krassem Gegensatz zum schwedischen Modell; durch den Widerstand gegen Planwirtschaft und Industriepolitik standen sie in Gegensatz zum französischen Etatismus; ihr angeblicher Individualismus wurde als Gegensatz zur angeblich kollektivistischen Kultur Japans dargestellt; und ihr unkoordinierter Markt gilt gegenwärtig als Gegenstück zum koordinierten Kapitalismusmodell Deutschlands.

Eine frühe Version der Frage, warum die USA so anders sind, erwuchs aus der marxistischen Tradition. Im frühen 20. Jahrhundert fragte sich der marxistische Volkswirt Werner Sombart, warum es in den Vereinigten Staaten keinen »Sozialismus« gab.[2] Dieses Fehlen widersprach seiner Ansicht nach Marx' Prognose, dass der Sozialismus dort am weitesten fortschreiten würde, wo der Kapitalismus am stärksten ausgeprägt war. Wie Eric Foner anmerkte, wurde diese Frage nie sonderlich scharf umrissen. Schließlich gab es in keinem der westlichen kapitalistischen Länder

---

1 Siehe z. B. zu Frankreich und Deutschland Vail, *Recasting Welfare Capitalism*.
2 Sombart, *Warum gibt es in den Vereinigten Staaten keinen Sozialismus?*.

Sozialismus; und zu der Zeit, als diese Frage gestellt wurde, existierte in den USA eine Arbeiterpartei, deren Niedergang während des Ersten Weltkriegs nicht aus ihrer Schwäche erwuchs, sondern aus ihrer Verpflichtung auf die Prinzipien des internationalen Sozialismus. Aber die Forschung entwickelte ein Eigenleben, und so rangen die Wissenschaftlerinnen weitere hundert Jahre mit vielen der Hypothesen, die Sombart als Erster aufgestellt hatte: dass in den USA eine einzigartige prokapitalistische oder anti-etatistische Kultur herrsche; dass das Zweiparteiensystem extremere Agitation abwendete; dass die größeren materiellen Vorteile Arbeiter veranlassten, sich in das System zu fügen; dass die Expansion nach Westen ein Ventil für soziale Konflikte bot. Im Laufe der Jahre fügten Wissenschaftler diesen Antworten weitere Varianten hinzu, vor allem diejenige, dass rassifizierte und ethnische Diversität den Zusammenhalt der Arbeiterklasse untergraben habe und fragmentierte politische Institutionen eine Umverteilungspolitik erschwerten.

Klassenbasierte Argumente

Die wohl anhaltendste und faszinierendste Debatte in der vergleichenden politischen Ökonomie findet gegenwärtig zwischen denjenigen statt, die den Ursprung der verschiedenen Traditionen der politischen Ökonomie in der Arbeiterschaft verorten, und denjenigen, die den Hauptunterschied in den Arbeitgebern und deren Organisation sehen. Zu den besten Beispielen für die erstgenannte Tradition gehören John Stephens, Walter Korpi, Alexander Hicks sowie Evelyne Huber und John Stephens.[3] Ihr Grundargument lautet, dass Umverteilung in kapitalistischen Staaten von der Macht abhängig ist, die Gewerkschaften und Arbeiterparteien entweder allein oder als wichtige Partner in politischen Koalitionen besitzen. Korpi schlägt vor, »Klasse und die Verteilung von Machtressourcen« als Ausgangspunkt für jegliche Analyse der Politik zu nehmen.[4] Laut der Argumentation dieser Tradition verteilen Arbeitsmärkte die Risiken und die Ressourcen, mit ihnen umzugehen, unterschiedlich, sodass die-

---

[3] Stephens, *The Transition from Capitalism to Socialism*; Korpi, *The Democratic Class Struggle*; Hicks, *Social Democracy and Welfare Capitalism*; Huber/Stephens, *Development and Crisis of the Welfare State*.

[4] Korpi, *The Democratic Class Struggle*, S. 14.

jenigen, die den größten Risiken ausgesetzt sind, über die geringsten Ressourcen verfügen, sie zu bewältigen: »Solche Merkmale schaffen ein Potenzial für klassenbezogenes kollektives Handeln. Von politischen Parteien, die ihre Basis in den bezüglich ihrer wirtschaftlichen Ressourcen relativ benachteiligten sozioökonomischen Kategorien haben und die weitgehend auf die Macht der Arbeiterschaft setzen, erwartet man, dass sie Protagonisten in der Entwicklung des Sozialstaates sind, die darauf abzielt, die Bedingungen und Ergebnisse in Hinblick auf Verteilungsprozesse des Marktes zu verändern.«[5] Diese natürliche Asymmetrie gewährleistet, dass die Klassenzugehörigkeit in jeder kapitalistischen Gesellschaft ein herausragender Faktor der sozialen Spaltung bleibt.

Nach dieser Auffassung ist die Verteilung der Machtressourcen historisch strukturiert, wobei das Kapital immer die Oberhand hat, aber die Arbeiterschaft sich organisieren und sich unter bestimmten historischen Bedingungen wehren kann – wenn beispielsweis Gewerkschaften sich zusammenschließen, eine sozialistische Partei populär ist oder das Kapital zentralisiert und konzentriert ist.[6] In Schweden konnte sich die Arbeiterschaft mit dem Staat verbünden und eine Politik durchsetzen, die ihr Leben verbesserte. Kurz: »Die Verteilung der Machtressourcen zwischen den Hauptkollektiven oder -klassen eines Landes wirkt sich auf die Form und Ausrichtung staatlicher Intervention in die Verteilungsprozesse und damit auf das Ausmaß der Ungleichheit in einem Land aus.«[7] Die Klasse spielt ebenso eine Rolle wie die Politik.

An dieser Theorie, die in den 1980er Jahren wohl der vorherrschenden Sicht der vergleichenden Kapitalismusforschung entsprach, wurde kritisiert, dass sie die ungewöhnliche schwedische Erfahrung allzu stark verallgemeinerte.[8] Peter Baldwin argumentierte in einer eingehenden Untersuchung zu hundert Jahren Sozialpolitik in fünf europäischen Ländern: »Keiner der angeblichen Maßstäbe sozialdemokratischer Sozialversicherung [...] wurde anfangs oder auf irgendeine erhebliche Weise von der Linken oder ihrer Kernwählerschaft geprägt. Interessen des Bürgertums und der Landbevölkerung waren der Ursprung dessen, was die

---

5 Ders., »Power Resources and Employer-Centered Approaches«, S. 168.
6 Ebd., S. 172; Stephens, *The Transition from Capitalism to Socialism*.
7 Korpi, *The Democratic Class Struggle*, S. 195.
8 Siehe z. B. Esping-Andersen, *The Three Worlds of Welfare Capitalism*, S. 17; Iversen/Soskice, »Distribution and Redistribution«, S. 439.

Sozialdemokraten später erfolgreich als ihr Verdienst beanspruchten.«[9] Solche Argumente unterstellen, dass die Korrelation zwischen der Macht der Arbeiterschaft und den Sozialausgaben zweifelhaft sei (dazu mehr in Kapitel 3). Zudem lässt sich die Theorie der Machtressourcen nur schwer auf die amerikanische Geschichte anwenden, da das vorherrschende Merkmal des amerikanischen Sozialstaates eine frühzeitige Entwicklung im frühen 20. Jahrhundert war, der nach dem Zweiten Weltkrieg eine Unterentwicklung vor allem auf dem Gebiet der öffentlichen Krankenversicherung folgte.[10] Dieser ungewöhnliche Verlauf passt nicht recht zu Mustern der Arbeiter- oder Gewerkschaftsmacht in den USA, da dort der höchste gewerkschaftliche Organisationsgrad nach dem Zweiten Weltkrieg zu finden war. Zudem lässt das klassenbasierte Argument die in Kapitel 1 erörterte Stärke der Arbeiterschaft auf der Ebene der US-Bundesstaaten sowie die weiter unten ausführlicher behandelte Tatsache außer Acht – oder kann sie nicht sinnvoll erklären –, dass die amerikanische Arbeiterschaft einige der Hauptelemente des Sozialstaates um die Mitte des 20. Jahrhunderts gar nicht haben wollte. Solche Argumente gehen letztlich davon aus, dass die Arbeiterschaft und die Linke Verfechter des Sozialstaates sind, eine Annahme, die nicht immer zutrifft. Selbst in Europa setzte die Arbeiterschaft ihre Interessen häufig mit einer breit wachsenden Wirtschaft gleich und drängte auf eine Sozialpolitik im Rahmen allgemeiner Vereinbarungen für Wirtschaftswachstum.[11] Klassenbasierte Argumente haben zudem Schwierigkeiten, zu erklären, warum die Politik gewöhnlich nicht zum früheren Muster zurückkehrt, sobald eine andere Klassenkonstellation an die Macht kommt. Und eine solche Theorie lässt sich nicht gut über den Sozialstaat hinaus verallgemeinern, denn wie wir gesehen haben, gibt es in den USA, in denen die Arbeiterbewegung nach Ansicht der in dieser Tradition verhafteten Analysten relativ schwach ist, einige der strengsten Arbeits- und Verbraucherschutzregelungen.[12]

---

9 Baldwin, *The Politics of Social Solidarity*, S. 156.
10 Skocpol, *Protecting Soldiers and Mothers*, Amenta, *Bold Relief*; Swenson, *Capitalists Against Markets*.
11 Eichengreen, »Institutions and Economic Growth«, sowie Kapitel 3 des vorliegenden Buches.
12 Hooks/McQueen argumentieren in ihrem Artikel »American Exceptionalism Revisited«, die amerikanische Militärhegemonie habe etwas mit dem Sozialstaat zu tun, da sie die Macht der Demokratischen Partei reduziere. Obwohl sie behaupten, den Sozialstaat zu erklären, untersucht ihr Modell lediglich die Auswirkung der Militärhegemonie auf den Erfolg der Demokratischen Partei; die Auswirkungen

Eine andere Version der Argumente, die den Klassenaspekt als wesentlich für den amerikanischen Exzeptionalismus betonen, ist in Gøsta Esping-Andersens Erörterung der Sozialstaatsmodelle zu finden. Gestützt auf Karl Polanyi, der in seinem Werk mahnte, der Kapitalismus mache Menschen zu Waren, schlägt Esping-Andersen vor, zu untersuchen, in welchem Maße Staaten Menschen ein Leben ermöglichen, in dem sie sich nicht zu Waren machen: »Das herausragende Kriterium für Sozialrechte muss sein, in welchem Maße sie es Menschen erlauben, unabhängig von reinen Marktkräften ihren Lebensstandard zu sichern.«[13] Anhand dieses Rahmens schlägt Esping-Andersen vor, die Sozialstaaten in Industrieländern in drei Gruppen einzuteilen: die liberalen Sozialstaaten wie die Vereinigten Staaten, Kanada und Australien, »in denen bedarfsabhängige Unterstützung, bescheidene Sozialhilfeleistungen und geringe Sozialversicherungspläne dominieren«;[14] konservative oder korporatistische Sozialstaaten wie Österreich, Frankreich, Deutschland und Italien, in denen eine Dekommodifizierung mit Statusdifferenzierung einhergeht, sowie sozialdemokratische Sozialstaaten wie Schweden, in denen allgemeinere Wohlfahrtsprinzipien gelten und Vollbeschäftigung angestrebt wird.

Esping-Andersen argumentiert, nicht die Arbeiterschaft, sondern die argrarischen Schichten seien die Hauptdeterminante für die Entwicklung des Sozialstaats: »Eines der historischen Paradoxe ist, dass die ländlichen Bevölkerungsschichten entscheidend für die Zukunft des Sozialismus waren. [...] Politische Dominanz war bis nach dem Zweiten Weltkrieg weitgehend eine Frage ländlicher Klassenpolitik. Der Aufbau von Sozialstaaten wurde daher in jener Zeit von der Kraft bestimmt, die jeweils die Bauern für sich gewann.«[15] Seiner Ansicht nach standen kontinentaleuropäische Länder einer Koalition von Bauern und Arbeitern feindselig gegenüber, während sowohl die skandinavischen Länder als auch die USA für solche Koalitionen günstiger waren, »aber mit dem entscheidenden Unterschied, dass die arbeitsintensiven Südstaaten ein wahrhaft all-

---

von Parteien auf den Sozialstaat behandeln sie als etwas Gegebenes, daher haben sie ebenso wie die anderen klassenbasierten oder auf Machtressourcen beruhenden Argumente nichts zur Frage der stärkeren Regulierung in manchen Bereichen zu sagen. Hier ist noch anzumerken, dass die amerikanische Militärhegemonie letztlich eine Folge der in diesem Buch erörterten wachsenden Wirtschaftsmacht ist.

13 Esping-Andersen, *The Three Worlds of Welfare Capitalism*, S. 3.
14 Ebd., S. 26.
15 Ebd., S. 30–31.

gemeines Sozialversicherungssystem blockierten und gegen weitere Entwicklungen des Sozialstaates opponierten«,[16] während Bauern in Norwegen und Schweden den Sozialstaat im Gegenzug für Agrarsubventionen unterstützten.

Nach dieser Erklärung geht es bei der Unterentwicklung des amerikanischen Sozialstaates letztlich um eine bestimmte Produktionsweise in den Südstaaten. Esping-Andersen führt zwar keine Autoren namentlich an, bezieht sich in seinem Argument für ein Veto der Südstaaten jedoch anscheinend auf Jill Quadagno, die in ihrer Studie zum Sozialversicherungsgesetz von 1935 diese Ansicht ausführlich dargelegt hat.[17] Die Einschätzung, dass amerikanische Farmer gegen den Sozialstaat opponierten, herrscht in den historischen Studien zur Sozialpolitik vor. Aber der Hauptgegenstand des Social Security Act von 1935, die Altersrente, entwickelte sich zu dem einzigen Sozialbereich, in dem die USA nicht hinterherhinken.[18] Ursprünglich war die Rentengesetzgebung im Social Security Act zwar eindeutig von den Interessen der Südstaatenkapitalisten geprägt und so gestaltet, dass eine allgemeinere Geltung blockiert wurde, mit der Zeit entwickelte sie sich jedoch zu einem generelleren Rentenprogramm, das ähnlich wirkt wie gesetzliche Renten in anderen Ländern. Die Fähigkeit von Kongressabgeordneten aus den Südstaaten, sozialpolitische Vorschläge im Rahmen des New Deal zu blockieren, ist zwar ein wesentlicher Bestandteil der Geschichte des amerikanischen Sozialstaates, aber ihr Veto bedeutete keineswegs das Ende der Entwicklung.

Weiter unten werde ich ausführen, dass Esping-Andersen sich zwar zu Recht auf die politischen Präferenzen der Agrarier konzentriert, dass diese Geschichte aber komplexer ist und sich nicht auf ein bloßes Veto der die Arbeiterschaft unterdrückenden Südstaaten beschränkt. Amerikanische Agrarier waren selbst in den Südstaaten nicht immer gegen die Weiterentwicklung des Staates, aber ihre etatistischen Interventionen hatten Konsequenzen, die sie nicht vorhersehen konnten.

Generell ist es selbst in den höchstentwickelten Sozialstaaten empirisch ungenau, zu argumentieren, die Reformer hätten das Ziel verfolgt, »unabhängig von reinen Marktkräften« zu werden. In den meisten Fällen strebten sie eine bessere Marktposition und bessere Arbeitsbedingungen

---

16 Ebd., S. 30.
17 Quadagno, »Welfare Capitalism and the Social Security Act of 1935«.
18 Finegold, »Agriculture and the Politics of U.S. Social Provision«; Hacker, *The Divided Welfare State*; Scruggs/Allan, »Welfare-State Decommodification«.

in einer expandierenden Wirtschaft und keineswegs eine Dekommodifizierung an.[19] Tatsächlich stützt selbst das schwedische Beispiel nicht immer die Dekommodifizierungsthese, da dort einer der traditionellen Erfolge genau darin bestand, Arbeitslose wieder in ein Beschäftigungsverhältnis zu bringen, statt ihnen zu erlauben, außerhalb des Arbeitsmarktes zu bleiben.

Spielarten des Kapitalismus

In Anbetracht der Schwierigkeiten klassenbasierter Theorien begannen Wissenschaftlerinnen ein Jahrzehnt später ein neues Argument zu entwickeln, um sowohl die unterschiedlichen Ergebnisse in Bezug auf Armut und Ungleichheit als auch die Möglichkeit zu erklären, mit mehr als minimalen staatlichen Eingriffen für anhaltendes Wirtschaftswachstum zu sorgen. Diese Theorie, die Hall und Soskice in *Varieties of Capitalism* am gründlichsten formulierten, griff die Aufmerksamkeit auf, die eine frühere Politologengeneration den korporatistischen Übereinkünften zwischen Arbeiterschaft, Arbeitgebern und Staat geschenkt hatte. Aber während diese frühere Generation ebenso wie Korpi von der Fähigkeit der Arbeiterschaft beeindruckt war, in diesem korporatistischen Dreieck Vereinbarungen zu erzielen, verlagerten Hall und Soskice ebenso wie Peter Swanson und John Zysman den Fokus auf Arbeitgeber.[20] Nach Ansicht von Hall und Soskice sehen sich Unternehmen bei der Produktion mit spezifischen Problemen konfrontiert: mit der Notwendigkeit, sich die Kooperation qualifizierter Arbeitskräfte zu sichern und zuverlässige Finanzierungen, Zulieferungen und Vertriebswege aufzubauen. Kapitalismus lässt sich als Geschichte analysieren, wie Firmen diese Probleme lösen. In Volkswirtschaften, die Hall und Soskice als »liberale Marktwirtschaften« bezeichnen, lösen Unternehmen diese Probleme durch unabhängigen, auf Wettbewerb basierenden Marktaustausch mit jedem ihrer Partner, während sie »in koordinierten Marktwirtschaften« mit ihren Partnern interagieren, um sie zu bewältigen. So beteiligen sich Unternehmen in

---

19 Eichengreen, »Institutions and Economic Growth«; zu einem Überblick, warum die Arbeiterklasse sozialpolitische Maßnahmen möglicherweise nicht bevorzugte, siehe Thane, »The Working Class and State ›Welfare‹ in Britain«.
20 Siehe Swenson, *Capitalists Against Markets*; Zysman, *Governments, Markets, and Growth*.

liberalen Marktwirtschaften nicht an der Ausbildung ihrer Arbeitskräfte, und der Übergang von der Schule zur Arbeit erfolgt im Vergleich zu den strukturierten Ausbildungen in koordinierten Marktwirtschaften chaotisch und planlos.[21] Hall und Soskice vermuten zudem, dass verschiedene volkswirtschaftliche Elemente zusammenwirken, was »institutionelle Komplementaritäten« belegt: »Länder mit einer bestimmten Art von Kooperation in einem Wirtschaftsbereich dürften tendenziell auch in anderen Bereichen komplementäre Praktiken entwickeln.«[22]

Diese beiden Kapitalismusformen füllen unterschiedliche, komplementäre Nischen des Weltmarktes. Koordinierte Marktwirtschaften sind am besten geeignet, hochwertige Qualitätsprodukte herzustellen, vor allem Investitionsgüter, die eine hohe Kundenbindung schaffen und hoch qualifizierte Arbeitskräfte erfordern, während liberale Marktwirtschaften spezialisiert darauf sind, völlig neue Produkte oder radikale Veränderungen des Produktionsprozesses hervorzubringen, die nur allgemein qualifizierte Arbeitskräfte benötigen. Daher sind sowohl liberale als auch koordinierte Marktwirtschaften imstande, Wirtschaftswachstum zu generieren. Aber Hall und Skoskice argumentieren, dass liberale Marktwirtschaften für mehr Ungleichheit und längere Arbeitszeiten sorgen, während der Sozialstaat tatsächlich komplementär zu den Institutionen einer koordinierten Marktwirtschaft ist, weil sie sichere Arbeitsplätze, Sozialleistungen und gute Arbeitsbedingungen braucht, um Arbeitskräfte zur fachlichen Qualifikation für die notwendigen hoch spezialisierten Aufgaben zu motivieren.[23] Nach dieser Logik haben Unternehmen in koordinierten Marktwirtschaften ein Interesse daran, ein hohes Niveau der Sozialleistungen zu unterstützen, während sie in liberalen Marktwirtschaften daran weniger interessiert sind.[24]

Den Rahmen der Kapitalismusspielarten zu verfeinern besaß für die vergleichende politische Ökonomie eine enorme Anziehungskraft. Mittlerweile beziehen die meisten Forschenden auf diesem Gebiet entweder für oder gegen ihn Stellung, und die Literatur, die ihn weiterentwickelt oder kritisiert, wächst ständig weiter. Die für unsere Zwecke aufschluss-

---

21 Thelen, *How Institutions Evolve*.
22 Hall/Soskice, *Varieties of Capitalism*, S. 18.
23 Ebd., S. 50–51.
24 Zu einer umfassenderen Erörterung der Entwicklung des Sozialstaates aus Sicht der Spielarten des Kapitalismus siehe Mares, *Warum die Wirtschaft den Sozialstaat braucht*.

reichsten Erkenntnisse liefert die Debatte zwischen den Anhängerinnen der klassenbasierten Erklärungen und den Verfechtern der Kapitalismusspielarten. Walter Korpi und andere weisen darauf hin, dass Unternehmen in koordinierten Marktwirtschaften den Sozialstaat im Großen und Ganzen nicht begrüßt haben. Seiner Ansicht nach haben die Vertreter der Kapitalismusspielarten »die Einwilligung zu dessen Expansion als Beleg für ihre primären Präferenzen für eine solche Reform fehlinterpretiert«.[25] Er argumentiert, in koordinierten Marktwirtschaften gebe es bei Arbeitgebern viel Opposition gegen den Sozialstaat und die vorhandenen Unterschiede in dessen *Billigung* zeugten nicht nur von ihren Präferenzen, sondern auch von ihrer Verhandlungsmacht.[26]

Angesichts eindeutiger historischer Belege scheuen Verfechter der Kapitalismusspielarten in den letzten Jahren vor der Behauptung zurück, Arbeitgeberinnen bevorzugten oder entschieden sich in koordinierten Marktwirtschaften aktiv für Sozialpolitik. In einer detaillierten Reaktion auf Korpis Kritik argumentieren Iversen und Soskice, Arbeitgeber hätten den Sozialstaat mittlerweile akzeptiert und Klassen- oder Machtressourcen-Argumente könnten nicht erklären, warum das Wirtschaftswachstum in umfangreichen Sozialstaaten offenbar nicht abnimmt.[27]

Die beiden Autoren umreißen einen Ansatz, der die unterschiedlichen wirtschaftlichen Geschicke verschiedener Länder im 20. Jahrhundert auf die Organisation von Zünften und Genossenschaften zurückführt. Im 19. Jahrhundert und vorher entwickelten manche Länder aus exogenen Gründen kooperative Institutionen, die in den ersten Jahrzehnten des 20. Jahrhunderts in Verhältniswahlsystemen formalisiert wurden. Diese Systeme förderten wiederum die Stärke und den Zusammenschluss der Arbeiterschaft und – separat – die Umverteilung. Nach Iversens und Soskices Argumentation belegt also die Korrelation zwischen Stärke der Arbeiterschaft und Umverteilung nicht etwa, dass die Stärke der Arbeiterschaft Ursache der Umverteilung ist, sondern dass es genau umgekehrt ist: Institutionen, die Umverteilung fördern, stärken die Macht der Arbeiterschaft.

Die Arbeit dieser beiden ist ein starker Versuch, die Sicht der Kapitalismusspielarten zu vertiefen und zu verfeinern. Sie repräsentiert den Grenzbereich der Theorien der vergleichenden politischen Ökonomie,

---

25 Korpi, »Power Resources and Employer-Centered Approaches«, S. 171.
26 Hierzu siehe auch Prasad, *The Politics of Free Markets*, S. 203–224.
27 Iversen/Soskice, »Distribution and Redistribution«, S. 439.

kann aber in mehreren Punkten keine Erklärung dafür liefern. Erstens ist das Merkmal, das die USA von anderen Ländern unterscheidet, nicht der Umfang der Sozialleistungen, sondern deren öffentliche oder private Organisation.[28] Private Sozialleistungen – wie betriebliche Kranken- und Rentenversicherungen – sollten in koordinierten Wirtschaften zu finden sein, in denen die Bindung der Beschäftigten an bestimmte Firmen wichtig ist, weil solche Maßnahmen helfen können, Arbeitskräfte anzulocken und zu halten. In den liberalen Vereinigten Staaten mit ihrem auf allgemeinen Qualifikationen basierenden Wirtschaftssystem sind Arbeitskräfte nicht unverzichtbar, daher sollte es dort eigentlich keine privaten Kranken- und Rentenversicherungssysteme geben. Aber genau dort herrschen sie vor. Zweitens behaupten Iversen und Soskice, dass ihre wesentliche abhängige Variable, die Ungleichheit, eine Folge der Lohnkompression sei. Träfe das zu, müssten wir in den koordinierten Marktwirtschaften *vor* Steuern und Transferleistungen mehr Gleichheit vorfinden; während in den USA die Vor-Steuer-Verteilung teilweise ungleicher ist, herrscht in liberalen und koordinierten Wirtschaften ein ähnliches Maß an Ungleichheit vor Steuern und Transferleistungen, und die vorhandenen Unterschiede weisen nicht in die Richtungen, die Verfechter der Kapitalismusspielarten vorhersagen (siehe Abb. 2.1). Das lässt vermuten, dass überwiegend nicht kollektive Verhandlungen, sondern Steuern und Transferzahlungen für die von Iversen und Soskice festgestellten Muster verantwortlich sind.

Zudem geht die Argumentation der beiden Autoren zu Verhältniswahlsystemen und Umverteilung von einer unrealistischen Annahme aus: dass Staaten nie politische Maßnahmen beschließen können, die den Reichen auf Kosten der Armen helfen. Laut Iversen und Soskice lassen sich Wahlen in Demokratien modellhaft als System mit drei Wählerschichten sehen (Unterschicht, Mittelschicht und reiche Oberschicht). In Verhältniswahlsystemen mit drei Parteien, die jeweils eine dieser drei Schichten vertreten, würden sich Unter- und Mittelschicht zusammentun, um die Reichen zu besteuern.[29] In Mehrheitswahlsystemen mit jeweils nur einer Mitte-links- und einer Mitte-rechts-Partei gibt es eine Mitte-rechts-Tendenz. Die beiden Autoren bezeichnen diese drei Schichten mit den Kürzeln L *(lower class)*, M *(middle class)* und H *(upper class)* und schreiben, dass in Mehrheitswahlsystemen »M weniger von einer nach rechts rückenden

---

28 Jacoby, *Modern Manors;* Hacker, *The Divided Welfare State;* Klein, *For All These Rights.*
29 Iversen/Soskice, »Distribution and Redistribution«, S. 452.

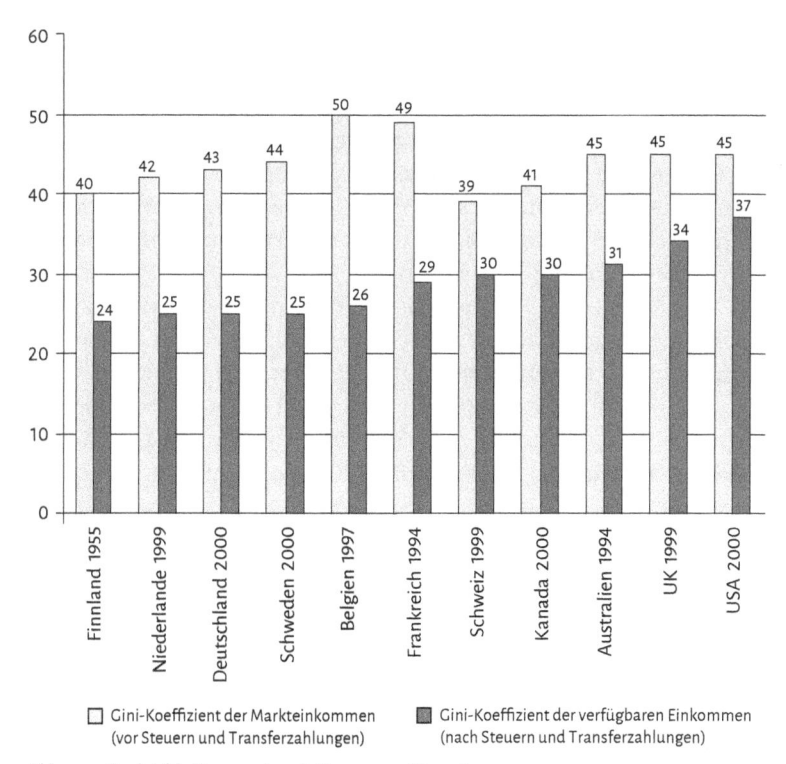

Abb. 2.1   Ungleichheit vor und nach Steuern und Transfers
Quelle: Smeeding, »Public Policy, Economic Inequality, and Poverty«, S. 972

Chart data (Gini-Koeffizient der Markteinkommen vor Steuern und Transferzahlungen / Gini-Koeffizient der verfügbaren Einkommen nach Steuern und Transferzahlungen):
- Finnland 1955: 40 / 24
- Niederlande 1999: 42 / 25
- Deutschland 2000: 43 / 25
- Schweden 2000: 44 / 25
- Belgien 1997: 50 / 26
- Frankreich 1994: 49 / 29
- Schweiz 1999: 39 / 30
- Kanada 2000: 41 / 30
- Australien 1994: 45 / 31
- UK 1999: 45 / 34
- USA 2000: 45 / 37

MH-Regierung zu befürchten hat als von einer nach links rückenden LM-Regierung. Erstere führt für M zu geringeren Sozialleistungen, aber auch zu niedrigeren Steuern, während Letztere für M höhere Steuern bedeutet, deren Einnahmen an L umverteilt werden«.[30] Das erklärt die Asymmetrie, die Verhältniswahlsysteme zu einer Mitte-links-Politik und Mehrheitswahlsysteme zu einer Mitte-rechts-Politik tendieren lässt. Diese Argumente halten jedoch nur Stand, wenn die Besteuerung der einzige Faktor ist, der die Wahlentscheidung bestimmt. Diese Asymmetrie besteht jedoch nicht in einer Welt, in der der Staat Maßnahmen ergreifen kann, die nach Ansicht der Wählerinnen den Reichen auf Kosten der Mittelschicht und der Armen helfen – wie Agrarsubventionen nur für reiche Grund-

---

30 Ebd., S. 453.

besitzer, politische Maßnahmen für den Finanzsektor, die den obersten Einkommensgruppen nutzen, aber die wirtschaftliche Stabilität der Mittelschicht bedrohen, drakonische Strafen für geringfügige Vergehen oder Ausnahmen von Umweltschutzbestimmungen für gut vernetzte Spender. In einer solchen Welt hat die Mittelschicht auch in Demokratien mit Mehrheitswahlrecht Anreize, sich mit der Unterschicht gegen eine solche Politik zusammenzutun, weil eine nach rechts rückende MH-Regierung für sie eine Bedrohung darstellt.

Zudem zeigen die Forschungen eindeutig, dass die Umverteilung in umfangreichen Sozialstaaten nicht darüber erfolgt, den Reichen etwas zu nehmen und es den Armen zu geben. Wie mehrere Forschende feststellten, basieren sie offenbar auf Besteuerungsarten, die untere Schichten stärker belasten, wie Lohnsteuern und Umsatzsteuern, und zumindest bis zu den neoliberalen Steuerreformen der 1980er Jahre besteuerten die europäischen Sozialstaaten Kapital wesentlich niedriger als die USA.[31] Es ist bekannt, dass Sozialstaaten auf der Ausgabenseite die Mittel- und Oberschicht begünstigen, weil diese besser in der Lage sind, staatlich subventionierte höhere Bildung und kostspielige Gesundheitsversorgung am Lebensende in Anspruch zu nehmen, und da viele Sozialstaaten Sozialleistungen an das Einkommen koppeln, folgen sie dem, wie Korpi und Palme es formulieren, »biblischen *Matthäus-Prinzip*, den Reichen in absoluten Zahlen mehr zu geben als den Armen und auch in relativen Zahlen nur begrenzt auf niedrige Einkommen abzuzielen«, was dazu dient, die Unterstützung für den Sozialstaat zu festigen.[32] Sozialstaaten verringern tatsächlich Armut und Ungleichheit, aber das Robin-Hood-Bild, auf das Iversen und Soskice setzen – den Reichen zu nehmen, um es den Armen zu geben – haben eingehende länderübergreifende Studien widerlegt. Offenbar erfolgt Umverteilung in erster Linie innerhalb der Schichten von Jungen zu Alten, von Gesunden zu Ungesunden und von Ungebildeten zu Gebildeten, wie Arthur Stinchcombe es ausdrückt, statt klassenübergreifend von Reichen zu Armen.[33]

---

31 Carey/Rabesona, »Tax Ratios on Labor and Capital Income and on Consumption«; Mendoza u.a., »Effective Tax Rates in Macroeconomics«; Volkerink/de Haan, »Fragmented Government Effects on Fiscal Policy«; Sørensen, *Measuring the Tax Burden;* siehe auch Kapitel 6.
32 Korpi/Palme, »The Paradox of Redistribution«, S. 672; siehe hierzu auch Baldwin, *The Politics of Social Solidarity.*
33 Stinchcombe, »The Functional Theory of Social Insurance«.

Aus der Perspektive der Kapitalismusspielarten müsste es in den USA selbstverständlich weniger strenge Regulierungen geben, da sie als liberale Marktwirtschaft gelten, in der »Deregulierung häufig der effektivste Weg ist, die Koordination zu verbessern«[34] – eine seltsame Aussage, da sie eine vorherige Regulierung unterstellt, die diese Theorie nicht zu erklären vermag. Die Sicht der Kapitalismusspielarten ist eine außerordentliche intellektuelle Leistung, deren Grenzen sich jedoch in den letzten Jahren deutlich gezeigt haben.

Landeskultur

Eine andere Expertengruppe erklärt die größere Armut in den USA als Ergebnis einer stärkeren amerikanischen Vorliebe für freie Märkte. Eine der bekanntesten Erklärungen dieser Richtung ist die von Lipset und Marks aufgestellte These, der Sozialismus sei in den USA gescheitert, weil die dortige Kultur weitgehend bürgerlich geprägt sei und Sozialisten daher immer »gegen den Strom der amerikanischen Kultur zu schwimmen versuchten«.[35]

Allerdings lassen sich diese Erklärungen nur schwer mit den Fakten vereinbaren. So nutzen Lipset und Marks eindeutige Belege für einen recht radikalen Marxismus in der amerikanischen sozialistischen Bewegung um die Zeit des Ersten Weltkriegs und für Momente von Militanz der Arbeiterschaft vom frühen 19. Jahrhundert bis zur Weltwirtschaftskrise keineswegs, um ihre These zu relativieren, sondern behaupten, sie erhärteten diese sogar: Amerikanische Sozialisten seien wegen ihres »Dogmatismus«, ihres ideologischen Festhaltens an einem kompromisslosen Marxismus gescheitert.[36] Aber dieser in soziologischen und ideologischen Welten der USA verwurzelte Dogmatismus würde doch wohl eigentlich belegen, dass die amerikanische Kultur – aus der die sozialistische Bewegung erwuchs – ganz unabhängig von ihren taktischen Ergebnissen Elemente besitzt, die dem Kapital recht feindselig gegenüberstehen. Andererseits veranlasst der Umstand, dass die Sozialisten im

---

34 Hall/Soskice, *Varieties of Capitalism*, S. 49.
35 Lipset/Marks, *It Didn't Happen Here*, S. 266; zur klassischen Darlegung dieser Sicht siehe Hartz, *The Liberal Tradition in America*.
36 Lipset/Marks, *It Didn't Happen Here*, S. 195–202, 272–273.

Zweiten Weltkrieg tatsächlich Kompromisse machten, die Autoren nicht dazu, ihre These zum Dogmatismus des amerikanischen Sozialismus zu revidieren, vielmehr argumentieren sie, gerade diese Kompromissbereitschaft habe sie zum Scheitern verurteilt, da sie bei ihren Anhängern für Verwirrung sorgte.[37] Auf Meinungsumfragen, die breite Unterstützung für Verstaatlichung und andere sozialistische Maßnahmen in den 1930er Jahren zeigen, reagieren Lipset und Marks nicht damit, ihre These des »Anti-Etatismus und Individualismus« der amerikanischen Kultur einzuschränken, und sei es auch nur für außergewöhnliche Zeiten, vielmehr erklären sie lediglich: »Damals war die Sozialistische Partei nicht in der Lage, Vorteile daraus zu ziehen«.[38]

Ebenso wie die klassenbasierten Theorien haben auch die kulturellen Argumente Schwierigkeiten, den besonderen historischen Werdegang der Sozialgesetzgebung in den Vereinigten Staaten zu erklären, vor allem vom frühen 20. Jahrhundert über den New Deal, als die USA führend auf diesem Gebiet waren, bis hin zur Unterentwicklung des Sozialstaates in den späteren Jahrzehnten.[39] Diese Kulturthesen sehen tendenziell eine unveränderliche Landeskultur oder einen Wechsel von einem kulturell geprägten Marktmuster hin zu einer pragmatisch bestimmten staatlichen Intervention während der Weltwirtschaftskrise,[40] aber das entspricht nicht der von Forschenden festgestellten Geschichte eines frühzeitig entwickelten Sozialstaates, der nach der Weltwirtschaftskrise und dem Zweiten Weltkrieg hinterherzuhinken begann.

In den Sozialwissenschaften finden kulturelle Argumente zwar gemischte Aufnahme, aber ein Argument aus diesem Lager ist mittlerweile allgemein akzeptiert: dass man amerikanische Antitrustregulierungen nicht als staatliche Intervention, sondern als Versuch interpretieren sollte, den Markt zu erhalten. Frank Dobbin erklärt, Antitrustregulierungen sind darauf »angelegt, wirtschaftliche Freiheiten zu erhalten, indem sie Handelsbeschränkungen verhindern und Preiswettbewerb durchsetzen«.[41] Diese Interpretation, dass die Antitrustregulierung Markteffi-

---

37 Ebd., S. 214.
38 Ebd., S. 266, 267.
39 Skocpol, *Protecting Soldiers and Mothers*; Amenta, *Bold Relief*; Swenson, *Capitalists Against Markets*.
40 Zur Industriepolitik siehe z. B. Dobbin, »The Social Construction of the Great Depression«.
41 Ders., *Forging Industrial Policy*, S. 3.

zienz fördert, ist weithin akzeptiert. Dobbin untermauert damit seine Argumentation, dass es »in unterschiedlichen Ländern unterschiedliche Vorstellungen von Ordnung und Rationalität« gab, die im 19. Jahrhundert die Regulierung der Eisenbahnen vorantrieben.[42]

In späteren Schriften betonte Dobbin jedoch, dass im 19. Jahrhundert die ursprünglichen »Verfechter der Antitrustpolitik das Schreckgespenst fürstlicher Macht heraufbeschworen; sie *argumentierten nicht, dass Antitrustgesetze die industrielle Effizienz verbessern würden*. Erst später wurden [der Interstate Commerce Act und der Sherman Antitrust Act] als Mittel dargestellt, den Wettbewerb zu fördern«.[43]

Neuere Forschungen zu den Ursprüngen der Antitrustregulierungen bestätigen Dobbins spätere Haltung: Sie wurden nicht eingeführt, weil man sie für eine Möglichkeit hielt, die Markeffizienz zu verbessern, sondern stellten einen Versuch dar, die Monopolmacht einzudämmen. Erst später, im frühen 20. Jahrhundert, wurden sie als Mittel interpretiert, den Wettbewerb zu fördern.[44] Nach wie vor wird viel über die Ursprünge von Antitrustregulierungen debattiert, aber die Diskussionen drehen sich um die Frage, ob sie aus den Forderungen von Konsumenten oder Kleinunternehmen erwuchsen – keine Analystin vertritt ernsthaft die Ansicht, dass sie einen Versuch darstellten, die Effizienz zu erhöhen. So ist die Debatte über die Ursprünge des Sherman Antitrust Act in den USA in drei Lager gespalten: Die einen sehen Farmer und Konsumentinnen als entscheidenden Faktor, andere die Kleinunternehmen, die sich *gegen* die höhere Markteffizienz der Trusts zu wehren versuchten, und wieder andere halten eine Kombination aus beiden für entscheidend.[45] Keines dieser Lager behauptet, die Monopolmacht sei angegriffen worden, um die Effizienz zu steigern, sondern nur, weil die Monopole den kleinen Unternehmen oder den Farmern schadeten. Die eigennützigen Forderungen kleiner Unternehmen oder des Agrarsektors nach gesetzlichen Regelungen, die sie schützen sollten, sind eine dünne Grundlage für die Behauptung, die Antitrustgesetze seien von einer »politischen Kultur«

---

42 Ebd., S. 4; zu einer völlig anderen Interpretation nationaler Eisenbahnregulierung im 19. Jahrhundert siehe Dunlavy, »Mirror Images«, sowie dies., *Politics and Industrialization*.
43 Dobbin/Dowd, »The Market That Antitrust Built«, S. 635, Hervorh. hinzugefügt.
44 Berk, *Louis D. Brandeis and the Making of Regulated Competition*.
45 Siehe Troesken, »The Letters of John Sherman«, S. 275; Letwin, »Congress and the Sherman Antitrust Law«; Stigler, »The Origin of the Sherman Act«.

durchgesetzt worden, die den Wert der »natürlichen Auslese« des freien Marktes schätze.

Tatsächlich zeigen die überzeugendsten neueren Belege, dass die Antitrustgesetze einen Schlag *gegen* den freien Markt und dessen Effizienz darstellten. DiLorenzo argumentiert, Monopolmacht habe in der Tat zu niedrigeren Preisen geführt.[46] Diese Ansicht herrschte anscheinend auch zur damaligen Zeit vor. Der Historiker Sanford Gordon stellte in seiner Untersuchung der Fachliteratur fest, dass die meisten Ökonomen damals überzeugt waren: »Hohe Fixkosten machten große Unternehmen wirtschaftlich«.[47] George Stigler schrieb: »Wer die Wirtschaftsgeschichte gründlich studierte, hätte am 2. Juli 1890, an dem der Sherman Act unterzeichnet wurde, lange und eingehend [...] nach einem Ökonomen suchen müssen, der jemals eine Politik empfohlen hätte, in der gesamten Wirtschaft Absprachen oder Monopolisierung aktiv zu bekämpfen.«[48]

Kleinbetriebe wussten durchaus um die Skaleneffekte, die Großunternehmen nutzten. Nach Gary Libecaps Ansicht boten Antitrustgesetze kleinen Unternehmen eine Möglichkeit, an ineffizienten Praktiken festzuhalten und sich vor dem freien Markt zu schützen. Sie wollten solche Regulierungen nicht nur, weil große Trusts wettbewerbsfeindliche Praktiken betrieben, sondern auch, weil diese in manchen Fällen Skaleneffekte nutzen konnten, die ihnen nicht zur Verfügung standen.[49] Sherman selbst »wollte kleine und ineffiziente Firmen, ungeachtet der Folgen für das Wohl der Verbraucher, vor ihren größeren Konkurrenten schützen«.[50] Aufgrund von Dokumenten kommt Troesken zu dem Schluss, dass Shermans »Vorgehen nicht mit der Vorstellung vereinbar ist, er habe den Wettbewerb fördern und Preise senken wollen«.[51] Vielmehr habe er kleine Unternehmen vor der Wirtschaftlichkeit schützen wollen, die Großunternehmen erzielen konnten. Das ist eher ein partikularistisches Argument zugunsten von Kleinunternehmen als ein Argument, dass man den Wettbewerb schützen solle, weil »natürliche Auslesemechanismen in freien Märkten die Hauptquelle von Wachstum sind«.[52] Hier ging es also um den

---

46 DiLorenzo, »The Origins of Antitrust«.
47 Gordon, »Attitudes towards Trusts«, S. 166.
48 Stigler, »The Economists and the Problem of Monopoly«, S. 3, zit. in: Hazlett, »The Legislative History of the Sherman Act«, S. 274.
49 Troesken, »The Letters of John Sherman«, S. 276.
50 Ebd., S. 276–277.
51 Ebd., S. 291–292.
52 Dobbin, *Forging Industrial Policy*, S. 3.

Versuch, *ineffiziente Produktionsweisen vor effizienteren zu schützen* und die natürliche Auslese des freien Marktes gerade zu *verhindern*. Auch Boudreaux und DiLorenzo kommen zu dem Schluss, dass partikularistische Interessen von Kleinunternehmen die treibende Kraft für Antitrustregulierungen waren. Sie richten ihre Aufmerksamkeit auf die Wurzeln der Antitrustgesetze auf der Ebene der einzelnen Bundesstaaten, die dem bundesweiten Gesetz vorausgingen, und erklären: »Der politische Anstoß zu manchem Antitrustgesetz ging von den Farmlobbys weitgehend landwirtschaftlich geprägter Bundesstaaten im Mittelwesten wie Missouri aus. Vor allem ländliche Rinderzüchter und Schlachter drängten auf die Verabschiedung von Gesetzen, die der Konkurrenz durch die neuerdings zentralisierten Fleischverarbeitungsfabriken in Chicago entgegenwirken würden. Die Belege zu Preisen und Ausstoß dieser Branchen erhärten zudem nicht die Annahme, dass sie im ausgehenden 19. Jahrhundert unter einem Monopol litten [...] In diesen Branchen herrschte aufgrund eines relativ ungehinderten Zugangs und schneller technischer Fortschritte wie der Kühltechnik eine erbitterte Konkurrenz. [...] Antitrustgesetze waren von Anfang an eine protektionistische Einrichtung.«[53] Ihrer Ansicht nach handelten politische Entscheidungsträger in den USA so, wie britische es in Dobbins Denkrahmen hätten tun sollen, und schützten Unternehmer vor dem Markt.

Es gibt also Belege, dass Antitrustgesetze nicht etwa Präferenzen für die »natürliche Auslese« des freien Marktes, sondern das genaue Gegenteil demonstrierten: den Ruf nach staatlicher Intervention gegen die natürliche Auslese des freien Marktes. Im frühen 20. Jahrhundert kamen zwar Interpretationen auf, dass sie die Effizienz des Marktes bewahren sollten, aber Dobbin zeigte selbst an anderer Stelle, dass die kulturelle Auslegung der Antitrustregulierungen sich erst *infolge* ihrer Durchsetzung radikal veränderte: »Die Architekten der Antitrustpolitik versuchten die Entstehung aristokratischer Macht in der amerikanischen Industrie zu verhindern – ihnen schwebte kein neues modernes Wirtschaftsmodell vor. [... Aber nachdem sie eingeführt war,] wurde sie schon bald nicht mehr als Form staatlicher Intervention dargestellt, um Machtkonzentration zu verhindern, sondern als wachstumsfördernde Politik [...] als Grundlage einer echten Marktwirtschaft«.[54]

---

53 Boudreaux/DiLorenzo, »The Protectionist Roots of Antitrust«, S. 93.
54 Dobbin/Dowd, »The Market That Antitrust Built«, S. 653.

Ebenso wie europäische Kapitalisten entdeckten, dass der Sozialstaat Vorzüge bot, lernten amerikanische Kapitalisten mit Antitrustpolitik zu leben und sahen sogar deren Vorteile. Elemente der früheren Sicht, dass Antitrustpolitik ein Instrument staatlicher Intervention gegen den freien Markt darstellt, halten sich jedoch nach wie vor, und das zu begreifen, hilft, einige ansonsten unerklärliche Phänomene zu verstehen wie den mangelnden Enthusiasmus neoliberaler Republikaner (die den freien Markt am vehementesten befürworten) für die Durchsetzung einer Antitrustpolitik in den 1980er Jahren.[55] Falls es in den USA eine politische Kultur gibt, die Antitrustmaßnahmen als Verteidigung des freien Marktes versteht, gehörten diejenigen, die sie ursprünglich durchsetzten, ihr ebenso wenig an wie diejenigen, die gegenwärtig für den freien Markt eintreten.

Eine allgemeinere Kritik an den kulturellen Argumenten lautet, dass auch andere Kulturen marktfreundliche und individualistische Züge besitzen. Man nehme nur die französischen Reaktionen auf das britische Armengesetz während der Dritten Republik, die Timothy Smith auf eine Weise beschreibt, die Kulturexperten als amerikanisch bezeichnen würden: »Für die Liberalen war das Armengesetz kostspielig, eine Bedrohung des Individualismus und würde, wie sie befürchteten, direkt in den Kommunismus führen.«[56] Er stellt fest: »Das Armengesetz hatte ein derart negatives Image, dass es teils das oftmals festgestellte Hinterherhinken in der Entwicklung der französischen Sozialpolitik erklärt, [...] Die Botschaft war simpel und wurde bis zum Erbrechen wiederholt: kein nationales gesetzliches Sozialsystem, keine Armutskultur.«[57] Laut Smith brach dieser Widerstand erst zusammen, als militärische Erfahrungen die verbreitete Sorge verschärften, dass es notwendig war, eine Menge gesunder französischer Soldaten hervorzubringen. Wie Peter Baldwin am gründlichsten gezeigt hat, war die Sozialfürsorge selbst in Frankreich und Deutschland, zwei der am weitesten entwickelten Sozialstaaten, jahrzehntelang unterentwickelt, eben weil die Mittelschicht nicht bereit war, die Armen zu unterstützen; dort erreichte sie erst allmählich ihr gegenwärtiges Niveau, als die Mittelschicht erkannte, dass Sozialprogramme auch ihnen nützten.[58]

---

55 Davis/Stout, »Organization Theory«.
56 T. Smith, »The Ideology of Charity«, S. 999–1000.
57 Ebd., S. 999.
58 Baldwin, *The Politics of Social Solidarity*, S. 30.

Das Ungewöhnliche an den USA ist nicht ihre kulturelle Einstellung gegen eine Politik der Umverteilung an die Armen, sondern die Tatsache, dass sie keine Sozialpolitik entwickelten, die der Mittelschicht diente – mit den Gründen befassen sich die Kapitel 6 und 9.

Rassifizierte Fragmentierung

Argumente der Landeskultur – die nationale Kulturtraditionen explizit als Ursache anführen – sind in der Soziologie angesichts der Kritik zurückgegangen, dass sie subkulturelle Unterschiede nicht erklären können und die Formbarkeit kultureller Diskurse und Bedeutungen ebenso ignorieren wie Veränderungen im Laufe der Zeit, unterschiedliche politische Prinzipien in verschiedenen Bereichen und die Ausbreitung von Kulturen über Landesgrenzen hinweg. Aber während Soziologinnen von solchen Argumenten abgerückt sind, haben Ökonomen sie wiederentdeckt. Kürzlich stellten zwei prominente Wirtschaftswissenschaftler ein modifiziertes Landeskulturargument in den Mittelpunkt ihrer Erklärung für die unterschiedliche Gestaltung von Sozialstaaten und behaupteten, die rassifizierte Fragmentierung in den USA untergrabe den Sozialstaat, da sie zu geringerer Unterstützung der Umverteilung führe.[59] Damit griffen sie frühere Argumente von Jill Quadagno, Thomas Sugrue und vielen anderen auf.[60]

Alesinas und Glaesers Argumentation stützt sich auf zeitgenössische Erhebungen, die in den Vereinigten Staaten eine Korrelation zwischen Einstellungen zu *race* und Unterstützung für eine Umverteilung feststellten, sowie auf Querschnittstudien, die sowohl länderübergreifend als auch über die US-Bundesstaaten hinweg eine Korrelation zwischen rassifizierter Homogenität und Großzügigkeit bei Sozialleistungen feststellten. Das Problem bei der ersten Korrelation ist, dass sie Sozialausgaben auf die Präferenzen für solche Leistungen in der Bevölkerung

---

59 Alesina/Glaeser, *Fighting Poverty in the U.S. and Europe*; sie verweisen zudem auf andere Faktoren wie die Bedeutung sozialistischer Parteien und die Fragmentierung politischer Institutionen, die weiter oben und im Folgenden erörtert werden. Siehe Pontusson, »The American Welfare State«, der nahezu die gesamte Argumentation von Alesina und Glaeser zurückweist.
60 Siehe Quadagno, »Welfare Capitalism and the Social Security Act«; dies., *The Color of Welfare*; Sugrue, *The Origins of the Urban Crisis*.

zurückführt. Es ist jedoch bekannt, dass die breite Unterstützung für Umverteilungsprogramme steigt, nachdem sie verabschiedet wurden. Wie viele Expertinnen argumentiert haben, lassen sich Sozialprogramme nur schwer zurückfahren, denn nachdem sie einmal eingeführt wurden, erfreuen sie sich öffentlicher Beliebtheit.[61] Das passiert, weil Interessengruppen (wie die American Association of Retired Persons) entstehen, die daraus Unterstützung für sich generieren; weil Gewöhnung und das Ausbleiben von Katastrophen die Opposition gegen solche Programme verringern; und weil sie Informationsflüsse auf eine bestimmte Art strukturieren (beispielsweise weil ihre Vorzüge oft deutlich erkennbar sind, ihre Kosten aber diffus und verdeckt bleiben). Wenn aber die Unterstützung für Umverteilungsprogramme steigt, nachdem sie beschlossen wurden, führt es zu zweifelhaften Ergebnissen, das vorhandene Maß an Unterstützung für Sozialausgaben mit dem vorhandenen Niveau der rassifizierten Fragmentierung zu korrelieren. Wir dürfen die gegenwärtige Meinung nicht rückwirkend in die Geschichte hineindeuten und daraus schließen, die öffentliche Unterstützung sei ein Grund für die Entstehung des Sozialstaates gewesen; denn, wie oben dargelegt, gab es in der europäischen Mittelschicht tatsächlich Widerstand gegen politische Maßnahmen zur Umverteilung an die Armen.

Ebenso gibt es Grund zu der Annahme, dass die länderübergreifende Korrelation zwischen rassifizierter Fragmentierung und schlankem Staat nicht auf einem Kausalzusammenhang beruht. Wie Pontusson anmerkt, gilt sie nicht in fortgeschrittenen Industriestaaten, sondern nur, wenn man mehrere Entwicklungsländer einbezieht.[62] Die in Kapitel 3 ausgeführte Argumentation legt nahe, dass sowohl rassifizierte Fragmentierung als auch niedrige Sozialausgaben die Folge unterschiedlicher Besiedlungsmuster sein können: Die »ethnisch« heterogenen Länder sind diejenigen, die später besiedelt wurden, und in den später besiedelten Ländern besteht eine höhere Wahrscheinlichkeit, dass sie aufgrund ihrer Rolle auf den Exportmärkten und der besonderen Politik, die daraus erwächst, einen schlankeren Staat haben.

---

61 Therborn, »The Prospects of Labour«; Therborn/Roebroek, »The Irreversible Welfare State«; Le Grand/Winter, »The Middle Classes and the Welfare State«; Pierson, *Dismantling the Welfare State?*; aber siehe Mishra, *The Welfare State in Capitalist Society*, S. 32–42.
62 Pontusson, »The American Welfare State in Comparative Perspective«.

Die Korrelation zwischen rassifizierter Fragmentierung und Sozialausgaben in den US-Bundesstaaten und anderen Ländern wirft eine weitere Frage auf: Warum sollte rassifizierte Fragmentierung zu einem geringeren Niveau der gesamten Sozialausgaben führen statt zu einem hohen Niveau der Sozialausgaben, die *innerhalb* der jeweiligen ethnischen Bevölkerungsgruppen aufgewendet werden? Evan Lieberman behauptet, rassifizierte Fragmentierung könne zur Präferenz einer Umverteilung innerhalb der »Rasse« führen. Er fragt, warum Südafrika, in dem rassifizierte Fragmentierung und Trennung herrschte, ein progressives Steuersystem einführen konnte, während dies im demokratischen und »rassisch« integrierten Brasilien nicht gelang. Seiner Ansicht nach verspürten in Südafrika Weiße der oberen Einkommensgruppen eine kollektive »Rassen«-Solidarität und eine gewisse Verantwortung für Weiße unterer Einkommensschichten und waren daher eher bereit, Einkommens- und Vermögenssteuern zu zahlen, die nach ihrer Einschätzung Angehörigen ihrer eigenen »Rasse« zugutekommen würden. Das Fehlen einer solchen »Rassen«-Solidarität habe in Brasilien die Einführung einer progressiven Besteuerung verhindert. Wenn das zutrifft, ist jedoch nicht klar, warum in der Frage der Besteuerung eine »Rassen«-Solidarität herrschen sollte, nicht aber bei den Sozialausgaben. Es wäre durchaus auch die Entwicklung eines umfangreichen Sozialstaates denkbar, der sich ausschließlich auf Weiße beschränkte – eine weiterentwickelte Version der Initiativen, auf die Ira Katznelson hinweist.[63] So wurden die Rentenbestimmungen im Social Security Act, wie oben beschrieben, ursprünglich so abgefasst, dass afroamerikanische Arbeitskräfte davon ausgenommen waren,[64] dennoch entwickelte sich daraus mit der Zeit ein großzügiges, allgemeines Sozialsystem.[65] Das führt zu der Frage, warum das nicht für den Sozialstaat als Ganzes geschehen konnte.

Man kann sich eine alternative politische Geschichte vorstellen, in der die Vereinigten Staaten einen öffentlichen Sozialstaat nach europäischem Muster entwickelt, ihn aber auf Weiße beschränkt hätten, indem sie auf der Basis von »Rassen«-Solidarität klassenübergreifende Solidarität übten, und es wäre denkbar, dass sie diesen Sozialstaat im ausgehenden 20. Jahrhundert allmählich auf alle »Rassen« ausgedehnt hätten, wie sich die Rentenbestimmungen des Social Security Act von 1935 nach und

---

63 Katznelson, *When Affirmative Action Was White*.
64 Quadagno, »Welfare Capitalism«.
65 Hacker, *The Divided Welfare State*.

nach sowohl beim Prozentsatz der alten Bevölkerung, die sie abdeckten, als auch bei der Höhe der Leistungen, die sie boten, weiterentwickelten. Das lässt vermuten, dass einfache Korrelationen wenig überzeugend sind, wenn die historischen Mechanismen, die sie hervorbringen, nicht dargelegt werden. Der hier fehlende Mechanismus ist, wie weiter unten ausgeführt wird, dass Staaten mit rassifizierter Fragmentierung Siedlerstaaten mit umfangreicher Agrarwirtschaft sind, und Agrarstaaten nicht die Art von Problemen hervorbrachten, für die staatliche Sozialausgaben die Lösung darstellen; vielmehr entwickelten sie alternative Probleme, die zu alternativen Formen staatlicher Intervention führten.

Race ist im amerikanischen Leben ein derart wichtiges Strukturprinzip, dass man unmöglich davon ausgehen kann, dass die lange Geschichte der Sklaverei und rassifizierter Trennung keinerlei Auswirkungen hatte. Aber rassifizierte Fragmentierung, die zu Präferenzen für geringere staatliche Intervention führte, kann nicht der entscheidende Mechanismus gewesen sein, der hier am Werk war, denn Präferenzen der breiten Öffentlichkeit waren nicht der Hauptgrund für die Entwicklung europäischer Sozialstaaten. Zudem hat sich rassifizierte Fragmentierung nachweislich zugunsten progressiver politischer Maßnahmen wie der progressiven Besteuerung ausgewirkt und kann durchaus die Entwicklung rassifizierter Sozialprogramme zulassen, die nach und nach auf die Allgemeinheit ausgeweitet werden. Sie kann auch nicht zur Erklärung jener Zeiten, in denen die USA ein führender Sozialstaat waren, noch zu der in Kapitel 1 aufgeführten Bereiche stärkerer staatlicher Intervention beitragen.

Die Argumentation dieses Buches dreht sich großenteils um die fragmentierte Struktur des politischen Systems, die selbstverständlich teilweise ein Vermächtnis der Sklaverei und der unterschiedlichen Produktionsweisen ist, die die Nord- und die Südstaaten der USA während der Kolonialzeit prägten, sowie der politischen Bemühungen, aus derart unterschiedlichen Teilen einen Staat zu bilden. Dabei geht es jedoch um *race* als in politischen Institutionen konkretisierte Wirtschaftsinteressen, nicht als Präferenzen der Menschen, Angehörigen anderer ethnischen Gruppen zu helfen oder zu schaden. Wenn wir *race* als etwas begreifen, das in politischen Institutionen konkrete Gestalt annimmt, dann kann sie uns viel über den einzigartigen Werdegang der amerikanischen politischen Ökonomie sagen, ein Thema, zu dem wir nun kommen.

Staatliche Strukturen und historischer Institutionalismus

Die in diesem Buch untersuchte Geschichte erhärtet am ehesten die Theorie, dass der fragmentierte Charakter des amerikanischen Staates die Politik prägt, die er verfolgen kann. Diese Theorie oder dieses Theorienbündel ist mit mehreren unterschiedlichen Bewegungen in den Sozialwissenschaften verknüpft, am deutlichsten mit der Bewegung, »den Staat wieder ins Spiel zu bringen«, für die Theda Skocpol und ihre Kolleginnen und Kollegen stehen.[66] Diese Wissenschaftlerinnen untersuchen, wie staatliche Akteure und Behörden aus bestimmten historischen Gründen unabhängig von den gesellschaftlichen Strukturen werden können, die sie hervorgebracht haben, und wie die Struktur des Staates und der Charakter vorher bestehender Politik die Ausgestaltung der Gesetzgebung beeinflussen. Der für die hier behandelte Fragestellung relevanteste Teil dieses Argumentationskomplexes ist, dass fragmentierte Staaten – in denen die politische Macht sowohl vertikal auf mehrere Ebenen als auch horizontal auf mehrere konkurrierende und gleich mächtige Entscheidungszentren verteilt ist – völlig andere Muster der Politikgestaltung aufweisen als zentralisierte Staaten.

Ellen Immergut liefert die hilfreichste Darlegung dieser Argumentation: In fragmentierten Staaten »erfordern politische Entscheidungen Übereinkünfte an mehreren Punkten einer Abfolge von Entscheidungen, die in verschiedenen Arenen getroffen werden. Das Schicksal von Gesetzesvorschlägen [...] hängt von der Anzahl und dem Ort der Vetomöglichkeiten in dieser Kette ab.«[67] Diese Theorie der »Vetopunkte« war in den Sozialwissenschaften enorm einflussreich und trug erheblich zur Erklärung bei, wie das amerikanische System der Gewaltenteilung – die Gliederung der Staatsgewalt in verschiedene Ebenen sowie deren Aufteilung innerhalb jeder Ebene – bei vielen Politikvorschlägen verhindert hat, dass sie in den Vereinigten Staaten das Umsetzungsstadium erreichten. So komplettiert diese Erklärung Quadagnos oben erwähnte Ausführungen und legt detailliert dar, warum die Südstaaten unverhält-

---

66 Orloff/Skocpol, »Why Not Equal Protection«; Skocpol, »Bringing the State Back In«; Evans/Rueschemeyer/Skocpol, *Bringing the State Back In*; Skocpol, *Protecting Soldiers and Mothers*; Steinmo, *Taxation and Democracy*; Steinmo/Thelen/Longstreth, *Structuring Politics*.
67 Immergut, »Institutions, Veto Points, and Policy Results«, S. 396.

nismäßig großen Einfluss auf den Social Security Act von 1935 nehmen konnten.[68]

Nach dieser Theorie lässt sich zwar – wie der Name schon erkennen lässt – vorhersagen, dass das Vorhandensein vieler Vetopunkte zur Untätigkeit führt, daher ist sie hilfreich, um zu erklären, warum die USA nicht so handelten wie andere Länder, denn sie haben wesentlich mehr Punkte, an denen ein Veto Beschlüsse verhindern kann. Aber wie in Kapitel 1 dargelegt, gingen die Vereinigten Staaten in vielen Fällen in ihren Maßnahmen wesentlich weiter als die europäischen Länder. Diese Bereiche staatlicher Intervention lassen sich allein mit der Theorie der Vetopunkte schwer erklären.

Tatsächlich verändert eine fragmentierte Machtstruktur die Ausprägung der Gesetzgebung subtiler, aber nicht minder folgenschwer. Denn sie kann kleinen Minderheiten überproportional große Macht verleihen, wenn sie bei wesentlichen Gesetzen die ausschlaggebende Stimme haben. Aber wie sie ihre ausschlaggebende Stimme jeweils einsetzen und ob sie diese nutzen, um Maßnahmen zu verhindern oder ein anderes Vorgehen durchzusetzen, wird durch ihre jeweiligen inhaltlichen Präferenzen bestimmt. Zudem war die fragmentierte Staatsstruktur zwar der Grund für die Macht des Agrarsektors in den USA, aber aus diversen historisch-institutionellen Gründen hatten Agrarier auch in anderen Ländern erheblichen Einfluss. Um zu verstehen, was die amerikanischen Agrarier mit ihrer Macht anfingen und warum sie eine bestimmte Gestalt annahm, ist es erforderlich, diese Perspektive mit anderen theoretischen Sichtweisen zu kombinieren (wie Theoretikerinnen auf diesem Gebiet sicher bestätigen werden: Kein Wissenschaftler, der solche Argumente vorbringt, vertritt eine Geschichtstheorie, die nur auf einem einzigen Faktor basiert.)

Die oben beschriebenen Theorien können die in Kapitel 1 dargelegte amerikanische Tradition stärkerer staatlicher Intervention nicht erklären und sind in einigen Fällen in sich wenig überzeugend; aber ein Vergleich ihrer Stärken und Schwächen gibt uns einen Leitfaden an die Hand, was eine umfassendere Theorie der vergleichenden politischen Ökonomie leisten sollte.

Als Erstes sollte sie die in den USA in manchen Bereichen stärkere staatliche Intervention sowie den weniger weit entwickelten Sozialstaat

---

68 Weir/Orloff/Skocpol, »Understanding American Social Politics«, S. 24.

erklären, der größere Armut und Ungleichheit zur Folge hat. Zweitens sollte sie erklären, warum europäische Staaten über mehrere Jahrzehnte hinweg Wirtschaftswachstum mit Umverteilung vereinbaren konnten. Zudem sollte sie in der Lage sein, die Ursprünge der unterschiedlichen Entwicklungen in den USA und Europa zu erklären. Es sind einige Warnungen angebracht, was wir nicht tun sollten: Zunächst sollten wir nicht davon ausgehen, dass staatliche Intervention den Markt immer untergräbt. In Europa hat sich die Überzeugung festgesetzt, der Sozialstaat sei ein fester Bestandteil des Kapitalismus, so wie in den USA Antitrustgesetze für den Markt als so wichtig gelten, dass beinahe in Vergessenheit geraten ist, dass sie ursprünglich eine Demonstration staatlicher Macht gegen die Macht des Kapitals waren. Zudem sollten wir die tatsächliche Geschichte nicht außer Acht lassen. Manche der Sackgassen, in die andere Theorien geraten sind (wie das Argument in Bezug auf Tarifverhandlungen als primärem Mechanismus zur Reduzierung der Ungleichheit in der Theorie der Kapitalismusspielarten oder die Unfähigkeit, die Weiterentwicklung des Social Security Act von 1935 zu sehen), erwachsen anscheinend aus dem Fehlen einer fortwährenden Auseinandersetzung mit den historischen Fakten – Fakten, die gegenwärtig nicht nur im Fachbereich Geschichte, sondern auch in den Gesellschaftswissenschaften erforscht werden.

Obwohl keine dieser Theorien allein die Ereignisse angemessen zu erklären vermag, baut die im Folgenden entwickelte Argumentation auf bestimmten Elementen einer jeden auf. Die Kulturtheorien legte Frederick Jackson Turner 1893 in seinem berühmten Essay *Die Grenze: ihre Bedeutung in der amerikanischen Geschichte* ausführlich dar.[69] Er entwickelte seine These zwar in eine wenig überzeugende kulturelle und kognitive Richtung weiter, fokussierte sich aber völlig zu Recht auf die Rolle der Grenze, wie wir in Kapitel 3 sehen werden. Aus den klassenbasierten Theorien greifen wir auf, dass sie die Bedeutung von Interessengruppen in den Mittelpunkt rücken. Eindeutig konnten Gruppen Kollektivinteressen definieren, im Sinne dieser Interessen handeln und gelegentlich, wenn sich die Chance dazu bot, die Ausrichtung der Politik beeinflussen. Allerdings werden wir aus Gründen, die in Kapitel 3 erläutert werden, ebenso wie Esping-Andersen unseren Fokus von der Arbeiterschaft auf die Agrarier verlagern. Die institutionelle Theorie lehrt uns, wann sich die richtige Gelegenheit

---

69 Turner, *Die Grenze*.

bietet – an mehreren Punkten der im Folgenden geschilderten Geschichte werden wir sehen, welche zentrale Bedeutung die Fragmentierung der Macht in den USA hatte und wie sie die politischen Stimmen mancher Gruppen verstärkte. Und schließlich übernehmen wir aus der Theorie der Kapitalismusspielarten ein bestimmtes Zeit- und Geschichtsverständnis, die Bedeutung korporatistischer Verhandlungen zwischen Kapital und Arbeit sowie die Bedeutung des 19. Jahrhunderts als Schlüsselmoment, in dem die Institutionen unserer Wirtschaftswelt geschaffen wurden.

Denn jede dieser Theorien übersieht einen wichtigen Faktor dieses Schlüsselmoments: Im 19. Jahrhundert hatten die USA völlig andere Probleme als jedes der europäischen Länder und mussten darauf reagieren. Diese Tatsache wurde durch den Versuch kaschiert, die Länder als vergleichbare Einheiten zu behandeln, für die sich anhand von Variablen wie dem Anteil der Arbeiterschaft oder der Arbeitgebermacht Indizes erstellen ließen. Diese Art von Vergleichen sind zwar sicher nützlich, um in manchen Bereichen zu Teilantworten zu gelangen (und werden in diesem Buch verwendet, wo sie relevant sind), aber sie müssen immer mit einem generellen Bewusstsein für die äußerst unterschiedlichen Rollen einhergehen, die Länder in der Weltgeschichte spielten. Als Exporteur landwirtschaftlicher Erzeugnisse erlebten die USA eine grundlegend andere Struktur der Agrarpolitik als die Importländer Europas. In der Zeit der »ersten« Globalisierung im ausgehenden 19. Jahrhundert, wie O'Rourke und Williamson diese Phase nennen, schlugen sich diese unterschiedlichen Handelsmuster in einer unterschiedlichen Politik nieder, die in den USA während der Weltwirtschaftskrise Früchte tragen, den Sozialstaat weiter untergraben und eine kreditfinanzierte Konsumgesellschaft schaffen sollte.

3 Eine Nachfragetheorie der vergleichenden politischen Ökonomie

Arthur Koestler schilderte, wie er in seiner Jugend zum Kommunismus bekehrt wurde:

> Das Ereignis, das später meine chronische Empörung zu einer bis dahin nie erreichten Weißglut brachte, war die von der Wirtschaftskrise ausgelöste Vernichtung von Lebensmitteln in Amerika, als Millionen von Arbeitslosen in Hunger und Elend lebten. In der Rückschau kann man über die Preisstützungspolitik, die zu dieser Maßnahme führte, verschiedener Meinung sein, aber 1931 und 32 hatte sie auf den Europäer die Wirkung eines brutalen Schocks – sie zerstörte den Rest des Vertrauens, den er der bestehenden Gesellschaftsordnung entgegenbrachte. 1932 gab es in Deutschland sieben Millionen Arbeitslose, das heißt, einer von drei Lohnverdienern lebte von der Arbeitslosenunterstützung. In Österreich, Ungarn und den angrenzenden Ländern war die Situation ähnlich, wenn nicht noch schlechter. Fleisch, Kaffee, Obst waren für große Teile der Bevölkerung zu einem unerschwinglichen Luxus geworden; sogar das Brot auf dem Tisch wurde in dünnen Scheiben zugeteilt. Und da meldeten die Zeitungen lakonisch, daß Millionen von Tonnen Kaffee ins Meer versenkt, daß Weizen und Schweine verbrannt, Orangen mit Petroleum begossen wurden, »um die Marktsituation zu erleichtern«. [...] Wehe den Schäfern, die sich da mästen, aber sich nicht um ihre Herden kümmern! Die Empörung glühte in mir wie in einem Hochofen. Zeitweise glaubte ich, in seinen Dämpfen zu ersticken; manchmal war es mir, als müßte ich ausschlagen, von einer Barrikade schießen und Dynamit um mich schleudern. [...] Nachklänge der hunderttägigen ungarischen Kommune; Nachklänge des lodernden Zorns der hebräischen Propheten und der von

St. Marx angekündigten bevorstehenden Apokalypse; die Erinnerung an meines Vaters Bankrott; Hungerdemonstranten, die in zerrissenen Schuhen über das Straßenpflaster schlurften; der Brandgeruch des auf den Feldern lodernden jungen Weizens – alle diese Bestandteile vereinigten sich zu einer Gemütsexplosion.[1]

Im September 1933 wurden im Rahmen von Roosevelts Preisstützungsprogrammen sechs Millionen Schweine getötet und ein Viertel der in diesem Jahr angebauten Baumwolle untergepflügt. Europäer waren nicht die einzigen, die darüber empört waren, denn auch in den USA herrschten verbreitet Arbeitslosigkeit und Hunger. Das Keulen der Schweine traf offenbar einen besonderen Nerv der amerikanischen Öffentlichkeit, da die Maßnahme sich vor allem gegen Ferkel und trächtige Sauen richtete. Regelmäßig entwischten die kleinen Ferkel, die von den Farmen zusammengetrieben wurden, durch die Lücken in den Zäunen der Schlachthöfe, die für wesentlich größere Tiere gedacht waren, und streiften durch die Straßen der Stadt. Ein Großteil des Schweinefleischs, das durch diese Vernichtung von Nutzvieh entstand, bekamen Hilfsorganisationen, aber einige der Ferkel waren so klein, dass sie sich von den Maschinen nicht effektiv verarbeiten und nicht einmal als Dünger verwenden ließen und auf Müllkippen landeten – manchmal zur Verärgerung der Einwohner der Vororte, in denen die Müllhalden lagen. Irgendwann waren die Schlachtbetriebe derart überlastet, dass Schweinekadaver im Wert von 330 000 US-Dollar einfach in den Mississippi gekippt wurden.[2]

Das Weiße Haus wurde mit einer Flut von Briefen und Zeitungskommentaren überschwemmt, die diese Politik wütend anprangerten. »Warum, o warum wird etwas zerstört, was gut essbar ist«, fragten Mr. und Mrs. George Biddle, während ihre Familie »seit Jahren kein Schweinekotelett und kein Stück Schweinefleisch gegessen« hatte. Ein Zeitungsjournalist polterte: »Ich sage: Wenn Männer, Frauen und Kinder hungern, lässt es sich weder rechtlich noch moralisch oder religiös rechtfertigen,

---

1 Koestler, *Pfeil ins Blaue*, S. 323–324. Laut Koestlers Erinnerungen fanden diese Ereignisse 1931 und 1932 statt; entweder verwechselte er die Jahre oder vermengte die zögerlichen Versuche der Hoover-Regierung mit dem wesentlich weitreichenderen Keulen von Schweinen und der Vernichtung von Ernten in den Roosevelt-Jahren, da er dies alles als Teil eines bedrückenden Ganzen sah.

2 Blakey, »Ham That Never Was«; *Chicago Daily Tribune*, »›New Deal‹ Pigs Haunt South Suburbs«; *The Wall Street Journal*, »Newspaper Specials«.

einwandfreies Fleisch in den Düngemittelbottich zu werfen. Ich finde, es gibt Dinge, die sind einfach zu viel.«[3] Arthur Dixon schrieb: »Ich habe siebzig Jahre in den USA gelebt [...] in all diesen siebzig Jahren habe ich noch nie so viel Dummheit bei Gesetzen erlebt, wie sie sich gerade offenbart. Das Töten von einer Million kleinen Sauen und vier Millionen Ferkeln und die Vernichtung von Baumwolle, Weizen usw. ist die abscheulichste, lächerlichste und übelste Maßnahme, von der ich je gehört habe.«[4] Eine Zeitung in Indiana äußerte die gleiche Empörung wie Arthur Koestler über »die Ungeheuerlichkeit des jüngsten Vergehens gegen jedes göttliche und menschliche Gebot«.[5] Die Maßnahme widersprach offenbar jedem Prinzip, das man amerikanischen Farmern beigebracht hatte, jedem Programm zur Steigerung der Produktivität, das die agrarwissenschaftlichen Bewegungen der Jahrhundertwende hervorgebracht hatten: »Man fragt sich, welchen Wert [Landjugendvereine wie] 4-H-Schweineclubs und große Abfallsammelwettbewerbe haben, wenn sie nur zur Erzeugung von Schweinen führen, die weggeworfen werden?«[6]

US-Landwirtschaftsminister Henry Wallace warf den Kritikern vor: »Sie behaupteten, jedes Ferkel habe das Recht, vor dem Schlachten die vollständige Schweinischkeit seines Schweinedaseins zu erreichen.«[7] Noch drei Jahre später sprach ein defensiver Senator der Demokratischen Partei die Sache in seiner Grundsatzrede auf dem Parteitag an: »Sie haben Tränen über den vorzeitigen Tod von Schweinen vergossen, als seien sie für ein geistliches Amt oder die Politik geboren, erzogen und bestimmt gewesen«.[8]

Es war ein heikles Thema für die Demokraten, die die Verzweiflung amerikanischer Farmer zu dem radikalen Schritt getrieben hatte, Feldfrüchte und Nutztiere zu vernichten. Die politische Maßnahme, Schweine zu vernichten, war auf den ersten Blick eine durchaus logische Reaktion auf die damalige Situation. Preise für Schweine waren in den 1920er und frühen 1930er Jahren auf ein Niveau gefallen, wie man es seit dem

---

3 Beide zit. in: Poppendieck, »Hunger in America«, S. 15–16.
4 Dixon, »Voice of the People«.
5 Zit. in: Blakey, »Ham That Never Was«, S. 53.
6 R. Jones, »Corn Belt Puzzled by Farm Policy«; zur Geschichte frühzeitiger Bestrebungen, die Landwirtschaft effizienter zu machen, siehe Danbom, *The Resisted Revolution;* Fitzgerald, *Every Farm a Factory;* Olmstead/Rhode, »Beef, Veal, Pork«.
7 Zit. in: Blakey, »Ham That Never Was«, S. 56.
8 Ebd., S. 56.

19. Jahrhundert nicht erlebt hatte. Vom Höchstpreis von 19,67 US-Dollar pro Zentner 1919 war der Durchschnittspreis für Schlachtschweine 1932 auf 4,22 Dollar pro Zentner gefallen.[9] Einen ähnlichen Preisverfall erlebten Farmer im ganzen Land, sodass Mitte der 1930er Jahre nur 16 Prozent der Farmhaushalte das bundesweite mittlere Einkommen erzielten.[10]

Angesichts von Preisen, die es ihnen nicht ermöglichten, ihre Investitionen wieder hereinzuholen und ihre Schulden zurückzuzahlen, reagierten Farmer mit Gewalt. Im Januar 1933 warnte der Vorsitzende des amerikanischen Bauernverbandes (American Farm Bureau Federation): »Wenn nichts für die amerikanischen Farmer getan wird, kommt es in weniger als zwölf Monaten zu einer Revolution auf dem Land.«[11] Die Ereignisse gaben ihm offenbar Recht. Im Laufe des Frühjahrs und Sommers versuchten Farmer Zwangsvollstreckungen gewaltsam zu verhindern und Nahrungsmitteltransporte mit Mahnwachen, Straßensperren und Angriffen auf Brücken und Eisenbahnlinien zu blockieren, und verübten sogar Bombenanschläge auf Lagerhäuser. Im April lynchten aufgebrachte Farmer in Iowa beinahe einen Richter, der sich weigerte, Zwangsvollstreckungen auszusetzen. Im Mai kam es am Rand von Milwaukee und in Nordwisconsin zu Zusammenstößen zwischen Demonstranten, die die Auslieferung von Milch zu blockieren versuchten, und Nationalgardisten, wobei Dutzende verletzt und zweihundert Personen verhaftet wurden.[12]

Als Farmer ihre Kredite nicht mehr bedienen konnten, gingen in einem Umfeld ohne Einlagensicherung kleine Banken in Konkurs.[13] Fallende Preise führten auch zu Erschütterungen im Finanzsystem. Das war der Kontext für die Preisstützungsprogramme des US-Landwirtschaftsministeriums: Es musste etwas geschehen, um die Preise hoch zu halten, sonst würde es zu Chaos auf dem Land, zu Störungen der Lebensmittelversorgung und zu anhaltenden Turbulenzen im Finanzsystem kommen. Da es zu spät war, um in diesem Jahr die Produktion von Ferkeln zu verhindern, mussten die Maßnahmen darin bestehen, die gezüchteten Jungtiere zu keulen, um das Angebot zu reduzieren und die Preise steigen zu lassen.

---

9 Olmstead/Rhode, »Beef, Veal, Pork«.
10 Kennedy, *Freedom from Fear*, S. 192.
11 Zit. in: Schlesinger, *The Coming of the New Deal*, S. 27.
12 *Chicago Daily Tribune*, »Farmers Fight for Equality«; Schlesinger, *The Coming of the New Deal*; Shover, *Cornbelt Rebellion*.
13 L. Chandler, *America's Greatest Depression*, S. 78–84.

Dieser »lächerlichen und üblen« Maßnahme lag eine erbarmungslose Logik zugrunde. Dennoch warf sie eine erheblich umfangreichere, verstörendere Frage auf. Nachdem die USA jahrzehntelang all ihre Energien auf die Steigerung der landwirtschaftlichen Produktivität gerichtet hatten, wie war es da möglich, dass sie nun das Problem hatten, zu viel zu haben? Wieso konnte es überhaupt ein Problem sein, zu viel zu haben? Dabei handelte es sich nicht nur um Ferkel, sondern auch um Baumwolle, Weizen, Mais, Zucker, Tabak, tatsächlich um sämtliche Erzeugnisse, die das Rückgrat der amerikanischen Landwirtschaft bildeten und deren Preise durch staatliche Programme gestützt werden mussten. Das Paradoxe war nicht nur, dass inmitten des Überflusses Armut herrschte, sondern dass der Überfluss offenbar Armut schuf. Das vermehrte Angebot führte zu fallenden Preisen, die Farmer in den Ruin und die gesamte Wirtschaft in die Rezession trieben.

In diesem Kontext ist es nicht schwer, nachzuvollziehen, wieso ein leicht zu beeindruckender junger Europäer sich in die Arme der Kommunisten flüchtete. Irgendetwas lief im Kapitalismus völlig schief, und auch wenn andere darauf nicht so vehement reagierten wie Arthur Koestler, herrschte doch weitverbreitete Sorge. Ein Beobachter berichtete von »dem allgemeinen Gefühl weltweiter Unruhe, der vagen Unzufriedenheit, ausgelöst durch den Gedanken: ›Wieso bedeutet die Tatsache, dass wir mit weniger Anstrengung denn je mehr produzieren, dass wir den Gürtel enger schnallen müssen?‹«[14] Analysten wie A. Philip Randolph erkannten bald, dass das Problem eigentlich nicht in der Überproduktion bestand, denn »die Arbeiter wollen kaufen. Sie können die produzierten Waren konsumieren. Aber sie können die produzierten Erzeugnisse nicht kaufen, weil ihre Löhne unzureichend sind.«[15] Ein Beobachter erklärte: »Wir beten immer noch darum, jeden Tag unser tägliches Brot zu bekommen. Aber es gibt zu viel Brot, zu viel Weizen und Mais, Fleisch und Öl und zu viel von nahezu allen Dingen, die der Mensch für seinen Lebensunterhalt und sein materielles Wohl braucht. [Das Problem ist, dass] wir die Überfülle, die moderne Methoden der Landwirtschaft, des Bergbaus und der Fabrikation in derart reichlichen Mengen verfügbar machen, nicht kaufen können.«[16] Ein britischer Parlamentsabgeordneter erklärte die Verlockung des Kommunismus: »Nur der moderne Arbeiter kann sich zum

---

14 Deutsch, »Huey Long – the Last Phase«.
15 Randolph, »Randolph Analyzes World Economic Situation«.
16 Zit. in: McElvaine, *The Great Depression*, S. 50.

Untergang verdammt sehen, weil er imstande ist, die schiere Überfülle von allem zu produzieren, was für ein ordentliches, reichliches Leben notwendig ist. Der arbeitslose Arbeiter ist die absurdeste Ironie aller Zeiten. [...] Kann es nicht ein geplantes Verhältnis von Produktion und Konsum geben, um diesen ökonomischen Widerspruch und diese Idiotie von Elend und Not der Massen inmitten des Überflusses zu verhindern?«[17] Marxistische Theoretikerinnen sahen in den damaligen Entwicklungen eine durchschlagende Bestätigung für Rosa Luxemburgs Ausführungen zu kapitalistischen Überproduktionskrisen.[18]

Präsident Roosevelt stimmte der Diagnose zu und erklärte in einer Wahlkampfrede: »Unsere Aufgabe besteht nun nicht darin, natürliche Ressourcen zu entdecken und auszubeuten oder unbedingt mehr Waren zu produzieren. Sie besteht in dem schlichteren, weniger dramatischen Unterfangen, bereits vorhandene Ressourcen und Betriebe zu verwalten, Auslandsmärkte für unsere Überschussproduktion wieder zu erschließen, das Problem des Minderverbrauchs zu lösen, die Produktion dem Konsum anzupassen und Wohlstand und Produkte gerechter zu verteilen.«[19] Auf Betreiben von Adolf Berle, Rexford Tugwell und anderen Mitgliedern des wissenschaftlichen Beratergremiums Brain Trust ergriff die Regierung Roosevelt 1933 umgehend mehrere Maßnahmen, um das Problem anzugehen. Unter anderem beschloss sie mit dem Agricultural Adjustment Act (AAA) die Vernichtung von Schweinen und Baumwolle, schuf die staatliche Finanzinstitution Commodity Credit Corporation (CCC), die landwirtschaftliche Erzeugerpreise stützen sollte, und verabschiedete mit dem National Industrial Recovery Act (NIRA) ein Gesetz, das eben ein solches »geplantes Verhältnis von Produktion und Konsum« herstellen sollte, aber insofern diesseits von Kommunismus blieb, als es Branchen ermunterte, Wettbewerbsregeln festzulegen, und die USA damit in Richtung der korporatistischen Verhandlungen zwischen Staat, Industrie und Arbeiterschaft europäischen Stils voranbringen würde. Ziel all dieser Maßnahmen war laut Roosevelt, durch die Kontrolle übereifrigen Wettbewerbs »törichte Überproduktion zu verhindern«.[20] NIRA und

---

17 Ben Pillet, zit. in: Randolph, »Randolph Analyzes World Economic Situation«.
18 Luxemburg, *Die Akkumulation des Kapitals*. Zu einem Überblick über und einer Kritik an Luxemburgs Argumenten siehe Sweezy, »Rosa Luxemburg's ›The Accumulation of Capital‹«.
19 Zit. in: Kennedy, *Freedom from Fear*, S. 373.
20 Zit. in: Schlesinger, *The Coming of the New Deal*, S. 97.

AAA wurden einige Jahre später für verfassungswidrig erklärt, aber das AAA wurde 1938 in leicht abgewandelter Form erneut verabschiedet, und die damit wie auch durch die CCC eingeführten Programme zur Preisstützung und zur Subventionierung der Farmer sind mittlerweile so fest verankert, dass selbst die Reagan-Regierung, die ideologisch anti-etatistischste der jüngsten Zeit, die Landwirtschaftssubventionen tatsächlich erhöhte.[21]

Diese Analyse, dass Überproduktion die Ursache der Weltwirtschaftskrise war, fand im gesamten politischen Spektrum Widerhall, von Roosevelts Beratern über die Agrarier der Südstaaten bis hin zu marxistischen Theoretikerinnen. Einige Jahrzehnte später verfassten Paul Baran und Paul Sweezy die überzeugendste Darlegung dieser Sichtweise, in der sie argumentierten, die Überproduktionskrise sei eine unvermeidliche Folge der Produktivität des Monopolkapitalismus, die die Nachfrage übersteige, und könne nur durch Militärausgaben und andere Großprojekte der öffentlichen Hand behoben werden.[22]

Aber die meisten amerikanischen Wirtschaftswissenschaftler tun diese Diagnose der Überproduktion als »völligen Unsinn« ab – auch wenn sie es gewöhnlich diplomatischer formulieren.[23] Rothbard behauptet: »Es gibt keinen Grund, dass Preise auf einem freien Markt nicht tief genug fallen können, um den Markt zu räumen und alle verfügbaren Waren zu verkaufen. Wenn Geschäftsleute [hier die Farmer] sich entscheiden, an hohen Preisen festzuhalten, spekulieren sie lediglich auf einen bevorstehenden Anstieg der Marktpreise. [...] Wenn sie ihren ›Überbestand‹ absetzen wollen, brauchen sie nur ihre Preise weit genug zu senken, um all ihre Erzeugnisse zu verkaufen.«[24] Dem Argument, Farmer könnten ihre Erzeugnisse nicht unter den Gestehungskosten verkaufen, weil sie für deren Erzeugung Kredite aufgenommen hätten und auf einen bestimmten Preis angewiesen seien, um ihre Schulden zurückzuzahlen, erwiderte Rothbard: »Nun verlagert sich die Diskussion auf eine andere Ebene. Wir finden keine Überproduktion, sondern *Verkaufspreise* von Produkten, die

---

21 Lake, »Export, Die, or Subsidize«; allgemeiner zu NIRA und AAA siehe Hawley, *The New Deal and the Problem of Monopoly*; Finegold/Skocpol, *State and Party in America's New Deal*; Sheingate, *The Rise of the Agricultural Welfare State*; Schlesinger, *The Coming of the New Deal*.
22 Baran/Sweezy, *Monopolkapital*.
23 Rothbard, *America's Great Depression*, S. 56.
24 Ebd., S. 56.

unter ihren Gestehungskosten liegen. Da Kosten aber durch erwartete zukünftige Verkaufspreise bestimmt sind, heißt das, dass die Kosten vorher *zu hoch* waren.«[25] Farmer bezahlten also viel mehr und liehen sich mehr Geld, als sie es angesichts zukünftig fallender Preise hätten tun sollen: Sie schätzten schlicht die Preisentwicklung falsch ein und investierten zu viel in unproduktive Vorhaben.[26] Diese mit der Österreichischen Schule verknüpfte Sicht sieht den Zusammenbruch der unhaltbaren Kreditausweitung in den 1920er Jahren, die Farmer zu ihrer übereifrigen Expansion verleitete, als Ursache der Wirtschaftskrise. Diese Kreditausweitung wurde wiederum durch die Einführung einer Zentralbank 1913 verursacht. Rothbard und die Österreichische Schule argumentieren, statt eine Zentralbank zu schaffen, die Kreditfluktuationen und deren makroökonomische Folgen ausgleichen sollte, wie es nach der Bankenpanik 1907 geschehen war, hätte der Staat sich einfach zurückhalten und solchen Krisen ihren Lauf lassen sollen.[27] Nach Rothbards Ansicht war die Entscheidung, das Zentralbanksystem einzuführen, sowie die lockere Geldpolitik der 1920er Jahre letztlich die Ursache der Weltwirtschaftskrise; aber diese Entscheidungen liegen außerhalb seines Erklärungsrahmens und sind ein politischer Fehler und ein zufälliges historisches Ereignis. Dass die Schaffung der Zentralbank eine unmittelbare Reaktion auf ein wirtschaftliches Ungleichgewicht war, ist nicht Teil von Rothbards Darstellung, und die Sichtweise der Österreichischen Schule erfordert letzten Endes angesichts von Krisen eine Gelassenheit, die in Demokratien vielleicht unmöglich ist. Zudem vernachlässigt Rothbard die Tatsache, dass Schulden in Nominalwerten festgeschrieben werden, was wir später eingehender erörtern werden. Wenig zufriedenstellend ist auch die Unfähigkeit, zu erklären, warum Preise fielen, obwohl im ganzen Land und in der Welt Bedarf an diesen Erzeugnissen bestand. Aus Sicht der Österreichischen

---

25 Ebd. S. 57, Hervorh. im Original.
26 Dem stimmte Will Rogers zu. Seine Diagnose zur landwirtschaftlichen Überproduktion lautete: »Farmer nutzen ihren eigenen Kopf nicht sonderlich viel und manche nutzen gar keinen«, *The Times-Picayune*, »Conflict of Farm Counsels«.
27 Es gibt einige Unterstützung für die Sicht, dass Kreditausweitung ein Faktor der Wirtschaftskrise war, siehe z. B. Eichengreen/Mitchener »The Great Depression as a Credit Boom Gone Wrong«; Wicker, »A Reconsideration of the Causes of the Banking Panic of 1930«; aber die Entscheidung zwischen einer stabilen Wirtschaft auf der Basis von Gold und einer erheblich reicheren, die nicht an Gold gebunden ist, sondern von staatlichen Interventionen gestützt wird und von gelegentlichen Krisen bedroht ist, liegt keineswegs auf der Hand.

Schule zeugt dies von einem gewissen sektoralen Ungleichgewicht, da die Landwirtschaft wesentlich schneller wuchs als andere Sektoren, vielleicht weil sie in den 1920er Jahren leicht Zugang zu Krediten hatte, was wiederum die Folge eines unerklärlichen politischen Fehlers war. Aber in gewisser Weise scheint dies die Frage lediglich umzuformulieren, statt sie zu beantworten: Was die Österreichische Schule als Kreditboom oder politischen Fehler bezeichnet, nannten zeitgenössische Beobachter Überproduktion. Wie konnten politische Entscheidungsträger einen derart gravierenden Fehler machen?

Rothbard repräsentiert zwar einen unorthodoxen Zweig der Wirtschaftswissenschaften, aber seine Ablehnung des Überproduktionsarguments wird von vielen Mainstream-Ökonomen geteilt. Sie führen den im ganzen Land herrschenden ungedeckten Bedarf als Grund an, dass sie der Behauptung skeptisch gegenüberstehen, die USA hätten buchstäblich mehr produziert, als gebraucht wurde. Schon damals war Irving Fisher entsetzt über die Vorstellung, die Produktion einzuschränken: »Wir können den Hungrigen wohl kaum mehr Brot geben, indem wir Material vernichten, aus dem das Brot gemacht werden soll, oder die Nackten kleiden, indem wir das Material vernichten, aus dem Kleider gemacht werden sollen.«[28] Er schloss: »Der Grund oder ein Grund für die verbreitete Vorstellung der Überproduktion ist, dass ein Zuwenig an Geld mit einem Zuviel an Waren verwechselt wird.«[29] Jahrzehntelange Arbeiten und Datensammlungen haben das Argument erhärtet, dass die anomale Situation, die Koestler so beunruhigte, durch eine eingeschränkte Geldmenge verursacht wurde. Nach wie vor sind zwar immer noch viele Fragen offen wie die, warum Zinsen nicht stiegen, wenn eine eingeschränkte Geldmenge die Hauptursache war,[30] aber Ökonominnen aller Richtungen – monetaristische und neoklassische ebenso wie keynesianische – stimmen allgemein dieser Ansicht zu, deren berühmteste Verfechter Milton Friedman und Anna Schwartz waren.[31] Sie argumentierten, die amerikanische Zentralbank habe die Geldmenge zu einem ungünstigen Zeitpunkt reduziert und dadurch aus einer ansonsten normalen Rezession eine Depression gemacht.[32]

---

28 Zit. in: Pavanelli, »The Great Depression in Irving Fisher's Thought«, S. 298.
29 Fisher, »The Debt Deflation Theory«, S. 340.
30 Temin, *Did Monetary Forces Cause the Great Depression?*.
31 Friedman/Schwartz, *A Monetary History of the United States*.
32 Zur Rolle monetärer Faktoren für die Beendigung der Wirtschaftskrise siehe auch Romer, »What Ended the Great Depression?«; zu den Auswirkungen der

Nach dieser Konzeption spielt Überproduktion der Art, wie sie Roosevelt vorschwebte, keine Rolle. Vielmehr sind die Ursprünge der Weltwirtschaftskrise ebenfalls in einem politischen Fehler der US-Zentralbank zu suchen, allerdings schreibt diese Erklärung ihr den gegenteiligen Fehler zu wie die der Österreichischen Schule: zu wenig Geld in den 1930er Jahren, nicht zu viel Geld in den 1920er Jahren. Friedman und Schwartz fragen: »Warum war die Geldpolitik so unzulänglich«, obwohl dem Vorstand das erforderliche Wissen zur Verfügung stand und »die Umsetzung der Maßnahmen, die das Zentralbanksystem selbst in den 1920er Jahren und bereits Bagehot 1873 umrissen hatte, die Katastrophe verhindert hätte«.[33] Sie führen das Problem auf den vorzeitigen Tod eines Mannes zurück, des Zentralbankpräsidenten Benjamin Strong, sowie auf das Machtvakuum, das durch den Wegfall seiner dominanten Führungskraft entstand: »Ein Ausschuss aus zwölf Männern, die sich jeweils als allen anderen gleichgestellt verstehen und in der jeder der Verwaltungschef einer zur Stärkung der regionalen Unabhängigkeit geschaffenen Institution ist, konnte sich wesentlich leichter auf eine Politik des Treibenlassens und der Untätigkeit einigen als auf eine koordinierte Politik, die eine staatliche Übernahme der Verantwortung für entscheidendes, groß angelegtes Handeln beinhaltete.«[34] Friedman und Schwartz rechtfertigen sich für diese Erklärung und räumen ein, dass sie »weit hergeholt« erscheint und nach einer nachträglichen Rationalisierung klingt.[35] Man könnte auf viele Forschungen verweisen, die nahelegen, dass die Wahrscheinlichkeit für riskantes Handeln bei Gruppen *höher* ist als bei Einzelpersonen.[36] Es ist ein seltsam schwaches Fundament für ihre großartige Erklärung der Wirtschaftskrise. Allan Meltzer zeigte vor einiger Zeit aufgrund von internen Dokumenten der Federal Reserve, dass zwischen Strong und dem Offenmarktausschuss mehr Kontinuität bestand, als Friedman und Schwartz einräumten, und dass die Zentralbank offenbar generell überzeugt war, »dass die eigentliche Funktion des Systems

---

französischen Geldpolitik siehe Irwin, »Did France Cause the Great Depression?«; zu einer Verteidigung der Rolle der Fiskalpolitik siehe Gordon/Krenn, »The End of the Great Depression«; zu zeitgenössischen wissenschaftlichen Ansichten zur Weltwirtschaftskrise siehe Parker, *The Economics of the Great Depression*, sowie Bordo/Goldin/White, *The Defining Moment*.

33 Friedman/Schwartz, *A Monetary History of the United States*, S. 407.
34 Ebd., S. 415.
35 Ebd., S. 419.
36 Isenberg, »Group Polarization«.

gut in dem Satz erfasst war [...]: ›Die Federal Reserve stellt die erforderlichen zusätzlichen Kredite bereit und nimmt in Zeiten wirtschaftlicher Rezession den Überhang auf [d. h. zieht Kredite zurück]‹. [...] Wir haben Kredite in einer Phase der Depression bereitgestellt, als sie nicht gefragt waren und genutzt werden konnten, und werden Kredite zurückziehen müssen, wenn sie gefragt sind und genutzt werden können«.[37] Die Fed ging also davon aus, dass Kredite in Zeiten des Aufschwungs gebraucht würden und der Wirtschaft in Zeiten einer Rezession entzogen werden müssten – dass Rezessionen demnach nichts mit der Zentralbankpolitik zu tun hätten, nicht durch eine zu geringe Geldmenge und mangelnde Kredite verursacht würden und eine »Korrektur durch reduzierte Produktion, reduzierte Lagerbestände [...] und das Anlegen von Ersparnissen durch Sparmaßnahmen erfolgen muss«, was im Wesentlichen der Position Rothbards und einer Version der Position von Herbert Hoover entsprach.[38] Es bleibt jedoch rätselhaft, warum sie das glaubten. Und bei den Monetaristen liegt die Entscheidung, das Zentralbanksystem einzuführen, ebenso wie bei der Österreichischen Schule außerhalb der Erklärung.

Obwohl damals Überproduktionserklärungen mit keynesianischen Erklärungen einhergingen, vertrat Keynes keine solche Theorie der Überproduktion. Er brachte das wesentlich weniger radikale Argument vor, dass rationale Konsumenten in Zeiten wirtschaftlicher Unsicherheit beschließen, größere Barreserven vorzuhalten, was zu einem Rückgang des Konsums führt, der Unternehmen schadet.[39] Neuere Versionen der keynesianischen Erklärungen für die Weltwirtschaftskrise lassen sich treffender als Kombination aus keynesianischen und monetaristischen Argumenten bezeichnen: Sie mögen zwar nichtmonetäre Faktoren wie einen eigenständigen Konsumrückgang für einen wichtigen *Auslöser* einer Rezession halten, sehen aber auch, dass monetäre Faktoren erheblich dazu beitragen, aus einer möglicherweise normalen Rezession eine Depression werden zu lassen und diese schließlich zu überwinden. Peter Temin ist wohl der zentrale Vertreter einer heutigen keynesianischen Sicht der Weltwirtschaftskrise.[40] Er legt eine Argumentation dar (und revidiert damit seine früheren Ansichten), wonach die Wirren des Ersten Weltkriegs, verstärkt durch ein unnötiges Festhalten am Goldstandard – noch

---

37 Meltzer, *A History of the Federal Reserve«*, S. 318.
38 Ebd.
39 Keynes, *Allgemeine Theorie der Beschäftigung*.
40 Temin, *Lessons from the Great Depression*.

bevor dieser offiziell wiederhergestellt wurde –, eine deflationäre Tendenz schuf, die letztlich zur Quelle der Instabilität wurde. Seiner Ansicht nach erforderte der Goldstandard eine monetäre Kontraktion in Ländern, deren Währung unter Abwertungsdruck stand, aber keine monetäre Expansion in Ländern mit Aufwertungsdruck; diese Asymmetrie produzierte im gesamten System eine deflationäre Tendenz. Daher litten Länder, die den Goldstandard frühzeitig aufgaben, am wenigsten und erholten sich am schnellsten.[41] Diese Erklärung für die Ausbreitung der Wirtschaftskrise wird ebenfalls weithin akzeptiert, aber Temin untersucht weder, welche Gründe die Entscheidung für den Goldstandard hatte, noch die möglichen Alternativen. Politische Entscheidungsträger hielten am Goldstandard fest, weil sie glaubten, ohne ihn würde der für den Wiederaufbau notwendige Kapitalfluss versiegen, wenn die Wechselkurse volatil würden. Warum erwies sich dieses Argument, das auf den ersten Blick rational erscheint, als derart verheerend?[42] Meltzer erklärt, dass der Goldstandard zwar keine Expansion erforderte, aber vor allem nicht zur Kontraktion zwang; die von der Federal Reserve betriebene Kontraktion bleibt also erklärungsbedürftig. Für Keynesianer wie für Monetaristen ist die Kontraktion der Geldmenge durch die US-Zentralbank das zentrale Problem, das außerhalb ihres theoretischen Rahmens liegt.

Möglicherweise ist die straffe Geldpolitik der Fed schlicht unerklärlich. Vielleicht ist es eines jener zufälligen Ereignisse, die nach Ansicht mancher Forschenden letztlich den Lauf der Geschichte bestimmen und die wir bestenfalls in nuancierten Schilderungen beschreiben, aber deren zugrunde liegenden Kräfte wir nicht begreifen können. Es ist aber auch möglich, dass wir in unserem Denken eine umfassendere Herangehensweise an die Weltwirtschaftskrise brauchen. Denn der riesige Elefant – oder vielleicht das riesige Schwein – mitten im Raum ist ein Faktor, den keine dieser Erklärungen auch nur erwähnt: Das folgenschwerste Ereignis in der westlichen Welt des ausgehenden 19. und frühen 20. Jahrhunderts war das beispiellose Wirtschaftswachstum in den USA. Es war ein Wachstum, wie man es noch nie erlebt hatte und mit dem niemand wirklich umzugehen wusste – weder die Farmer in ihren Prognosen noch die Banker in der Abstimmung ihrer monetären Indizes oder die euro-

---

41 Siehe auch Eichengreen, *Golden Fetters*; Mishkin, »The Household Balance Sheet«; Bernanke/James, »The Gold Standard«.
42 H. James, »Review of *Lessons from the Great Depression*«.

päischen Länder, die mit den Folgen rangen. Um aber zu erklären, wieso dies das Hauptproblem war, müssen wir von der Weltwirtschaftskrise des 20. Jahrhunderts zurückgehen in die Zeit des Kolonialismus.

Ein gewiefter Schotte namens John Law entwickelte und verbreitete 1719 und 1720 einen Plan für französische Investitionen in der Neuen Welt, der als eine der größten Spekulationsblasen aller Zeiten in die Annalen einging. Law hatte die französische Regierung überredet, seinem Unternehmen, der Mississippi Company, die Exklusivrechte für den Handel in der neuen Kolonie Louisiana und auf den Karibikinseln zu übertragen und hatte der französischen Öffentlichkeit Aktien verkauft. Begünstigt wurde dieser Plan durch die Einführung von Papiergeld, die, wie Law vorausschauend erkannte, das Problem zu wenig genutzter Ressourcen lösen konnte, aber Grundlage des Plans war die Verheißung auf märchenhaften Reichtum durch die in der Neuen Welt und auf den Westindischen Inseln reichlich vorhandenen Mineralien und Naturschätze. Schriften, die Law verbreitete, betonten »die Fruchtbarkeit des Bodens, die Fülle der Ressourcen [...] das Vorhandensein von Schätzen, wie Spanien sie in Mexiko und Südamerika fand«.[43] Historiker schilderten ausführlich den Rausch, der daraufhin ausbrach, die Massen, die in Laws Handelshaus in der Rue Quincampoix strömten, die Adeligen, die ihre Juwelen verpfändeten, um Aktien des Unternehmens zu kaufen, und die Strategien, die französische Männer und Frauen ersannen, um Law zu treffen und Anteile zu erwerben. Eine unternehmungslustige Frau, der es nicht gelang, sich durch die Menge bis in seine Geschäftsräume durchzukämpfen, fuhr tagelang herum, bis sie ihn auf der Straße entdeckte, und fingierte dann einen Unfall, damit er ihr zu Hilfe eilte. Regelmäßig kam es zu Gewalt auf den Straßen und sogar zu einem Mord, als ein junger Aristokrat und zwei Helfer einen erfolgreichen Spekulanten überfielen. Viele arme Arbeiter und Arbeiterinnen wurden schlagartig reich – und ebenso schlagartig wieder arm, denn innerhalb weniger Jahre brach das ganze Unternehmen zusammen. Die Blase führte zur Gründung und rapiden Besiedlung von New Orleans durch Tausende französischer Häftlinge und landlose deutsche Bauern, aber die erhofften Reichtümer blieben aus. Law flüchtete nach Venedig, während Franzosen Bilder von ihm verbrannten. Die Mississippi-Blase ist einer der Fälle von Verblendung, die Mackay in seinem Buch *Zeichen und*

---

43 Webb, *The Great Frontier*, S. 224.

Wunder. Aus den Annalen des Wahns behandelt, und ist als klassisches Beispiel irregeleiteter Spekulation in die Geschichte eingegangen.[44]

Aber wie sich herausstellte, sollte Law letzten Endes Recht behalten. Die Unternehmensbereiche, die im Osten Handel trieben, wurden den Versprechungen zwar nie gerecht, aber in der Neuen Welt gab es tatsächlich märchenhaften Reichtum in einem Maße, der die Spekulationen rechtfertigte. Laws Fehleinschätzung war, dass er sich zeitlich um über hundert Jahre irrte, denn so lange dauerte es, diese Ressourcen in materiellen Überfluss zu verwandeln.

James Belich machte vor einiger Zeit auf einen Prozess aufmerksam, den er als »Siedlerrevolution« bezeichnete.[45] Vom 15. bis ins 18. Jahrhundert waren europäische Länder bestrebt, nicht nur die Herrschaftsgebiete Asiens und Afrikas zu kolonisieren und unter ihre Kontrolle zu bringen, sondern auch neue Kolonien in Nord- und Südamerika sowie im Südpazifik zu schaffen, indem sie deren bisherige Einwohner und Einwohnerinnen töteten oder vertrieben. Daraus resultierte das einzigartige Phänomen des »Siedlerkolonialismus«, ein Begriff, der in den australischen Sozialwissenschaften üblich ist und bezeichnet, dass die Kolonisatoren dauerhaft im Land blieben. Laut Belich sollte man die Geschichte der Vereinigten Staaten, Australiens, Kanadas und Neuseelands als Teil dieses umfassenderen Prozesses verstehen.[46] Wie Kevin O'Rourke anmerkt, diktierte die Siedlerrevolution »viele der großen Themen der folgenden vier Jahrhunderte – Sklaverei, die Ausdehnung der Grenzen, freiwillige Massenmigration« und den Genozid an den indigenen Völkern Amerikas – Themen, die wir als amerikanische Geschichte bezeichnen.[47]

Der für unsere Zwecke wichtigste Aspekt des Siedlerkolonialismus ist das dramatische Wirtschaftswachstum, das er besonders in den USA auslöste. Vergleichende Langzeitstatistiken zum Wirtschaftswachstum sind nicht sonderlich gut entwickelt. Das Fehlen zuverlässiger Aufzeich-

---

44 Mackay, *Zeichen und Wunder*; Kindleberger, *Manien – Paniken – Crashs*; Garber, »Famous First Bubbles«; Ferguson, *Der Aufstieg des Geldes*.
45 Belich, *Replenishing the Earth*.
46 Siehe auch Janoski, *The Ironies of Citizenship*; Elkins/Pedersen (Hg.), *Settler Colonialism*; Denoon, *Settler Capitalism*; Veracini, *Settler Colonialism*; Go, *American Empire*; Steinmetz, »Return to Empire«; zu einer frühen Erkundung dieses Themas siehe Webb, *The Great Frontier*; zu einer brillanten Analyse zu den Auswirkungen der Ressourcen der Neuen Welt auf Europa im Vergleich zu China siehe Pomeranz, *The Great Divergence*.
47 O'Rourke, »The European Grain Invasion«, S. 775–776.

nungen, der mühsame, zeitraubende Charakter dieser Aufgabe und die mangelnde akademische Anerkennung für Arbeiten dieser Art haben zur Folge, dass es nur sehr wenige kontinuierliche Bemühungen gibt, die Wirtschaftsentwicklung verschiedener Länder über Jahrhunderte hinweg vergleichend zu untersuchen. Glücklicherweise liegen uns einige wenige vor. Der jüngste ernsthafte Versuch, gute länderübergreifende Daten zu sammeln, stammt von Angus Maddison von der Universität Groningen, dessen Langzeiterhebungen die Grundlage für die meisten Argumente zum Langzeitwachstum bilden. Um sicherzustellen, dass seine Daten sowohl länder- als auch zeitübergreifend vergleichbar sind, verwendet Maddison eine Art von Kaufkraftparität, die er »Internationale Geary-Khamis-Dollars« nennt und die Preisschwankungen im Laufe der Zeit ebenso in Betracht zieht wie Wechselkurse und Kaufkraft in den jeweiligen Ländern.

Zur Frage des komparativen Wirtschaftswachstums in der hoch entwickelten Welt im 19. und 20. Jahrhundert zeigen Maddisons Zahlen, dass es das Zeitalter der Siedlerländer war.[48] Wie aus Tabelle 3.1 hervorgeht, waren die Siedlerländer (Australien, Kanada, Neuseeland und die USA) 1820 nicht so reich wie Großbritannien oder die Niederlande. Bis 1870 hatte Australien Großbritannien und die Niederlande überholt und Neuseeland holte auf; bis 1950 war das Rennen vorbei und sämtliche Siedlerländer waren reicher als alle Länder im alten Europa. Nach 1950 preschte Deutschland vor, und die Kluft zwischen den europäischen Ländern und den USA verringerte sich, wurde aber nie völlig geschlossen. Laut Maddisons Zahlen betrug das Pro-Kopf-Bruttoinlandsprodukt 2008 in den Vereinigten Staaten 31 178 Internationale Geary-Khamis-Dollar gegenüber 20 801 in Deutschland, 22 223 in Frankreich, 23 742 in Großbritannien, 24 409 in Schweden und etwas über 25 000 in Kanada und Australien; am nächsten kam Norwegen mit 28 500 an die USA heran.

Einige von Maddisons Daten sind umstritten, da er dort, wo es nur wenige Daten gab, großzügige Annahmen anstellte.[49] Allerdings ist

---

48 Siehe Maddison, *Die Weltwirtschaft*, sowie die online verfügbaren Aktualisierungen.
49 Gregory Clark formuliert es am schärfsten und anschaulichsten: »Alle Zahlen, die Maddison für die Jahre vor 1820 schätzt, sind ebenso real wie die Reliquien, die im Mittelalter in Europa verhökert wurden. Viele der Zahlen für die Jahre 1820, 1870 und 1913 sind ebenso fiktiv.« Clark, »Review of Angus Maddison«, S. 1156–1157. In Bezug auf die frühesten Jahre führt Clark anthropologische und physiologische Belege an, die an Maddisons Annahmen zweifeln lassen. Für die Zeit von 1250 bis

seine Arbeit zu der Zeit nach 1820 und zu den Staaten, die er als »fortgeschrittene kapitalistische Länder« bezeichnet, sorgfältiger.[50] Nach wie vor bestehen einige Fragen zum raschen Aufstieg Australiens im frühen 19. Jahrhundert, daher mag es am sichersten sein, unsere Aufmerksamkeit auf die Zeit nach 1870 zu richten, für die die zuverlässigsten Zahlen vorliegen. Selbst wenn wir uns auf diese Periode konzentrieren, ist klar, dass die Siedlerländer schneller wuchsen als die europäischen Staaten, und den Spitzenplatz nahmen sehr bald vor allem die USA ein – die zuvor von ihrer dualen Wirtschaftsstruktur und anschließend vom Bürgerkrieg behindert worden waren.[51]

Tabelle 3.1 Pro-Kopf-BIP in internationalen Geary-Khamis-Dollar

	1820	1870	1913	1950
Belgien	1319	2692	4220	5462
Dänemark	1274	2003	3912	6943
Frankreich	1135	1876	3485	5186
Deutschland	1077	1839	3648	3881
Italien	1117	1499	2564	3502
Niederlande	1838	2757	4049	5996
Norwegen	801	1360	2447	5430
Schweden	819	1359	3073	6769
UK	1706	3190	4921	6939
Australien	518	3273	5157	7412
Neuseeland	400	3100	5152	8456
Kanada	904	1695	4447	7291
USA	1257	2445	5301	9561

Quelle: Maddison, *Die Weltwirtschaft* sowie online verfügbare Aktualisierungen, siehe https://www.rug.nl/ggdc/historicaldevelopment/maddison/

1820 verweist er auf die Werke von Wirtschaftshistorikern, die Maddison nicht konsultierte. Es stimmt, dass Maddisons Zahlen für die Zeit vor 1820 zu großen Teilen auf Spekulation beruhen: So nimmt er schlicht an, dass französische Wirtschaftswachstum habe dem Belgiens entsprochen (S. 245) und in Irland sei es halb so hoch gewesen wie in England und Wales (S. 246). Aber für die Zeit nach 1820 führt Clark keine spezifischen Beispiele für Datenprobleme an.

50 Siehe Maddison, *Monitoring the World Economy*, S. 96–97.
51 Belich argumentiert in *Replenishing the Earth*, S. 196, dass Vergleiche des Pro-Kopf-Bruttoinlandsprodukts das explosionsartige Wachstum der Siedlerländer nur unzureichend wiedergeben, da selbst ein stabiles Pro-Kopf-BIP angesichts der Migration, durch die sich die Bevölkerung vervielfachte, von einem starken Wirtschaftswachstum zeugt.

Diese Schlussfolgerung wurde von anderen Quellen bestätigt. Den erbittertsten Disput auf dem Gebiet der komparativen Wirtschaftsstatistik gibt es zwischen Autoren wie David Landes, der aufgrund von Maddisons Zahlen argumentiert, Europa sei 1800 bereits reicher gewesen als der Rest der Welt, und Paul Bairoch und seinen Anhängern, nach deren Ansicht dies nicht der Fall war. Allerdings stützen Bairochs Zahlen zur Frage des relativen Wohlstands in den fortgeschrittenen Industrieländern Maddisons Darstellung. So zeigen Bairochs Daten zur Pro-Kopf-Industrialisierung von 1860 bis 1953, dass westeuropäische Länder zwar wuchsen, aber nicht so schnell wie Siedlerländer. In diesem Zeitraum nahm die Industrialisierung in Frankreich um den Faktor 4,5 zu, in Deutschland um den Faktor 9,2 und in Großbritannien um den Faktor 3,3. Die schwedische Industrie war produktiver und wuchs um den Faktor 10,9, wurde aber von Kanada und den USA übertroffen, deren Wirtschaft jeweils um einen Faktor von 26,4 beziehungsweise 16,9 wuchs.[52]

Die andere Quelle langfristiger komparativer Wirtschaftsstatistiken ist Brian Mitchells *International Historical Statistics*, die ein ähnliches Bild ergibt.[53] Seine Daten sind zwar nicht so umfangreich wie Maddisons, aber auch er stellt für die USA, Großbritannien, Frankreich, Deutschland und Schweden von 1870 bis 1913 fest, dass die USA wesentlich schneller wuchsen als Deutschland oder Schweden und die Industrialisierung in diesen drei Ländern erheblich schneller erfolgte als in Großbritannien und Frankreich (Abb. 3.1).[54] Die Industrialisierungsdaten Deutschlands sehen viel besser aus als das Pro-Kopf-BIP, aber in beiden Bereichen sind die USA weit voraus. Neuere Forschungen deuten darauf hin, dass solche Industrialisierungsvergleiche Frankreichs schlechte Wirtschaftsleistung überzogen darstellen,[55] aber das Bild des erstaunlichen Wirtschaftswachstums der USA wurde bislang nicht revidiert.

Besonders beeindruckend war das amerikanische Wirtschaftswachstum in der Landwirtschaft (Abb. 3.2). Zwischen 1869 und 1911 verdoppelten sich die landwirtschaftlichen Erträge in mehreren Ländern, wuchsen in den USA jedoch um den Faktor 2,5. Auch in der Fertigung waren die Vereinigten Staaten äußerst produktiv, aber die skandinavischen Länder

---

52 Bairoch, »International Industrialization Levels«, S. 281.
53 Mitchell, *International Historical Statistics, The Americas 1750–1988*; ders., *International Historical Statistics, Europe 1750–1993*.
54 Zu den Daten aller Tabellen siehe Link in Kapitel 9, FN 18.
55 Siehe z. B. Berg, Maxine, *The Age of Manufactures*.

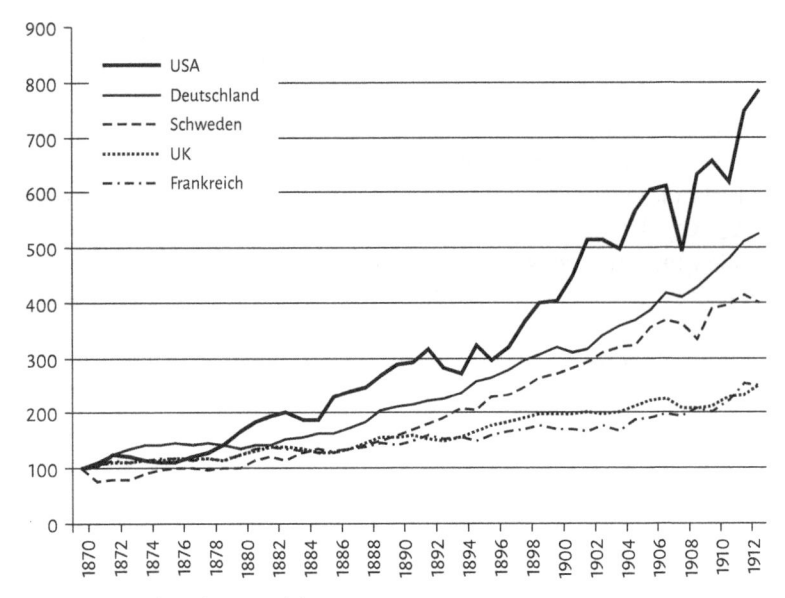

Abb. 3.1   Index der Industrieproduktion 1870–1912. 1870=100
Quelle: Brian Mitchell, *International Historical Statistics 1993*, 1998

ebenso (Abb. 3.3); und in manchen Bereichen übertrafen sie im ausgehenden 19. Jahrhundert den Rest der Welt sogar bei den Pro-Kopf-Daten.[56]

Aber Pro-Kopf-Messwerte und Wachstumsindizes geben nicht das vollständige Bild wieder, weil die USA aufgrund ihrer Größe alle anderen Länder in den absoluten Produktionsmengen weit in den Schatten stellten (Abb. 3.4).

Die absolute Produktionsmenge ist der zentrale Punkt, da die USA zu Beginn des 20. Jahrhunderts den Weltmarkt überschwemmen konnten wie kein anderes Land. Daher wurde ihre Produktivität zu einem Problem für die ganze Welt. Obwohl manche Elemente der amerikanischen Erfahrung auch in anderen Siedlerstaaten auftraten, unterschieden sich die Vereinigten Staaten aufgrund der Größe der bewohnbaren Fläche qualitativ von jedem anderen Land. Mehr noch als die Wachstumsrate oder die Produktivität war das Ausmaß der Wirtschaftstätigkeit in den USA für die Weltwirtschaft problematisch, vor allem, als neue Entwicklungen im

---

56   O'Rourke/Williamson, *Globalization and History*.

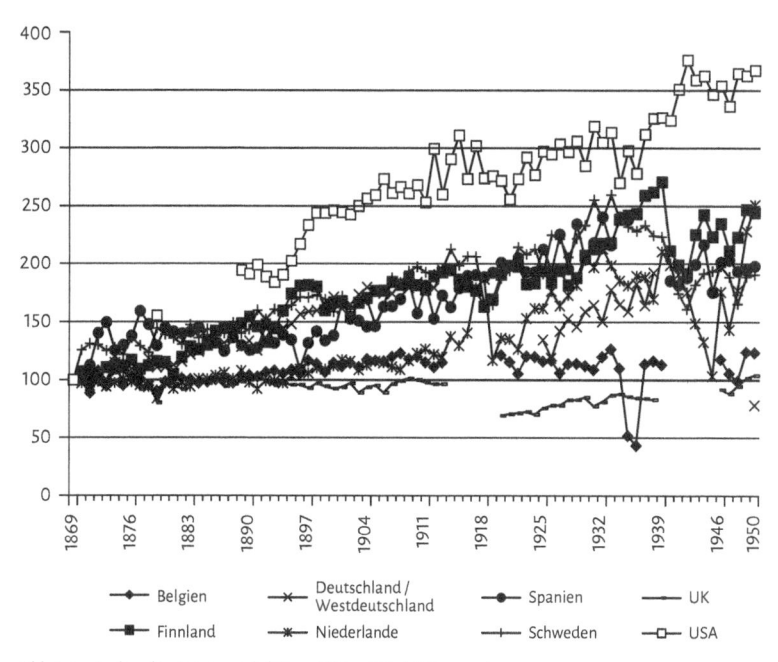

Abb. 3.2 Index der Agrarproduktion 1869–1950 (1869=100)
Quelle: Maddison, *The World Economy*

Transportwesen diese materielle Fülle in alle Winkel der Erde brachten. Das Ausmaß dieser Aktivität überstieg alles, was man in früheren Jahrhunderten erlebt hatte. Zwar hatten auch die italienischen Stadtstaaten, die Niederlande und England in früheren Zeiten ein dramatisches Wirtschaftswachstum erfahren, aber die Ressourcen der amerikanischen Landmasse brachten Wachstum einer qualitativ und quantitativ völlig anderen Größenordnung hervor. So zeigen Maddisons Daten, dass Großbritanniens Anteil am Welt-BIP zu seinen Spitzenzeiten 1900 nicht einmal 10 Prozent ausmachte (der italienische und der niederländische Anteil am Welt-BIP war zu deren jeweiligen Spitzenzeiten noch geringer, allerdings ist nicht klar, wie zuverlässig die Daten für diese frühen Jahre sind). Dagegen hatten die USA in der Spitze 1951 einen Anteil von 25 Prozent am Welt-BIP.

Laut Maddisons Daten waren die USA 1950 insgesamt reicher als Australien, Kanada, Frankreich, Deutschland, Italien, Schweden, die Schweiz und Großbritannien zusammen. Kein Wunder, dass John Law märchen-

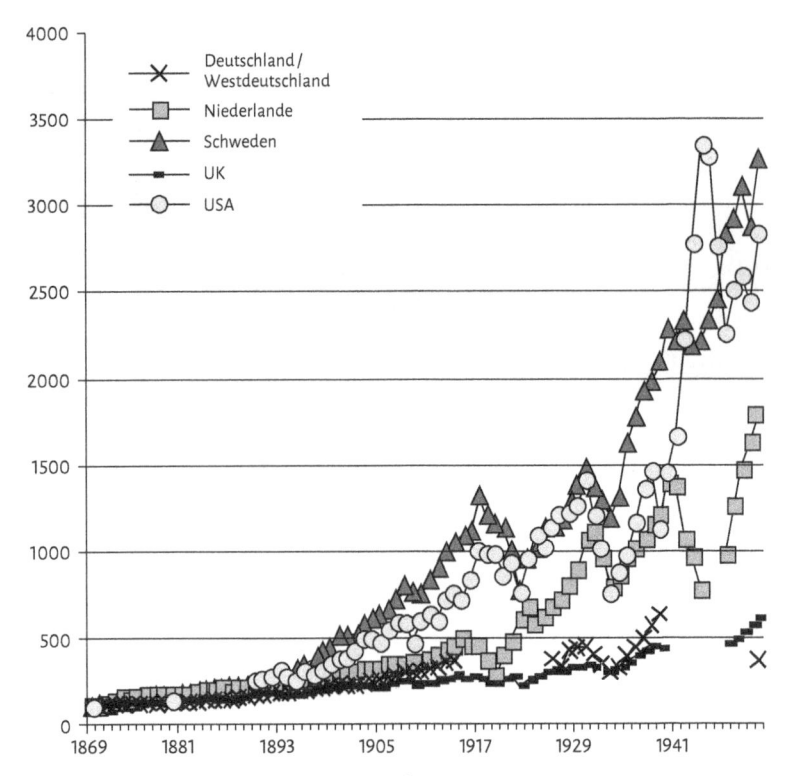

Abb. 3.3 Index der Produktion im Fertigungssektor 1869–1941
Quelle: Maddison, *The World Economy*

haften Reichtum in der Neuen Welt vorhersah. Die Aktien der Mississippi Company wurden auf dem Höhepunkt der Blase für das Zehnfache ihres Ausgabepreises gehandelt.[57] Aber das Bruttoinlandsprodukt der USA lag 1950 mehr als hundert Mal höher als im ausgehenden 18. Jahrhundert. Hätten John Laws Investoren ihre Anteile bis 1950 halten können, hätten sie ein Vermögen verdient, das all ihre Träume übertraf.

In Westeuropa beobachtete man verwundert, wie die früheren Kolonien über ihre Kolonialmachtstaaten hinauswuchsen. Großbritannien, Frankreich und Deutschland begannen nun eine fieberhafte Aufholjagd, die sich in qualitativen Quellen eindeutig nachweisen lässt. Das wach-

---

57 Garber, »Famous First Bubbles«, S. 42–46.

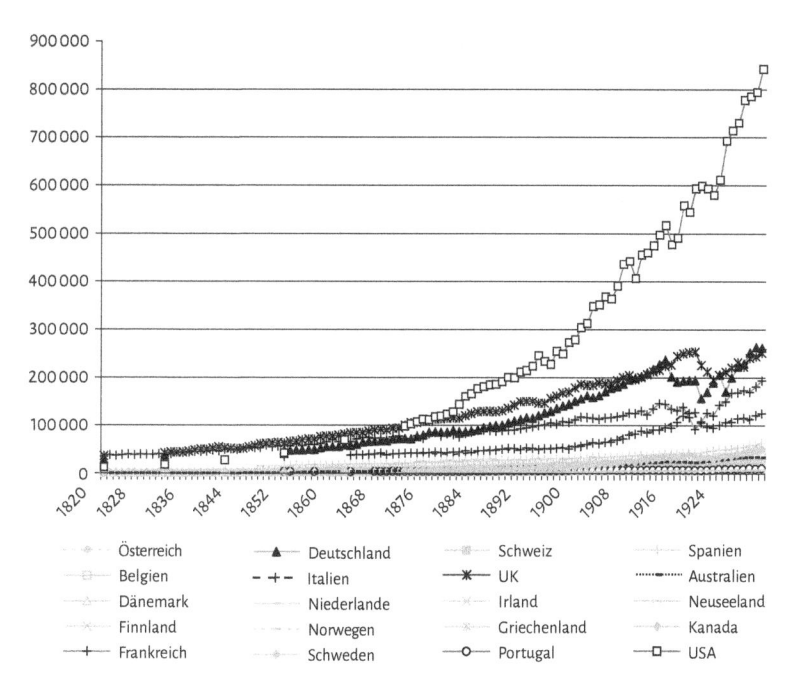

Abb. 3.4 Gesamt-BIP 1820–1924 in Millionen internationalen Geary-Khamis-Dollar von 1990
Quelle: Maddison, *The World Economy*

sende Staunen ist beispielsweise an der Abfolge internationaler Messen und »Weltausstellungen« abzulesen, die im ausgehenden 19. Jahrhundert stark zunahmen wie die World's Columbian Exposition 1893 in Chicago und die Weltausstellung 1900 in Paris. Sie präsentierten Ausschnitte aus dem Leben vieler verschiedener Länder von technischen Innovationen bis hin zu Kunst, Kultur, Bildung und sogar gesellschaftlicher Organisation. Merle Curti, der offizielle europäische Berichte über die amerikanische Teilnahme an diesen Ausstellungen untersuchte, stellte fest, dass sie zunehmend die amerikanischen Fortschritte würdigten, gekrönt von der triumphalen Columbian Exposition in Chicago 1893, bei der verwunderte Beobachter den Aufstieg einer neuen Weltmacht erlebten.[58] Bald darauf erschienen in Europa Bücher mit Titeln wie *The American Invaders, The Americanization of the World* oder *The American Invasion* – das erste, aber nicht

---

58 Curti, »America at the World's Fairs«.

das letzte Mal, dass die Welt über den Aufstieg amerikanischer Macht in Panik geriet.[59]

Die Gründe für das schnellere Wirtschaftswachstum der USA um die Wende zum 20. Jahrhundert sind noch nicht vollständig geklärt, aber die Forschung hat mehrere mögliche Ursachen ausgemacht. Laut Nathan Rosenberg führten die amerikanischen Lebensbedingungen zu einer besonderen Fertigungsweise, die ressourcenintensiv, mechanisiert und standardisiert war und produktivere Möglichkeiten bot als die arbeitsintensive Fertigung, die damals in Europa zweckdienlicher war.[60] Laut Gavin Wright führte diese Mechanisierung vor allem zu einer intensiveren Ausbeutung natürlicher Ressourcen, die nach Ansicht von Nelson und Wright eine fortwährende Ergänzung der amerikanischen Industrialisierung darstellte.[61] David und Wright geben einen Überblick über die Institutionen, die gewährleisteten, dass die reichen Bodenschätze des Landes im 19. Jahrhundert produktiv genutzt wurden – im Gegensatz zu den Bodenschätzen Russlands oder des British Empire.[62] Bensel behauptet, dass die USA in der Republikanischen Partei eine politische Organisation besaßen, die sich engagiert für die Entwicklung des Landes einsetzte.[63] Ein weiterer wichtiger Faktor war die Rolle der Bundesstaaten bei der Finanzierung der geologischen Kartierung. Eine europäische Erfindung, die sich als eine für den Anstieg des amerikanischen Wohlstands zentrale Form der Industriepolitik erwies.[64] Nach Ansicht von Alfred Chandler waren organisatorische Fähigkeiten in den USA bereits früher hoch entwickelt als in Großbritannien oder Deutschland.[65] Andere vermuten, dass das amerikanische Finanzsystem äußerst förderlich für Wachstum war.[66] Durch ihren gemeinsamen Markt boten sich in den USA Chancen, die Europa erst erlangte, nachdem seine politischen Konflikte im 20. Jahrhundert nachließen; und aufgrund ihrer Größe konnten sie von den neuen Verkehrs- und Kommunikationstechnologien des 19. Jahr-

---

59 Wright, »The Origins of American Industrial Success«, S. 652.
60 Rosenberg, *Exploring the Black Box*.
61 Wright, »The Origins of American Industrial Success«; Nelson/Wright, »The Rise and Fall of American Technological Leadership«.
62 David/Wright, »Increasing Returns«.
63 Bensel, *The Political Economy of American Industrialism*.
64 Hendrickson, »Nineteenth-Century State Geological Surveys«.
65 Chandler, *Scale and Scope*.
66 Rousseau/Sylla, »Emerging Financial Markets«.

hunderts und den damit verbundenen Skalierungsvorteilen profitieren.[67] Während des Ersten Weltkriegs und unmittelbar danach bauten die USA ihre Führungsposition noch weiter aus, indem sie das Land schnell elektrifizierten. Zudem nutzten sie (deutsche) Neuentwicklungen bei der Konstruktion des Verbrennungsmotors, um eine ganze Flotte privat genutzter Automobile und gewerblich eingesetzter Lastkraftwagen zu entwickeln, »während Europa durch Kriege und wirtschaftliche Wirren der Zwischenkriegszeit abgelenkt war«.[68]

Diese Dynamiken werden im Vergleich mit den anderen Ländern deutlich, die von europäischen Kolonisatoren besiedelt wurden. Lange, Mahoney und Hau argumentieren, dass natürliche Ressourcen eine geringere Rolle spielen als die Institutionen, die Gesellschaften deren Nutzung ermöglichen; die von Spanien besiedelten Länder konnten die reichen Mineralienvorkommen weniger nutzen als die von Großbritannien besiedelten.[69] Die spanischen Institutionen waren einem Wirtschaftswachstum weniger förderlich als die britischen, daher gab es in Lateinamerika in den Gebieten mit der stärksten spanischen Besiedlung das geringste Wachstum. Dagegen hatten alle Länder, die von Großbritannien kolonisiert und besiedelt wurden, Institutionen gemeinsam, die Wirtschaftswachstum begünstigten, was dazu führte, dass die stärkste Wirtschaftsentwicklung dort erfolgte, wo die Kolonisation am intensivsten war. Diese Arbeit trägt zur Erklärung bei, warum die USA und andere Siedlerländer schneller wuchsen als die Teile Afrikas und Asiens, die von den Briten weniger intensiv kolonisiert wurden.

Zusammenfassend lässt sich also sagen, dass die Länder, in denen britische Siedler die indigene Bevölkerung vom 17. bis ins 19. Jahrhundert überwältigten, sich als überaus produktiv erwiesen und wesentlich schneller wuchsen als die europäischen Länder, die von anderen Kolonialmächten besiedelten Länder oder die von Briten weniger intensiv besiedelten Länder. Vor allem die USA mit ihren ausgedehnten Landgebieten (mit bewohnbarem Klima, anders als in Kanada und Australien, deren Bevölkerung klein blieb) und ihren günstigen Institutionen erlebten ein von anderen Ländern unerreichtes und in der Weltgeschichte nie gekanntes Ausmaß an materieller Produktion. Darauf deuten mehrere quantitative Quellen hin, und qualitative Quellen bestätigen es. Die in der Neuen Welt

---

67 R. Gordon, »Two Centuries of Economic Growth«.
68 Ebd., S. 1.
69 Lange/Mahoney/Hau, »Colonialism and Development«.

verfügbaren Ressourcen sowie bestimmte Institutionen, die deren intensive Nutzung bewirkten, und neue Verkehrstechnologien, die wachsende Skalenerträge brachten und die amerikanische Produktivität in alle Winkel der Erde beförderten, sorgten für einen explosionsartigen Überfluss, der in der ganzen Welt Wellen schlug und eine neue Geschichtsepoche einleitete.

Für unsere Zwecke sind die Ursachen dieses Wachstums weniger wichtig als seine Folgen. Denn das Seltsame an diesem enormen Reichtum war, dass Amerikaner zwar reicher waren als im ausgehenden 19. Jahrhundert, aber die zeitgenössischen Schilderungen voller Geschichten sind, die nicht etwa von Mobilität und Luxus, sondern von Mühen und Leid erzählen. Der erstaunliche Anstieg des Bruttoinlandsprodukts entsprach nicht der Alltagserfahrung. So fragte eine Farmerin aus Tennessee 1890, als die USA doppelt so reich waren wie zwanzig Jahre zuvor: »Warum befinden wir uns in der breiten Mittelschicht, zu der wir gehören, in der Skala des realen Vermögens so viel weiter unten als vor zwanzig Jahren?«[70] Das Parteiprogramm der Populist Party von 1892 begann mit den Worten: »Wir kommen inmitten einer Nation zusammen, die an den Rand des moralischen, politischen und materiellen Ruins gebracht wurde.«[71] Organisierungsbestrebungen waren schwierig, weil die Mitglieder zu arm waren, um sich zu organisieren, wie der Leiter einer Ortsgruppe der Farmer's Alliance 1890 an den Vorsitzenden auf Bundesstaatsebene schrieb: »Ich würde gern wissen, was ich mit meiner Allianz tun soll. Die Mitglieder sind alle so arm, dass sie ihre Beiträge nicht bezahlen können.«[72] Was E. P. Thompson von Großbritannien um die Mitte des 19. Jahrhunderts gesagt hatte, galt ebenso für die USA im ausgehenden 19. Jahrhundert: »Um 1840 waren die meisten Menschen ›besser dran‹ als ihre Vorfahren fünfzig Jahre früher, aber diese leichte Verbesserung hatten sie erlitten und erlitten sie noch als katastrophische Erfahrung.«[73]

Viele der Schwierigkeiten des ausgehenden 19. Jahrhunderts lassen sich auf den Goldstandard zurückführen, der die Geldmenge zu einer Zeit grenzenloser Produktivität künstlich einschränkte. Die zunehmende wirtschaftliche Integration hatte die Staaten der westlichen Welt veranlasst, den Wert ihrer Währungen an Gold zu binden. Damit hofften sie,

---

70 Zit. in: Lester, *Up from the Mudsills of Hell*, S. 19.
71 Zit. in: McMath, *American Populism*, S. 161.
72 Zit. in: ebd., S. 119.
73 Thompson, *Die Entstehung der englischen Arbeiterklasse*, Bd. 1, S. 228.

die Wechselkursschwankungen zu dämpfen, die so verheerend für den internationalen Handel sein konnten. Wenn ein Land produktiver war als ein anderes, würden die Preise für dessen Produkte theoretisch fallen, bis die Nachfrage danach in anderen Ländern ausreichend stieg, um wieder ein Gleichgewicht herzustellen. Praktisch waren die amerikanischen Farmer jedoch so produktiv und fielen die Preise so stark, dass es die Bauern nicht nur in Amerika, sondern auch in Europa in den Ruin trieb. In der nüchternen Sprache der modernen Wirtschaftswissenschaften heißt das: »Die Deflation in der Goldstandardära des ausgehenden 19. Jahrhunderts [...] spiegelte sowohl positive Gesamtangebots- als auch negative Geldmengenschocks wider.«[74] Die Auswirkungen des Goldstandards wurden im 19. Jahrhundert noch durch mehrere Faktoren verschärft: durch das amerikanische Bestreben, zu dessen Vorkriegsparität zurückzukehren, was ein Fallen der Preise erforderte; durch ein Ende des stetigen Goldstroms aus dem Goldrausch der 1840er Jahre sowie durch die Entfernung des Bürgerkriegs-Greenback und anderer staatlicher Währungen aus der Geldmenge.[75] Selbst als es später eigentlich keinen Mangel an Gold mehr gab, »sterilisierten« die Währungshüter den Goldzufluss häufig und erlaubten nicht, dass er die Geldmenge erhöhte.[76] Die Mechanismen des offiziellen Goldstandards und die Kontraktionstendenzen der Währungshüter, die selbst noch anhielten, als Staaten den offiziellen Goldstandard aufgegeben hatten, bezeichnet Temin als das Goldstandard-»Regime«, das nach seiner Auffassung bis weit in die 1930er Jahre bestand. Theoretisch kann eine straffe Geldpolitik durch eine höhere Umlaufgeschwindigkeit des Geldes abgemildert werden, aber sowohl im ausgehenden 19. Jahrhundert als auch in den frühen Jahren der Weltwirtschaftskrise nahm die Umlaufgeschwindigkeit des Geldes ab, vermutlich weil Konsumenten sich nicht so leicht von Geld trennen wollten, das rasch an Wert gewann.[77]

Fallende Preise waren also die Hauptschwäche des Goldstandardregimes. In dem Maße, wie die Menge der Güter zunahm, nicht aber die Menge und Umlaufgeschwindigkeit des Geldes, sanken die Preise. Karl

---

74 Bordo/Lane/Redish, »Good Versus Bad Deflation«, S. 15.
75 Rockoff, »Some Evidence on the Real Price of Gold«; Bordo/Rockoff, »The Gold Standard«; Friedman/Schwartz, *A Monetary History of the United States*.
76 Eichengreen, *Golden Fetters*; Irwin, »Did France Cause the Great Depression?«.
77 Friedman/Schwartz, *A Monetary History of the United States*, S. 640–641; Bordo/Jonung, »The Long Run Behavior of the Income Velocity«.

Polanyi, der große Erforscher der Preisschwankungen, schreibt: »Während Veränderungen des Verkaufspreises langfristig gesehen die Profite nicht unbedingt beeinträchtigen müssen, da die Kosten entsprechend steigen oder fallen, gilt dies kurzfristig nicht, da bis zur Änderung vertraglich vereinbarter Preise einige Zeit verstreichen muß. [...] Daher würde, wenn das Preisniveau aus monetären Gründen längere Zeit hindurch sinkt, das Geschäftsleben vom Konkurs bedroht werden, begleitet von einer Auflösung der Organisationsformen der Produktion und einer massiven Zerstörung von Kapital. Nicht niedrige, sondern fallende Preise waren das Problem.«[78]

In jüngerer Zeit haben Wissenschaftlerinnen sich eingehend damit beschäftigt, warum Geld kein neutrales Signal zugrunde liegender Phänomene, sondern ein eigenes kausales Element ist. Wenn Schulden mit Nominalwert festgeschrieben sind, kann Preisdeflation dazu führen, dass sie nicht zurückgezahlt werden können. Kritiker wenden häufig ein, in diesem Fall wandere Geld lediglich von einer Gruppe (Gläubigern) zu einer anderen (Schuldnern), er spiegele aber keine Abnahme des Gesamteinkommens wider. Aber diese nominellen Verlagerungen können reale Auswirkungen haben, wenn Gläubiger dadurch nicht mehr in der Lage sind, Kredite zu vergeben, und Projekte zum Stillstand kommen, die den Gesamtwohlstand oder die Produktivität hätten steigern können.[79] Durch diese Kausalkette kann erhöhte Produktivität zu wirtschaftlichem Niedergang führen – Koestlers Paradox.

Es gab zwei Hauptepisoden schwerer Deflation, die sich in der Preisentwicklung ablesen lassen (Abb. 3.5), und beide waren die Folge von Preisanstiegen in Kriegszeiten, die zu höherer Produktivität führten. Der Großhandelspreisindex ist ein Maß der Unternehmenskosten, nicht der Kosten für Endverbraucherinnen und misst den Großhandelspreis für einen Korb repräsentativer Güter. Verbraucherpreisindizes weisen dasselbe Muster auf. Während des Amerikanischen Bürgerkriegs und erneut während des Ersten Weltkriegs stiegen die Preise sprunghaft. In beiden Fällen führten Störungen der Lieferketten während des Krieges zu explodierenden Preisen, die Produzenten veranlassten, in eine Erhöhung des Angebots zu investieren, was nach Kriegsende letztlich eine Deflation verursachte. Die erste größere Episode in den 1880er Jahren wird zuwei-

---

78 Polanyi, *The Great Transformation: Politische und ökonomische Ursprünge von Gesellschaften*, S. 261.
79 Bernanke, »Nonmonetary Effects of the Financial Crisis«.

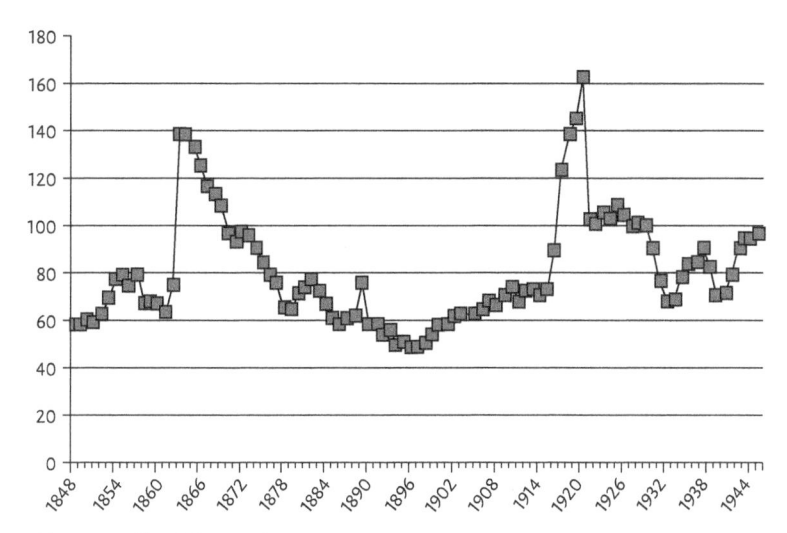

Abb. 3.5 Großhandelspreisindex 1848–1943. 1929=100
Quelle: Mitchell, *International Historical Statistics*

len als »große Deflation« bezeichnet. Die Schwierigkeiten der Landwirtschaft während des Amerikanischen Bürgerkriegs, als Arbeitskräfte äußerst rar waren, führten in den 1860er Jahren zu Preissteigerungen. Das wirkte als Katalysator für Veränderungen in der amerikanischen Landarbeiterschaft, teils durch den zunehmenden Ausbau der Landwirtschaft im Mittelwesten, um die ausbleibenden Lieferungen aus den Südstaaten zu ersetzen, teils durch Mechanisierung und teils durch den zunehmenden Einsatz von Frauen und Kindern als bezahlte landwirtschaftliche Arbeitskräfte.[80] Aber nachdem diese Veränderungen erst einmal erfolgt waren, verschwanden sie nach dem Krieg nicht wieder, sondern führten zu einem rapiden Wachstum der Agrarproduktion, das in den folgenden Jahrzehnten durch den Ausbau des Eisenbahnnetzes und der Weiterentwicklung der Transport- und Kühltechnologie noch verstärkt wurde. Von 1870 bis 1913 hatten die Nutzung der amerikanischen Grenzgebiete und die Entwicklung des Transportwesens zur Folge, dass Getreide aus der Neuen Welt die europäischen Märkte so weit überschwemmte, dass die Vereinigten Staaten am Vorabend des Ersten Weltkriegs schließlich Europa ernährten.[81] Plötzlich befanden sich europäische Bauern in Kon-

---

80 Craig/Weiss, »Agricultural Productivity Growth«; Rasmussen, »The Civil War«.
81 O'Rourke, »The European Grain Invasion«.

kurrenz zum endlosen Angebot an billigem Getreide, das die Agrarpreise im gesamten Westen fallen ließ.

Eine ähnliche Abfolge wiederholte sich im Ersten Weltkrieg. Der für die Schweineschlachtungen berüchtigte Henry Wallace fasste die Gründe für die nach dem Krieg einsetzende Deflation zusammen: »Erstens kam es in Kriegszeiten zur Ausweitung der angebauten Feldfrüchte, als die Farmer patriotisch 16 Millionen Hektar Land zusätzlich beackerten, um den Krieg gewinnen zu helfen. Zweitens war da nach dem Krieg der abrupte Umschwung der Vereinigten Staaten von einem Schuldner- zum Gläubigerland, der es anderen Ländern erschwerte, unseren Überschuss an landwirtschaftlichen Erzeugnissen zu kaufen. Drittens kam es zur Verdrängung des Pferds durch das Automobil, den Lastwagen und den Traktor und der Freisetzung von 14 Millionen Hektar Land, das zuvor für die Erzeugung von Futter genutzt wurde. Viertens gab es die Bestrebung europäischer Länder, all ihre Nahrungsmittel selbst zu produzieren, um in einem weiteren Krieg nicht zu verhungern. Fünftens gab es die neue landwirtschaftliche Konkurrenz durch andere Exportländer wie Argentinien und Australien [...].«[82] Wieder einmal hatte der Krieg zu einer Abfolge geführt, in der Farmer »patriotisch« zusätzliches Land bestellten (oder vielleicht nur auf die wesentlich höheren Preise reagierten, die ihre Erzeugnisse aufgrund der kriegsbedingt gestörten europäischen Märkte erzielen konnten) und ihre Produktivität steigerten, um sich dann mit einem Überschuss an Feldfrüchten konfrontiert zu sehen, als der Krieg endete und die Auslandsmärkte sich erholten. Obwohl die Deflation des ausgehenden 19. Jahrhunderts wesentlich länger anhielt, hatte die der 1920er und 1930er Jahre wesentlich schwerwiegendere kurzfristige Auswirkungen; allein der Preisverfall 1921 sorgte für das bislang schlimmste einzelne Deflationsjahr der amerikanischen Geschichte, in dem die Verbraucherpreise um 10 Prozent und die Großhandels- und Erzeugerpreise um 40 Prozent fielen.[83]

Laut Polanyi werden menschliche Gesellschaften die verheerenden Auswirkungen niemals akzeptieren, die schnell steigende oder fallende Preise verursachen können.[84] Er sieht es als anthropologisches Gesetz an, dass es immer Interventionen geben wird, die das freie Spiel der Preise

---

82 Henry A. Wallace, »How Permanent is the Farm Program?«.
83 Lindert/Sutch, »Consumer Price Indexes«; Hanes, »Wholesale and Producer Price Indexes«.
84 Polanyi, *The Great Transformation*.

verhindern. Seine Äußerungen richteten sich gegen Friedrich Hayeks Argumentation, Preise enthüllten wichtige Informationen über komplexe Systeme, die auf andere Weise nicht zu gewinnen seien, daher sollten Preisschwankungen nicht durch Gesetze umgangen werden. Fallende Preise seien ein Signal an Bauern, andere Feldfrüchte anzubauen oder gänzlich in andere Branchen zu wechseln. Das war jedoch leichter gesagt als getan. Offenbar sanken die Preise für sämtliche Feldfrüchte, und in neues Gerät zu investieren, um zu diversifizieren, war sinnlos, wenn es bei keiner Feldfrucht eine Garantie auf stabile oder steigende Preise gab. Außerdem existierten in vielen Gegenden für Farmer schlicht keine guten Anbaualternativen.[85] Manche gaben zwar die Landwirtschaft völlig auf, aber die Unsicherheiten des Stadtlebens ließen es klug erscheinen, die Farm zu halten, da sie zumindest die Subsistenz sicherte.[86] Eine rationale Entscheidung, auf der Farm zu bleiben oder in die Stadt zu ziehen, wurde noch dadurch erschwert, dass niemand genau wusste, welches Einkommen Farmer erzielten, nicht einmal sie selbst.[87] In Anbetracht dieser Alternativen hielten viele Farmer es für das Vernünftigste, zu bleiben, wo sie waren, und Polanyis Weg einzuschlagen, durch kollektives Handeln systematischere Veränderungen zu erzwingen. Wirtschaftliche Probleme aufgrund einer gelegentlichen Dürre waren leicht zu begreifen, aber schlechte Witterungsverhältnisse können den langfristigen Preisverfall nicht erklären, und es war verrückt, die Preise fallen zu sehen, obwohl Farmer das Richtige taten und das Wetter mitspielte. Daher folgten auf beide Deflationsepisoden, die in der Preisentwicklung zu beobachten waren, politische Maßnahmen statt natürliche Marktanpassungsprozesse.

Als Reaktion auf die Deflation erfolgte zwar überall eine Hinwendung zur Politik, aber die politische Antwort nahm in den verschiedenen Ländern unterschiedliche Formen an.

In der ersten Deflationsepisode im ausgehenden 19. Jahrhundert antworteten europäische Länder auf die Schwemme amerikanischen Getreides mit protektionistischen Zöllen. Frankreich hatte in den 1860er Jahren ebenso wie die übrigen europäischen Staaten mit Freihandel geliebäugelt. Aber nach der Niederlage im Deutsch-Französischen Krieg fanden französische Nationalisten und Fabrikanten im Agrarsektor einen starken Verbündeten, der sich über die natürlichen Vorteile der Landwirtschaft in

---

85 Cochrane, *The Curse of American Agricultural Abundance*, S. 14.
86 Woofter, »Rural Relief«.
87 Danbom, *The Resisted Revolution*, S. 7.

der Neuen Welt ärgerte. Gegen Ende der 1880er und in den 1890er Jahren stiegen die Zölle dramatisch. So belegte 1892 der Méline-Zoll die meisten Agrarimporte (außer Rohstoffe) mit hohen Zöllen und signalisierte eine neue Ära des Protektionismus. Auch in Deutschland endete eine Phase der Experimente mit Handelsverflechtungen, als es einer Koalition aus Industriellen und Junkern, einer Allianz von Eisen und Roggen, um die Jahrhundertwende gelang, höhere Zölle durchzusetzen. Viele sehen in dieser Entwicklung den Wendepunkt, an dem Europa die Integration des 19. Jahrhunderts aufgab und zum Protektionismus überging. Italien folgte diesen allgemeinen Trends ebenso wie Portugal, Schweden und Norwegen; auch Belgien und die Schweiz führten Zölle ein, die allerdings niedriger waren. Nur Großbritannien mit seiner schrumpfenden Landarbeiterschaft und Dänemark und die Niederlande, deren Viehwirtschaft von billigem Getreide profitierte, hielten weitgehend entgegen der protektionistischen Welle am Freihandel fest. Mehrere Wissenschaftlerinnen haben diese Abfolge von Ereignissen mit der Entdeckung der Neuen Welt und deren ausgedehnten Landgebieten erklärt, deren Integration in die Weltwirtschaft einen Ressourcenschock für die ganze Welt bedeutete. Die plötzliche Verfügbarkeit von derart viel Land beeinträchtigte die wirtschaftliche Stellung der Grundbesitzer, die in diversen Gemeinwesen entscheidend für die politische Reaktion war.[88] Zwei Wissenschaftler fassen diese Episode folgendermaßen zusammen: »Sinkende Transportkosten führten zu einer veränderten Verteilung, die wiederum die Verlierer zu Bestrebungen veranlasste, sich gegen die internationale Wirtschaft abzuschirmen [...]. Anscheinend untergrub sich die Globalisierung selbst.«[89]

Ein wichtiger Punkt, den es zu bedenken gilt, ist, dass dieses Problem in der Landwirtschaft schwerwiegender war als im Fertigungsbereich. Obwohl beide Sektoren von den neuen Transport- und Kühltechnologien profitierten, war in der Neuen Welt Land besonders reichlich verfügbar und gelangte in Form von billigen Primärerzeugnissen (Nahrungsmitteln und Rohstoffen) nach Europa. Die Neue Welt exportierte Primärerzeug-

---

88 Gourevitch, *Politics in Hard Times*; Hobson, *The Wealth of States*; Tracy, *Government and Agriculture*; Kindleberger, »Group Behavior and International Trade«; Koning, *The Failure of Agrarian Capitalism*; O'Rourke, »The European Grain Invasion«; O'Rourke/Williamson, *Globalization and History*; Rogowski, *Commerce and Coalitions*; Swinnen, »The Growth of Agricultural Protection«.
89 Findlay/O'Rourke, »Commodity Market Integration«, S. 39.

nisse und importierte Fertigungsprodukte. Aber das Ungleichgewicht war bei Primärerzeugnissen wesentlich größer als bei den Fertigungsprodukten. So exportierten die USA und Kanada von 1896 bis 1900 Primärerzeugnisse im Wert von über einer Milliarde US-Dollar, importierten aber nur solche im Wert von 550 Millionen Dollar. Bei den Fertigungsprodukten standen amerikanischen und kanadischen Exporten im Wert von 240 Millionen Dollar Importe im Wert von 325 Millionen Dollar gegenüber. Auch bei den Fertigungsprodukten bestand also ein Ungleichgewicht, das allerdings erheblich kleiner war als das umgekehrte Ungleichgewicht bei den Primärerzeugnissen. Im selben Zeitraum beliefen sich die Exporte Großbritanniens und Irlands bei den Primärerzeugnissen auf einen Wert von 212 Millionen Dollar und die Importe auf 1,6 Milliarden Dollar, während ihre Exporte bei den Fertigungsprodukten über eine Milliarde Dollar und die Importe lediglich 350 Millionen Dollar betrugen. Die nordwesteuropäischen Länder (Finnland, Schweden, Norwegen, Dänemark, Deutschland, Belgien, die Niederlande, Frankreich, die Schweiz und Österreich) exportierten von 1896 bis 1900 Primärerzeugnisse im Wert von 1,5 Milliarden US-Dollar, importierten solche im Wert von 2,9 Milliarden Dollar, während ihre Exporte bei Fertigungsprodukten annähernd 1,5 Milliarden Dollar und ihre Importe nur 685 Millionen Dollar betrugen.[90]

Diese Muster blieben von den 1870er bis in die 1920er Jahre stabil. In diesem Zeitraum hatten die europäischen Länder einen Importüberschuss bei Primärerzeugnissen und einen Exportüberschuss bei Industrieprodukten, während die USA einen Importüberschuss bei Industrieprodukten und einen Exportüberschuss bei Primärerzeugnissen hatten. Durchgängig blieb das Handelsungleichgewicht jedoch bei Primärprodukten größer als bei Industrieprodukten. Diese gesamte Periode lässt sich also als eine Zeit bezeichnen, in der Primärprodukte der Neuen Welt die europäischen Märkte überschwemmten. Importe aus anderen Ländern wie Russland, Argentinien und Australien trugen zwar ebenfalls zur »europäischen Getreideinvasion« bei, aber die Einfuhr aus den Vereinigten Staaten war dominant.[91] So machten die Importe aus den USA 1913 in Großbritannien, Deutschland, Italien Spanien und Portugal (sowie in den kleineren europäischen Staaten zusammen) einen höheren Anteil

---

90 Yates, *Forty Years of Foreign Trade*, S. 227–230.
91 O'Rourke, »The European Grain Invasion«.

an den Gesamteinfuhren aus als die jedes anderen nichteuropäischen Landes; nur in Belgien/Luxemburg und Frankreich mit ihren Überseekolonien war dies nicht der Fall, aber selbst dort rangierten amerikanische Importe an zweiter Stelle beziehungsweise gleichauf mit dem Spitzenreiter.[92]

Auf der anderen Seite dieser großen Invasion litten die Invasoren, die amerikanischen Farmer, selbst unter Preisverfall. Auch die USA waren äußerst protektionistisch – tatsächlich leiteten sie im ausgehenden 19. Jahrhundert die Runde des Protektionismus ein –, aber da die amerikanischen Farmer die Exporteure waren und ihre Produktivität das Problem darstellte, war Protektionismus keine ausreichende Antwort für die heimische Landwirtschaft. Stattdessen führten die niedrigen Preise zu einer ausgedehnten Phase kollektiver Selbsterforschung und politischer Agitation, die wir Populismus nennen.

Amerikanische Populisten beschwerten sich vor allem über die Preisdeflation bei Grunderzeugnissen. Lange Jahre nahmen Forschende sie beim Wort, und wirtschaftsdeterministische Erklärungen des Populismus waren die Regel.[93] Ab den 1940er Jahren begannen Historikerinnen zu fragen, ob die Lage der Populisten tatsächlich so schlecht war, wie sie behaupteten. Douglass North argumentierte, die Preisdeflation allein könne nicht schuld gewesen sein, denn als die Preise sanken, die Farmer für ihre Grunderzeugnisse erzielten, sanken auch alle anderen Preise einschließlich der für ihre Betriebsmittel und ihren Konsumbedarf, und in der Zeit der populistischen Revolte fielen andere Preise sogar schneller als die für die in den USA hauptsächlich angebauten Erzeugnisse.[94] Später deuteten Historikerinnen den Populismus weniger als ökonomisches denn als kulturelles Phänomen. Anne Mayhew brachte das berühmte Argument vor, die Farmer hätten nicht gegen fallende Preise protestiert, sondern gegen die Bedeutung, die Preise durch die Kommerzialisierung plötzlich in ihrem Leben erlangten.[95] Andere Wissenschaftler betonten die Bedeutung der Genossenschaftsbewegung oder kultureller Traditionen und Gemeinschaftsbindungen für die Verbreitung des Populismus.[96]

---

92 Svennilson, *Growth and Stagnation*, S. 177.
93 Siehe z. B. Hicks, *The Populist Revolt*.
94 North, *Growth and Welfare*.
95 Mayhew, »A Reappraisal of the Causes of the Farm Protest«.
96 Goodwyn, *The Populist Moment*; McMath, *Populist Vanguard*.

Neuere Forschungen haben jedoch einige fehlende Bindeglieder geliefert, die die Klagen der Populisten und damit eine wirtschaftliche Interpretation des Populismus überzeugender machen.[97] Erstens wissen wir, wie David Lake anmerkt, dass der Radikalismus des Agrarsektors nachließ, als die wirtschaftlichen Probleme in den ersten Jahrzehnten des 20. Jahrhunderts schwanden. Die Entdeckung neuer Goldvorkommen um die Jahrhundertwende erhöhte die Geldmenge und führte zu steigenden Agrarpreisen, was »den Charakter der Agrarpolitik veränderte. Farmer reduzierten ihre politische Agitation erheblich und begannen wieder innerhalb des bestehenden Parteiensystems zu arbeiten [...]. Mit den günstigen Wirtschaftsverhältnissen wurde der Agrarkonflikt entschärft, und die öffentliche Debatte konzentrierte sich auf im Grunde technische und relativ entpolitisierte Fragen«.[98] Als die Wirtschaftsprobleme gebändigt waren, machten sich Farmer keine sonderlichen Sorgen mehr über die kulturellen Veränderungen, aber es ist bekannt, dass dies nicht bloß eine Frage der Gewöhnung war, denn als die Agrarwirtschaft in den 1920er Jahren erneut in Turbulenzen geriet, flammte der Agrarpopulismus wieder auf. Die intensivste Aktivismusphase trat während des Preisverfalls auf.

Zweitens haben neuere Forschungen die Bedeutung von Krediten für die Siedlerwirtschaften aufgezeigt. Selbst wenn die Siedler das Land kostenlos bekamen, mussten sie sich Geld leihen, um die notwendigen Geräte und Materialien zu kaufen, um daraus profitable Farmen zu machen, wie Sarah Quinn anmerkte.[99] Wir wissen, dass Preisdeflation die Kreditaufnahme problematisch machte, da Farmer Kredite zu Nominalpreisen aufnahmen und mit Geld zurückzahlten, das aufgrund der Deflation wesentlich mehr wert war. Eichengreen argumentiert, die Hypothekenzinsen seien nicht höher gewesen, als angesichts der Risiken landwirtschaftlicher Betriebe in unbesiedelten Gebieten und angesichts der Schwankungen der Zinspolitik zu erwarten gewesen sei.[100] Zudem argumentiert er, Preisdeflation habe nicht so folgenschwer sein können, da Hypothekendarlehen damals sehr kurze Laufzeiten (von nur wenigen Jah-

---

97 Siehe z. B. McGuire, »Economic Causes of Late-Nineteenth Century Agrarian Unrest«; zu einer umfassenden Zurückweisung der Vorstellung, Populismus sei ein Protest gegen die Moderne oder Fortschritt gewesen, siehe Postel, *The Populist Vision*.
98 Lake, »Export, Die, or Subsidize«, S. 93–94.
99 Quinn, *American Securitization*.
100 Eichengreen, »Mortgage Interest Rates in the Populist Era«.

ren) gehabt hätten. Damit unterschätzt er jedoch die Auswirkungen der Preisdeflation. In Abb. 3.6 ist ein Realzins für die Jahre von 1869 bis 1885 aufgrund von Eichengreens Daten berechnet. Dieser Wert erfasst, wie viel ein Farmer für ein in diesem Jahr aufgenommenes Hypothekendarlehen von 100 Dollar real zusätzlich bezahlen musste, verglichen mit seiner Zahlung, wenn die Preise stabil geblieben wären. Damals waren Hypothekendarlehen in der Regel »Ballonkredite«, bei denen der Kreditnehmer jedes Jahr lediglich die Zinsen zahlte und erst am Ende der Laufzeit die Kreditsumme tilgte (oder wahrscheinlich einen neuen Kredit über die ausstehende Summe aufnahm). Der Realzinssatz erfasst also, wie viel der Darlehensbetrag am Laufzeitende real mehr wert ist. Die übliche Laufzeit war sehr kurz und betrug bei vielen Darlehen lediglich zwei oder drei Jahre, daher wurde der Realzinssatz für zwei-, drei-, vier- und fünfjährige Laufzeiten berechnet.

Anhand dieser Methode wird ersichtlich, dass Farmer häufig Realzinssätze zahlten, die doppelt so hoch waren wie der Nominalzinssatz. Vielleicht noch auffallender ist die Volatilität des Realzinssatzes: Ein stetiger Preisverfall über den gesamten Zeitraum hinweg hätte Kreditgeber vielleicht zu der Überzeugung gebracht, sie könnten die Zinssätze ruhig senken (wie Eichengreen behauptet), aber in den frühen 1880er Jahren stiegen die Preise plötzlich über mehrere Jahre an, sodass ein Farmer, der 1878 ein Darlehen mit fünfjähriger Laufzeit aufgenommen hatte, einen Realzins zahlte, der nur etwa halb so hoch war wie der Nominalzins. Diese Unberechenbarkeit erklärt, warum Hypothekenkreditgeber zögerten, die Zinssätze zu senken. Folglich sahen sich Darlehensnehmer um die Mitte der 1870er und in den frühen 1880er Jahren mit enormen Realzinssätzen konfrontiert. Diese Preisdeflation muss manche Farmen, die bei stabilen Preisen überlebensfähig gewesen wären, in den Konkurs getrieben haben. Unabhängig davon, ob die Deflation tatsächlich zu Zwangsvollstreckungen oder zur Umschuldung führte, sorgte sie sicherlich für politischen Ärger. In manchen Jahren und unter bestimmten Bedingungen dürfte es Farmern gut gegangen sein (beispielsweise, wenn sie 1878 ein Darlehen mit fünfjähriger Laufzeit aufgenommen hatten), aber aufgrund der Gesamttendenz der Preisdeflation standen sie in den meisten Jahren auf der Verliererseite. Das erklärt, warum Farmer gegen die Preisdeflation protestierten, auch wenn die Preise für die Waren, die sie kauften, ebenfalls sanken.

Nach Jeffry Friedens Ansicht kann die Verschuldung allein nicht das Problem gewesen sein, da hoch verschuldete Eigenheimbesitzer in den

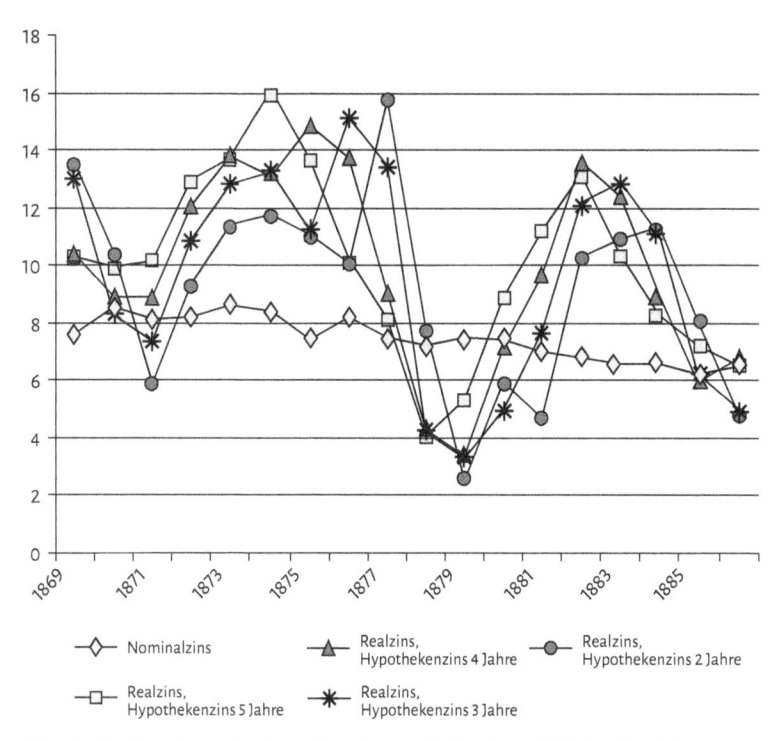

Abb. 3.6 US-Hypothekenzinssätze 1869–1885, nominal und real, deflationsbereinigt
Nach Daten aus Eichengreen, »Mortgage Interest Rates in the Populist Era«

Oststaaten nicht nach Geldzuwendungen schrien.[101] Vielmehr kämpften Farmer für eine lockerere Geldpolitik, weil sie amerikanische Agrarerzeugnisse für den Exportmarkt billiger gemacht hätte. Er zeigt auf, dass die Verschuldung, aufgeschlüsselt nach Regionen, an sich nicht mit der Unterstützung für indirekte Zuwendungen im Kongress korreliert. Nach Friedens Darstellung ist diese Feststellung nicht mit dem traditionellen Verständnis des Populismus vereinbar, dabei übersieht er allerdings die Rolle der regional recht unterschiedlichen Zinssätze. So waren die Hypothekenzinssätze in den Süd- und Weststaaten häufig doppelt so hoch wie in den Oststaaten, teils weil es im Osten eine Zinsobergrenze gab, teils weil die Besiedlung des weiter westlich gelegenen Landes höhere Risiken

---

101 Frieden, »Monetary Populism«.

barg.[102] Kein Wunder, dass Frieden im Süden und Westen mehr Unterstützung für indirekte Zuwendungen feststellte, selbst wenn man den Verschuldungsgrad einbezieht, denn ein Kredit zu 5 Prozent Zinsen ist etwas völlig anderes als ein Kredit zu 10 Prozent Zinsen. Zudem lässt Frieden die Art der jeweiligen Schulden außer Acht, wobei das Erntepfandsystem *(crop-lien system)* im Süden, wo Land nach dem Bürgerkrieg an Wert verloren hatte, besonders schwierig zu handhaben war. Aber obwohl er die Bedeutung der Verschuldung unterschätzt, hat er insofern Recht, als Farmer sich auch um den Exportmarkt sorgten. Beides sind ökonomische Belange, die eine wirtschaftliche Interpretation des Populismus stützen.

Die revisionistische Denkschule will zeigen, dass niemand die Farmer ausbeutete: In Anbetracht der tatsächlichen Risiken, die mit der Besiedlung des Landes im Süden und Westen verbunden waren, seien die Zinssätze angemessen gewesen. In diesem Fall hätten sich die Populisten über das *tatsächliche Risiko* des Lebens in einem unbesiedelten Land beklagt. Ob sie nun ausgebeutet wurden oder nicht, erforderte die Besiedlung des Landes die Aufnahme von Krediten, die unter einem Goldstandard in einer boomenden Wirtschaft ein eindeutiges wirtschaftliches Risiko darstellte; der Populismus war eine Reaktion auf dieses Risiko, ein Versuch, wirtschaftliche Schwierigkeiten auf politischem Weg zu beheben.

Die Produktivität und der daraus resultierende Preisverfall hatten Konsequenzen für die gesamte amerikanische Politik, weil Farmer eine politische Schlüsselstellung einnahmen: Im fragmentierten, geografisch strukturierten amerikanischen Staatsgefüge prägten Stimmen aus der bäuerlichen Wählerschaft erheblich die Struktur der politischen Ökonomie. Der Preisverfall führte zu einem ernsthaften Umdenken, was »Geld« ist und wie es funktioniert, welche Rolle Kredite in der Wirtschaft spielen sollten und was die Verteilung des Wohlstands mit dem Funktionieren des Wirtschaftssystems zu tun haben könnte.

Im ausgehenden 19. Jahrhundert führte er zudem zu einer Fokussierung auf das Problem der Monopolmacht, da sich das rapide Wachstum in Gestalt amerikanischer Firmen äußerte, die wesentlich größer und reicher waren als die in anderen Ländern und die eine Welle von Fusionen um die Jahrhundertwende noch größer machte.[103] Neuere Forschungen haben bei der vergleichenden Analyse der Firmengrößen einige Über-

---

102 Quinn, *American Securitization*, S. 62.
103 Lamoreaux, *The Great Merger Movement.*

raschungen aufgedeckt, aber alle Darstellungen stimmen insofern überein, als die größten Unternehmen in den USA größer waren als andernorts. Selbst revisionistische Wissenschaftler wie Kinghorn und Nye, die das gängige Bild kleinerer Firmen in Frankreich infrage stellen, räumen ein, dass die Industriekonzentration in den USA erheblich stärker war und amerikanische Unternehmen über wesentlich mehr Vermögen und Kapital verfügten als französische oder deutsche.[104]

Der Reichtum dieser Unternehmen und die Männer, denen sie gehörten, standen in krassem Gegensatz zu der zunehmend sichtbaren Armut in den urbanen Ballungsgebieten, in denen die Beschäftigten dieser Konzerne lebten. Der Wohlstand des Landes förderte auch die Entwicklung einer Öffentlichkeit, die diese Gegensätze ins Licht rücken und dramatisieren konnte, einer Öffentlichkeit, die große Konzerne als herzlos gegenüber der Arbeiterschaft, nachlässig gegenüber Sicherheitsstandards und skrupellos gegenüber kleinen Firmen darstellte. Zudem förderte der Wohlstand des Landes eine Klasse von Sozialreformern, die ihr Leben durchdachten Kampagnen gegen Konzerne und der Förderung der Armen widmen konnten.[105]

Die Antimonopolpolitik, die daraus erwuchs, stellte einen Bruch mit dem früheren Vorgehen dar. Seit Thomas Jefferson hatte es zwar eine Subkultur des Misstrauens gegen Großkonzerne in den USA gegeben, die aber in allen Ländern zu beobachten war. So waren agrarische, gegen Großunternehmen gerichtete Ideologien Bestandteil der Industrialisierungsdebatten in Deutschland und spielten in der Rhetorik der Nationalsozialisten eine wesentliche Rolle.[106] Selbst in Frankreich, das nach dem Zweiten Weltkrieg ausdrücklich eine Politik verfolgte, Großunternehmen zu fördern, gab es immer eine starke Subkultur des Misstrauens gegenüber Großkonzernen und ein ähnliches Engagement für Bauern und *petits commerçants* wie bei Jefferson, das vom Wirtschaftsverband Comité Mascuraud über Pierre Poujade bis hin zu José Bové reicht.[107] Der eigentliche

---

104 Kinghorn/Nye, »The Scale of Production«. U.S. Steel und Standard Oil waren so groß, dass sie beide nicht in ihre Grafik aufnehmen konnten. Siehe ebd., Abb. 1, S. 102.
105 Goodwyn, *The Populist Moment;* Cooper, *Pivotal Decades;* McGerr, *A Fierce Discontent;* Postel, *The Populist Vision.*
106 Barkin, *The Controversy over German Industrialization;* Turner, *Die Großunternehmer und der Aufstieg Hitlers.*
107 Siehe z. B. Nord, *The Politics of Resentment;* Moss, »Radicalism and Social Reform in France«.

Unterschied liegt nicht auf der Kulturebene, sondern auf der Ebene des Handelns.

Die Firmengröße war zwar ein Faktor in der Entstehung der Monopolpolitik, aber nach Ansicht von Morton Keller waren die USA insofern einzigartig, als dort Großkonzerne entstanden, noch bevor es politische Institutionen gab, die sie kontrollierten. Aber der vielleicht wichtigste Unterschied zwischen den USA und Europa ist, dass europäische Bauern sich aufgrund ihrer anderen Stellung auf den Exportmärkten durch Protektionismus besänftigen ließen, was bei amerikanischen Farmern nicht möglich war. Daher fiel den amerikanischen Farmern eine zentrale Rolle im Kampf gegen die Konzentration des Reichtums zu, gerichtet gegen die Industrie, die ihre Interessen unmittelbar bedrohte.

Diese in der ersten Deflationsphase im 19. Jahrhundert etablierten Präzedenzfälle erblühten in der zweiten Deflationsepisode in den 1920er und 1930er Jahren zu einer neuen Wirtschaftspolitik. Traditionell wird diese zweite Deflationsepisode nicht als Fortsetzung der populistischen Periode gesehen. Nach den meisten historischen Darstellungen endete der Populismus mit der Jahrhundertwende. Aber das vorliegende Buch will zeigen, dass es sich um zwei Akte derselben größeren Geschichte handelt, einer Geschichte des Ungleichgewichts, das infolge des amerikanischen Überflusses in der Weltwirtschaft entstand. Diese beiden Deflationsepisoden wurden um die Jahrhundertwende durch eine Phase unterbrochen, in der die Entdeckung neuer Goldvorkommen das Deflationsproblem vorübergehend behob. Das war jedoch nur ein Intermezzo und keine Lösung. Das durch extreme Produktivität unter einem Goldstandard verursachte Deflationsproblem blieb bestehen, und als die neuen Goldvorkommen nicht mehr ausreichten, um die durch den Ersten Weltkrieg als Katalysator gesteigerte Produktivität abzudecken, sanken die Preise wieder, was zu einer erneuten Runde von Farmerprotesten führte.

In einer unmittelbaren Wiederholung der Ereignisse der 1890er Jahre waren in den 1920er und frühen 1930er Jahren Zölle für die meisten europäischen Länder wie Frankreich, Deutschland, Italien, die Schweiz, Österreich, Schweden, Finnland und in geringerem Maße Belgien »die erste Verteidigungslinie« gegen die Invasion amerikanischen Getreides.[108] Selbst Großbritannien, das den Freihandel unermüdlich unterstützte,

---

108 Tracy, *Government and Agriculture*, S. 120–123.

führte 1931 geringe Zölle auf manche Agrarerzeugnisse ein. Einige dieser europäischen Maßnahmen waren eine Reaktion auf den Smoot Hawley Tariff Act von 1930 der USA. Außer den Zöllen versuchten einige Länder es auch mit verschiedenen anderen protektionistischen Maßnahmen, die von der Anforderung, heimische Rohstoffe zu kaufen und zu nutzen, bis zur Festsetzung von Importquoten reichten. Erst nachdem diese Schritte ausgeschöpft waren, begannen europäische Länder mit Eingriffen anderer Art in den Agrarmarkt zu experimentieren, beispielsweise mit Preiskontrollen.[109] Schließlich gingen europäische Länder zu Preisstützungsprogrammen, Lagerhaltung und Produktionskontrollen über, aber durch die Fokussierung auf Protektion und die Rolle ausländischer Überschüsse blieb die politische Aufmerksamkeit weiterhin auf Zölle fixiert.[110] Zudem hatten Bauern in anderen Ländern ein Ventil, das den amerikanischen Farmern nicht zur Verfügung stand: Wenn die Lage sich verschlechterte, konnten sie nach Amerika auswandern. So führte die Agrarkrise der 1880er Jahre in Schweden, das eine starke Bauernbewegung hatte, zu massiver Auswanderung in die USA sowie zu Zöllen auf Agrarerzeugnisse.[111]

In dieser zweiten Deflationsepisode zeichnete sich jedoch eine neue Reaktion ab: Politiker in mehreren europäischen Ländern begannen mit Bestrebungen, den Kapitalismus von oben nach unten zu regenerieren und zu den USA aufzuschließen. In dieser Zeit wurden mehrere Elemente eines einzigartigen Wachstumsmodells festgelegt, dem viele europäische Länder für den Rest des Jahrhunderts folgen sollten – und bis heute folgen. Dieses europäische Wachstumsmodell bestand in »Lohnzurückhaltung und Exportsteigerung«.[112] Es konzentrierte sich darauf, Löhne relativ niedrig zu halten, sodass Gewinne wieder in Unternehmen investiert werden konnten, was ihnen eine erstaunliche Steigerung der Exporte ermöglichte, die in der Nachkriegszeit um mehr als 8 Prozent pro Jahr wuchsen.[113] Während die korporatistischen Vereinbarungen, die dieses Wachstumsmodell hervorbrachten, gründlich untersucht wurden, tendiert die Forschung zum Korporatismus dazu, sich auf Einigungsformen – die dreiseitigen Verhandlungen zwischen Wirtschaft, Arbeiter-

---

109 Ebd.
110 Libecap, »The Great Depression and the Regulating State«.
111 Micheletti, The Swedish Farmers' Movement, S. 35.
112 Eichengreen, »Institutions and Economic Growth«, S. 41.
113 Ebd., S. 41.

schaft und Staat – und auf deren Folgen für den Sozialstaat zu konzentrieren, statt hervorzuheben, dass der Inhalt dieser Übereinkünfte in *Konsumzurückhaltung* und dem Vorrang einer »angebotsorientierten Politik für den Wiederaufbau der [...] Industrie« bestand, wie Christopher Allen es auf Deutschland bezogen schrieb.[114] Lohnzurückhaltung erforderte es, gegenwärtigen Konsum zu verschieben, um die Ressourcen für den Aufbau von Produktionskapazitäten zu nutzen.

Diese Strategie entsprang den Bemühungen, die durch die beiden Weltkriege entstandenen Beeinträchtigungen der Produktivität und Industriekapazität zu beseitigen. Von 1913 bis 1919 wuchs das Pro-Kopf-Bruttoinlandsprodukt in den USA moderat, sank aber in Belgien, Deutschland, Dänemark, Frankreich und Schweden. Noch dramatischer waren die Auswirkungen des Zweiten Weltkriegs. Von 1939 bis 1945 wuchs das Pro-Kopf-Bruttoinlandsprodukt in Großbritannien, Kanada, Australien und Neuseeland moderat, ging aber in sämtlichen kontinentaleuropäischen Ländern und in Skandinavien zurück. Unterdessen stieg es in den USA von 6561 US-Dollar 1939 auf erstaunliche 11709 Dollar 1945, was einer jährlichen Wachstumsrate von über 10 Prozent entspricht.[115]

Nach dem Ersten Weltkrieg hatten europäische Länder den Wiederaufbau auf der Grundlage eines wiederbelebten Goldstandards versucht, eine Strategie, die spektakulär fehlgeschlagen war. Nach dem Zweiten Weltkrieg wandten sich mehrere Länder einer exportorientierten Wiederaufbaustrategie zu, die auf Lohnzurückhaltung basierte und ausdrücklich Konsumanreize vermied. Obwohl dieses Modell nicht in ganz Europa angewandt wurde, war es doch in den beiden entscheidenden Volkswirtschaften Deutschland und Frankreich besonders stark ausgeprägt und wurde dort in der Nachkriegszeit nur noch stärker. Der Historiker Jan Logemann schreibt über Deutschland in den 1950er Jahren: »Immer wieder untergruben Sorgen um Preisstabilität und Inflation offen nachfrageorientierte Wachstumsstrategien. Nicht die Förderung heimischen Konsums, sondern die Stärkung von Kapital für den Wiederaufbau der Industrie und die Exportförderung standen im Vordergrund der Wirtschaftspolitik.«[116] Unter Historikerinnen gibt es Debatten, ob Deutschlands Reaktion auf die Weltwirtschaftskrise sich als keynesianisch bezeichnen lässt (dazu

---

114 Allen, »The Underdevelopment of Keynesianism«, S. 263.
115 Maddison, *The World Economy*, sowie Online-Aktualisierungen.
116 Logemann, »Shaping Affluent Societies«, S. 82.

mehr in Kapitel 8), aber deutsche Maßnahmen zur Stimulierung der Nachfrage umfassten keine Anreize für den *privaten* Konsum. Vielmehr nahm der Keynesianismus, wie mehrere Forschende aufzeigten, in verschiedenen Ländern unterschiedliche Formen an, und europäische Staaten einschließlich Deutschland verfolgten eine Variante des »sozialen Keynesianismus«, in dem der Nachfragestimulus von den Ausgaben der öffentlichen Hand ausging.[117] In Frankreich war nach dem Zweiten Weltkrieg »die wirtschaftliche Lage tatsächlich von Mangel« geprägt, »daher lagen die wesentlichen Wahlmöglichkeiten jener Zeit völlig außerhalb der keynesianischen Problematik«.[118] Die Kriege hatten Frankreichs in Vergleich zu Deutschlands relativ geringer Produktivität offenbart, und Jean Monnet und die Planer in seinem Umfeld kamen zu dem Schluss, dass »Kapitalinvestition der Schlüssel« zur wirtschaftlichen Erholung sei.[119] Obwohl sie die amerikanische Konsumwirtschaft attraktiv fanden, konstatierten sie, dass Frankreich vor dem Problem stand, die Produktivität zu steigern, und daher »wollten die Planer den Ausstoß an Konsumgütern so weit wie möglich reduzieren, ohne Widerstand zu wecken. [...] Die Planer zogen Investition dem Konsum, Modernisierung dem Wiederaufbau, die Zukunft der Gegenwart vor«.[120] Die Frage war, wie man diese Investitionen finanzieren sollte. Auf der Suche nach Finanzmitteln für die Industrie erhielten selbst »grundlegende« Konsumgüter die niedrigste Priorität, weil »finanzielle Ressourcen angeblich verfügbar wären, wenn der Konsum durch Maßnahmen wie Rationierung kontrolliert würde. Dann würden sich private Ersparnisse ansammeln und für die notwendigen Investitionen sorgen«.[121] Daher war Keynesianismus in Frankreich »eine höfliche Art, Sozialist zu sein« und ein Mittel, technokratisches Wirtschaftsmanagement zu legitimieren, aber keine spezifische Politik der Konsumförderung.[122] Frankreichs vielleicht größter Beitrag zum europäischen Wachstumsmodell bestand in seinem stetigen (wenn auch

---

117 Weir/Skocpol, »State Structure and the Possibilities for ›Keynesian‹ Responses«; zu diesem Punkt siehe auch Piore/Sabel, *Das Ende der Massenproduktion*, S. 107–109; Logemann, »Shaping Affluent Societies«; Crouch, »Privatised Keynesianism«; Watson, »House Price Keynesianism«.
118 Rosanvallon, »The Development of Keynesianism«, S. 189; siehe auch Milward, *The Reconstruction of Western Europe*.
119 Kuisel, *Capitalism and the State*, S. 222.
120 Ebd., 225.
121 Ebd., S. 233–234.
122 Simon Nora, zit. in: Rosanvallon, »The Development of Keynesianism«, S. 190.

unvollkommenen) Drängen, durch die schrittweise Entwicklung der Institutionen der Europäischen Union Handelsbarrieren abzubauen.[123]

In anderen Ländern war diese Strategie der Lohnzurückhaltung und Exportsteigerung in unterschiedlichem Maße zu beobachten. In Finnland »weist das Politikmodell eine recht einseitige Betonung von Angebots-, Kosten- und Wettbewerbsfaktoren auf. [...] Der Schwerpunkt wurde auf die Notwendigkeit gelegt, die Wettbewerbsfähigkeit der Industrie zu stärken, indem man deren Kosten durch fiskalische Maßnahmen senkte«.[124] In Schweden hatten Ökonomen der Stockholmer Schule noch vor Keynes politische Maßnahmen zur Konsumförderung entwickelt, schlugen aber eine »sozial-keynesianische« Strategie ein, die sich auf öffentliche Aufträge statt auf die ausdrückliche Förderung des privaten Konsums konzentrierte.[125] Die Politik der frühen 1930er Jahre wurde letztlich als unzulänglich erachtet, vielleicht weil Schwedens heimischer Markt zu klein war.[126] Folglich wurden »keynesianische Maßnahmenempfehlungen bereits frühzeitig so ausgeweitet, dass sie außer den Problemen der Gesamtnachfrage auch die der Industriestruktur und der Inflation in Angriff nahmen«.[127] Italien bildete schon immer eine teilweise Ausnahme von der Angebotsorientierung europäischer Volkswirtschaften und hatte darunter zu leiden.[128] Norwegen und Dänemark verfolgten eine gemischte Strategie mit einer gewissen Empfänglichkeit für konsumorientierte Politik sowie einer starken Betonung angebotsorientierter Faktoren.[129]

Großbritannien ist die herausragendste Ausnahme zu diesem europäischen Wachstumsmodell. Die Reaktion auf die Weltwirtschaftskrise war dort schwächer als in den USA, Deutschland und Schweden, und es gab keine unmittelbare Politik zur Stimulierung der Nachfrage. Der Grund war nach Ansicht von Gourevitch, dass es der Hochfinanz gelang, den heimischen Märkten eine deflationäre Politik aufzuzwingen, und die kleine, abnehmende Zahl der in der Landwirtschaft Tätigen »die Arbeiterschaft und dissidente Wirtschaftselemente [...] der Verbündeten beraubte,

---

123 Kuisel, *Capitalism and the State*; Milward, *The Reconstruction of Western Europe*; Adams, *Restructuring the French Economy*.
124 Pekkarinen, »Keynesianism and the Scandinavian Models«, S. 322, 324.
125 Weir/Skocpol, »State Structure and the Possibilities for ›Keynesian‹ Responses«.
126 Gourevitch, *Politics in Hard Times*, S. 131–135.
127 Pekkarinen, »Keynesianism and the Scandinavian Models«, S. 319.
128 Eichengreen, *The European Economy Since 1945*, S. 113.
129 Pekkarinen, »Keynesianism and the Scandinavian Models«.

mit denen sie diese Orthodoxie hätten infrage stellen können«.[130] Nach dem Krieg wandte sich Großbritannien jedoch keynesianischen Maßnahmen zu und war nie sonderlich erfolgreich bei der Lohnzurückhaltung. Auch in der Fokussierung auf eine exportorientierte Strategie war es weniger erfolgreich als die kontinentaleuropäischen Länder, da es nicht zum gemeinsamen europäischen Markt gehörte, für den das Commonwealth kein vollwertiger Ersatz war, und weil seine schwindenden Exportindustrien durch neue, auf die heimische Produktion orientierte Branchen ersetzt wurden.[131] Allerdings sorgten die Kriegsschäden an der Industriekapazität Großbritanniens dafür, dass manche seiner Probleme »außerhalb der keynesianischen Problematik« lagen. So werden wir in Kapitel 8 die Maßnahmen erörtern, die Wohnungsnachfrage zu subventionieren, die eine so zentrale Rolle in der amerikanischen Reaktion auf die Weltwirtschaftskrise spielten. In Großbritannien bestand das Problem im Wohnungswesen nach dem Zweiten Weltkrieg im Angebot an Materialien, da Stahl, Weichholz und Arbeitskräfte den konkurrierenden Nutzungen sorgfältig zugeteilt wurden.[132] Diese diversen Probleme sorgten dafür, dass sich selbst in Großbritannien das wirtschaftspolitische Modell, das sich herausbildete, in gewissem Maß auf den Wiederaufbau und die Schaffung von Wachstum konzentrierte. Während Großbritannien in eine ein halbes Jahrhundert währende Besessenheit von der Frage rutschte, warum es bei der Produktivität hinter den USA und Deutschland zurückfiel, schwankten seine politischen Reaktionen in der Nachkriegszeit zwischen Versuchen, die Produktivität zu steigern, und Bestrebungen, die Löhne zu erhöhen.[133]

Europäische Sozialstaaten erwuchsen teils als Nebenprodukt aus diesem Modell investitionsorientierten Wirtschaftswachstums und zwar entweder im Rahmen ausdrücklicher Vereinbarungen, als Gegenleistung für Sozialleistungen Lohnzurückhaltung zu üben, oder als stückweise Bemühungen, die Instabilitäten zu beheben, die dieses Wachstumsmodell verursachte. Diese Übereinkünfte wurden in der Literatur

---

130 Gourevitch, *Politics in Hard Times*, S. 136.
131 Owen, *From Empire to Europe*; Musson, *The Growth of British Industry*, S. 281.
132 Jones, »›This is Magnificent!‹«, S. 110.
133 Wir konzentrieren uns hier zwar auf den Gegensatz zwischen den USA und Europa, aber zur Konsumbeschränkung und der Kanalisierung von Ersparnissen in den Wiederaufbau Japans siehe Garon, *Beyond Our Means*; sowie Park, *Spending Without Taxation*.

zu europäischen Sozialstaaten selbstverständlich eingehend untersucht, aber wenn man versteht, dass die europäischen Volkswirtschaften darauf fokussiert waren, Ressourcen für produktive Investitionen aufzutreiben, erscheint die Frage, warum Arbeitgeber bereit waren, Sozialleistungen auszuweiten, in neuem Licht. Bei diesen Sozialleistungen handelte es sich nicht etwa um Versuche, Arbeitskräfte an den Betrieb zu binden, wie die Theorie der Kapitalismusspielarten behauptet, sondern um eine explizite Gegenleistung für Lohnzurückhaltung und die daraus folgende Beschränkung des privaten Konsums. Eichengreen fasst zusammen:

> In Belgien beschloss die erste Nachkriegsregierung ein Sozialversicherungssystem als Gegenleistung für das Festhalten der Arbeitnehmer an einem Sozialpakt von 1944, der Lohnerhöhungen begrenzte. Die norwegische Regierung bot den Gewerkschaften für die Zusagen der Lohnzurückhaltung gesetzlich verankerten bezahlten Urlaub und eine Beschränkung der Wochenarbeitszeit an. Die niederländische Regierung führte im Gegenzug für Lohnzurückhaltung eine Arbeitslosen- und Rentenversicherung ein und erweiterte den Sozialversicherungsschutz. Ab 1955 bot die schwedische Regierung eine gesetzliche Krankenversicherung, eine erweiterte Arbeitsunfähigkeitsversicherung und eine Reihe von Umschulungsprogrammen als Gegenleistung für die Zustimmung der Arbeitnehmerschaft zu einer Politik der Lohnzurückhaltung und Solidarität an. Die dänische Regierung bot 1956 ein erweitertes System der Lohnfortzahlung im Krankheitsfall an, als die in der Wiederaufbauphase erzielten Vereinbarungen, Lohnerhöhungen an die Produktivität zu koppeln, zusammenzubrechen drohten. Die österreichische Regierung weitete Steuer- und Sozialversicherungskonzessionen für Arbeitskräfte im Gegenzug für Lohnzurückhaltung aus.[134]

Selbst wenn es keine solchen expliziten sozialpolitischen Gegenleistungen für Lohnzurückhaltung gab, trieben die Zwänge des Wachstumsmodells Politiker zur Ausweitung der Sozialausgaben, um Bürgerinnen mit der investitionsorientierten Wachstumspolitik auszusöhnen, und das, noch bevor die Öffentlichkeit auf solche Maßnahmen drängte.[135]

---

134 Eichengreen, *The European Economy Since 1945*, S. 33–34.
135 Vail, *Recasting Welfare Capitalism;* Allen, »The Underdevelopment of Keynesianism«.

Dieses Buch gibt weder einen umfassenden Überblick über das Herangehen an Konsum in europäischen Ländern noch untersucht es die Gründe, warum im Laufe der Zeit an diesem Modell festgehalten oder davon abgesehen wurde und welche Auswirkungen dies auf den Sozialstaat hatte. Hier geht es vielmehr darum zu zeigen, dass dies über weite Teile des 20. Jahrhunderts eine starke Strömung in mehreren europäischen Ländern war, und damit einen vergleichenden Blick auf amerikanische Entwicklungen zu ermöglichen. Denn die USA schlugen einen genau spiegelverkehrten Weg ein. In der zweiten Deflationsphase der 1920er Jahre und während der Weltwirtschaftskrise leisteten sie Pionierarbeit mit einer konsumfördernden Politik, an der sie bis heute festhalten. In den 1960er Jahren stellte ein Autor fest: »Präsident de Gaulle erklärte unlängst, ›Frankreichs wirtschaftliche Zukunft hänge von mehr Ersparnissen, mehr Investitionen und weniger Konsum ab‹. Dagegen betonte das US-Finanzministerium etwa zur gleichen Zeit, seine jüngsten Steuermaßnahmen – der Revenue Act von 1964 und der Excise Tax Reduction Act von 1964 – ›bieten einen beträchtlichen Anschub für die Konsumnachfrage‹. Was die Vereinigten Staaten anstreben, ist genau das, was Frankreich zu vermeiden sucht.«[136] Während die europäischen Länder den Konsum einschränkten und sich auf die Exportproduktion ausrichteten, legten die USA die Grundlagen für ein auf Konsum basierendes Wachstumsmodell. Alexander Gerschenkron behauptete 1962, dies sei ein allgemeines Gesetz des Kapitalismus: »Je rückständiger die Wirtschaft eines Landes ist, umso stärker war die Betonung von Produktionsgütern gegenüber Konsumgütern. [...] Je rückständiger die Wirtschaft eines Landes, umso höher war der Druck auf das Konsumniveau der Bevölkerung. [...] Je rückständiger die Wirtschaft eines Landes, umso größer war die Rolle spezieller institutioneller Faktoren, die darauf abzielten, die entstehenden Industrien mit mehr Kapital zu versorgen.«[137] Um aber zu verstehen, wie das historisch genau ablief und wie in den USA eine Konsumwirtschaft entstand, ist eine eingehendere Untersuchung der Ära notwendig, in der dieses Wachstumsmodell erstmals aufkam: der Weltwirtschaftskrise.

Wie oben dargelegt, führen die bekanntesten Erklärungen die Weltwirtschaftskrise letztlich auf zufällige Ereignisse zurück, vor allem auf die unerklärlich straffe Geldpolitik der 1930er Jahre. Das zugrunde

---
136 Norr, »Taxation in France«, S. 390.
137 Gerschenkron, *Economic Backwardness*, S. 354.

liegende Strukturproblem ist, dass amerikanische Wachstumsraten es schwierig machten, die angemessene Geldpolitik zu erkennen. Nehmen wir den Boom am Aktienmarkt. Von 1927 bis 1929 verdoppelte sich der Wert amerikanischer Aktien.[138] Resultierten die steigenden Aktienkurse aus Veränderungen der zugrunde liegenden Fundamentaldaten, beispielsweise aus dem Ertrag der Kommunikations- und Verkehrstechnologien, die sich nach dem Krieg endlich erholten, oder wurden sie von Spekulanten und leicht zugänglichen Krediten in die Höhe getrieben? Die amerikanische Zentralbank war von Letzterem überzeugt und schränkte die Geldmenge in dem Bestreben ein, die Blase behutsam zu reduzieren. Aber einige zeitgenössische Beobachter fanden die hohen Aktienkurse durchaus gerechtfertigt. Irving Fisher erklärte im Oktober 1929 zu einem spektakulär falschen Zeitpunkt, die Aktienkurse hätten ein Niveau erreicht, das »nach einem permanent hohen Plateau aussieht«.[139] Seitdem hat man sich erbarmungslos über Fisher lustig gemacht, aber tatsächlich haben Forschende kürzlich argumentiert, angesichts der vielen grundlegenden Veränderungen in den 1920er Jahren seien die hohen Aktienkurse angemessen gewesen. McGrattan und Prescott zeigen, dass die hohen Aktienkurse von 1929 tatsächlich dem Fundamentalwert der Unternehmen, gemessen an materiellen und immateriellen Vermögenswerten, entsprachen: »In Bezug auf den Wert des Aktienmarktes von 1929 hatte Irving Fisher recht.«[140] Nicholas untersuchte die Erwähnung von Patenten, um die Bedeutung technologischer und betriebswirtschaftlicher Innovationen in den 1920er Jahren einzuschätzen, und stellte fest, dass ihr Wert mit dem Hochlauf des Marktes in jener Zeit übereinstimmte, nicht aber mit dem wesentlich niedrigeren Marktwert nach dem Börsencrash, was darauf hindeutet, dass die niedrigen Kurse nach dem Crash, der vermutlich durch die knappe Geldmenge verursacht wurde, nicht gerechtfertigt waren. Andere verwenden andere Messwerte und argumentieren, der Aktienmarkt sei tatsächlich überbewertet gewesen.[141] Wenn wir aber nahezu hundert Jahre später immer noch Belege für beide Thesen dieser Debatte finden, ist es durchaus verzeihlich, dass zeitgenössische Beobachter die Ereignisse, die sie miterlebten, nicht verstanden – ob es sich dabei um künstliches Wachstum handelte, das durch künstlich verein-

---

138 Calomiris, »Volatile Times and Persistent Conceptual Errors«.
139 *The New York Times*, »Fisher Sees Stocks Permanently High«.
140 McGrattan/Prescott, »The 1929 Stock Market«, S. 1003.
141 Siehe z. B. DeLong/Shleifer, »The Stock Market Bubble of 1929«.

fachten Zugang zu Krediten erzeugt wurde, oder ob es ein solides Wirtschaftswachstum war, das auf den Fundamentalwerten einer historisch beispiellosen Produktivitätssteigerung basierte. Die amerikanische Überfülle hatte einen Kontext der Unsicherheit geschaffen. In diesem Kontext erscheint die Entscheidung der amerikanischen Zentralbank, den Aktienmarkt durch eine straffe Geldpolitik zu dämpfen, um einen schlimmeren Zusammenbruch zu verhindern, nicht so unerklärlich, wie Friedman und Schwartz behaupten. Die Zentralbanker legten den Schwerpunkt darauf, »die Spekulationswelle zu bremsen«, weil sie dachten, es sei »eine falsche Konjunktur, die in einem Crash enden müsse«.[142] Auch die Unfähigkeit der Farmer, den Preisverfall vorherzusehen, erscheint keineswegs so unerklärlich, wie Rothbard behauptet.

Charles Calomiris erklärt, warum es historisch unzutreffend wäre, von den damaligen Akteuren zu erwarten, dass sie wussten, was wir heute wissen (oder zu wissen glauben): »Die Zeit von 1917 bis 1947 war eine ungewöhnlich instabile, dreißigjährige Phase der US-Geschichte. Die Abfolge großer, einzigartiger Schocks zusammen mit der sich verändernden Wirtschaftsstruktur war nicht dazu angetan, etwas über Geldpolitik zu lernen.«[143] Als Beleg für diese Schocks und Veränderungen der Wirtschaftsstruktur, die Vorhersagen schwierig machten, führt er eine Reihe von Maßnahmen an, die von ungewöhnlichem Fortschritt zeugen, zum Beispiel »die ›schnellste Steigerungsrate der Multifaktorproduktivität in den vergangenen eineinhalb und vermutlich zwei Jahrhunderten‹. [...] 1919 gab es in den Vereinigten Staaten etwa 7 Millionen Automobile, 1929 waren es über 23 Millionen. Elektrizität wurde in den 1920er Jahren selbst in ländlichen Gegenden weithin verfügbar. Der jährliche Umsatz mit Rundfunkgeräten stieg von 60 Millionen US-Dollar 1922 auf 843 Millionen Dollar 1929. [...] Städte erlebten die verbreitete Entstehung immer ambitionierterer Wolkenkratzer. Zur ersten Immobilienblase und ihrem Platzen kam es etwa 1920 bis 1926 in Florida inmitten einer aufkeimenden Erkenntnis der einzigartigen Möglichkeiten für dortige Bauprojekte.«[144] Noch erstaunlicher ist, dass in den allgemeinen Wirren der 1930er Jahre viele Sektoren und Branchen gewinnbringend arbeiteten,[145] wie auch der allgemeine Wohlstand in den 1920er Jahren eine Zeit der landwirt-

---

142 Zit. in: Meltzer, *A History of the Federal Reserve*, S. 279.
143 Calomiris, »Volatile Times and Persistent Conceptual Errors«, S. 17.
144 Ebd., S. 18–20.
145 Bernstein, *The Great Depression*.

schaftlichen Not und Bankenschließungen kaschiert hatte, »die bis dahin schlechtesten Ergebnisse ländlicher Zwangsversteigerungen und die höchste Rate an Bankenpleiten seit den 1830er Jahren«.[146]

Ein genauerer Blick auf ein Beispiel für diese Unsicherheit kann dazu beitragen, diese Verwirrung zu erklären. Manche haben argumentiert, das Wachstum des Agrarsektors in den 1920er Jahren sei exzessiv und durch einen ungerechtfertigten Kreditboom finanziert gewesen, aber ein Blick auf Abb. 3.7, die den Fortschritt der Agrarproduktion bis kurz vor der Weltwirtschaftskrise zeigt, erklärt, warum Zeitgenossen es möglicherweise für durchaus rational hielten: Wir sehen hier eindeutig schnelles Wachstum, das aber offenbar mit einem allgemeinen Anstiegstrend seit der Jahrhundertwende übereinstimmt, besonders nachdem die Volatilität der Kriegsjahre überwunden war. Wer sich diese Grafik ansieht, dürfte Schwierigkeiten haben, den Rückgang der Agrarproduktion um 15 Prozent, der in den frühen 1930er Jahren eintrat, vorherzusagen. Ein Beobachter der Grundstückspreise in den 1920er Jahren stellte fest: »Rückblickend mag es bemerkenswert erscheinen, dass Käufer von [Acker-]Land 1919 und 1920 so extrem optimistische Erwartungen hatten. Aber damals schien ihr Optimismus durchaus vertretbar. Ungewöhnlich schnelle Steigerungen der Farmeinkommen und des Werts von Ackerland in den letzten Kriegsjahren und der frühen Nachkriegszeit markierten den Höhepunkt einer langen Periode, in der Einkommen und Grundstückswerte stetig gestiegen waren. Tatsächlich waren Farmeinkommen und Ackerlandwerte in den meisten Teilen des Landes seit den späten 1890er Jahren durchgängig gestiegen.«[147] Manche Forschende behaupten noch heute, dass die Landwirtschaft trotz gelegentlicher Volatilität durchgängig bis zur Weltwirtschaftskrise ein langsames und stetiges Wachstum aufwies.[148] Niemand wusste mehr, was rational war und was man erwarten durfte.

Nach gängigem Verständnis verursachten oder verschärften diese Schwierigkeiten des Agrarsektors die Wirtschaftskrise. Christina Romer erklärt zusammenfassend: »Durch die starke Ausweitung von Landwirtschaftskrediten während des Ersten Weltkriegs war der amerikanische Landwirtschaftssektor ungewöhnlich hoch verschuldet. Als die Deflation 1930 einsetzte, wurden die Farmer als Erste zahlungsunfähig, und

---

146 Calomiris, »Volatile Times«, S. 18.
147 Johnson, »Postwar Optimism«, S. 180.
148 Federico, »Not Guilty?«.

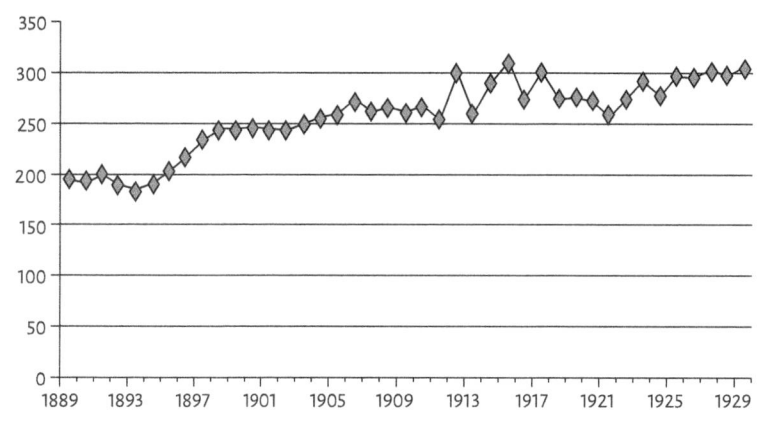

Abb. 3.7 Index der Agrarproduktion 1889–1929. 1869=100.
Quelle: Maddison, *The World Economy*

das trieb nicht diversifizierte ländliche Banken in den Konkurs. [...] Das einzigartige Zusammentreffen nicht diversifizierter Banken und ein besonders starker Anstieg der landwirtschaftlichen Verschuldung in den 1920er Jahren machte die Finanzpanik in den Vereinigten Staaten sowohl schwerwiegender als auch anhaltender als in anderen Ländern.«[149]

Kurz: Überproduktion war tatsächlich ein Problem, allerdings nicht ganz auf die Weise, wie viele Zeitgenossen es sich vorstellten. Es war nicht so, dass die Wirtschaft mehr produzierte, als der Markt aufnehmen konnte, wie Roosevelt damals behauptete und Ökonomen wie Baran und Sweezy später argumentierten. Vielmehr hatte das anhaltende Wirtschaftswachstum der USA ab dem ausgehenden 19. Jahrhundert ein Ungleichgewicht in der Weltwirtschaft erzeugt, wie die Preisschwankungen zeigen, die aus der Unfähigkeit erwuchsen, die wachsenden Erträge zu vermarkten. Dieses Ungleichgewicht brachte eine deflationäre Tendenz in das System, weil Politiker die Wachstumsraten nicht recht glauben konnten und selbst vor der offiziellen Wiedereinführung des Goldstandards nicht zuließen, dass die Geldmenge mit den Wachstumsraten Schritt hielt. Das beispiellose Wachstum machte genaue Vorhersagen unmöglich. Das amerikanische Wirtschaftswachstum erklärt zwar die Ereignisse nicht vollständig, ist aber ein wesentlicher Hintergrundfak-

---

149 Romer, »The Nation in Depression«, S. 34.

tor. Außergewöhnliches Wachstum des landwirtschaftlichen Angebots aufgrund technologischer Fortschritte sowie der Erschließung neuer Gebiete setzte die Volatilität in Gang, die Politiker verwirrte, und wurde zum Auslöser für den Etatismus der Farmer. Dies war der Hintergrund für die Popularität der damaligen konsumorientierten Politik.

Es ist nicht Ziel dieses Buches, eine neue Erklärung für die Weltwirtschaftskrise zu präsentieren. In ihren Hauptzügen ist sie mittlerweile gut verstanden, auch wenn einige wesentliche Rätsel, wie wir gesehen haben, bis heute ungelöst bleiben (unter anderem die Frage, wie oder sogar ob der Zusammenbruch ländlicher Banken zur Gesamtkrise beitrug).[150] Vielmehr soll diese Erörterung den Krisen- und Unsicherheitskontext veranschaulichen, der den Hintergrund für die politischen Maßnahmen bildete, die wir in den folgenden Kapiteln behandeln und die die Grundlage für divergierende volkswirtschaftliche Entwicklungen legte. In diesem Buch geht es nicht darum, welche Politik die Weltwirtschaftskrise tatsächlich verursachte oder behob, sondern um die vielen politischen Maßnahmen, die zur Bewältigung der Weltwirtschaftskrise unternommen wurden und die weitere Konsequenzen hatten – also um die Nebenwirkungen der Weltwirtschaftskrise.

Wie oben dargelegt, bestand die vorherrschende Reaktion der europäischen Länder in Protektionismus und nach dem Zweiten Weltkrieg in einer Politik der Lohnzurückhaltung und Exportorientierung als Gegenleistung für eine Ausweitung des Sozialversicherungsschutzes. Die USA waren zwar ebenso protektionistisch wie andere Länder – tatsächlich war die Verabschiedung des Smoot Hawley Tariff Act eine zentrale Episode in diesem Zyklus des Protektionismus –, aber als Exporteur landwirtschaftlicher Erzeugnisse schadeten ihnen die europäischen Zölle. Ein wesentlicher Unterschied ist daher, dass die Sorge des Agrarsektors über die Preisschwankungen sich in den USA zunächst in eine Sorge um die Überproduktion und dann um die Konzentration von Reichtum übersetzte. Fallende Handelspreise bedeuteten ebenso wie in der ursprünglichen populistischen Periode auch in den 1920er Jahren den Ruin für amerikanische Landwirte in einer Abfolge, die schließlich zum Keulen der Schweine und zum Unterpflügen der Baumwolle führte, was Arthur Koestler so empörte. Das Thema der Überproduktion stand als Antrieb hinter einem Großteil der politischen Reaktion, und es gab eine Fülle

---

150 Federico, »Not Guilty?«.

von Lösungsvorschlägen. In den gesamten 1920er und 1930er Jahren experimentierten Politiker mit höheren und dann wieder niedrigeren Zöllen, der Verlängerung von Kriegskrediten an Europa, dem Dawes- und dem Young-Plan, die beitragen sollten, die europäische Nachfrage nach amerikanischen Exporten durch eine Wiederbelebung der europäischen Wirtschaft anzukurbeln, mit freiwilligen landwirtschaftlichen Genossenschaften, Reduzierung der Anbauflächen, Vermarktungsverträgen und Versuchen, mit den McNary-Haugen-Vorschlägen (gegen die Präsident Coolidge ein Veto einlegte), Verkäufe von Ernteüberschüssen unter Marktpreis direkt zu subventionieren – alles in dem Bestreben, Preise zu stützen. Die Bemühungen wurden intensiviert, nachdem die Wirtschaftskrise sich auf die gesamte Wirtschaft ausdehnte und das Weiße Haus in andere Hände überging, aber das Thema Überproduktion und die Versuche, die Preise zu stützen, gingen weiter.[151] Mit dem Guffey-Snyder und dem Guffey-Vinson Act wollten Politiker die Kohlepreise stützen, mit dem Conally Act fallenden Preisen in der Ölindustrie entgegenwirken, mit dem Robinson-Patman Act bestimmte Preisnachlässe unter Strafe stellen und mit dem Miller-Tydings Act kleine Einzelhändler vor Preissenkungswettbewerb schützen, und Präsident Roosevelt richtete die Commodity Credit Corporation ein, die Farmern Darlehen zu Marktpreisen gab und die Ernte als Sicherheit nahm.[152] In diesem Kontext fand zu Beginn der 1930er Jahre die Vernichtung von Ernten und Viehbeständen statt und wurde der Agricultural Adjustment Act verabschiedet, der viele weitere Vorschläge zur Preisstützung enthielt wie heimische Kontingente und Pufferspeicher *(ever-normal granary)*, Henry Wallace's Idee einer Preisgarantie, indem der Staat Produktionsüberschüsse aufkaufte und einlagerte.[153] In der Öffentlichkeit kursierten zahlreiche Ideen, Ernteüberschüsse loszuwerden (siehe z. B. Abb. 3.8). Die Feststellung, dass inmitten des Überflusses Armut herrschte, führte zu einer Phase ideologischer Gärprozesse – dazu mehr in Kapitel 5 –, in der viele radikale Methoden wirtschaftlicher Umstrukturierung vorgeschlagen wurden. Durch diese Experimente »wies die Agrarpolitik des New Deal dem Staat eine beispiellose Rolle zu, Erzeugerpreise und landwirtschaftliche Produktion

---

151 Finegold, »From Agrarianism to Adjustment«.
152 Ebd.; Lake, »Export, Die, or Subsidize«; Benedict, *Farm Policies of the United States*; Libecap, »The Great Depression and the Regulating State«.
153 Nourse, *Government in Relation to Agriculture*; Sheingate, *The Rise of the Agricultural Welfare State*.

Abb. 3.8 »How To See Our Wheat«. Ein Vorschlag, was man mit überschüssigem Weizen machen kann: »Schickt einige unserer guten Köchinnen ins Ausland, um dort Pfannkuchen zur Gewohnheit zu machen.«
Quelle: *New Orleans Morning Tribune*, 14. August 1931, S. 8.
Mit freundlicher Genehmigung des Louisiana State Museum, Histerial Center

zu kontrollieren«.[154] Ihren Höhepunkt erlebte diese Politik zwar in den frühen 1930er Jahren, aber auch der zweite New Deal war von der Sorge um Preisstabilisierung und Überproduktion geprägt.[155]

---

154 Hooks, »From an Autonomous to a Captured State Agency«, S. 32.
155 Kennedy, *Freedom from Fear*; Schlesinger, *The Politics of Upheaval*.

Die Hauptlösung, die letztlich aus diesen Experimenten erwuchs und die wir bis heute einsetzen, verlangte, dass die Geldmenge mit dem Wirtschaftswachstum Schritt halten musste. Dieses Verständnis der Geldpolitik, dem Agrarier den Weg bereiteten, bestimmt nach wie vor die amerikanische Politik. Andere damals vorgeschlagene Lösungen waren jedoch ebenso wichtig für die Entwicklung der Wirtschaftspolitik. Vor allem eine Diagnose fand bei vielen Widerhall: dass die Fülle, die Farmer erzeugten, nicht in die Hände derjenigen gelangen konnte, die sie brauchten, weil die Reichen das ganze Geld horteten. Dieses Thema der Populisten der 1890er Jahre wurde von den Agrariern der 1920er und frühen 1930er Jahre aufgegriffen. Mehrere Gruppen und Bewegungen waren sich einig, dass die Wirtschaftskrise ein Problem der *Kaufkraft* war, weil der Reichtum in so wenigen Händen konzentriert war, dass sich bei der Mehrheit der Menschen Bedarf nicht in effektive Marknachfrage übersetzen konnte. Noch bevor Keynes seine Verteidigung der konsumorientierten Wirtschaftspolitik veröffentlicht hatte, entwickelten die USA ein Wirtschaftswachstumsmodell, das Meg Jacobs als das »Kaufkraftparadigma« und Lizabeth Cohen als »Endverbraucher-Paradigma« bezeichnet.[156]

Diese Begriffe beziehen sich auf die während der Weltwirtschaftskrise und des New Deal wachsende Überzeugung, dass »der Wohlstand der Nation auf Ausgaben, nicht auf Sparen beruht«.[157] Diese Denkweise war weit verbreitet und bei Ökonomen wie Robert Nathan, der argumentierte, das Land müsse nun den »Konsum steigern und Ersparnisse reduzieren«,[158] ebenso zu finden wie bei Vertretern der Arbeiterschaft, die sie nutzten, um für höhere Löhne für männliche Arbeitskräfte einzutreten: »Wenn der Verdienst eines Arbeiters seine Familie nicht ernähren kann, wird unser ganzes kapitalistisches System des Marktes der umfangreichen Produktion beraubt, zu der es fähig ist.«[159] Auch in der US-Regierung war sie vorhanden, wo das National Resources Committee unter Innenminister Harold Ickes feststellte, die »reiche Fülle an natürlichen Ressourcen und eine ungeahnte Fähigkeit, diesen natürlichen Reichtum in nutzbringende Güter und Dienstleistungen zu verwandeln«, erfordere, dass »die Konsumenten des Landes in der Lage sind, den Ausstoß an Gütern und Dienstleistungen zu kaufen, den die Industrie produzieren

---

156 Jacobs, *Pocketbook Politics*; Cohen, *A Consumers' Republic*.
157 Zit. in: Cohen, *A Consumers' Republic*, S. 55.
158 Zit. in: ebd., S. 327.
159 Zit. in: ebd., S. 154.

kann«.[160] Sie reichte, wie wir gesehen haben, bis hin zu Roosevelt. Obwohl die Regierung während des Zweiten Weltkriegs Konsum und Kredite einzuschränken versuchte in der Hoffnung, die Inflation zu bekämpfen (mit erheblichen Folgen, die in Kapitel 6 dargelegt werden), waren solche Episoden um die Jahrhundertmitte eher die Ausnahme als die Regel, und den Konsum direkt sowie durch Maßnahmen gegen die Konzentration von Reichtum anzukurbeln, wurde zu einer vorherrschenden Sorge der amerikanischen Wirtschaftspolitik.

Jacobs und Cohen vertreten beide die Ansicht, dass die Bedeutung, die der Konsum im 20. Jahrhundert in den USA erlangte, kein selbstverständliches Produkt des Kapitalismus war und keineswegs das Fehlen politischen Handelns widerspiegelte. Um ihre Argumentation zu erhärten, führen beide anstelle des entpolitisierten, indifferenten Verbrauchers in der Theorie der Frankfurter Schule ein Beispiel nach dem anderen für höchst politisierte Konsumenten an, die aus Protest gegen Preissteigerungen auf die Straße gehen, sich in Briefen an Politiker beschweren, dass es kein Fleisch gibt, und mit Preislisten in der Hand auf Schnäppchenjagd gehen. Jacobs interpretiert die Schaffung von Behörden wie der National Recovery Administration (NRA), dem National Labor Relations Board (NLRB) und dem Office of Price Administration (OPA) als Maßnahmen, die letztlich vom Glauben an das »Kaufkraftparadigma« getrieben waren, das die Kaufkraft der Arbeiter als Schlüsselmechanismus sah, den Kapitalismus zu regenerieren. Wenn der Sozialismus an den Untiefen von Roastbeef und Apfelkuchen scheiterte, dann erforderte die Aufgabe, die Äpfel und das Rindfleisch von New England und Chicago zu einem Preis, den die meisten Familien sich leisten konnten, auf den Küchentisch zu bringen, nach Jacobs Ansicht ebenso viele fokussierte politische Anstrengungen, wie sie in jedem anderen Land zu beobachten waren.

Auf der Politikebene ist Jacobs Arbeit jedoch weniger überzeugend. Die zur Regulierung der Überproduktion geschaffene National Recovery Administration bestand nicht sonderlich lang, und man kann ihr keinen entscheidenden Einfluss auf die Entwicklung der Konsumwirtschaft nachsagen. Das Scheitern der Preiskontrollbehörde (Office of Price Administration) mag insofern wichtig gewesen sein, als es einen Entwicklungspfad versperrte, aber das erklärt nicht die Richtung, die das Land einschlug. Jacobs argumentiert überzeugend, dass der Wagner Act, der

---

160 Zit. in: Garon, *Beyond Our Means*, S. 327.

Arbeitnehmern das Recht auf gewerkschaftliche Organisation und kollektive Lohnverhandlungen zugestand, von Leuten vorangetrieben wurde, die vom Kaufkraftparadigma überzeugt waren, aber die Autorin verfolgt dessen Rolle in der Entwicklung der Konsumwirtschaft nicht weiter. Gewerkschaften waren in anderen Ländern ebenso stark oder sogar stärker, kämpften aber nicht immer für höhere Löhne und schufen keine Konsumgesellschaften; tatsächlich waren Gewerkschaften in Europa entscheidend daran beteiligt, der Arbeiterschaft Lohnzurückhaltung aufzuerlegen. Lediglich auf Maßnahmen hinzuweisen, die die Arbeiterschaft stärken, bringt uns noch nicht zu einer Konsumgesellschaft.[161]

Lizabeth Cohen ist in diesem Punkt überzeugender und lenkt unsere Aufmerksamkeit ebenso wie andere Forschende auf den umfangreichen Wandel der amerikanischen Landschaft, der den Fokus auf Konsum ausrichtete.[162] Sie verweist vor allem auf die Bedeutung der für Eigenheimförderung zuständigen Behörde, der Federal Housing Administration (FHA), die eine hypothekenbasierte Konsumwirtschaft förderte und die Entstehung einer Kreditinfrastruktur beschleunigte. Während Cohen die sozialen Folgen dieser Politik hervorragend nachzeichnet, interessiert sie sich weniger für deren Ursachen.

Ein Element, das diesen beiden Historikerinnen entging, ist, welche Rolle die Sorge der Agrarier um die Konzentration von Reichtum bei der Entstehung der amerikanischen Konsumwirtschaft spielte. Wie wir in den folgenden Kapiteln sehen werden, waren Kongressabgeordnete aus den landwirtschaftlich geprägten Bundesstaaten entscheidend für zwei politische Linien, die sich als folgenschwer erweisen sollten: für den Kampf für eine progressive Besteuerung, die die fiskalische Grundlage des Staates einschränkte und die Verbrauchssteuern vergleichsweise gering hielt, sowie für den Widerstand gegen das Filialbanksystem, der den Finanzsektor in die Krise stürzte und die Schaffung einer neuen Kreditinfrastruktur notwendig machte.

Agrarier waren nicht die einzigen, die an der Entwicklung des Kaufkraftparadigmas beteiligt waren, und sie hatten nicht mit all ihren Zielen Erfolg; tatsächlich waren sie von der Jahrhundertwende bis zum Ersten Weltkrieg erheblich weniger aktiv und weitgehend mit der Vergrößerung der Geldmenge zufrieden, während urbane Reformer die Last der

---

161 Zur Rolle von Kollektivverhandlungen im Kaufkraftparadigma in den USA siehe auch Piore/Sabel, *Das Ende der Massenproduktion*, S. 93–95.
162 Siehe auch Jackson, *Crabgrass Frontier*; Massey/Denton, *American Apartheid*.

politischen Wende trugen. Aber sie hatten besonders großen Einfluss in den beiden oben genannten Politikfeldern. Anknüpfend an die Antimonopolpolitik, die ein Vermächtnis der ersten Welle der Preisvolatilität war, fokussierten sich Farmer besonders darauf, die Konzentration von Reichtum aufzubrechen. Sie waren es, die dies in die Politik trugen, weil die partikulare Gliederung des amerikanischen Staates ihnen eine besondere Machtposition verlieh. Allerdings ging es bei dieser Politik nicht bloß darum, Kapitalkonzentrationen aufzubrechen, um das freie Spiel der Marktkräfte zu ermöglichen: Vielmehr ging es um eine staatliche Intervention anderer Art. Als die wachsende Nation ihr Steuersystem entwickelte, sorgten politisch einflussreiche Agrarier dafür, dass Steuern progressiv erhoben wurden, und verhinderten mehrfach erfolgreich eine nationale Umsatzsteuer wegen ihres regressiven Charakters. Angetrieben von ihrer Diagnose des Überproduktionsproblems und ermächtigt durch ihre Schlüsselrolle im politischen Gefüge, argumentierten Agrarier, das Steuersystem sei ein notwendiges Schmiermittel der kapitalistischen Maschinerie. Sie hielten die progressive Besteuerung für erforderlich, um Geld wieder in die Hände derjenigen zu bringen, die Bedarf an den Resultaten der amerikanischen Produktivität hatten – wie Fisher waren sie der Ansicht, das Problem bestehe nicht in zu vielen Gütern, sondern in zu wenig Geld bei denjenigen, die diese Güter brauchten, und daher beschlossen sie, es unmittelbar anzugehen. Zudem verschärften eine Reihe von Regulierungen, die Monopole im Finanzsektor aufbrechen sollten, die Finanzkrise der 1930er Jahre und lösten die Entwicklung einer Infrastruktur zur Hypothekenfinanzierung aus, die weitgehend als Mittel gedacht war, die Nachfrage im Finanzsektor zu stützen.

Diese politischen Maßnahmen gingen beide aus den politischen Aktionen nicht etwa der Konsumenten hervor, auf die sich Jacobs und Cohen konzentrieren, sondern der Agrarier. Sie erwuchsen nicht aus einer Inflation, wie Jacobs vermutet, sondern aus Deflationsepisoden, die Farmer zu politischem Handeln trieben. Und statt einem Drehbuch zu folgen, das ihre Hauptverfechter geschrieben hatten, hatten diese beiden politischen Maßnahmenbündel Konsequenzen, die den Intentionen ihrer Anhänger häufig unmittelbar zuwiderliefen.

Eine dieser unvorhergesehenen und unbeabsichtigten Folgen war, dass beide Maßnahmenbündel dazu beitrugen, den Sozialstaat zu untergraben und eine kreditfinanzierte Konsumwirtschaft zu entwickeln, wie sie in den Kapiteln 6 und 9 beschrieben werden. Der amerikanische Sozialstaat profitierte auch nicht von Vereinbarungen zur Lohnzurückhaltung im Gegenzug für Sozialleistungen, wie es sie in Europa gab, wo solche Übereinkünfte einem übergeordneten Ziel des Wirtschaftswachstums dienten, während in den USA die übergeordnete Sorge herrschte, nicht »mehr Güter zu produzieren, [sondern] die Produktion dem Verbrauch anzupassen [... und] Wohlstand und Produkte gleichmäßiger zu verteilen«, um es mit Roosevelts oben bereits zitierten Worten zu sagen.[163] Stattdessen rückten hohe Löhne als Mittel, all diesen zusätzlichen Wohlstand umzuverteilen, in den Fokus der Arbeiterinteressen. Die Antwort, warum es in den USA mehr Armut gibt als in den europäischen Ländern, lautet, dass sie im 20. Jahrhundert größtenteils ein konsumorientiertes Wachstumsmodell verfolgten, während andere Länder einen wirtschaftlichen Ansatz entwickelten, den Kommentatoren heutzutage als »angebotsorientiert« bezeichnen könnten, da er sich auf Exporte und Lohnzurückhaltung konzentrierte. Die amerikanische Sozialdemokratie legte den Schwerpunkt auf Konsum, wogegen der europäische Sozialstaat eine politische Folge der Konsumzurückhaltung war. Diese divergierenden Wachstumsmodelle hatten äußerst unterschiedliche Auswirkungen auf den Sozialstaat und die Armut.

Das Problem der Preisschwankungen und der Konjunkturzyklen, die zu Überschuss und fallenden Preisen führen, ist keineswegs ein rein amerikanisches. Tatsächlich war eines der Preisstützungsprogramme von Henry Wallace, der Pufferspeicher für landwirtschaftliche Erzeugnisse, von einer chinesischen Erfindung aus dem 4. oder 5. Jahrhundert v. u. Z. inspiriert, vom *chang ping tsang*, und ähnliche politische Maßnahmen sind unabhängig davon auch zu anderen Zeiten an anderen Orten zu finden.[164] Konjunkturzyklen und landwirtschaftliche Überschüsse sind in der Geschichte ebenso normale Episoden wie staatliche Eingriffe zur Preisstützung. Abbott behauptet sogar, Überflussprobleme seien so verbreitet, dass nicht Knappheit, sondern sie als Maßstab für eine Untersuchung des gesellschaftlichen Lebens gelten sollten.[165] Entgegen der Annahmen Arthur Koestlers experimentierten europäische Länder damals ebenfalls mit Programmen zur Vernichtung von Ernten, zum Beispiel von Wein in Frankreich.[166]

---

163 Zit. in: Kennedy, *Freedom from Fear*, S. 373.
164 Bodde, »Henry A. Wallace and the Ever Normal Granary«.
165 Abbott, »Abundance«.
166 Sheingate, *The Rise of the Agricultural Welfare State*.

In zwei wesentlichen Aspekten unterschied sich die damalige europäische Reaktion jedoch von der amerikanischen. Erstens kam der Agrarüberschuss in Europa zu jener Zeit weitgehend aus dem Ausland. Die europäischen Länder rangen darum, die Produktivität zu steigern, und standen vor dem Problem, wie sie mit dem amerikanischen Überfluss umgehen sollten. Ihre Politik richtete sich daher vornehmlich darauf, mit dieser Bedrohung aus dem Ausland fertigzuwerden, und das stand im Zentrum ihrer Agrarpolitik. In Frankreich und Deutschland hatten die beiden Weltkriege den Kapitalismus anscheinend zerstört. Kein europäisches Land konnte in Bezug auf Produktivität oder Wohlstand mit den USA mithalten. So lagen in Frankreich am Ende des Ersten Weltkriegs »viele Felder brach, und mehr als 10 Prozent der in der Landwirtschaft tätigen Bevölkerung war tot«.[167] Am Ende des Zweiten Weltkriegs »gab es keine Züge mehr. Kanäle, Wasserstraßen und Häfen waren unbrauchbar. Stromleitungen waren unterbrochen. Dreitausend Häfen waren in die Luft gesprengt worden. Neun von zehn Kraftfahrzeugen waren nicht mehr fahrtüchtig und dem zehnten fehlte Kraftstoff«.[168] Die Kriege hatten Europas wirtschaftliche Schwierigkeiten im Vergleich mit den USA noch verschärft. Der zweite Unterschied war, dass europäische Bauern, wenn sie mit dem Rücken zur Wand standen, in die USA auswandern konnten. Der Agrarsektor anderer Länder hatte ein Sicherheitsventil, das den Vereinigten Staaten fehlte, nachdem der Hauptschub der Westexpansion geendet hatte. Diese Unterschiede lenkten die Agrarpolitik in europäischen Ländern in verschiedene Richtungen, was letztlich die Entstehung sehr unterschiedlicher Wachstumsmodelle in den einzelnen Ländern ermöglichte.

Diese Unterschiede zwischen den Ländern lassen sich als unterschiedliche Ausrichtungen auf Konsum fassen. Eines der intellektuellen Vermächtnisse des Neoliberalismus ist die erhöhte Aufmerksamkeit für die Gesellschaftsstrukturen, die für die Bereitstellung von Gütern und Dienstleistungen notwendig sind: beispielsweise die Innovationsquellen, die Unternehmertum fördernden Bedingungen und die Entwicklung der Massenproduktion. Dies ist in der Fülle der Literatur zu den Kapitalismusspielarten zu beobachten, die fragt: Was ist erforderlich, damit Firmen und Erzeugergruppen ein Angebot schaffen und beibehalten können,

---

167 Ebd., S. 91.
168 Zit. in: Eichengreen, »Mainsprings of Economic Recovery«, S. 18.

und welche historischen Traditionen haben zu staatlichen Maßnahmen geführt, die Firmen und Erzeugergruppen dies ermöglichen? Aber eine weitere wichtige Frage, die in jüngster Zeit relativ weitgehend vernachlässigt wurde, betrifft die »Nachfrageseite« der Wirtschaft – die Frage, wie Politik und historische Traditionen breiten Konsum generiert und strukturiert haben. Eine Folge der Industrialisierung war die Unfähigkeit von Individuen und Haushalten, außerhalb des Marktes zu überleben. In dem Maße, wie Menschen in sich entwickelnden Ländern zunehmend in Abhängigkeit vom Markt gebracht wurden, stellte sich die Frage, was mit denjenigen passieren sollte, die nicht für ihren eigenen Konsum aufkommen konnten.

Es ist wichtig, hier klarzustellen, dass ich nicht frage, ob es notwendig ist, dass der Staat die Nachfrage stimuliert oder regelt. Diese endlos diskutierte Frage hat den ebenso wichtigen Punkt verdeckt, dass Staaten dies historisch getan haben, ganz gleich, ob es notwendig war oder nicht. Sie regeln die Nachfrage, indem sie Steuern erheben, Zinssätze festlegen und Gesetze verabschieden, die die Verfügbarkeit von Krediten erleichtern oder einschränken – also durch Geld- und Fiskalpolitik –, und diese politischen Instrumente haben makroökonomische Konsequenzen.

Konsum wurde selbstverständlich in den Sozialwissenschaften eingehend erforscht, aber im Großen und Ganzen untersuchen Konsumenten- und Konsumstudien jeweils nur eine Gesellschaft zu einem Zeitpunkt und behandeln Konsum und dessen Strukturierung implizit oder explizit als Merkmal des Übergangs zur Moderne, das den Ländern gemeinsam ist.[169] Selbst Studien, die einen vergleichenden Ansatz verfolgen, haben die wachsende Bedeutung institutioneller Innovationen übersehen, die in den USA in der Nachkriegszeit den Konsum förderten, während Institutionen ihn in europäischen Ländern einschränkten.[170] Erst in jüngerer Zeit haben vergleichende Historikerinnen, angespornt durch die Finanzkrise, begonnen, die Unterschiede im Konsum und vor allem im kreditfinanzierten Konsum länderübergreifend zu untersuchen.[171] Aus diesen

---

169 Aglietta, *A Theory of Capitalist Regulation*, S. 23; Appadurai, *Modernity at Large;* Cohen, *A Consumers' Republic;* Slater, *Consumer Culture and Modernity*.
170 Siehe z. B. Kuisel, *Seducing the French;* De Grazia, *Das unwiderstehliche Imperium*.
171 Siehe z. B. Logemann, »Shaping Affluent Societies«; ders., »Different Paths to Mass Consumption«; ders., *Trams or Tailfins;* Trumbull, »The Political Construction of Economic Interest«; ders., »Regulating for Legitimacy«; ders., »Credit Access and Social Welfare«; Garon, *Beyond Our Means;* und siehe die Beiträge zur Tagung »Conference of Credit« in: Logemann, »Cultures of Credit«.

Forschungen ergibt sich eine Geschichte eingeschränkten Konsums und eingeschränkter Konsumkredite in Europa über die Nachkriegszeit hinweg, der eine Geschichte wachsenden Konsums und zunehmenden kreditfinanzierten Konsums in den USA gegenübersteht.

Eine Theorie vergleichender politischer Ökonomie, die von diesen Beobachtungen – einer Nachfragetheorie der vergleichenden politischen Ökonomie – ausgeht, vermag die empirischen Unterschiede zwischen den USA und Europa besser zu erklären. Wie wir im folgenden Kapitel eingehender darlegen, wurde die Lenkung der Nachfrage in den Vereinigten Staaten wegen deren wesentlich höheren Wachstumsraten zu einem größeren Problem als in Europa. Während europäische Länder sich auf Bestrebungen konzentrierten, ihre Wirtschaften von oben nach unten wiederaufzubauen, indem sie den Schwerpunkt auf Produktion und Konsumzurückhaltung legten, bereiteten die USA einer Art »Hypotheken-Keynesianismus« den Weg, in dem Hypothekenfinanzierung als vorrangiger Mechanismus für anhaltendes Wirtschaftswachstum diente. Diese Entwicklungen brachten wiederum eine politische Ökonomie hervor, die im Gegensatz zu den produktionsorientierten Volkswirtschaften Europas den Sozialstaat untergrub und eine Abhängigkeit des Wirtschaftswachstums von der Entwicklung kreditfinanzierten privaten Konsums schuf.

Zusammenfassend gesagt, vertrete ich in diesem Buch die Auffassung, dass sich Unterschiede in der politischen Ökonomie am besten durch die Entwicklung unterschiedlicher Herangehensweisen an die Nachfragelenkung erklären lassen, die während der Zwischenkriegszeit und der Weltwirtschaftskrise entstanden. In kontinentaleuropäischen Ländern stellte sich das Problem, den anscheinend zerstörten Kapitalismus wiederherzustellen. Dagegen standen die USA vor der Herausforderung, einen Kapitalismus zu bändigen, der so erfolgreich war, dass er offenbar als Folge von zu viel Reichtum Armut hervorbrachte. Diese unterschiedlichen Probleme erwuchsen aus den unterschiedlichen Rollen, die diese Länder im imperialen Projekt als Siedlerkolonien oder Kolonisatoren gespielt hatten. Als Reaktion auf diese unterschiedlichen Probleme etablierten diese Länder verschiedene Traditionen der Geld- und Fiskalpolitik, die über Jahrzehnte hinweg stabil blieben und die Entwicklung anderer volkswirtschaftlicher Bereiche beeinflussten, unter anderem auch den Sozialstaat. Die USA versuchten die Nachfrage zu fördern, indem sie den Markt regulierten und die Verfügbarkeit von Krediten ausweiteten, während europäische Länder sich auf die Förderung des Angebots und die

Einschränkung des Konsums konzentrierten. Aufbauend auf Elizabeth Sanders, die die Bedeutung des Agrar-Etatismus in den USA nachgewiesen hat, zeige ich, dass die außerordentliche Produktivität und die unverhältnismäßig große politische Macht amerikanischer Farmer in jener Zeit entscheidende Auswirkungen auf die politische Ökonomie hatten, die bis heute nachwirken.[172]

Diese Argumentation geht davon aus, dass es tatsächlich in keinem erfolgreichen kapitalistischen Land einen »minimalen Staat« gab und selbst die USA, die jede der in Kapitel 2 erörterten Theorien komparativer politischer Ökonomie am »Minimalstaat«-Ende des Kontinuums einordnet, ein erstaunliches Maß an staatlicher Intervention in den Markt aufwiesen.[173] Selbstverständlich lässt sich daraus nicht schlussfolgern, dass staatliches Eingreifen ökonomisch notwendig ist – es ist durchaus möglich, dass diese Länder mit geringeren staatlichen Eingriffen noch stärker oder schneller gewachsen wären. Aber es ist eine Tatsache, dass der Kapitalismus zumindest bislang überall mit massiver staatlicher Intervention einherging. Die fehlende Korrelation zwischen staatlicher Intervention und Wirtschaftswachstum, auf die Iversen und Soskice hinweisen, ist keineswegs ein Rätsel. Vielmehr sind die Staaten, die Vertreter der Kapitalismusspielarten als »liberal« bezeichnen, auf andere Weise stark interventionistisch. Wie Karl Polanyi am Vorabend des kapitalistischen Nachkriegswunders vermutete, führten die vom Kapitalismus verursachten sozialen Verwerfungen überall zu staatlichen Maßnahmen, um Wachstum zu fördern und Widerstand gegen Wirtschaftswachstum zu überwinden. Selbst wenn staatliches Eingreifen wirtschaftlich nicht notwendig oder sogar schädlich sein sollte, ist es doch allgegenwärtig.

Der Rest dieses Buches untersucht die beiden politischen Vorgehensweisen, die aus diesem Prozess erwuchsen und die heute für die politische Ökonomie besonders relevant sind. Die Kapitel 4 bis 6 befassen sich mit dem amerikanischen Steuersystem und seinen Folgen für den Sozialstaat. Die Kapitel 7 bis 9 untersuchen die spezifische amerikanische kreditbasierte Wirtschaft und ihre Konsequenzen. Das Hauptnarrativ dieser Kapitel ist, dass amerikanische Farmer und ihre Kongressabgeordneten in der Zwischenkriegszeit eine Form staatlicher Intervention durchsetzten, die in der westlichen Welt einzigartig war und in der Nach-

---

172 Sanders, *Roots of Reform*.
173 Siehe hierzu Chang, *Bad Samaritans*; Reinert, *Warum manche Länder reich und andere arm sind*.

kriegszeit unerwartete Konsequenzen zeitigte – Konsequenzen, die den amerikanischen Sozialstaat untergruben, die Entwicklung einer politischen Ökonomie europäischen Stils verhinderten und die USA auf einen Weg des Hypotheken-Keynesianismus brachten. Allerdings erfüllen die Teile II und III eine leicht unterschiedliche Funktion für die Argumentation dieses Buches. In Teil II geht es um eine eingehende historische Untersuchung aufgrund von Archivquellen, um festzustellen, wie amerikanische Akteure das Problem der Überproduktion mit der Lösung durch eine bestimmte Art progressiver Intervention verknüpften. Teil III hat einen breiteren, explizit komparativeren Fokus und versucht zu zeigen, warum die USA von anderen Ländern abwichen und ihren eigenen regulatorischen Apparat und ihre Fokussierung auf kreditbasierten Konsum entwickelten. Dabei handelt es sich nicht um eine systematische komparative historische Analyse, da ich andere Fälle nicht im Detail untersuche; vielmehr geht es mir lediglich darum, die amerikanische Erfahrung in eine vergleichende Perspektive zu rücken und die Geschichte anderer Länder nur insofern heranzuziehen, wie sie hilfreich ist, um amerikanische Entwicklungen zu erhellen. Kapitel 10 zieht aus dieser Geschichte politische Lehren.

II Die agrarorientierte Regulierung des Steuersystems

4 Die Nichtgeschichte der nationalen Umsatzsteuer

Der vielleicht erstaunlichste der in Kapitel 1 dargelegten Bereiche größerer staatlicher Intervention ist die Frage einer progressiven Besteuerung. Sven Steinmo machte erstmals auf die Möglichkeit aufmerksam, dass die amerikanische Besteuerung möglicherweise progressiver ist als in anderen Industrieländern.[1] In den letzten Jahrzehnten haben mehrere weitere Studien bestätigt, dass der Sozialstaat dort am geringsten ausgeprägt ist, wo die Steuerstruktur am progressivsten ist, selbst wenn man die Auswirkungen der Ungleichheit auf die Steuerprogression einbezieht.[2] Zudem stellen die USA mit ihrem progressiven Steuersystem offenbar einen Sonderfall dar. Steuerprogression ist schwer kalkulierbar, daher müssen Schlussfolgerungen über komparative Progressivität provisorisch sein. Dennoch gibt es drei Gründe für die Annahme, dass die amerikanische Steuerstruktur ungewöhnlich progressiv ist. Erstens sind sie das einzige fortgeschrittene Industrieland ohne eine landesweite Umsatzsteuer. Zwar gibt es in den einzelnen Bundesstaaten Umsatzsteuern, aber teils wegen des Wettbewerbs zwischen ihnen liegen sie wesentlich niedriger als die nationalen Umsatzsteuern in Europa, sodass die Umsatzsteuerbelastung in den USA durch solche Abgaben auf bundesstaatlicher und lokaler Ebene insgesamt weniger als halb so hoch ist wie in den meisten anderen Ländern.[3] Umsatzsteuern gelten allgemein als regressiv, weil sie

---

1 Steinmo, »Political Institutions and Tax Policy«; ders., *Taxation and Democracy*.
2 Mendoza/Razin/Tesar, »Effective Tax Rates in Macroeconomics«; Cusack/Beramendi, »Taxing Work«; Lindert, *Growing Public*; Prasad/Deng, »Taxation and the Worlds of Welfare«.
3 Mendoza/Razin/Tesar, »Effective Tax Rates in Macroeconomics«; Carey/Rabesona, »Tax Ratios on Labor«; Kato, *Regressive Taxation*.

die wirtschaftliche Situation der Steuerzahlerinnen nicht in Betracht ziehen und Haushalte mit niedrigem Einkommen einen wesentlich höheren Anteil ihres Einkommens für Konsum ausgeben. Manche Forschende führen ins Feld, auf die Lebenszeit berechnet wirkten Umsatzsteuern nicht regressiv, dem hält Graetz jedoch entgegen, eine Lebenszeitperspektive sei angesichts der schwankenden Steuersätze unangemessen,[4] und wie wir weiter unten sehen werden, geht die Umsatzsteuerpolitik von der Annahme der Regressivität aus. Manche sind der Ansicht, Ausnahmen für lebensnotwendige Güter und höhere Steuersätze für Luxusgüter verringerten den regressiven Charakter der Umsatzsteuer, aber Beramendi und Rueda argumentieren aufgrund von OECD-Zahlen: »Die Steuern auf Güter und Dienstleistungen in demokratischen Industrieländern konzentrieren sich überwiegend auf Produkte, die von der breiten Bevölkerung konsumiert werden. Daher lassen sich Konsumsteuern in den OECD-Ländern im Grunde als regressiv einstufen.«[5] Der zweite Grund für die Annahme, dass die amerikanische Steuerstruktur ungewöhnlich progressiv ist, lautet, dass dort die Einkommensteuer vor der neoliberalen Politik der 1980er Jahre offenbar progressiver gestaltet war als in anderen Ländern, allerdings ist weniger klar, ob und wie sich das in den letzten Jahren geändert hat.[6] Thomas Piketty stellt fest: »Sehr hohe Steuern für sehr Reiche – das wurde in den Vereinigten Staaten erfunden.«[7] Drittens waren in den USA die Kapitalsteuern zumindest bis in die 1980er Jahre und vielleicht sogar darüber hinaus höher, während in europäischen Ländern Arbeit höher besteuert wurde.[8]

Mit diesen drei Facetten des amerikanischen Steuerwesens befassen sich die Kapitel 4, 5 und 6. Dieses Kapitel fragt: Warum gibt es in den USA keine nationale Umsatzsteuer? Ich argumentiere, dass zu dem Zeitpunkt, als die Einführung einer nationalen Umsatzsteuer am wahrscheinlichsten war, zunächst die Farmer und dann auch die breitere Basis der Demokratischen Partei sie wegen ihres regressiven Charakters ablehnten.

---

4 Graetz, »Comments on John B. Shoven«.
5 Beramendi/Rueda, »Social Democracy Constrained«, S. 621–622.
6 Piketty/Saez, »How Progressive is the U.S. Federal Tax System«; Prasad/Deng, »Taxation and the Worlds of Welfare«.
7 Zit. in: Lowrey, »French Duo See (Well) Past Tax Rise for Richest«.
8 Carey/Rabesona, »Tax Ratios on Labor and Capital Income and on Consumption«; Lindert, *Growing Public*; Sørensen, *Measuring the Tax Burden*; Cusack/Beramendi, »Taxing Work«.

Warum keine nationale Umsatzsteuer?

Eine allgemeine Umsatz- oder Konsumsteuer wird am Verkaufspunkt aller Lieferungen und Leistungen erhoben. Die Mehrwertsteuer ist eine besondere Form der Umsatzsteuer, die nur auf die Wertschöpfung in jeder Produktions- und Handelsphase erhoben wird. Praktisch erhält jeder Käufer in der Lieferkette die Steuern zurück, wenn er das Produkt weiterverkauft, sodass die Endverbraucherin die gesamte Steuer trägt. Als erstes Land führte Frankreich 1954 eine teilweise Mehrwertsteuer ein, die 1968 ausgeweitet wurde. Zwischen 1964 und 1973 wurde die Mehrwertsteuer zur Bedingung für die Mitgliedschaft in der Europäischen Wirtschaftsgemeinschaft (EWG). Zwischen 1986 und 1991 führten einige weitere Länder sie in dem Bestreben ein, das Steuersystem weniger progressiv zu gestalten (im Rahmen allgemeiner neoliberaler Bemühungen, die Kapitalakkumulation zu erleichtern). Die Schweiz führte sie 1995 ein und Österreich 2000, seitdem sind die USA das einzige fortgeschrittene Industrieland ohne eine nationale Mehrwertsteuer.[9]

Die in Kapitel 2 dargelegten Theorien geben nur unzureichende Antworten auf die Frage, warum sich die USA gegen eine nationale Umsatzsteuer wehren. So würde der klassenbasierte Ansatz eine nach Klassenzugehörigkeit gespaltene Haltung zu nationalen Umsatzsteuern vorhersagen, und wie wir weiter unten sehen werden, lehnte die Arbeiterschaft Umsatzsteuern tatsächlich wegen ihres regressiven Charakters ab, während die Arbeitgeber tendenziell dafür waren. Demnach müsste es aber in den USA eine ungewöhnlich starke Arbeiterbewegung geben, die ihre Präferenzen in Bezug auf nationale Umsatzsteuern erfolgreich durchsetzen könnte. Das steht allerdings in Widerspruch zu dem klassenbasierten Argument, dass die Vereinigten Staaten wegen der *Schwäche* ihrer Arbeiterschaft einen unterentwickelten Sozialstaat haben. Der Ansatz der Kapitalismusspielarten würde nahelegen, die Rolle und Präferenzen der Arbeitgeberinnen zu untersuchen, um das Fehlen einer nationalen Umsatzsteuer zu erklären. Aber durchgängig waren Arbeitgeber für eine solche Steuer in den USA – wie weiter unten dargelegt –, konnten sich jedoch nie durchsetzen.

Kulturelle Erklärungen sind ebenso wenig zufriedenstellend, da sie das Gegenteil dessen vorhersagen, was wir tatsächlich vorfinden. So hält

---

9 Kato, *Regressive Taxation;* Lindert, *Growing Public.*

Marion Fourcade die USA für eine »Ökonomenwirtschaft«, in der »die Sprache der Ökonomen sowohl in der breiten Öffentlichkeit als auch in spezifischen institutionellen Umfeldern wie Konzernen, Gerichten und Politik die größte gesellschaftliche Autorität besitzt«.[10] Tatsächlich sind Ökonominnen jedoch für Umsatzsteuern, weil sie Arbeit und Einkommen weniger belasten als Einkommens- und Kapitalsteuern und daher in einer freien Marktwirtschaft zu geringeren Verzerrungen führen.[11] In diesem Fall sind die europäischen Länder näher an den Wirtschaftslehren, während die USA sich darüber hinwegsetzen. Generell sind Erklärungen, die auf die nationale Kultur hinweisen, wenig überzeugend, weil Umsatzsteuern in den USA zwar auf Bundesebene gescheitert, aber auf bundesstaatlicher und lokaler Ebene durchaus verbreitet sind.

Könnte diese Umsatzsteuer auf Bundesstaats- und Kommunalebene das Drängen auf eine nationale Umsatzsteuer untergraben haben? Vielleicht waren die Regierungen der Bundesstaaten eifersüchtig darauf bedacht, die Zuständigkeit für die Erhebung von Umsatzsteuern zu behalten. Allerdings wurden sie dort weitgehend erst eingeführt, nachdem entsprechende Vorstöße auf Bundesebene gescheitert waren. Die Hauptniederlagen erlebten solche Vorstöße auf Bundesebene 1921 und 1932, und erst 1932 führte Mississippi als erster Bundesstaat eine Umsatzsteuer ein.[12] Erst nachdem klar war, dass die Bundesregierung keine Umsatzsteuer erheben würde, führten sie allmählich mehr Bundesstaaten ein.[13] Tatsächlich zögerte die Bundesregierung 1921, auf Steuereinnahmequellen der Bundesstaaten wie die Erbschaftssteuer zuzugreifen, aber die Umsatzsteuer hatte sich damals noch nicht als Vorrecht der Bundesstaaten etabliert.[14] In späteren Jahren argumentierten manche (darunter auch Präsident Roosevelt kurz vor seiner Präsidentschaft), die Umsatzsteuer solle den Bundesstaaten vorbehalten bleiben – ein Thema, das vor allem 1932 im Vordergrund stand –, aber wie wir sehen werden, sahen andere in deren vorausgehenden Erfahrungen einen Beleg, dass man sie auch auf nationaler Ebene einführen könne. Die Existenz von Umsatzsteuern auf

---

10 Fourcade, *Economists and Societies*, S. 254.
11 Siehe z. B. Hines, »Taxing Consumption and Other Sins«; Lindert, *Growing Public*, S. 235–245; Summers, »Capital Taxation; Lucas, »Supply-Side Economics«; sowie die Ausführungen in Kapitel 6.
12 Portney, »State Tax Preference Orderings«; Michigan hatte bereits zuvor für kurze Zeit versuchsweise eine Mehrwertsteuer eingeführt.
13 Haig/Shoup, *The Sales Tax in the American States*; Hansen, *The Politics of Taxation*.
14 *Chicago Daily Tribune*, »Forecast Tax Bill Vote This Week in Senate«.

Bundesstaatsebene allein kann nicht erklären, warum man sich für die erste statt für die zweite Möglichkeit entschied.

Historisch-institutionalistische Erklärungen bringen mehr Erkenntnisse, sind aber in anderer Hinsicht unvollständig. Sven Steinmo argumentierte in seiner bahnbrechenden komparativen Studie zum Steuerwesen, die Vetopunkte des amerikanischen politischen Systems hätten es der Opposition gegen die Umsatzsteuer ermöglicht, sich durchzusetzen.[15] Wenn aber das fragmentierte Staatswesen ein wesentlicher Faktor ist, um das Fehlen einer nationalen Umsatzsteuer zu erklären, wie lassen sich dann die außerordentlich progressiven Einkommens- und Kapitalsteuern erklären, die Steinmo ebenfalls als charakteristisch für das amerikanische Steuersystem feststellt? Die Vertreter des Kapitals hätten sie doch wohl durch ihr Veto verhindern können müssen. Die Erklärung durch Vetopunkte muss mit der Einbeziehung anderer Faktoren kombiniert werden, wie Steinmo selbst im letzten Kapitel seines Werkes anmerkt.

Nach Ansicht von Junko Kato generieren regressive Steuern Staatseinnahmen effizienter als progressive und neue Steuern stoßen auf größeren Widerstand als die Anhebung bestehender Steuern; folglich waren Staaten, die noch keine effizienten, regressiven Mechanismen etabliert hatten, um Staatseinnahmen zu generieren, nach der Wirtschaftskrise der 1970er Jahre nicht imstande, solche Möglichkeiten einzuführen, und konnten daher die Sozialausgaben nicht beibehalten.[16] Katos Analyse (ausführlicher dargelegt in Kapitel 6), die sich auf die Mehrwertsteuer konzentriert, ist hilfreich für die Erklärung der unterschiedlichen politischen Haltungen zur Mehrwertsteuer vor und nach der Wirtschaftskrise. Aber in den meisten Ländern diente die Mehrwertsteuer lediglich dazu, die Verwaltung einer Steuerstruktur zu rationalisieren, die schon durch andere Arten nationaler Umsatzsteuern geprägt war. Als die Mehrwertsteuer erstmals 1954 in Frankreich eingeführt wurde, gab es bereits nationale Umsatzsteuern in Deutschland (seit 1918), Kanada (1920), Frankreich (1920), Belgien (1921), Luxemburg (1922), Österreich (1922/23), Italien (1923), Australien (1930), den Niederlanden (1933), Norwegen (1933), Finnland (1941) und der Schweiz (1941). Auch andere Länder hatten Versuche mit einer nationalen Umsatzsteuer angestellt, und Großbritannien hatte eine »Verkaufssteuer« eingeführt, die zwar nur für bestimmte Güter galt,

---

15 Steinmo, »Political Institutions and Tax Policy«; ders., *Taxation and Democracy*.
16 Kato, *Regressive Taxation*.

aber beträchtliche Einnahmen brachte.[17] Da die Mehrwertsteuer eine Rationalisierung bereits bestehender Steuern darstellte, ist Katos darauf fokussierte Analyse weniger hilfreich, um die historische Dynamik zu klären, die in manchen Ländern zu einer nationalen Umsatzsteuer führte, sie aber in anderen verhinderte.

In einer Kritik an Katos Arbeit vertritt Steffen Ganghof die Ansicht, dass Politikerinnen sich für regressive Steuern entscheiden, gerade weil sie annehmen, dass diese eine Ausweitung des Staates ermöglichen: »Die grundlegenden Unterschiede zwischen Steuern [in Hinblick auf ihre Möglichkeiten, die Einnahmen zu erhöhen] sind seit Langem bekannt und berücksichtigt worden.«[18] Europäische Politiker ahnten diese Unterschiede offenbar schon seit Jahrhunderten.[19] Im hier untersuchten Fall ist es jedoch nicht plausibel, ihnen diese Motive zuzuschreiben, da Fabrikanten und ihre politischen Vertreter im gesamten 20. Jahrhundert die eifrigsten Verfechter von Umsatzsteuern waren. Würde Ganghofs Kritik an Kato in diesem Fall zutreffen, müssten wir annehmen, dass Kapitalisten und Republikaner eine Ausweitung des Staates wollten und Umsatzsteuern aus diesem Grund befürworteten. Was amerikanische Politikerinnen über die Möglichkeiten dachten, durch Umsatzsteuern Staatseinnahmen zu generieren, ist nicht klar, da dies kein wesentlicher Punkt der Debatte war, die sich vielmehr um den regressiven oder progressiven Charakter der Steuern drehte.

Beramendi und Rueda argumentieren, indirekte Steuern seien eine Funktion des Korporatismus, und nachdem Staaten mit korporatistischem Umfeld Arbeitskräften Umverteilung und dem Kapital niedrige Kapitalsteuern zugesagt hätten, bliebe ihnen nichts anderes übrig, als zu indirekten Steuern überzugehen, während die beiden Autoren für ein nichtkorporatistisches Umfeld indirekte Steuern als Ergebnis von Parteilichkeit sehen.[20] Aber nach ihren eigenen Definitionen der relevanten Variablen und ihren eigenen Datenquellen sind die USA ein Land mit der

---

17 Due, »Sales Taxation in Western Europe«, Teil I und II; Williamson, »The Literature on the Sales Tax«; Buehler, *General Sales Taxation;* Hindman, *The Rise and Fall of Wealth Taxation.*
18 Ganghof, Steffen, »Tax Mixes and the Size of the Welfare State«, S. 365.
19 »Die Zahlenden direkter Steuern waren, wie Walpole einmal anmerkte, Schweine, die quiekten, wenn man sie anfasste; die Zahlenden indirekter Steuern waren lediglich Schafe, die sich stillschweigend scheren ließen.« Barker, *The Development of Public Services,* S. 57.
20 Beramendi/Rueda, »Social Democracy Constrained«.

geringsten Anhängerschaft linker Parteien, daher kann ihre Argumentation den dortigen Widerstand gegen eine nationale Umsatzsteuer nicht erklären.[21] Zudem werden nach ihrer These Steuerentscheidungen nach oder zeitgleich mit Entscheidungen über Sozialausgaben getroffen. Das trifft zwar auf Lohnsteuern zu, nicht aber auf Umsatzsteuern: Der amerikanische Widerstand gegen Umsatzsteuern – und deren Befürwortung in Europa – gingen der Entwicklung des Sozialstaats voraus.

Nach Ansicht von Eccleston scheitert die Mehrwertsteuer in den USA, weil die Meinung von Expertinnen, die sich in dieser Frage einig sind, im dortigen politischen Kontext weniger Gewicht hat als in anderen Ländern.[22] Das trifft zwar zu, allerdings scheitern keineswegs alle politischen Maßnahmen, über die Experten sich einig sind. So halten die USA an niedrigen Zollschranken und anderen Freihandelsstrategien fest, die bei Expertinnen auf Zustimmung und in der Bevölkerung auf Opposition stoßen. Wenn manche politischen Maßnahmen, über die Experten sich einig sind, umgesetzt werden und andere nicht, ist ein anderer Faktor als die einhellige Expertenmeinung am Werk.

Kurz: Es gibt weiterhin Erklärungsbedarf.

Drei gescheiterte Versuche

Obwohl die nationale Umsatzsteuer in den USA nicht eingeführt wurde, war sie doch vom Ersten Weltkrieg bis zum letzten Präsidentschaftswahlkampf nie fernab der politischen Debatten.[23] Dreimal wurde im Kongress

---

21 Siehe ebd., Tabelle 1.
22 Eccleston, *Taxing Reforms*.
23 Für diesen Abschnitt habe ich drei Quellen verwendet, um größere Bestrebungen auszumachen, eine nationale Umsatzsteuer einzuführen. Als Erstes suchte ich in der *New York Times* von 1857 bis heute nach Artikeln zu den Stichwörtern Umsatzsteuer oder deren Alternativen (*sales tax, consumption tax, expenditure tax, v. a. t., value added tax, turnover tax, cascade tax, tax on sales, tax on consumption, tax on expenditures*) und den Stichwörtern *ways and means* oder *finance committee* in der Überschrift oder der Zusammenfassung. Artikel über Verbrauchssteuern (Umsatzsteuern, die nur auf bestimmte Produkte, nicht allgemein erhoben werden), Luxussteuern oder Umsatzsteuern in anderen Ländern wurden aus den Suchergebnissen ausgeschlossen. Zudem untersuchte ich das Register der namentlichen Abstimmungen in Repräsentantenhaus und Senat, besonders unter der Überschrift »Ja- und Nein-Stimmen« (»yea or nea votes«) von 1919 bis 1984 (ab 1971 wird daraus die Überschrift »voting in House/Senate«), sowie Lexis-Nexis-Unterlagen über

über eine nationale Umsatzsteuer abgestimmt, 1921, 1932 und 1985. 1921 zogen die USA ebenso wie viele andere Länder eine nationale Umsatzsteuer in Erwägung, die zur Tilgung ihrer Kriegsschulden beitragen sollte. Nachdem eine Koalition aus Demokraten und progressiven Republikanern aus dem Mittelwesten die Initiative im Kongress zu Fall brachten, ruhte das Thema ein Jahrzehnt lang. Die Unfähigkeit, angemessen mit den Kriegsschulden umzugehen, brachte das Thema 1932 wieder auf, und es kam zum zweiten Mal im Kongress zur Abstimmung. Wieder wurde der Vorschlag abgelehnt, teils wegen derselben Spaltung und teils, weil die Bundesstaaten die Umsatzsteuer mittlerweile als rechtmäßige Einnahmequelle für sich beanspruchten. In den folgenden fünfzig Jahren wurde die nationale Umsatzsteuer nicht wieder im Kongress zur Abstimmung gebracht, aber in dieser Zeit sprachen Politiker das Thema bei zwei Gelegenheiten erneut an. Zum einen während des Zweiten Weltkriegs, als der Kongress und die Regierung Roosevelt verschiedene Möglichkeiten versuchten, eine funktionierende Umsatzsteuer einzuführen, aber letztlich damit scheiterten. Die Gründe für ihre Niederlage waren, dass man mit dieser Steuer nicht vertraut war und Farmer und Arbeiterschaft sich weiterhin gegen deren angeblich regressiven Charakter wehrten. Dank dieser Niederlage besaßen die USA auch nach dem Krieg noch ein Steuersystem, das auf der Einkommenssteuer basierte (einschließlich eines effizienten Mechanismus, die Steuer bei der Lohnzahlung einzubehalten, ein System, das in einer Ironie der Geschichte von einer Gruppe entwickelt wurde, der unter anderem Milton Friedman angehörte).[24] Durch die rapide steigenden Einkommen der Nachkriegszeit konnte diese Steuer beträchtliche Staatseinnahmen generieren, daher hatten Politiker keinen

---

namentliche Abstimmungen nach 1984. Und schließlich konsultierte ich Sekundärquellen zur Steuergeschichte. Nachdem ich die größeren Bestrebungen, eine Umsatzsteuer einzuführen, ausgemacht hatte, untersuchte ich zu jeder die Medienberichte, Kongressprotokolle und Archivmaterialien. Diese Methode beinhaltet eine Tendenz für Vorstöße, die in der Politik eine gewisse Zugkraft entwickelten, da unbedeutendere Vorfälle (wie die Forderung eines Kongressabgeordneten nach einer Umsatzsteuer, die folgenlos blieb, oder das Drängen einer Ökonomengruppe auf Umsatzsteuern, über die nationale Medien nicht berichteten) möglicherweise weder in Zeitungen und Fachmedien noch im Kongressregister der namentlichen Abstimmungen auftauchen. Zukünftige Forschungen zu kleineren Vorstößen mögen manche der in diesem Kapitel gezogenen Schlüsse modifizieren, allerdings ist es unwahrscheinlich, dass sie die allgemeinen Ergebnisse gänzlich umkehren.

24 Friedman/Friedman, *Two Lucky People*, S. 122–123.

Grund, neue Einnahmequellen zu suchen. So wurde bis 1979 gelegentlich, aber nicht sonderlich ernsthaft über eine nationale Umsatzsteuer diskutiert. In diesem Jahr schlug der Vorsitzende des Haushalts- und Finanzausschusses des Repräsentantenhauses (House Ways and Means Committee), Al Ullman, eine Mehrwertsteuer vor. Als er bei den Wahlen 1980 sein Mandat verlor, entstand in Washington die Legende, er habe seine Wahlniederlage seinem Eintreten für eine Mehrwertsteuer zu verdanken. Ein letztes Mal kam es 1985 zu einer Abstimmung im Kongress über die nationale Umsatzsteuer, die allerdings nur als Mechanismus gedacht war, die Altlastenbeseitigung durch das Superfund-Programm der US-Umweltschutzbehörde zu finanzieren. Der Vorschlag wurde abgelehnt, weil man eine gezielte Besteuerung der Verursacher für weniger regressiv und verteilungsgerechter hielt. Seitdem war die Mehrwertsteuer zwar ständig im Gespräch, kam aber nie über das Diskussionsstadium hinaus.

1921: Reed Smoot gegen den Farmer-Arbeitnehmer-Block

Die nationale Umsatzsteuer kam einer Einführung in den USA im Sommer und Herbst 1921 am nächsten, als Senator Reed Smoot aus Utah sich mit dem ganzen Gewicht seiner Position als Mitglied des Senats-Finanzausschusses hinter diese Maßnahme stellte. Smoot, ein Republikaner, dessen Name in Verbindung mit dem Smoot-Hawley-Zollgesetz in die Annalen eingegangen ist, war bekannt dafür, Fabrikanteninteressen zu vertreten. In den Diskussionen, die schließlich zum Steuergesetz (Revenue Act) von 1921 führten, ging es in erster Linie um die Notwendigkeit, Staatseinnahmen für die Tilgung der Schulden aus dem Ersten Weltkrieg zu generieren. Anfangs schien die öffentliche Meinung für die Umsatzsteuer zu sein.[25] Präsident Harding befürwortete sie, und Unternehmerverbände hatten sich schon immer dafür ausgesprochen. Aber landwirtschaftliche Fachzeitschriften beklagten: »Gegenwärtig tangieren die Einkommensteuer und die Übergewinnsteuer Farmer nicht sonderlich, aber eine Umsatzsteuer müssten alle zahlen.«[26] Und der Gewerkschaftsbund American Federation of Labor lehnte diese Steuer ab, weil sie »die Steuerlast vom Kapital auf die Arbeit verlagern würde« und »die Staatskosten stärker auf jenen lasten sollten, die den größten Nutzen haben, auf akkumuliertem Reichtum, akkumulierten Gewinnen. [...] Die Umsatz-

---

25 *The New York Times*, »The Sales Tax in Congress«.
26 *Indiana Farmer's Guide*, »The Sales Tax«.

steuer widerspricht dieser Theorie, weil sie praktisch von den Armen und den vom Glück Benachteiligten erhoben würde«.[27]

Generell sprachen sich Fabrikanten- und Unternehmerverbände (einschließlich der Handelskammern) für diese Steuer aus und Gewerkschaften und Bauernverbände sowie einige öffentliche Versorgungsunternehmen dagegen. Dafür waren: Tax League of America, Music Industries Chamber of Commerce, Boston Chamber of Commerce, Philadelphia Trades Council, Manufacturers' Club of Philadelphia, National Association of Real Estate Boards, National Association of Manufacturers, National Retail Dry Goods Association, National Association of Retail Clothiers, National Retail Shoe Dealers' Association, National Garment Retailers' Association, National Automobile Chamber of Commerce, New York Board of Trade, National Automobile Dealers' Association und die Pelzindustrie. Dagegen äußerten sich: American Farm Bureau Federation, National Association of Credit Men, National Electric Light Association, American Gas Association, American Electric Railway Association, National Industrial Conference Board, National Grange, Farmers' National Council, People's Reconstruction League, Farmer-Labor Party, National Association of Retail Grocers, American Federation of Labor, American Mining Congress, National Lumber Manufacturers' Association und Vertreter öffentlicher Versorgungsunternehmen.[28]

Mehrere Fachleute, zu denen auch die damals führenden Steuerexperten E. R. Seligman und T. S. Adams gehörten, sprachen sich in Anhörungen vehement gegen diese Steuer aus und argumentierten, Länder, die sie eingeführt hatten, hätten dies eher aus Verzweiflung als aus »triftigen Gründen« getan, und die Umsatzsteuer würde stärker an die Verbraucher weitergegeben als die Übergewinnsteuer. Angeblich waren die Senatoren von ihren Argumenten, die Übergewinnsteuer beizubehalten, statt eine Umsatzsteuer einzuführen, »zutiefst beeindruckt«, und so sorgten die Anhörungen nicht für »so viel Zustimmung für die Umsatz-

---

27 *The New York Times*, »Labor Will Fight Against Sales Tax« und »Watson Condemns Tax Revision Ideas«; siehe auch *The New York Times*, »Bar Sales Tax Now«.

28 *Chicago Daily Tribune*: »Advocates of 1 % Sales Tax«, »Farmers Again Protest«, »Sales Tax Foes«, »Labor Hostility to ›Sales Tax‹«, »Labor Helps to Kill Chance of Sales Tax«, »Sales Tax of 1% Seems Doomed«; *Los Angeles Times*: »Divergent Views«, »Sales Tax Plan«, »Auto Industry for Sales Tax«; *The New York Times*: »Credit Men Oppose General Sales Tax«, »Clash Over Sales Tax«; *The Wall Street Journal*, »Crisis in Taxation«.

steuer bei den Ausschussmitgliedern wie erwartet«.[29] Das Gesetz, das schließlich im Repräsentantenhaus verabschiedet wurde, enthielt keine Umsatzsteuer.

Smoot, der mit diesem Ergebnis nicht zufrieden war, schlug ein völlig neues Gesetz vor, das als größte einzelne Einnahmequelle eine Umsatzsteuer von 3 Prozent für Hersteller vorsah.[30] Diese Vorlage erlebte von August bis November eine schwindelerregende Fülle von Wendungen. Zunächst wurde der Steuersatz auf 1 Prozent gesenkt, und dann drohte dem Vorschlag das vorzeitige Aus, als sich eine Gruppe Republikaner des progressiven Flügels in einer Nachtsitzung am 5. Oktober gegen jeglichen Vorstoß in Richtung Umsatzsteuer aussprach: »Gestern Abend kurz vor Mitternacht unternahm der Agrarblock der Senatoren im Haus von Senator Capper Schritte, die praktisch die Verabschiedung des bevorstehenden Steuergesetzes und die Ablehnung des von Senator Smoot als Ersatz vorgeschlagenen Umsatzsteuergesetzes gewährleisten. An der Sitzung nahmen die meisten Senatoren aus dem Mittleren und Fernen Westen teil sowie Senator Lodge, der republikanische Mehrheitsführer im Senat. [...] Senator McNary aus Oregon erklärte, die vorgeschlagene Umsatzsteuer würde die Agrarerzeuger in große Bedrängnis bringen, und schließlich entzogen alle an der Sitzung teilnehmenden Senatoren der Maßnahme ihre Unterstützung.«[31]

Smoot und anderen Befürwortern gelang es schließlich, die Umsatzsteuer Anfang November dreimal zur Abstimmung zu bringen, aber trotz gewisser Spekulationen, sie möglicherweise mit einem Bonus für Soldaten zu verknüpfen, wurde sie dreimal abgelehnt.[32] In der ersten Abstimmung am 3. November ging es um eine Umsatzsteuer von 1 Prozent. In der zweiten am 4. November und eine Steuer von 0,5 Prozent, und als auch dieser Vorschlag scheiterte, gab es einen letzten Versuch, eine Umsatzsteuer von 3 Prozent für Fabrikanten durchzubringen. Die dritte Abstimmung ist nicht dokumentiert, aber das Abstimmungsmuster war am

---

29 *Chicago Daily Tribune:* »Professor and Attorney Agree on Sales Tax«, »Sales Tax Again Condemned«; *The New York Times:* »Urges Corporation Tax«, »Clash Over Sales Tax«.
30 *The New York Times*, »Smoot Will Offer New Revenue Bill«.
31 *Los Angeles Times*, »Pending Tax Bill O.K.'d«.
32 *Chicago Daily Tribune:* »U.S. May Grant Pension in Lieu of War Bonus«, »Smoot May Put Over His Sales Tax Amendment«, »Senate Sales Tax Amendment Gaining Friends«; *Los Angeles Times*, »Not Satisfied With Tax Bill«.

3. November (für die einprozentige Steuer) das gleiche wie am 4. November (für die 0,5-prozentige Steuer): Alle Demokraten stimmten in beiden Fällen gegen die Umsatzsteuer, und die meisten Republikaner aus dem Nordosten der USA stimmten in beiden Fällen dafür. Die Republikaner aus dem Mittelwesten waren gespalten, allerdings stimmten genug von ihnen dagegen, um die Maßnahme zu verhindern.[33]

Eine genauere Analyse des Abstimmungsverhaltens der Republikaner zeigt, dass vor allem die Stimmen der Abgeordneten aus dem Mittelwesten für das republikanische Ergebnis ausschlaggebend waren (Tabelle 4.1). Die Tabelle enthält lediglich die Stimmen der Republikaner, weil alle Demokraten gegen die Umsatzsteuer stimmten. Die republikanischen Abgeordneten aus dem Nordosten, dem Süden und dem Westen stimmten für eine Umsatzsteuer, die aus dem Mittelwesten mehrheitlich dagegen. Hätten neun der zwölf Republikaner, die am 3. November gegen die Umsatzsteuer stimmten – oder elf der 13 am 4. November –, stattdessen ebenso abgestimmt wie die übrigen Abgeordneten ihrer Partei, hätte es zum gegenteiligen Abstimmungsergebnis geführt. Die Tabelle zeigt einen statistisch signifikanten Zusammenhang zwischen Region und Abstimmungsverhalten.

Einige Monate später gab es einen von Präsident Harding unterstützten Versuch, eine Umsatzsteuer einzuführen, um Veteranen des Ersten

Tabelle 4.1 **Regionales Abstimmungsverhalten der Republikaner zur Umsatzsteuer im Kongress am 3. und 4. November 1921**

	3. November 1921				4. November 1921			
	Nordosten	Süden	Mittlerer Westen	Westen	Nordosten	Süden	Mittlerer Westen	Westen
Ja	6	3	5	11	7	3	5	10
Nein	1	1	12	3	3	1	13	4
Exakter Fisher-Test			.012*				.036*	

Quelle: Abstimmungen aus *Congressional Record* 1921, S. 7254–7255; 7298.
Anm.: Definition der Regionen in allen Tabellen des U.S. Census Bureau.
Der Exakte Fisher-Test auf Unabhängigkeit zwischen Region und Abstimmungsverhalten.
*p<0,05; **p<0,01; ***p<0,001

---

33 *The New York Times:* »Reject Sales Tax By 43 to 25 Vote«, »Senate Again Votes Sales Tax Down«, »Tax Bill Passed by Vote of 38 to 24«.

Weltkriegs einen Bonus zu zahlen, aber er brachte es nie über einen Unterausschuss des Ways and Means Committee hinaus, dessen Mitglieder »zu der Überzeugung gelangt waren, dass der Farmer-Arbeitnehmer-Block gemeinsam mit den Demokraten genügend Stimmen hatte«, um ein solches Gesetz zu verhindern.[34] Damit endete die Episode von 1921.

Warum waren die Politiker aus dem Farmer- und Arbeitnehmerlager im Mittelwesten so entschieden gegen eine Umsatzsteuer? Warum waren die Demokraten so geschlossen dagegen? Die Gründe für die Befürwortung progressiver Steuern werden wir in Kapitel 5 eingehender untersuchen, aber eine Vermutung in der Wissenschaft lautet, dass eine solche partikulare Spaltung die unterschiedlichen Wirtschaftsinteressen der jeweiligen Bundesstaaten widerspiegelte.[35] In manchen Städten und Bundesstaaten des Mittelwestens gab es zwar große Industrieunternehmen, aber damals war diese Region noch unverhältnismäßig stark landwirtschaftlich geprägt. Tatsächlich bezeichneten sich die Kongressabgeordneten aus diesen Bundesstaaten manchmal als »Farm-Block« und wurden auch von anderen so genannt.[36] In der Umsatzsteuerepisode gab es eine Fülle von Beschwerden über den »Terrorismus des ›Ken-Cap-Clans‹ des Agrarblocks, angeführt von den Senatoren Kenyon [aus Iowa] und Capper [aus Kansas] unter dem Banner: ›Schröpft die Reichen‹«.[37] Die Spaltung zwischen Agrar- und Industrie-Bundesstaaten entsprach der geografisch fragmentierten Struktur des amerikanischen Staates, was für die Spaltung von Arbeit und Kapital nicht galt.

Agrar-Bundesstaaten waren besonders anfällig für die in Kapitel 3 dargelegten sinkenden Getreidepreise von 1921, einen Rückgang der Durchschnittspreise um 10 Prozent, der bis heute die schlimmste Preisdeflation der amerikanischen Geschichte ist.[38] Der gesamte Wirtschaftszweig der Landwirtschaft war in den 1920er Jahren, wie gesagt, stark von Krediten abhängig und belieh die zu erwartenden Ernteerlöse, um Land, Arbeit und Versorgungsgüter zu finanzieren. Als die Preisdeflation diese kreditlastige Struktur traf, trieb sie viele Farmer in den Ruin und löste die höchste Zwangsversteigerungswelle aus, die das Land bis dahin erlebt

---

34 *The New York Times*, »Sales Tax Rejected«.
35 Bensel, *Sectionalism and American Political Development*; Sanders, *Roots of Reform*.
36 Siehe z. B. O'Brien, »A Reexamination of the Senate Farm Bloc«.
37 *The New York Times*, »Why We Are Badly Taxed«.
38 Vernon, »The 1920–21 Deflation«.

hatte (die jedoch durch die Zahl der Zwangsversteigerungen im folgenden Jahrzehnt weit in den Schatten gestellt werden sollte).[39]

Diese Phase landwirtschaftlicher Not hatte viele Konsequenzen. Wie Hoffman und Libecap ausführen, versuchten die Farmer und ihre politischen Repräsentanten zunächst, landwirtschaftliche Genossenschaften zu gründen, die Erzeugnisse vom Markt zurückhielten, um die Preise zu erhöhen.[40] Als dies nicht funktionierte, wandten sie sich der Politik zu. Die frühen 1920er Jahre waren geprägt vom Aufstieg des Farm-Blocks, einer aggressiven und erfolgreichen Koalition im Kongress.[41] Arthur Link stellt fest: »Indem [der Block] von 1921 bis 1924 eine gemeinsame Front bildete, gelang es ihm, die bis dahin fortschrittlichste Agrargesetzgebung durchzusetzen, eine Gesetzgebung, die das unter den Auspizien Präsident Wilsons begonnene Programm vollendete. Sie umfasste Maßnahmen für höhere Zölle auf Agrarerzeugnisse, strikte Bundesvorschriften für Schlachthöfe, Abpackbetriebe und Getreidebörsen, die Freistellung landwirtschaftlicher Genossenschaften von der Anwendung der Antitrustgesetze, Stimulierung des Exports von Agrarerzeugnissen und die Schaffung eines völlig neuen Bundessystems ländlicher Zwischenkredite.«[42]

Link und anderen Historikerinnen ist nicht aufgefallen, dass der Widerstand gegen eine nationale Umsatzsteuer ebenfalls auf diese Liste gehört. Farmer waren besonders geschlossen gegen Umsatzsteuern, weil sie dank der geografischen Aufteilung der Wirtschaft weitgehend von der Einkommenssteuer ausgenommen waren, die überwiegend auf den wohlhabenden Nordosten entfiel, während Umsatzsteuern die Kosten für landwirtschaftliches Gerät und Betriebsmittel erhöht und die Menge der Erzeugnisse, die sie verkaufen konnten, gesenkt hätten.[43] Zudem war das größere Potenzial der Umsatzsteuer, Staatseinnahmen zu generieren, mit dem sich Kapitel 6 befasst, kein vorherrschendes Thema und wurde möglicherweise noch gar nicht erkannt. Aus Sicht der Farmer ging es nicht um die Alternative, hohe regressive Steuereinnahmen zu erzielen (und vielleicht progressiv auszugeben) oder weniger progressive Steuern zu erheben. Vielmehr ging es nach ihrer Einschätzung um die Frage, wer

---

39 Alston, »Farm Foreclosures in the Interwar Period«.
40 Hoffman/Libecap, »Institutional Choice«, S. 405.
41 Hansen, *Gaining Access*, S. 31–37.
42 Link, »What Happened to the Progressive Movement«, S. 845.
43 Murnane, »Selling Scientific Taxation«.

die Steuerlast tragen sollte, die Reichen oder die Armen. Für die Farmer und ihre Repräsentanten war die Antwort darauf recht klar.

Ökonomische Faktoren mögen zwar an erster Stelle gestanden haben, aber die Tatsache, dass Republikaner aus dem Mittelwesten die entscheidende Wählerschaft darstellten, sollte uns veranlassen, uns vor einer strikt ökonomisch-deterministischen Interpretation zu hüten, denn die Entwicklung von Parteistrukturen ist ebenfalls ein wichtiger Faktor für den Gang der Ereignisse. Demokraten waren überall gegen die Umsatzsteuer; aber die Möglichkeit der Republikanischen Partei im Mittelwesten, Vertreter der Agrarinteressen in den Kongress zu schicken, wirkte sich insofern auf die Umsatzsteuerfrage aus, als es den Parteizusammenhalt der Republikaner in einem entscheidenden Moment schwächte. Die *New York Times* erklärte, warum Republikaner aus dem Mittelwesten bereit waren, mit der Parteilinie zu brechen: »Für viele Kongressabgeordnete aus den landwirtschaftlich geprägten Teilen des Westens [...] gilt die politische Regel: ›Sicherheit geht vor‹. Sie denken, dass die Umsatzsteuer bei ihrer Wählerschaft unbeliebt ist, weil die Demokraten behaupten, es sei eine Konsumsteuer, die jene belastet, die Mr. Bryan als die einfachen Leute bezeichnete. Sie denken zudem, dass die Wählerschaft ihrer Region vielleicht glauben könnte, die Abschaffung der Übergewinnsteuer [die eine Einführung der Umsatzsteuer ermöglicht hätte] sei im Interesse großer Konzerne in den hauptsächlich industriell geprägten Bundesstaaten, von denen keiner westlich des Mississippi liegt.«[44]

1932: John Nance Garner und der Aufstieg der Bundesstaaten

1932 kam die Umsatzsteuer im Kongress ein zweites Mal zur Abstimmung. Die USA mussten 1931 wie viele andere Staaten immer noch mit den Schulden fertig werden, die der Erste Weltkrieg und die Weltwirtschaftskrise verursacht hatten. Nach Ansicht von Blakey und Blakey hatten die Steuersenkungen der 1920er Jahre die Situation noch verschlimmert, vor allem angesichts des neuen Finanzbedarfs, der durch neue Ausgabeverpflichtungen auf Kommunal-, Bundesstaats- und Bundesebene erwuchs.[45] Die Lage war so ernst, dass das Defizit in den Monaten, in denen der Kongress über Gegenmaßnahmen diskutierte, beträchtlich wuchs. Finanzminister Mellon und das Finanzministerium waren dafür,

---

44 *The New York Times*, »Snarls in Congress Threaten to Block Harding Policies«.
45 Blakey/Blakey, »The Revenue Act of 1932«.

das Haushaltsdefizit durch eine Reihe von Verbrauchssteuern auf bestimmte Güter auszugleichen, aber die Automobilindustrie, die davon besonders stark betroffen gewesen wäre, überzeugte das Repräsentantenhaus, dass Umsatzsteuern auf spezielle Produkte nicht der beste Weg seien, die Staatseinnahmen zu erhöhen.[46] Stattdessen debattierte das Repräsentantenhaus über eine Verbrauchssteuer von 2,25 Prozent für Hersteller nach dem Vorbild einer ähnlichen Steuer in Kanada.[47] Zu Beginn dieser Debatte gab es heftigen, wenn auch breit gestreuten Widerstand gegen diese Steuer. Blakey und Blakey schreiben: »Die Opposition wurde angeführt von den Repräsentanten der Arbeiterschaft und der Landwirtschaft, die behaupteten, Umsatzsteuern würden generell an Verbraucher weitergegeben, statt im Wesentlichen diejenigen zu belasten, die Steuern am besten zahlen könnten.«[48] Mit der Zeit tat sich die Opposition zusammen und organisierte sich, wobei sich Fiorello LaGuardia aus New York an die Spitze der Rebellen in der Republikanischen Partei stellte und Robert Doughton aus North Carolina eine Gruppe von fünfzig Rebellen der Demokraten anführte.[49] Am 24. März errangen die Rebellen einen vorläufigen Sieg, und am 1. April lehnte das Repräsentantenhaus erneut einen Vorschlag für eine Umsatzsteuer von 2,25 Prozent mit 236 zu 160 Stimmen ab.[50] Schwarz schreibt über den Umsatzsteuervorschlag: »Alle führenden Bundespolitiker vom Präsidenten bis zu den Fraktionsführern im Kongress hatten sich für deren Einführung ausgesprochen. Die meisten prominenten Zeitungen und Zeitschriften hielten sie für das Wohl des Landes für notwendig. Aber als La Guardia und Doughton breite Zustimmung für ihre Opposition suchten, fanden sie diese reichlich.«[51]

Mit der Ablehnung dieser Steuer – die das zentrale Element in den Plänen der führenden Politiker zur Beseitigung des Defizits war – endete die Mitwirkung des Repräsentantenhauses am Steuergesetz. Im Senat waren der Demokrat David I. Walsh aus Massachusetts und der Republikaner David A. Reed die vehementesten Befürworter der nationalen Umsatzsteuer. Reed schlug im Finanzausschuss des Senats deren Ein-

---

46 Ebd.
47 Schwarz, »John Nance Garner and the Sales Tax Rebellion«, S. 166.
48 Blakey/Blakey, »The Revenue Act of 1932«, S. 630.
49 Schwarz, »John Nance Garner and the Sales Tax Rebellion«, S. 167.
50 Ebd., S. 167, 170.
51 Ebd., S. 171–172.

führung vor, die aber mit 12 zu 8 Stimmen abgelehnt wurde.[52] Am 30. Mai gab eine Gruppe von 35 Demokratischen Senatoren folgende Erklärung ab: »Um die Verabschiedung eines Steuergesetzes zum Ausgleich des Haushalts zu beschleunigen und eine unnötige Verlängerung der Debatte darüber zu verhindern, erklären die Unterzeichnenden hiermit, dass sie derzeit bei dem anstehenden Gesetz gegen jede Form einer allgemeinen Umsatzsteuer stimmen werden.«[53] Die Republikaner legten eine ähnliche Erklärung von 20 Senatoren (19 Republikanern und einem Senator der Farmer-Labor-Partei) vor. Unterdessen signalisierte Franklin Roosevelt seine Opposition – teils, weil er die Umsatzsteuer den Bundesstaaten vorbehalten wollte –, und selbst als Präsident Hoover später im Jahr gegen Ende der Legislaturperiode in den Senat kam, um sich für Umsatzsteuern auszusprechen, konnte er diesen nicht umstimmen.[54] Walsh schlug in einem Änderungsantrag vor, die Umsatzsteuer in der Gesetzesvorlage auf 1,75 Prozent zu senken, was im Senat mit 53 zu 27 Stimmen abgelehnt wurde. In den folgenden fünfzig Jahren sollte die Umsatzsteuer im Kongress nicht erneut zur Abstimmung kommen.

Auch in dieser Episode trat eine partikulare Spaltung zutage, diesmal allerdings war die stärkste Tendenz, dass die Stimmen aus den nordöstlichen Bundesstaaten denen aller anderen entgegenstanden. Tabelle 4.2 zeigt die Abstimmung im Repräsentantenhaus von April 1932, die Unterzeichnung der Petition und die Abstimmung im Senat im Mai 1932. In jeder dieser Abstimmungen gibt es einen statistisch signifikanten Zusammenhang zwischen Region und Abstimmungsverhalten, und bei der Unterzeichnung der Petition zwischen Region und Unterzeichnung. Der Nordosten erwies sich als stärkster Befürworter der Umsatzsteuer,

---

52 Ebd., S. 178.
53 Zit. in: Blakey/Blakey, »The Revenue Act of 1932«, S. 635.
54 Schwarz, »John Nance Garner and the Sales Tax Rebellion«, S. 179. Blydenburg argumentiert, dass das Gesetz von 1932 angesichts der allgemeinen Opposition gegen jegliche Steuer dem Abstimmungsparadox unterlag und daher der Vorschlag, der als letzter eingebracht wurde, gewonnen hätte.
Aber nach seinen eigenen Einschätzungen war die Opposition gegen die Umsatzsteuer stärker (236 Gegenstimmen) als die gegen die Einkommenssteuer (211 Gegenstimmen) oder gegen die Verbrauchssteuer (187 Gegenstimmen). Blydenburgs Demonstration, dass jedweder Vorschlag, der als letzter eingebracht wurde, bei den knappen Abstimmungsergebnissen gewonnen hätte, ist zwar überzeugend, aber letzten Endes gewann der am wenigsten unpopuläre Vorschlag (die Verbrauchssteuer); siehe Blydenburg »The Closed Rule and the Paradox of Voting«.

während die anderen drei Regionen ihr in unterschiedlichem Maße ambivalent oder ablehnend gegenüberstanden. Damals begannen selbst Demokraten aus dem Nordosten, die Umsatzsteuer zu befürworten, und im

Tabelle 4.2 Regionale Präferenzen für die Umsatzsteuer im Kongress, 1932

	Republikaner				Demokraten			
	Nordosten	Süden	Mittlerer Westen	Westen	Nordosten	Süden	Mittlerer Westen	Westen
Abstimmung im Repräsentantenhaus, 1. April 1932								
Ja (gegen Steuer)	15	8	46	14	10	100	40	3
Nein	55	3	41	11	27	15	4	4
Exakter Fisher-Test		0.000***				0.000***		
Petition 1932								
Unterzeichnet (gegen Steuer)	0	1	10	8	0	22	5	9
Nicht unterzeichnet	14	3	8	4	4	6	1	1
Exakter Fisher-Test		0.000***				0.007**		
Abstimmung im Senat, 31. Mai 1932								
Ja (für Steuer)	13	2	3	2	4	2	1	0
Nein	0	1	11	8	0	19	5	9
Exakter Fisher-Test		0.000***				0.001**		

Quelle: Abstimmungen und Petitionsunterzeichner aus *Congressional Record* 1932, S. 7324, 11563–11564, 11664.
Anm.: Der exakte Fisher-Test auf Unabhängigkeit zwischen Region und Abstimmungsverhalten. Bei der Abstimmung vom 1. April 1932 bedeutet eine Jastimme die Ablehnung der nationalen Umsatzsteuer. Bei der Petition von 1932 bedeutet die Unterzeichnung eine Ablehnung der Umsatzsteuer. Bei der Abstimmung vom 31. Mai 1932 bedeutet eine Jastimme die Befürwortung der nationalen Umsatzsteuer.
*p<0,05; **p<0,01; ***p<0,001

Repräsentantenhaus waren Republikaner aus dem Mittelwesten in ihrer Haltung ambivalenter als 1921. Aber ebenso wie bei der Episode von 1921 konzentrierte sich die Opposition außerhalb des industriell geprägten Nordostens. Diese Opposition reichte 1932 bei den Republikanern über den Mittelwesten hinaus, während Demokraten aus dem Süden sie im Gegensatz zu denen aus dem Nordosten weiterhin ablehnten.

Da der Kongress keine Gutachten speziell zur Umsatzsteuer einholte, lässt sich nicht feststellen, inwieweit Interessengruppen ihre Befürwortung oder Ablehnung systematisch geltend machten. Allerdings äußerten einige wenige Zeugen bei den Anhörungen zum allgemeinen Steuergesetz spontan ihre Meinung zur Umsatzsteuer, und andere Gruppen brachten ihre Ansichten gegenüber der Presse zum Ausdruck oder organisierten Kampagnen zu diesem Thema. Befürworter der Umsatzsteuer waren: Cleveland Chamber of Commerce, National Manufacturers' Association, Connecticut Manufacturers' Association, Reynolds Candy Company und ein Großteil der Autoindustrie und anderer Branchen, die ansonsten Verbrauchssteuern hätten zahlen müssen. Zur Opposition gehörten Gruppen wie American Farm Bureau Federation, National Grange, Farmers' Union, American Federation of Labor, Associated Industries of America, Retail Dry Goods Association, National Association of Retail Druggists, Merchants' Association of New York City, Associated Dress Industries, United Women Wear's League, United Infants' and Children's Wear League und Industrial Council of Cloak, Suit, and Skirt Manufacturers.[55] Ein neues Muster zeichnete sich insofern ab, als Vertreter des Einzelhandels sich ablehnend äußerten, aber die Grundlinien, dass allgemeine Unternehmer- und Herstellerverbände diese Steuer befürworteten und Farmer und Arbeiterschaft sie ablehnten, verliefen ebenso wie 1921.

Den eigentlichen Kampf um dieses Thema führten jedoch nicht Interessengruppen, sondern die Kongressabgeordneten. Während der Debatte im Repräsentantenhaus »kamen Angriffe auf das Gesetz – vor allem auf die Umsatzsteuer – nahezu ausschließlich von Demokraten mit ländlichen Wahlkreisen. [...] Der gängige Aufschrei lautete, die Umsatzsteuer, das Rückgrat des vorgeschlagenen Programms zur Haushaltsfinanzie-

---

55 *The Wall Street Journal:* »To Speed Committee Action on Tax Bill«, »Mills Recalled to Tax Hearing«; *The Washington Post,* »Alternate Tax Plans Given Senate by Mills«; Fleming, »Tax Hearing Due to End Tomorrow«; *The New York Times:* »Democrats in House Face Split«, »Woll Denounces Sales Tax Plan«, »Urge Substitutes for the Sales Tax«.

rung, sei lediglich eine Politik, um ›die Armen zu schröpfen‹«.[56] Wie 1921 hatte die Wirtschaftskrise, die erhöhte Staatseinnahmen überhaupt erst notwendig gemacht hatte, für Farmer extrem harte Konsequenzen und hatte zu Zwangsversteigerungsraten geführt, die in der Literatur zur großen Depression verewigt wurden. Wieder einmal erwuchs daraus eine politische Koalition für Agrarinteressen, die in anderen Agrarfragen zwar nicht sonderlich erfolgreich war, aber bei der Ablehnung der Umsatzsteuer eine zentrale Rolle spielte.[57]

Da die Krise diesmal auch Baumwolle und Tabak betraf, kamen die Spitzenkräfte der Opposition ebenso wahrscheinlich aus North Carolina und Louisiana wie aus Kansas.[58] Im Senat prangerte Huey Long aus Louisiana – mit ihm befasst sich Kapitel 6 eingehender – zwei Monate, nachdem er als Senator vereidigt worden war, eine Besteuerung »des Volkes«, also Umsatzsteuern, an: »Es werden keine Besucher an ihre Tür klopfen und frohe Botschaften bringen, denn wenn das Klopfen an der Tür zu hören ist und der bescheidene Bürger vom Tisch aufsteht, um den Besucher zu begrüßen, auf den er so lange Jahre gewartet hat, findet er dort statt des Überbringers der in dieser Notlage des Landes nötigen und benötigten Hilfe den Steuereintreiber vor, der kommt, um eine Steuer von zweieinviertel Prozent auf alles zu erheben, was er kauft.«[59]

Während dieser Episode wurden auch erste Stimmen laut, die Umsatzsteuer den Bundesstaaten vorzubehalten. Damals hatte allerdings nur Mississippi begonnen, eine Umsatzsteuer umzusetzen, und es war alles andere als klar, was daraus werden sollte, da es dort anhaltende Proteste gegen diese Steuer gab.[60] Schwarz interpretiert die Umsatzsteuerepisode von 1932 als Sieg für die Bundesstaaten, allerdings trug die Sorge um die Kaufkraft der Verbraucherinnen und den regressiven Charakter der Umsatzsteuer entscheidend dazu bei, ihnen den Sieg in diesem Bereich zu sichern.[61]

---

56 Fleming, »Sales Tax Plan Held Aimed at Poor Classes«.
57 O'Brien, »A Reexamination of the Senate Farm Bloc«. LaGuardia war tatsächlich der einzige Abgeordnete aus New York, der im Repräsentantenhaus gegen das Gesetz stimmte; siehe *The Baltimore Sun*, »50 Democrats Unite in Fight Upon Sales Tax«.
58 Blakey/Blakey, »The Revenue Act of 1932«; *The New York Times*, »Tax Rebels March on a State Capitol«; *The Washington Post*, »Sales Tax Opposed by More Leaders«; Snyder, *Cotton Crisis*; O'Brien, »A Reexamination of the Senate Farm Bloc«.
59 *Congressional Record*. 72. Cong., First Sess. Vol. 75, Pt. 10, Washington, DC, 1932.
60 *The New York Times*, »Tax Rebels March on a State Capitol«.
61 Schwarz, »John Nance Garner and the Sales Tax Rebellion of 1932«.

1942: Morgenthaus Prunkwinde

Die Erfordernisse der Kriegsfinanzierung sorgten dafür, dass die Umsatzsteuer während des Zweiten Weltkriegs durchgängig auf der Agenda blieb. Zusätzlich zum Finanzbedarf des Fiskus während des Krieges sorgten sich manche politischen Eliten um die Inflation (angesichts der jüngsten Erfahrungen mit Hyperinflation und deren Folgen in der Weimarer Republik damals eine Hauptsorge) und dachten, die Einführung einer Umsatzsteuer würde der Bevölkerung Kaufkraft entziehen – eine Sorge, die europäische Politiker teilten. Aber während sie in europäischen Ländern die Oberhand gewann, war dies in den USA nicht der Fall.

Eine Episode aus den Kriegsjahren verdeutlicht die Dynamik hinter dem wiederholten Scheitern einer Umsatzsteuer: Finanzminister Henry Morgenthaus Vorschlag, im Rahmen des Steuergesetzes von 1942 eine nationale progressive Umsatzsteuer einzuführen. Während der Gesetzesvorschlag seinen Weg durch den Kongress nahm, wurde klar, dass es ein Haushaltsdefizit geben würde.[62] Das Finanzministerium empfahl eine »gestaffelte Konsumsteuer« mit progressiven Steuersätzen. Diesen Plan lehnte der Finanzausschuss noch am selben Tag ab und schlug eine neue Lohnsteuer vor, die »Siegessteuer« *(victory tax)*, durch die sich die projektierten Steuereinnahmen auf 9,6 Milliarden US-Dollar erhöhen würden.[63] Nicht alle vorgeschlagenen Regelungen überstanden das Gesetzgebungsverfahren, aber bis heute ist diese Steuer die höchste der amerikanischen Geschichte. Hauptmerkmal des Gesetzes war die Absenkung der Freibeträge für die Einkommensteuer – also die Ausweitung der Einkommenssteuer auf niedrigere Einkommensgruppen. Zudem wurde mit der Siegessteuer die Erhebung an der Quelle eingeführt. Im folgenden Jahr entwickelte sich dieses Verfahren zur Einführung der Abzugsteuer weiter, die folgenschwerste Änderung in der Steuerverwaltung, die vermutlich dafür verantwortlich ist, dass der amerikanische Staat sich auf die Einkommensteuer statt auf eine Umsatzsteuer stützen kann. »In Gestalt der Siegessteuer griff das Steuerwesen nach dem kleinen Finger, um bald die ganze Hand zu nehmen«.[64]

Somit ist Morgenthaus gescheiterter Plan einer gestaffelten Konsumsteuer eine Schlüsselepisode für das Scheitern der nationalen Umsatz-

---

62 Blakey/Blakey, »The Federal Revenue Act of 1942«.
63 Barkley, »Senators Stand by ›Victory Tax‹ Plan«.
64 Blakey/Blakey, »The Federal Revenue Act of 1942«, S. 1081; siehe auch Zelenak, »The Federal Retail Sales Tax that Wasn't«.

steuer. Hätte sie das Gesetzgebungsverfahren überstanden und Eingang in das Steuergesetz von 1942 gefunden, wäre sie als ein Grundpfeiler des amerikanischen Steuerwesens etabliert worden.

Morgenthaus Vorschlag setzte sich aus zwei Teilen zusammen: einer vorübergehenden pauschalen Umsatzsteuer von 10 Prozent, die 6,2 Milliarden US-Dollar einbringen und nach dem Krieg erstattet werden sollte, und einen nicht zu erstattenden Umsatzsteueranteil, der 2 Milliarden US-Dollar einbringen, mit progressiven Steuersätzen (von 10 bis 75 Prozent) erhoben werden und Freigrenzen für niedrige Einkommen enthalten sollte. Dazu hätten Steuerzahler für jedes Quartal ihre Konsumausgaben melden müssen. Als der Vorschlag vorgestellt wurde, ergab eine Umfrage im Repräsentantenhaus angeblich, dass eine »überwältigende Mehrheit« der Abgeordneten dafür waren.[65] Am 8. September 1942 befürwortete eine Mehrheit im Finanzausschuss Berichten zufolge die Umsatzsteuer; aber am nächsten Tag lehnten sie diese einstimmig – mit 12 zu 0 Stimmen – ab: »Der Chor der Opposition gegen den Konsumsteuerplan des Finanzministeriums war unter den Ausschussmitgliedern nahezu ohne Gegenstimme«.[66] Unter denjenigen, die sich gegenüber der Presse zu ihren Gründen für die Ablehnung des Plans äußerten, beklagten sieben, er sei zu kompliziert: »Das Komplizierteste und Undurchführbarste, was Steuerexperten dem Finanzausschuss des Senats in den neun Jahren meiner Mitgliedschaft vorgelegt haben. Es besitzt sämtliche Übel und keinen der Vorzüge einer Umsatzsteuer«. »Wenn es für den Steuerzahler ebenso verwirrend ist wie für den Ausschuss, glaube ich nicht, dass wir es einführen werden.« »Die komplizierteste Monstrosität, die ich je gesehen habe.« »Die Steuerzahler werden es nicht verstehen.« Der positivste Kommentar kam von Robert LaFollette, der trotz seiner Opposition gegen die Art und Weise, wie der Plan untere Einkommensgruppen treffen würde, erklärte: »Ich weiß zu würdigen, wie das Finanzministerium versucht, die regressiven Effekte einer Umsatzsteuer zu mildern.«[67] Die *Chicago Daily Tribune* bezeichnete es als »eine der entschiedensten und unmittelbarsten Abfuhren, die das Finanzministerium je bei einem Steuervorschlag erlebt hat«.[68]

Das Erstaunlichste war die Geschwindigkeit dieser Ereignisse. Morgenthaus Plan war wochenlang sorgfältig vorbereitet worden, wurde aber

---

65 *Chicago Daily Tribune*, »Expect 10 % Sales Tax Bill«.
66 Trussell, »Plan Rejected«.
67 MacCormac, »Senators Consider 3 Sales-Tax Plans«.
68 Fisher, »Vote 5 % Tax on All Wages«.

an einem einzigen Tag abgelehnt. Kommentatoren gaben dem Vorhaben den Spitznamen »Morgenthaus Prunkwinde« *(Morgenthau's morning glory)*, weil die Diskussion darüber ebenso wie die Blüte dieser Eintagsblume am selben Vormittag begann und endete.[69] Am 8. September berichtete der Vorsitzende des Finanzausschusses, eine Mehrheit der Mitglieder sei für die Umsatzsteuer; am 9. September wurde sie nach nur einem einzigen (verworfenen) Vorstoß, sie progressiver zu gestalten, abgelehnt. Ein Reporter schrieb, der Finanzausschuss habe sich »nach etwa fünf Minuten offizieller Erwägung« dagegen entschieden.[70] Sie erhielt nicht die gleiche Aufmerksamkeit wie 1921 und 1932 und kam weder im Repräsentantenhaus noch im Senat zur Abstimmung.

In den frühen 1940er Jahren war die öffentliche Meinung für eine solche Steuer. Eine Gallup-Umfrage stellte 1943 fest, dass 53 Prozent der Befragten Umsatzsteuern befürworteten, wenn denn eine Steuer notwendig sei, und nur 34 Prozent die Einkommenssteuer vorzogen.[71] Briefe, die Senator Walter George, der Vorsitzende des Finanzausschusses im Senat im Frühjahr 1942 zur Umsatzsteuer, erhielt, waren überwiegend dafür – 115 dafür und nur 24 dagegen. Royal J. Spettell befürwortete sie, weil »Leute, die Dinge wollen, dann nach ihrer Fähigkeit, Geld auszugeben, bezahlen würden«, ein Argument, das sich auch bei Mrs. Vernie Johnson findet: »Eine bundesweite Umsatzsteuer würde diejenigen mehr bezahlen lassen, die mehr kaufen.« Einem Briefschreiber gefiel die Umsatzsteuer, weil sie sich eintreiben ließ, »ohne ein Heer von Beamten und einen Haufen hoch bezahlter Nichtstuer einzusetzen«. Andere wiesen darauf hin, dass diese Steuer die Kaufkraft reduzieren könne, was mutmaßlich die Inflation drossle. Mehrere Briefschreiber erwähnten, dass es in ihrem Bundesstaat oder ihrer Kommune (Iowa, Mississippi, Indiana, Kalifornien, Massachusetts, New York City) eine allgemeine oder spezifische Umsatzsteuer gab, die gut funktionierte, während andere erklärten, sie hätten in Kanada und Brasilien das Funktionieren der allgemeinen Umsatzsteuer erlebt. Viele zogen eine Umsatzsteuer der Alternative höherer Einkommenssteuern vor. »WENN WILDE IDEEN UND STEUERN DIE GANS BELASTEN, DIE DIE EIER LEGT, DANN WIRD WAS FAULES AUSGEHECKT.« Ein Gewerkschaftsmitglied der Ladies' Garment Workers' Union behauptete:

---

69 Albright, »Gallery Glimpses«.
70 Trussell, »Plan Rejected«.
71 Gallup, »Sales Tax Leads in Gallup's Poll«; siehe auch Zelenak, »The Federal Retail Sales Tax«.

»Entgegen dem, was hohe Gewerkschaftsvertreter sagen, sind die einfachen Gewerkschaftsmitglieder nicht gegen eine Umsatzsteuer.« Und manche brachten das moralische Argument vor, selbst von den Armen sollte man einen Beitrag zur allgemeinen Verteidigung verlangen: »Es ist *unser* Staat, und er sollte von jedem unterstützt werden, ›vom vornehmen Müßiggänger in seinem ach so grandiosen Herrenhaus ebenso wie vom armen Kriecher auf der Straße‹.« »Auf Dauer ist es gefährlich, wenn ein Drittel der Bevölkerung glaubt, keine Steuern zu zahlen.« »Warum sollte nicht [die ganze Bevölkerung] die Kosten dieser großartigen Organisation tragen, auch wenn wir von den Unglückseligen nur einen Krümel vom Boden bekommen?« Eben Adams dankte Senator George für seine »mannhafte Erörterung des neuen in Betracht gezogenen Steuergesetzes«.[72]

Briefe an den Kongress spiegeln zwar keinen Querschnitt durch die öffentliche Meinung wider, aber das starke Übergewicht der Schreiben, die Umsatzsteuern befürworten in diesen Unterlagen, lässt darauf schließen, dass dem Kongress durchaus klar war, was auch die Gallup-Umfrage zeigte: Wenn Steuern erhöht werden mussten, dann war die Stimmung in der breiten Öffentlichkeit für Umsatzsteuern.

Da öffentliche Opposition also nicht der Grund für das Scheitern der Umsatzsteuer gewesen sein kann, lag es vielleicht schlicht an deren Komplexität. Bank argumentiert, dass die Umsatzsteuer zu kompliziert wird, um praktikabel zu sein, sobald Politiker versuchen, sie weniger regressiv zu gestalten, und von einem Pauschalsatz abgehen.[73] Allerdings wirft diese Erklärung eine weitere Frage auf. Sicher scheiterte sie 1942, weil der Versuch, eine hybride Steuer zu schaffen, das Gesetz zu komplex machte. Aber wieso war dieser hybride Charakter überhaupt notwendig? Morgenthau schlug einen Kompromiss vor, weil absehbar war, dass eine unmittelbare Umsatzsteuer wegen ihres regressiven Charakters scheitern würde. Ein mutmaßlicher Grund war Roosevelts Ablehnung von Steuern, die Arbeiter und Produzenten treffen würden. Das sahen frühe Beobachter jener Zeit in seiner Steuerpolitik: »Roosevelts tiefgreifendes Engagement für ein demokratisches Steuersystem – eine Besteuerung nach der

---

72 Die Zahl der Briefe für und gegen eine Umsatzsteuer sowie alle Zitate sind entnommen aus Records of the Committee on Finance 1901–1946, Committee Papers H.R. 7378, 77th Congress, 2d Session, Box 149, »Sales Tax«, National Archives, Washington, DC.
73 Bank, »The Progressive Consumption Tax Revisited«.

Zahlungsfähigkeit, eine Besteuerung, die Initiative, Unternehmertum und wirtschaftliche Freiheit fördert, eine Besteuerung, die Monopolbildung, Spekulation und Steuerhinterziehung zu verhindern sucht – ragt als Leuchtturm heraus, der den Präsidenten bei der Gestaltung der Steuerpolitik leitete.«[74]

Allerdings war Roosevelt nicht gegen alle regressiven Steuern, wie einige Historikerinnen später anmerkten. Thorndike weist darauf hin, dass Roosevelt die äußerst regressiv wirkende Steuer auf Nahrungsmittel unterstützt hatte, die Teil des Agricultural Adjustment Act von 1933 war.[75] Nach Leffs Ansicht war die Steuerstruktur des New Deal in einem wesentlichen Aspekt, nämlich der Finanzierung des Social Security Act von 1935 durch Lohnsteuern, regressiv.[76] Diese Beispiele sind schwer zu erklären, wenn die Regierung grundsätzlich gegen regressive Steuern war. Es ist nicht klar, warum sie in diesem Fall nicht bereit war, vom Progressivitätsprinzip abzugehen, obwohl sie es in anderen Fällen tat. Wenn Roosevelt der Gedanke beruhigt hatte, dass die Sozialversicherungszahlungen oder die Verwendung der Mittel, die Farmer nach dem Agricultural Adjustment Act bekamen, sich progressiv auswirken würden, hätte er auch regressive Umsatzsteuern einer progressiven Verwendung zuführen können. Hätte er das getan, hätte Morgenthau seinen Plan nicht so kompliziert gestalten müssen, um den regressiven Charakter abzumildern, und hätte damit den Vorwurf der Komplexität umgehen können.

Die systematischste Studie zur Steuergestaltung des New Deal liefert Mark Leffs Argumentation, die damalige Steuerpolitik lasse sich durch Roosevelts Strategie erklären, durch eine mäßig progressive Symbolpolitik jegliche echte Umverteilungsbestrebungen abzuwehren.[77] Demnach fürchtete Roosevelt, die Wirtschaftswelt abzuschrecken, und wollte eigentlich keine höheren Staatseinnahmen generieren, sondern führte weitgehend rein symbolisch progressive Steuern ein, statt substanzielle Umverteilungspolitik zu betreiben. Aber mit seinem Widerstand gegen Umsatzsteuern tat er genau das Gegenteil von dem, was Wirtschaftsvertreter wollten, und entsprach genau den Wünschen seiner Wählerschaft. Die Kapitalismusverfechter – Fabrikanten und ihre politischen Beschützer – waren für Umsatzsteuern, während Roosevelts Anhänger-

---

74 Hellerstein, »Federal Tax Policy«.
75 Thorndike, »The Unfair Advantage of the Few«.
76 Leff, »Taxing the Forgotten Man«.
77 Ders., *The Limits of Symbolic Reform*.

schaft dagegen war. Und zumindest in diesem Fall stellte er sich gegen die Plutokraten.

Untersucht man die Anhörungen, die im März und April im Repräsentantenhaus und im Juli und August im Senat stattfanden, so sprachen sich für Umsatzsteuern folgende Gruppen aus: New York Board of Trade, New York State Chamber of Commerce, National Association of Manufacturers, National Retail Dry Goods Association, Brooklyn Chamber of Commerce, American Federation of Investors, Commerce and Industry Association of New York, American Retail Federation und United States Chamber of Commerce; dagegen waren United Electrical, Radio and Machine Workers, Railway Labor Executives Association, Congress of Industrial Organizations, American Federation of Teachers, Union for Democratic Action, American Federation of Labor, National Negro Council, United Government Employers, League of Women Shoppers, United Automobile Workers und New York City Consumers' Union. Bei den Anhörungen des Finanzausschusses des Senats im Juli und August 1942 waren für die Umsatzsteuer: Atlantic Rayon Corporation, National Retail Dry Goods Association, American Retail Federation, New York State Chamber of Commerce, Chamber of Commerce of the United States, Associated State Chambers of Commerce, National Association of Manufacturers und Illinois Federation of Retail Associations; dagegen waren Congress of Industrial Organizations und American Federation of Labor (die allerdings bereit war, eine Luxussteuer zu akzeptieren).[78]

Es ist bekannt, dass amerikanische Gewerkschaften prokapitalistischer eingestellt sind als die anderer Länder. Wenn aber Opposition gegen Umsatzsteuern die prokapitalistischere Position ist (weil sie die Möglichkeit bieten, reale Steuereinnahmen zu generieren), dann sind die Gewerkschaften anscheinend prokapitalistischer als das Kapital. Eine wahrscheinlichere Erklärung ist, dass die US-Regierung wegen der eindeutigen und erklärten Opposition in der Basis der Demokratischen

---

78 Dorris, »$3,680,000,000 Yield Seen in Sales Tax«; ders., »Chamber Proposes 10 Billion Tax Plan«; *The Wall Street Journal:* »Sales Tax Urged As Substitute in Revenue Program«, »Senate Committee Favors Retaining Present Tax Allowance«; *The New York Times:* »Sales Tax is Urged by State Chamber«, »Urges 5% Sales Tax«; *The Washington Post,* »AFL Asks U.S., State, Local Tax Parley«; *Chicago Daily Tribune:* »Retailer Group Advocates Sale Tax«, »Asks Whether Election Holds Off Sales Levy«, »Predicts Doom for Boeing Firm in Revenue Bill«; *Los Angeles Times,* »Pension Tax Plan Opposed«; Albright, »Tax Bill Hit By Industry and Labor«; Hamilton, »10 Billion Increase in Tax Bill Urged«.

Partei gegen Umsatzsteuern war – während andere regressive Steuern, die mit bestimmten Leistungen verknüpft waren, noch keine Gegenkoalitionen hervorgerufen hatten, löste die Umsatzsteuer sichtlichen, lautstarken Widerstand bei Gewerkschaften, Lehrern, Staatsbediensteten und afroamerikanischen Gruppen aus. Sie kam in keiner der Kongresskammern zur Abstimmung, aber in den Anhörungen zeigte sich deutlich, dass die demokratische Basis 1942 gegen die Umsatzsteuer war und dass sie eine gut organisierte Reaktion hervorrief, die in einer bereits zwei Jahrzehnte langen Geschichte des Widerstands gegen diese Steuerart wurzelte. Diese Opposition gegen Umsatzsteuern unter Wählerinnen der Demokratischen Partei erklärt Morgenthaus Versuch, sie weniger regressiv zu gestalten, eine Bemühung, die sie wiederum zu kompliziert machte, um Unterstützung im Finanzausschuss zu gewinnen.

Allgemeiner lässt sich sagen, wenn die amerikanische progressive Besteuerung lediglich Symbolpolitik war, so kann man den europäischen Sozialstaat gleichermaßen als rein symbolisch einstufen, da auch dort die Sozialpolitik ein Ersatz für substanziellere Reformen war. Zu Beginn dieser beiden Herangehensweisen war sicher nicht klar, welche sich als die tiefgreifendere Reaktion auf Armut und Ungleichheiten des Kapitalismus erweisen würde. Die Argumente, dass die progressive Besteuerung lediglich Symbolpolitik sei, vergleichen das Steuersystem implizit mit einer sozialistischen oder utopischen Umverteilung von Ressourcen, aber innerhalb der Bandbreite der von anderen kapitalistischen Ländern versuchten Bestrebungen waren deren Schwächen als Strategie damals noch nicht deutlich erkennbar, und wir sollten historischen Akteuren unsere heutige Einschätzung nicht rückwirkend zuschreiben.

Blakey und Blakey schreiben: »Das Steuergesetz von 1942 markiert einen neuen Höhepunkt der amerikanischen Staatsfinanzen; tatsächlich bedeutet es einen neuen Höhepunkt für jedes Land. Nach offiziellen Schätzungen [...] wird das neue Gesetz innerhalb eines Steuerjahres die Steuereinnahmen des Bundes [...] um etwa 50 Prozent gegenüber den Einnahmen steigern, die er ohne Gesetzesänderung erzielt hätte, und um das Vierfache gegenüber den höchsten Steuereinnahmen im Ersten Weltkrieg.«[79] Die endgültige Ablehnung einer Umsatzsteuer in diesem Gesetz sorgte dafür, dass die USA bei ihrem Eintritt in den Zweiten Weltkrieg wie auch bei dessen Ende auf Bundesebene ein progressives

---

79 Blakey/Blakey, »The Federal Revenue Act of 1942«, S. 1069.

Steuersystem hatten. Die Umsatzsteuer wurde 1943 zwar erneut kurz vorgeschlagen, aber von den gleichen Kräften noch müheloser rundweg abgelehnt.[80]

Zu diesem Zeitpunkt waren Agrariergruppen keine dominante Stimme mehr in dieser Frage. Nachdem sie mit den Preisstützungsprogrammen des New Deal einen entscheidenden Sieg errungen hatten, konzentrierten sich ihre politischen Energien von nun an auf den Schutz begrenzter Gewinne und trugen nicht länger zum kreativen Umdenken bei, das im ersten Teil des Jahrhunderts zur Umwälzung der politischen Ökonomie in den USA geführt hatte. Lipset stellte fest:»Das New-Deal-Programm, das eine Untergrenze für Agrarpreise, Ernteversicherungen und umfangreiche Hilfsprogramme der Bundesregierung schuf, gab Farmern, was sie wollten, und zerstörte den aufkeimenden Radikalismus.«[81] Während Agrarkräfte in den Episoden von 1921 und 1932 für die Steuerpolitik entscheidend waren, führten um die Zeit des Zweiten Weltkriegs andere Gruppen ihr Vermächtnis der progressiven Besteuerung fort. Der Agrar-Etatismus nahm zudem in dem Maße ab, wie der Anteil der Farmer an der Bevölkerung sank. Den Körperschaften in ihrer Nachfolge gelang es äußerst effizient, Preisstützungen für landwirtschaftliche Erzeugnisse beizubehalten (und dazu neue Programme wie Lebensmittelmarken einzuführen), aber die allgemeinere Politik des frühen 20. Jahrhunderts haben sie hinter sich gelassen.[82] Das Vermächtnis der Farmer war, dass sie eine Politik einführten, um die herum die Demokratische Partei eine widerspenstige Koalition koordinieren konnte, die Gruppen wie Gewerkschaften, Konsumenten und andere umfasste, und diese Politik behielt ihren Reiz auch dann noch, als die Farmer in der Geschichte als politische Kraft von der Bühne verschwanden.

Nachkriegsversuche

In den folgenden vier Jahrzehnten stimmte der Kongress nicht erneut über eine nationale Umsatzsteuer ab. Während des Koreakriegs liebäugelte er zwar mit dem Gedanken, und ihre Befürworter argumentierten,

---

80 *Chicago Daily Tribune*, »Federal Sales Tax Defeated by House Group«.
81 Lipset, *Agrarian Socialism*, S. 17.
82 Finegold, »Agriculture and the Politics of U.S. Social Provision«.

sie könne helfen, die Inflation einzudämmen, aber mittlerweile war Robert Doughton – einer der beiden Architekten der breiten Rebellion gegen Umsatzsteuern von 1932 – zum Vorsitzenden des Haushaltsausschusses aufgestiegen und äußerte sich derart entschieden dagegen, dass aus der Idee nichts wurde, und rechtfertigte damit seinen Spitznamen »Muley Bob«.[83] Zu dieser Zeit waren auch die Bundesstaaten gänzlich dagegen, da sie eine Infrastruktur zur Steuererhebung aufgebaut hatten, die auf der Umsatzsteuer basierte.[84] Richard Nixon startete 1958 einen Versuchsballon mit einer Umsatzsteuer von 1,5 Prozent im Rahmen einer Steuerreform, die zugleich die Einkommens- und Unternehmenssteuer senken sollte, aber umgehend von den Gewerkschaften verhindert wurde.[85] In den frühen 1970er Jahren versuchte er es erneut als Ersatz für die Vermögenssteuer, ein Vorstoß, der an der Zuständigkeit der Bundesstaaten für diese Steuerart scheiterte.[86] Das Erstaunliche an den 1960er und 1970er Jahren ist, wie wenig über Umsatzsteuern diskutiert wurde: Von den frühen 1950er bis in die ausgehenden 1970er Jahre fanden sie in der Presse nur wenig Erwähnung, und es gab keinerlei ernsthafte Bestrebung, sie einzuführen. Aber vielleicht ist es gar nicht überraschend, da Historikerinnen gezeigt haben, dass in jener Zeit kein sonderlicher Bedarf für neue Finanzierungsquellen bestand, da die Staatseinnahmen mit zunehmendem Wohlstand automatisch wuchsen.[87]

Das änderte sich in den 1970er Jahren, als das Ende der Ära allgemein steigenden Wohlstands zur Suche nach neuen Einnahmequellen führte. 1979 sprach sich der Kongressabgeordnete aus Oregon und Vorsitzende des Haushaltsausschusse Al Ullman für eine Mehrwertsteuer aus. Trotz Unterstützung vom Vorsitzenden des Finanzausschusses im Senat scheiterte der Vorschlag in Washington bereits im Ansatz.[88] Aber in Oregon spitzte ein ehrgeiziger Opponent die Ohren. Ullman, der als Veteran seit 23 Jahren im Repräsentantenhaus saß und auf dem Höhepunkt seiner Macht angekommen war, um sein Abgeordnetenmandat zu bringen, dürfte undenkbar erschienen sein. Er wurde auf dem Kapitol respektiert,

---

83 The New York Times, »Mr. Doughton on Taxes«; The Wall Street Journal, »›Muley Bob‹ Doughton is Quitting«.
84 The New York Times, »Governors Oppose Federal Sales Tax«.
85 Walker, »Labor Hits Nixon for ›Brazen‹ Speech«.
86 Martin, The Permanent Tax Revolt.
87 Brownlee, Funding the Modern American State.
88 Pine, »Ullman to Rework Value Added Tax«.

war entscheidend an wichtigen Gesetzen beteiligt, war in seiner Heimat beliebt und »in diesem Teil des Landes für mehr Erdrutschsiege verantwortlich als der Mt. Saint Helens«.[89] Dennoch nahm sein Kontrahent Ullmans Mehrwertsteuervorstoß aufs Korn: »Smith behauptet, die Mehrwertsteuer würde letztlich zu höheren Steuern für Unternehmen und Privatleute führen – und außerdem zu höheren Staatsausgaben – [...] Zudem kritisiert er die Steuer als ›regressiv‹ [...] und greift Klagen auf, die Mehrwertsteuer würde inflationär wirken.«[90] Seiner Ansicht nach erklärte sich Ullmans Bereitschaft, die Steuern zu erhöhen, dadurch, dass er »den Kontakt« zu seinem Wahlkreis verloren habe.[91]

Ullman eilte zurück in seine Heimat, trank Kaffee mit Wählern und Wählerinnen, machte die Runde durch örtliche Betriebe, besuchte ältere Menschen, machte Lokalreportern den Hof und überschüttete den Wahlkreis mit Wohltaten.[92] Aber es war zu spät. Die gegen die aktuellen Amtsinhaber gerichtete Welle von 1980 riss Ullman mit sich und dämpfte die Bereitschaft des Kongresses, in der nächsten Zeit mit der Mehrwertsteuer zu experimentieren.

Um die Mitte der 1980er Jahre wurde die Mehrwertsteuer im Rahmen der allgemeinen Überlegungen zur Umgestaltung des Steuersystems diskutiert, veranlasst durch die Haushaltsdefizite der ersten Amtszeit Reagans. Hatten Ullman und andere Befürworter der Mehrwertsteuer häufig versucht, sie mit dem Argument durchzusetzen, sie werde die Gesamtsteuerbelastung nicht erhöhen, sondern lediglich ineffiziente Steuern ersetzen, fand Donald Regans Finanzministerium ironischerweise, ein solcher Ersatz sei kein hinreichend guter Grund für eine Mehrwertsteuer: »Das Finanzministerium ist zu dem Schluss gekommen, dass die Vorzüge einer nationalen Umsatzsteuer nicht ausreichen, um diesen Aufwand zu rechtfertigen, nur um die Abhängigkeit von der Einkommensteuer zu reduzieren.« Der Bericht des Finanzministeriums räumte zwar ein, dass Unternehmen eine Mehrwertsteuer wegen ihrer größeren Effizienz befürworteten, beklagte jedoch, eine neue Steuer erfordere 20 000 zusätzliche Finanzbeamte und 700 Millionen US-Dollar an Verwaltungskosten, sei zudem regressiv, verursache einmalige Preiserhöhungen, greife

---

89 Neal, »House Power Ullman Faces Uphill Race«.
90 Pine, »Opponent Seeks to Cook Ullman in His Own VAT«.
91 Ebd.
92 Rattner, »Ullman Scrambling After a 13th Term«.

in einen Einnahmebereich der Bundesstaaten und Kommunen ein und erlaube höhere Ausgaben.[93]

Eine vorgeschlagene Mehrwertsteuer, um die Beseitigung von Sondermüllaltlasten zu finanzieren (»Superfund« der Umweltbehörde), passierte 1985 die Finanzausschüsse des Repräsentantenhauses und des Senats, wurde aber bei der Abstimmung im Repräsentantenhaus abgelehnt.[94] Damit kam die Mehrwertsteuer ihrer Einführung seit 1932 am nächsten, vielleicht weil sie mit einem klaren Verwendungszweck verknüpft war. Da aber als Alternative eine Besteuerung von Umweltverschmutzern zur Verfügung stand, ist diese Episode nicht mit den früheren oder mit anderen Kontexten vergleichbar, in denen sich keine einzelne Gruppe ausmachen ließ, die man entsprechend für die Steuerbelastung hätte zur Verantwortung ziehen können. Dennoch ist es bemerkenswert, dass die Al-Ullman-Legende im Kongress als wichtiger Grund vorgebracht wurde, nicht für diese Steuer zu stimmen. »Die Frage muss lauten: Sind wir bereit, eine neue Besteuerungsart zu schaffen, nämlich die Mehrwertsteuer? Nun, wenn wir dieselbe Frage einem ehemaligen Abgeordneten dieses Hauses stellen würden, einem ehemaligen Vorsitzenden des Ways and Means Committee, Mr. Al Ullman, wäre seine Antwort ›nein‹, denn wenn es eines gab, was zu seiner Niederlage geführt hat, so war es seine Unterstützung der Mehrwertsteuer. Als er nach Hause fuhr und sich seinen Wählern stellte, sagten sie mit lauter Stimme: ›Wir wollen keine Mehrwertsteuer.‹ Die Frage ist, ob dieses Haus oder ob das amerikanische Volk nun eine Mehrwertsteuer will. Ich sage, sie wollen sie nicht. Ich finde, bevor wir in dieser Sache abstimmen, sollten wir das bedenken.«[95]

Nach dieser Episode wurde über eine Mehrwertsteuer immer wieder diskutiert, aber nie wieder ein ernsthafter Vorstoß unternommen. Bruce Babbitt schlug im Wahlkampf 1988 eine Mehrwertsteuer von 5 Prozent mit Ausnahmen oder Entlastungsbeträgen vor, um deren regressiven Charakter zu mildern, schaffte es jedoch nicht über die ersten Vorwahlen hinaus. Die übrigen Bewerber einschließlich des letztlich von der Demokratischen Partei nominierten Kandidaten waren gegen diese Steuer mit

---

93 Gerth, »Treasury's Objections to a Sales Tax«; Seaberry, »Treasury Dept. Releases VAT Study«.
94 *The Washington Post*, »Voting Down a VAT«.
95 Del Latta in *Congressional record*, S. 35610.

dem Argument, sie »würde die Mittelschicht schröpfen«, »die Reichen auf dem Weg zur Bank lachen lassen« und sei »eine Idee der Republikaner«.[96] Das nächste Mal tauchte die Mehrwertsteuer im Wahlkampf 1992 auf, als Demokraten sie mit einem Satz von 10 Prozent vorschlugen, um die Gesundheitsfürsorge zu finanzieren.[97] Der Vorschlag erhielt eine gewisse Unterstützung von Regierungsbeamten beim Wirtschaftsgipfel, den Clinton vor seinem Amtsantritt veranstaltete, kam aber nie über das Stadium von Vorgesprächen hinaus.[98] 1995 wurden mehrere Pläne für eine Steuerreform vorgeschlagen, unter anderem eine unmittelbare Umsatzsteuer und eine »U.S.A. tax« (Unlimited Savings Allowance), die im Grunde die Einkommenssteuer in eine Umsatzsteuer verwandeln sollte, indem sie sämtliche Ersparnisse ausnahm.[99] Diese Vorhaben entwickelten ebenfalls keine sonderliche politische Zugkraft, auch wenn Befürworter die Debatte während Clintons zweiter Amtszeit und bis in George W. Bushs erste Amtszeit hinein lebendig erhielten. Bush selbst erklärte 2004, die Mehrwertsteuer sei »eine interessante Idee, die wir ernstlich untersuchen sollten«, allerdings stellte ein Regierungssprecher später klar: »Ich denke, er meinte an sich keine nationale Umsatzsteuer. Ich glaube, er meinte eine Steuerreform, die Ersparnisse und Investitionen weniger benachteiligt.«[100] Laut Gerüchten zog die Obama-Regierung 2009 eine Mehrwertsteuer in Betracht, um die Gesundheitsfürsorge zu finanzieren, aber sie war in keiner der Gesetzesvorlagen erwähnt, die im Kongress abgelehnt wurden.[101] Bis zur Arbeit an diesem Buch kam der jüngste Vorstoß für eine nationale Umsatzsteuer von Herman Cain, als er sich 2011 um die Nominierung als Präsidentschaftskandidat der Republikaner bewarb, aber sein Vorschlag fand keinen Anklang und verschwand mit der Beendigung seines Wahlkampfs. Lawrence Summers erklärte einmal: »›Liberale halten sie für regressiv und Konservative für eine Gelddruckmaschine.‹ Wenn sie ihre Positionen grundlegend revidieren, kann es zu einer Mehrwertsteuer kommen.«[102]

---

96 Passell, »Economic Scene«.
97 Rich, »House Democrats Push Health Care Proposals«.
98 Hilzenrath, »For Clinton's Deficit Fighters«.
99 Passell, »The Tax Code Heads into the Operating Room«.
100 Andrews, »Bush Remark Touches Off New Debate«.
101 Siehe z. B. Rampell, »A Tax at Every Turn«.
102 Rosen, »Tax Watch«; zu einigen jüngeren Diskussionen über die Mehrwertsteuer und andere nationale Umsatzsteuern siehe Zelenak, »Foreword«.

Die USA haben keine nationale Umsatzsteuer, weil sie von den 1920er Jahren bis in die 1940er Jahre – als viele andere Länder sie als Mittel einführten, Kriegsschulden zu tilgen – immer wieder von Agrar- und Gewerkschaftsvertretern sowie von anderen Teilen der demokratischen Basis verhindert wurden. Diese Koalition lehnte nationale Umsatzsteuern ab, weil deren Möglichkeiten, mehr Staatseinnahmen zu generieren, nicht belegt worden waren und es nach ihrer Einschätzung dabei um die schlichte Frage ging, wer die Steuerlast trug. Eingehendere Analysen, ob Umsatzsteuern beispielsweise tatsächlich regressiv wirken, wenn man es über die Lebenszeit hinweg betrachtet, sollten erst wesentlich später entstehen.[103] Da Umsatzsteuern offenbar dazu führen würden, dass Konsumenten und Arbeiterinnen höhere Preise bezahlen müssten und Farmer weniger verkaufen würden – und weil die Einkommenssteuer vom Fertigungssektor im Nordosten getragen wurde –, setzten sich Vertreter aus dem Mittelwesten, Süden und Westen dafür ein, ihre Wählerschaft weiterhin von Steuerlasten frei zu halten. Es gibt nur spärliche Forschungen zu der Frage, warum Arbeiterschaft und Agrariergruppen in anderen Ländern nicht bereit oder in der Lage waren, Widerstand gegen Umsatzsteuern zu leisten, in ihrer Untersuchung zu Frankreich kommen Morgan und Prasad jedoch zu dem Schluss, dass die Umsatzsteuer zwar nicht beliebt war, aber die Opposition dagegen verhalten blieb, weil Agrarier vorrangig an Protektionismus interessiert waren und ihnen angesichts der langsameren Industrialisierung des Landes nicht so viel an progressiver Besteuerung lag wie in den USA.[104] Französische Bauern machten sich weniger Sorgen über die Konzentration von Reichtum als über die Konzentration staatlicher Macht und versuchten, sich dieser Macht zu widersetzen, indem sie sich gegen direkte Steuern wehrten.

Die in den 1930er Jahren getroffenen Entscheidungen hatten weitreichende Folgen. Als die politischen Entscheidungsträger in den USA sich im Zweiten Weltkrieg mit einem drastischen neuen Finanzbedarf konfrontiert sahen, griffen sie auf die Steuer zurück, die sie am besten kannten, und schufen ein Steuersystem, das auf dem Muster der progressiven Einkommenssteuer basierte.[105] Damit waren die ungewöhnlichen Merkmale des amerikanischen Steuerwesens festgelegt. In der Phase zuneh-

---

103 Graetz, »Comments on John B. Shoven and John Walley«; zu einer Kritik an dieser Argumentation siehe Prasad/Deng, »Taxation and the Worlds of Welfare«.
104 Morgan/Prasad, »The Origins of Tax Systems«.
105 Thorndike, »The Unfair Advantage of the Few«.

menden Wirtschaftswachstums spielte das keine Rolle, aber in den 1970er Jahren führte die Unbeliebtheit progressiver Besteuerung in einem Klima wirtschaftlicher Austerität zu einer Politik allgemeiner Steuersenkungen, die eine Einführung neuer Steuern extrem schwierig machte. Nach der weltweiten Rezession der 1970er Jahre waren amerikanische Politiker nicht mehr imstande, neue Steuern durchzusetzen, vor allem nicht nach der dramatischen Wahlniederlage Al Ullmans von 1979, des damaligen Vorsitzenden des Ways and Means Committee im Repräsentantenhaus.

Aus zwei Gründen gingen die USA nie vom Widerstand gegen Umsatzsteuern ab: Erstens brauchten Politiker in den dreißig Jahren nach dem Zweiten Weltkrieg keine neuen Einnahmequellen. In der Ära einfacher Kredite füllten sich die Staatskassen mühelos und machten eine neue Steuer überflüssig. Der zunehmende Wohlstand nach dem Zweiten Weltkrieg kaschierte die tatsächlichen Steuererhöhungen hinter allgemein steigenden Löhnen. Steuerzahlerinnen nahmen diese höhere Besteuerung stillschweigend hin, weil sie zum einen (durch den Lohnsteuerabzug in den höheren Lohnzahlungen versteckt) weniger sichtbar war und weil zum anderen die Erträge dieser Steuereinnahmen in dem sich rapide weiter entwickelnden Land deutlich erkennbar waren. Aber sobald diese Wohlstandsära endete, waren Politiker nicht mehr imstande, neue Einnahmequellen zu erschließen, weil die Bevölkerung ohne den ständig wachsenden Reichtum die Steuerlast zu spüren begann und protestierte. Einkommens- und Vermögenssteuern lösten zwar die größten Proteste aus, aber Politikerinnen interpretierten sie als allgemeine Ablehnung von Steuern, und damit war die Möglichkeit, eine »weniger sichtbare« Verbrauchssteuer einzuführen, dahin. Der Krieg war die einzige Zeit, in der Politiker ein neues Finanzierungsmuster einführen mussten, das erheblich höhere Staatseinnahmen generierte, *und* in der Steuerzahler bereit waren, diese Einnahmen zu finanzieren. Der Weg, den Länder während des Krieges einschlugen, war daher für die nachfolgenden Jahrzehnte festgeschrieben.[106]

Dieses Kapitel zeigt, dass die Literatur zur vergleichenden politischen Ökonomie, indem sie den amerikanischen Progressivismus ignorierte, eine wesentliche Ursache für die divergierende Ausprägung kapitalistischer Staaten übersehen hat. Ein Grund für einen schlankeren Staat

---

106 Zu weiteren Ausführungen zu diesen Argumenten siehe Kato, *Regressive Taxation and the Welfare State*.

in den USA ist, dass Agrarier und Arbeiterschaft die staatlichen Möglichkeiten, Einnahmen zu generieren, in einem entscheidenden historischen Moment untergruben. Andererseits haben Historikerinnen eine wesentliche Folge des amerikanischen Progressivismus übersehen: Der Widerstand gegen Umsatzsteuern verhinderte die Entwicklung eines Sozialstaates europäischen Stils, wie Kapitel 6 darlegen wird.

Der Widerstand gegen regressive Besteuerung war ein zentrales Element, um die einzigartigen Merkmale des amerikanischen Staates beizubehalten, ein weiteres war die positive Fokussierung auf progressive Besteuerung, mit dem sich Kapitels 5 befasst.

5 Das Land des Überflusses

Vergleichend betrachtet, ist die amerikanische Fokussierung auf progressive Besteuerung ungewöhnlich. Angeführt wurde sie von mehreren Akteuren aus dem Süden und Mittelwesten, die erkannten, dass die progressive Besteuerung populär war. Ohne ihre Bemühungen hätte es in den USA durchaus zu einem ähnlichen Steuersystem kommen können wie in Europa. Um zu klären, warum diese Akteure so versessen auf eine progressive Besteuerung waren, skizziert dieses Kapitel zunächst kurz die Agrarierbewegung für progressive Steuern im ausgehenden 19. Jahrhundert und erörtert dann eingehend eine zentrale Figur des 20. Jahrhunderts, Huey Long, den Gouverneur und Senator von Louisiana. Ziel dieses Kapitels ist es, zu zeigen, wie das Problem der Überproduktion zur progressiven Besteuerung als Lösung führte.

Die Ursprünge der progressiven Einkommenssteuer in den USA

Im ausgehenden 19. Jahrhundert brachte die amerikanische Industrialisierung das heikle politische Gleichgewicht durcheinander, das man in der Frage der Schutzzölle erreicht hatte. Jahrzehntelang hatten Zölle auf Fertigungsgüter dazu gedient, sowohl Staatseinnahmen zu generieren als auch die gerade erst entstehenden Industriebetriebe im Nordosten zu schützen.[1] Die politische Zustimmung aus dem Süden und Mittelwesten wurde mit selektiven Zöllen auf einige wesentliche Agrarerzeug-

---

[1] Mehrotra, »»More Mighty Than the Waves of the Sea««, S. 167; Hansen, »Taxation and the Political Economy of the Tariff«; Skocpol, *Protecting Soldiers and Mothers*.

nisse erkauft.² Diese politische Bestechung war jedoch im Zuge der Industrialisierung weniger tragbar, da die Mechanisierung zu wachsender Produktivität der Landwirtschaft führte und Farmer im Süden und Mittelwesten feststellten, dass sie international wettbewerbsfähig waren. Zudem merkten sie, dass die hohen geschützten Preise der Fertigungsgüter ihnen schadeten. Die regionale Aufteilung der Produktionsweisen veranlasste die West- und Südstaaten dazu, sich für eine Verlagerung der Steuerlast auf die reichen Fabrikanten im Nordosten einzusetzen.³

Während des Amerikanischen Bürgerkrieges hatte man eine temporäre Einkommenssteuer eingeführt, aber der Antrieb, sie dauerhaft zu etablieren, nahm erst im ausgehenden 19. Jahrhundert in den populistischen politischen Bewegungen Gestalt an.⁴ Farmer schlossen sich in Organisationen wie der Grange Party, der Greenback Party und den Southern und Northern Alliances zusammen, und 1892 forderte die Populist Party in ihrer berühmten Omaha Platform offiziell eine Einkommenssteuer.⁵ Zudem entwickelten Populisten eine anfängliche Theorie der Überproduktion, wonach der ungezügelte Kapitalismus »den Verkäufer außerstande setzt, ebenso viel Arbeitswert zurückzukaufen, wie er gekauft hat, und damit zu gesättigten Märkten führt«.⁶ Vor allem aber wurde die Einkommenssteuer ethisch begründet. Im Süden wurden diese Farmer von Demokraten vertreten, aber im Mittelwesten war der Parteiapparat der Republikanischen Partei allmächtig und die dortigen republikanischen Vertreter der landwirtschaftlich geprägten Wählerschaft widersetzten sich zunehmend der Parteiführung.⁷ Diese »rebellischen Republikaner« aus dem Farmgürtel wichen erstmals in der Frage der freien Prägung von Silbermünzen von der übrigen Partei ab und wagten es schließlich, der Parteiführung die Stirn zu bieten und sich bei Zöllen und progressiver Besteuerung auf die Seite der Demokraten zu stellen.

Die Demokratische Partei als Ganze hatte zuvor die Einkommenssteuer nicht befürwortet und zögerte zunächst, sich für eine Senkung

---

2 Sanders, *Roots of Reform;* Seligman, »The Economic Influence of the War«.
3 Bensel, *The Political Economy of American Industrialism.*
4 Ratner, *American Taxation,* S. 164.
5 Baack/Ray, »Special Interests«, S. 608–609.
6 Pollack, *The Populist Response,* S. 73.
7 Republikanische Abgeordnete aus den Bundesstaaten im Mittelwesten lehnten Zölle nicht rundweg ab, waren aber gegen weitreichende politisch motivierte Zölle der Republikaner alter Schule und bevorzugten »systematische« Zölle nur für Branchen, die tatsächlich schutzbedürftig waren. Sanders, *Roots of Reform,* S. 223.

der Zölle auszusprechen, teils weil die Gewerkschaften in dieser Frage geteilter Meinung waren und Arbeitskräfte in geschützten Branchen Zölle bevorzugten.[8] Das änderte sich, als Gewerkschaftsführer zu der Ansicht gelangten, Arbeiter trügen die Kosten der Zölle. Obwohl die Arbeiterschaft in dieser Frage nie völlig einig war, unterstützte deren Führung schließlich eine Zollreform und die Einkommensteuer.[9] So stellte sich die Demokratische Partei auch aufgrund der Bemühungen von Präsident Cleveland in den ausgehenden 1880er Jahren geschlossen gegen Zölle.[10] Nach und nach befürworteten Demokraten die Einkommensteuer nicht nur als Mittel, die durch Zollsenkungen verlorenen Staatseinnahmen zu ersetzen, sondern auch, weil sie allmählich erkannten, dass eine solche Steuer, die von reichen Industriellen gezahlt würde, die Wählerschaft ansprach.

Die Einkommensteuer galt als schnellster Weg, die Steuerlast von Zöllen, die Konsumenten bezahlten, auf Personen mit hohen Einkommen zu verlagern. Sie war »die mit Abstand effektivste Waffe gegen plutokratische Politik. [...] Es gibt nichts, was die Plutokraten im Osten mehr fürchten. [...] Gegenwärtig bin ich mir recht sicher, dass es nichts gibt, was sich so wirkungsvoll nutzen ließe, um einen Bremskeil in das Räderwerk des plutokratischen Programms zu rammen«.[11] Ein Abgeordneter war überzeugt, die Einkommensteuer markiere »den Anbruch eines strahlenderen Tages [...] mit mehr Sonnenschein, mehr Vogelgezwitscher, mehr von jenen lieblichen Klängen, dem Lachen gut genährter, gut gekleideter und in guten Wohnungen lebender Kinder«.[12]

So kamen Farmer und Arbeiterschaft zu einer breiten Bewegung gegen Zölle und für Einkommensteuern zusammen, um durch Industrialisierung geschaffenen exzessiven Reichtum einzudämmen und die Steuerlast nach oben zu verlagern. Obwohl Agrarpopulisten, denen Zölle schadeten, den ersten Impuls für die Einkommensteuerbewegung gegeben hatten und ihre Kongressabgeordneten in einem wichtigen Moment die entscheidenden Stimmen lieferten, hatte sich die Einkommensteuer mittlerweile zu einer bundesweiten, weithin populären Angelegenheit entwickelt.

---

8   Mehrotra, »»More Mighty Than the Waves of the Sea««.
9   Ebd.
10 Klinghard, »Grover Cleveland, William McKinley, and the Emergence of the President as Party Leader«.
11 C.H. Jones zit. in: Ratner, *American Taxation*, S. 172.
12 Zit. in: Ellis, »Public Opinion and the Income Tax«, S. 239.

Vor allem im Vergleich zu den Steuern, die sie ersetzte, war sie populär. Bis dahin bezog der Bund seine Einnahmen überwiegend aus indirekten Steuern, vor allem aus Zöllen und Verbrauchssteuern, während direkte Steuern Sache der Bundesstaaten und Kommunen waren. Beide Steuerarten waren unpopulär. Zölle und Verbrauchssteuern wurden kritisiert, weil sie regressiv wirkten und die Preise von Alltagsprodukten erhöhten.[13] Bei den direkten Steuern auf Kommunal- und Bundesstaatsebene stammten die meisten Einnahmen aus der »allgemeinen Vermögenssteuer«, dem Lastesel des amerikanischen Steuersystems des 19. Jahrhunderts.[14] Diese Steuer auf sämtliche Vermögenswerte war nach übereinstimmenden Berichten allgemein verhasst, unter anderem weil die Steuerlast sich von Kommune zu Kommune und von einem Bundestaat zum anderen stark unterschied, weil die Industrialisierung neue Reichtumsformen schuf, die dieser Steuer entgingen, und weil sie regressiv wirkte.[15] Diese Probleme führten in einem Ausmaß zur Steuerhinterziehung, dass eine Kommission sie als »Steuer auf Unwissenheit und Ehrlichkeit« bezeichnete.[16]

In diesem Kontext bot die Einkommensteuer eine reizvolle Alternative, da sie die Mängel des bestehenden Systems beseitigte: Die Zentralisierung der Einkommensteuer würde die Unterschiede der lokalen Steuerlasten ausgleichen, und die Fokussierung auf Einkommen würde neue Formen des Reichtums erfassen und damit die wesentlichen Schwächen des (direkten) kommunalen und bundesstaatlichen Steuersystems beheben. Die Erhebung der Zahlungsfähigkeit von Steuerzahlern würde es ermöglichen, progressive Steuersätze anzuwenden und damit die zentrale Schwäche des (indirekten) Steuersystems auf Bundesebene anzugehen. Es gab Bedenken wegen des inquisitorischen Charakters direkter Steuern, die für viele jedoch durch die Tatsache gemildert wurde, dass *jemand anderes* diese Steuer bezahlen würde: Da sie progressiv war, würde sie überwiegend den reichen industriellen Nordosten betreffen, und Beobachter im Westen und Süden glaubten, die durch eine nationale Einkommensteuer generierten (und von anderen bezahlten) Staatseinnahmen würden die häufig erdrückenden kommunalen und bundes-

---

13 Mehrotra, »›More Mighty Than the Waves of the Sea‹«.
14 Higgens-Evenson, *The Price of Progress;* Yearley, *Money Machines.*
15 Yearley, *Money Machines;* Seligman, »The General Property Tax«.
16 Seligman, »The General Property Tax«, S. 30–31.

staatlichen Steuerlasten reduzieren, die sie selbst trugen.[17] Daher sah man die Einkommenssteuer nicht als Machtausübung des Zentrums über die Provinzen (wie es beispielsweise in Frankreich der Fall war)[18], sondern als Umverteilung vom (Wirtschafts-)Zentrum auf den Rest des Landes.

Diese Kräfte sorgten für ein zwanzigjähriges Ringen um die Einkommenssteuer. Demokratische Abgeordnete aus dem Süden und Mittelwesten ergänzten im Repräsentantenhaus ein Gesetz zur Senkung der Zölle um die Einführung einer bundesweiten Einkommenssteuer, die der Oberste Gerichtshof jedoch für verfassungswidrig erklärte. Das Urteil lässt keine klare parteipolitische Spaltung erkennen, aber die abgegebenen Stimmen teilten sich alle bis auf eine nach geografischen Linien auf, wobei Richter aus dem Nordosten gegen und Richter aus dem Süden für die Einkommenssteuer votierten.[19]

William McKinleys Siege bei den Präsidentschaftswahlen 1896 und 1900 wertete die Republikanische Partei als Bestätigung ihrer politischen Haltung für Zölle. Aber die Wählerschaft aus dem Mittelwesten schickte weiterhin Republikaner in den Kongress, die gegen Zölle waren, und die Unterstützung für die Einkommenssteuer aufgrund ihrer Umverteilungswirkung wuchs kontinuierlich. Schließlich kamen Republikaner im Kongress und Präsident Taft 1909 zu dem Schluss, dass Demokraten und rebellische Republikaner die erforderlichen Stimmen hatten, um eine Einkommenssteuer zu beschließen. In dem Bestreben, radikalere Vorstöße abzuwehren, schlugen sie einen Verfassungszusatz vor, der eine Einkommenssteuer ermöglichen würde. Allerdings rechneten sie damit, dass er scheitern und das Thema Einkommenssteuer damit abschließen würde – eine Einschätzung, die viele Befürworter dieser Maßnahme teilten.[20]

Zum Entsetzen aller Beteiligten wurde der Verfassungszusatz 1913 mit überwältigender Mehrheit ratifiziert.[21] Die Agrar-Bundesstaaten stimmten überproportional für den Zusatzartikel.[22] Aber zwischen 1909 und 1913

---

17 Westin, »The Populist Movement and the Campaign of 1896«.
18 Morgan/Prasad, »The Origins of Tax Systems«.
19 Weisman, *The Great Tax Wars;* Ratner, *American Taxation;* Corwin, *Court over Constitution.*
20 Mehrotra, »»More Mighty Than the Waves of the Sea««, S. 184; Ratner, *American Taxation,* S. 279.
21 Solvick, »William Howard Taft«; Weisman, *The Great Tax Wars.*
22 Baack und Ray vermuten, dass bei widerstrebenden Bundesstaaten Pensionen für Militärs als Mittel eingesetzt wurden, um sie zur Unterstützung des Zusatzarti-

hatten die Wahlen von 1910 und 1912 in vielen Bundesstaaten – und nicht nur in den landwirtschaftlich geprägten – Demokraten (und reformorientierten Republikanern) die Mehrheit in den Parlamenten verschafft.²³ Und auf Bundesebene hatten die Republikaner 1912 die Mehrheit im Repräsentantenhaus verloren und die Demokraten 1912 die Präsidentschaftswahl sowie die Mehrheit in beiden Kongresskammern gewonnen. Zu diesen Niederlagen trugen die Spaltung über Zölle, steigende Preise und die beginnende Abwanderung afroamerikanischer Wähler von der Republikanischen Partei bei. Die überraschende Wende bei den Wahlen ermöglichte die Verabschiedung des Verfassungszusatzes – tatsächlich wurde er in manchen Bundesstaaten, die ihn vor der Wahl abgelehnt hatten, nach der Wahl erneut vorgelegt und ratifiziert.²⁴

Nach der Ratifizierung war der Weg für die demokratische Kongressmehrheit und den Präsidenten frei, 1913 das Einkommenssteuergesetz zu verabschieden. Die erste Einkommenssteuer war von begrenzter Reichweite, da sie hohe Freibeträge vorsah, die praktisch alle Mittelschichtfamilien davon befreite. Nach Brownlees Schätzungen betraf sie lediglich 2 Prozent der Haushalte.²⁵ Somit schuf das Gesetz von 1913 eine progressive Einkommenssteuer, der nur ein kleiner Teil der Bevölkerung unterlag – das war ein Grund für ihre enorme Popularität.

Dieses Gesetz trug dazu bei, die amerikanischen Militärausgaben im Ersten Weltkrieg zu finanzieren, aber in den 1920er Jahren begannen die Republikaner, die nun an der Macht waren, die Steuersätze zu reduzieren. Erst mit der Deflation der 1920er und 1930er Jahre flammte der Kampf um progressive Besteuerung erneut auf. Dahinter standen die gleichen Akteure, denen wir in Kapitel 4 begegnet sind: Aktivisten und Abgeordnete aus dem Mittelwesten und Süden. Um diesen Kampf eingehender

---

kels über Einkommenssteuern zu bewegen. Sie zeigen, dass Militärpensionen und -ausgaben mit der Befürwortung der Einkommenssteuer korreliert sind. Aber Sanders hat in *Roots of Reform* gezeigt, dass Militärpensionen von Republikanern in der Absicht zugeteilt wurden, die Zölle zu schützen. Anders gesagt: Es mag zwar eine Korrelation zwischen Militärpensionen und Stimmen für die Einkommenssteuer bestehen, aber wenn dem so ist, liegt es daran, dass die Republikaner vergeblich versuchten, Bundesstaaten, in denen die Unterstützung der Einkommenssteuer stark war, auf ihre Seite zu ziehen, während in solchen, in denen die Opposition dagegen stark war, diese Ausgaben nicht nötig waren. Baack/Ray, »Special Interests«.

23 Buenker, *The Income Tax.*
24 Ebd.
25 Brownlee, *Funding the Modern American State,* S. 56–57.

zu untersuchen, befasst sich der Rest dieses Kapitels mit einem solchen Aktivisten und Abgeordneten: Huey Long aus Louisiana. Er spielte eine wesentliche Rolle bei der Verabschiedung des Revenue Act von 1935, aber Ziel dieses Kapitels ist es nicht, Longs zentrale Stellung in der amerikanischen Tradition progressiver Besteuerung zu belegen. Eindeutig hatte er großen Einfluss, der jedoch, wie weiter unten gezeigt wird, mit der allgemeinen Popularität progressiver Steuern zusammenhing, eine Sache, für die damals viele Agrarpolitiker eintraten, darunter Floyd B. Olson aus Minnesota, Lynn Frazier aus North Dakota, Olin Johnston aus South Carolina, Claude Pepper aus Florida sowie Cordell Hull und Al Gore Sr. aus Tennessee.[26] Nicht alle Politiker befürworteten eine progressive Besteuerung, nicht einmal alle Demokraten aus den Südstaaten. Tatsächlich war Pat Harrison aus Mississippi ein einflussreicher Gegner.[27] Aber sie hatte im ganzen Land weitreichende und tiefgreifende Unterstützung. Statt zu behaupten, Long sei im Kampf für progressive Besteuerung eine einzigartige Kraft gewesen, fokussiert sich dieses Kapitel eingehend auf ihn, um aufzuzeigen, wie damalige Akteure das Problem der Überproduktion mit der progressiven Besteuerung als Lösung verknüpften. Longs Geschichte ist eine von mehreren ähnlichen, die damals im ganzen Land vorkamen – allerdings ist seine Geschichte vielleicht eine der schillernderen politischen Episoden des 20. Jahrhunderts.

Huey Long und die progressive Besteuerung

Huey Longs Amtszeit als Gouverneur von Louisiana war eine pikareske Geschichte mit Schlägereien, Razzien in Glücksspielclubs, einem gescheiterten Amtsenthebungsverfahren wegen Mordes und Entführung, einem internationalen Zwischenfall über einen grünen Seidenpyjama, einer nationalen Debatte, ob man »Cornpone« (ein Maismehlbrot) in eine Gemüsebrühe (»potlikker«) tunken oder stückchenweise hineinbröseln sollte, und einer politische Fehde, der es irgendwie gelang, zugleich Tragödie und Farce zu sein – dabei gab es in Louisiana innerhalb einer Woche drei selbsternannte Gouverneure, eine Situation, die den Bundesstaat möglicherweise Millionen Dollar kostete und die durchaus aus

---

26 Mayer, *The Political Career of Floyd B. Olson;* Gieske, *Minnesota Farmer-Laborism;* Valelly, *Radicalism in the States;* Newman/O'Brien, *Taxing the Poor.*
27 Swain, *Pat Harrison.*

einem Zerwürfnis über ein Verbrechen aus Leidenschaft erwachsen sein mochte.²⁸ Damalige Beobachter waren fasziniert. Die »leichte politische Farce«, Longs jungenhafte Züge, die Vorwürfe verführerischer Nächte in New Orleans und die Ohnmachtsszenen im Parlament boten ein derart fesselndes Schauspiel, dass man es Zeitgenossen kaum verdenken kann, wenn ihnen nicht auffiel, dass Long mit seinen Mätzchen allmählich die Grundlagen für ein progressives Programm legte.²⁹

Die Elemente seines Programms waren simpel: Besteuerung von Standard Oil und anderen Unternehmen, kombiniert mit variabel verzinslichen Anleihen (Besteuerung zukünftiger Generationen), um Highways und kostenlose Schulbücher zu finanzieren; Unterstützung sollte das Programm durch die Förderung finden, die Arbeitsplätze im Straßenbau schuf, und durch den Reiz, den die materiellen Vorteile wie auch die symbolischen Angriffe auf Konzerne für die Wählerschaft besaßen. In seinem letzten Leitartikel, den Long kurz vor seiner Ermordung schrieb, fasste er sein Vermächtnis in Louisiana zusammen und verwies auf die progressive Besteuerung und solide Finanzen sowie auf Ausgaben für Bildung, Gefängnisse, Krankenhäuser und Schulbücher und auf die Anfänge touristischer Infrastruktur mit »dem schönsten Kapitol der Welt, [...] dem größten Flughafen [...], einem Badeort am Lake Pontchartrain, der 7 Meilen lang ist«.³⁰ Er lebte nicht lange genug, um mit der Abschaffung der Kopfsteuer zu prahlen, die kurz vor seiner Ermordung in Kraft trat.

Historikerinnen haben Longs Progressivismus nicht viel besser verstanden als seine Zeitgenossen, obwohl sie seiner Person beträchtliche Aufmerksamkeit schenkten. Die Fachliteratur über ihn ist unterentwickelt, weil sie sich vor allem auf eine Frage konzentrierte: War Long ein Diktator?³¹ Durch eine Kombination verschiedener Faktoren gelang es ihm, in Louisiana nahezu uneingeschränkte Macht zu erlangen:

---

28 *The New York Times*, »Politicians Fight in New Orleans Hotel Lobby«; *The Washington Post*, »Militia Raids New Orleans Gaming Clubs«; *Los Angeles Times*, »Torrid Charges Name Gov. Long«; *The New York Times*, »Accuses Gov. Long of Kidnapping Plot«; *The Washington Post*, »German Officer Forgives Host«; *Atlanta Constitution*, »Potlikker and Cornpone«; *Los Angeles Times*, »Hooey, Huey! Cry Gourmets«; *Chicago Daily Tribune*, »3d ›Governor of Louisiana‹ Takes the Oath«; *The New York Times*, »Shun Louisiana Bonds«; *The Atlanta Constitution*, »Woman's Hanging Stayed by Judge«.
29 Coad, »Louisiana to Have Colorful Governor«; *Chicago Daily Tribune*: »Long Impeached to Yells«, »Hula Hula Girl Sat on Long's Lap«.
30 Long, »What Is It They Want to Undo?«.
31 Williams, *Huey Long*; Brinkley, *Voices of Protest*; White, *Kingfish*.

durch seine Anziehungskraft für die breite Masse der Landbevölkerung, durch die Umwandlung dieser Anziehungskraft in Fördermaßnahmen und Kontrolle über die Finanzen sowie durch Kompromisse mit seinen Gegnern, die er durch umsichtigen Einsatz dieser Förderung und Finanzmittel erzielte. Angesichts seines populistischen Rückhalts und des internationalen Kontextes seiner Zeit ist unschwer zu begreifen, warum Historiker sich fragten, ob er die einheimische Version des Faschismus war (als Amerika erstmals auf Hitler aufmerksam wurde, beschrieb eine landesweite Tageszeitung ihn tatsächlich als »eine Art Huey Long ohne Pyjama«).[32] Die Aufmerksamkeit für diese Frage hat jedoch zur Vernachlässigung der subtileren, aber weltgeschichtlich nicht minder wichtigen Errungenschaften Longs während seiner kurzen politischen Karriere geführt.

Auf Bundesebene war eines der Hauptelemente von Longs Progressivismus sein Engagement für eine progressive Besteuerung. Aus diversen Belegen geht hervor, dass er eine zentrale Rolle bei der Ausgestaltung des Revenue Act von 1935 spielte, eines Gesetzes, das im Rahmen von Roosevelts Second New Deal eine Tradition hoher Steuersätze für die Reichen etablierte. Kurz zuvor hatte Long im ganzen Land eine Bewegung von Vereinen unter dem Motto »Share Our Wealth« (Teilt unseren Reichtum) organisiert, die sich für Umverteilung und progressive Besteuerung einsetzte. Nach Ansicht von Historikern war Share Our Wealth keine sonderlich dynamische oder wichtige Bewegung, wie ihre rasche Auflösung nach Longs Ermordung belegte. Aber unabhängig davon, ob diese Vereine tatsächlich Einfluss besaßen oder nicht, hatte Long den Eindruck von Macht vermittelt und genutzt, um Veränderungen zu erzwingen. Amenta, Dunleavy und Bernstein weisen dies anhand von vier Arten von Belegen nach.[33] Der erste ist der Zeitpunkt, an dem Roosevelt die progressive Besteuerung als Element in seine Planung einführte. Der Second New Deal wurde größtenteils erarbeitet, bevor der Druck durch Long entstand, und wenngleich Kräfte in der Regierung auf solche anderen Maßnahmen drängten, gibt es einen Vorschlag, der plötzlich 1935 als späte Ergänzung des Programms auftauchte: eine »Schröpft-die-Reichen-Steuer«. Das war ein zentrales Element von Share Our Wealth, aber nicht von Roosevelts Programmen, bevor Longs Bewegung Druck machte.[34] Der zweite Beleg

---

32 Folliard, »Hitler, Who Fought in War Under Kaiser is Without Country«.
33 Amenta/Dunleavy/Bernstein, »Stolen Thunder«.
34 Siehe auch Kennedy, *Freedom from Fear*, S. 243.

für Longs Einfluss ist eine unter Roosevelt durchgeführte geheime Umfrage, die gezielt Longs Popularität zu erfassen versuchte und zu dem Schluss kam, Long könne bei einer Präsidentschaftswahl zwar nicht auf einen Sieg hoffen, aber seine Kandidatur würde Roosevelt in mehreren Bundesstaaten um die Mehrheit bringen und sie dem republikanischen Kandidaten zufallen lassen.[35] Der Vorsitzende des Democratic National Committee, der die Umfrage durchgeführt hatte, schloss, dass Long »bei der Wahl 1936 das Zünglein an der Waage sein könnte [...] und das Ergebnis katastrophal ausfallen könnte«.[36] Allein schon die Existenz dieser Umfrage in einer Zeit, in der solche Erhebungen teuer und selten waren, zeugt von Roosevelts Sorge wegen Long, und die Umfrageergebnisse dürften ihn wohl kaum beruhigt haben. Drittens war Long am einflussreichsten in Bundesstaaten, in denen Roosevelt die meisten Mittel der neu geschaffenen Bundesbehörde Works Progress Administration einsetzte.[37] Zudem griff er Long direkt an, indem er Bundesfinanzmittel für Louisiana blockierte und ihn einer Prüfung durch die Bundessteuerbehörde unterzog, was vermuten lässt, dass Roosevelt sein Geld und seine Bemühungen dort investierte, wo er Befürchtungen hegte.[38] Und schließlich gab Roosevelt laut einem Assistenten Longs Einfluss selbst zu, als er ihn als einen der beiden »gefährlichsten Männer« in Amerika bezeichnete. Angeblich erklärte er gegenüber Mitarbeitern, mit seiner Politik versuche er »Long den Wind aus den Segeln zu nehmen«.[39]

Es wäre unangemessen, daraus zu schließen, Long sei als »starker Mann« fähig gewesen, allein die Geschichte zu beeinflussen. Roosevelt hätte sich wohl kaum Sorgen gemacht, wenn Long nicht eine breite Bewegung repräsentiert hätte, die aufgrund der tiefgreifenden wirtschaftlichen Probleme, die sie anzugehen versuchte, ungewöhnlich langlebig war. Long ist ein Indikator für ein allgemeines Engagement für progressive Besteuerung, das in der Zwischenkriegszeit in den USA herrschte. Es gibt Grund zu der Annahme, dass dieses Engagement die Möglichkeiten der Steuererhebung während und nach dem Zweiten Weltkrieg prägte. Obwohl das Steuergesetz von 1935 an sich zur Enttäuschung aller, die auf

---

35 Amenta/Dunleavy/Bernstein, »Stolen Thunder«, S. 691.
36 Zit. in: Kennedy, *Freedom from Fear*, S. 241.
37 Amenta/Dunleavy/Bernstein, »Stolen Thunder«, S. 691–697.
38 Kennedy, *Freedom from Fear*, S. 237.
39 Amenta/Dunleavy/Bernstein, »Stolen Thunder«, S. 678; Kennedy, *Freedom from Fear*, S. 237.

eine stärkere Umverteilung gehofft hatten,[40] keine substanziellen Staatseinnahmen generierte, schuf es doch vor dem Krieg die Grundlage für ein progressives Steuersystem, das sich mindestens bis zur neoliberalen Politik des ausgehenden 20. Jahrhunderts hielt.[41]

Weniger gründlich wurde jedoch erforscht, warum Long so an progressiver Besteuerung interessiert war. Wenn sein Druck auf Roosevelt einer der Gründe für die Einführung einer progressiven Steuer war, warum setzte er ihn nicht für etwas anderes ein – beispielsweise für die Frage der Gesundheitsfürsorge? In der vergleichenden Betrachtung ist die lange hinausgezögerte Einführung einer gesetzlichen Krankenversicherung ein wesentliches Unterscheidungsmerkmal der amerikanischen Volkswirtschaft, das für ein größeres Ausmaß der Armut und erheblich geringere Steuerabgaben in den USA verantwortlich ist. Nach Ansicht von Experten war in Kanada – das den USA in anderer Hinsicht am ähnlichsten ist – Druck von außerhalb der beiden großen Parteien entscheidend für die Einführung einer allgemeinen Gesundheitsfürsorge.»Dagegen gewährleistete das Fehlen einer unabhängigen Stimme für die Linken in den USA, dass die Agenda für eine nationale Gesundheitsreform innerhalb der Demokratischen Partei festgelegt wurde.«[42] Long war sicher eine unabhängige Stimme, setzte sie jedoch nicht für die Gesundheitsfürsorge ein, sondern für progressive Besteuerung. In Louisiana hatte er ein Netz von Armenkrankenhäusern aufgebaut, daher ist nicht ohne Weiteres ersichtlich, warum die Gesundheitsfürsorge nicht Bestandteil des Share-Our-Wealth-Programms war. Mit dieser Frage befasst sich dieses Kapitel anhand verschiedener Einflussquellen, die Huey Long in der Entwicklung seiner Vorstellungen prägten. Er war sicher nicht der einzige Befürworter einer progressiven Besteuerung in den USA, und das Steuergesetz von 1935 war nicht das einzige Gesetz, in dem sich die Ideale des Progressivismus niederschlugen. Aber diesen Akteur und diesen bestimmten Moment genau zu untersuchen, gibt uns Hinweise, warum die Politik der progressiven Besteuerung um die Jahrhundertmitte in Amerika so populär war.

Obwohl Beobachter von außerhalb des Bundesstaates ihn nach flüchtiger Betrachtung in die grobe Kategorie des rassistischen Südstaatendemagogen einordnen, war Long in mancherlei Hinsicht ein ungewöhnlicher Südstaaten-Populist. Zum einen bemühte er sich tatsächlich,

---

40 Leff, *The Limits of Symbolic Reform*.
41 Thorndike, »The Unfair Advantage of the Few«.
42 Maioni, »Parting at the Crossroads«, S. 414.

das Leben schwarzer Menschen zu verbessern. Obwohl er populistischen Beifall hätte ernten können, wenn er seine Programme für die Armen auf Weiße beschränkt hätte, tat er dies in den meisten Fällen nicht, und das in einer Zeit, in der andere Südstaaten-Populisten darauf fixiert waren, durch rassistische Appelle politischen Einfluss zu gewinnen. Long war nicht über gelegentliche Demagogie erhaben, aber *race* gehörte nie zu seinen vorrangigen Interessen. Tatsächlich war er im ganzen Bundesstaat sehr beliebt bei der schwarzen Bevölkerung, und viele benannten Kinder nach ihm (unter anderem auch die Eltern von Huey P. Newton, einem Gründungsmitglied der Black Panther Party),[43] während andere Südstaatenpolitiker zur gleichen Zeit eine starke politische Maschinerie auf rassifizierter Trennung aufbauten und sich gelegentlich für Lynchjustiz aussprachen. Eine afroamerikanische Zeitung in New Orleans schrieb nach seinem Tod: »Während gewisse dem Schwarzen und seinem Fortschritt feindlich gesinnte Kräfte darauf hingewiesen haben mögen, dass Long nie etwas Besonderes für ihn getan hat, haben diejenigen, die seine Schläue bewunderten, ebenso schnell gezeigt, dass er nie etwas ausdrücklich gegen ihn unternommen hat. Aber eines steht fest. Huey Long, seligen Angedenkens, war für den einfachen Mann und gestaltete all seine Gesetze entschieden zu dessen Gunsten, und da Schwarze eindeutig zu den einfachen Leuten gehören, profitierten sie von Longs Schaffen. Auch ihnen kamen die guten Straßen zugute, die Brücken, die kostenlosen Schulbücher in öffentlichen Schulen, das Schuldenmoratorium, Steuersenkungen, Automobil-Kennzeichen, Telefon-, Gas- und Stromtarife. In seiner letzten Sondersitzung des Parlaments des Bundesstaates sorgte er für die Verabschiedung eines Gesetzes, das besonders für Schwarze Auswirkungen haben wird angesichts der Tatsache, dass Geldverleiher sich an den vielen kleinen Darlehen, die man ihnen gibt, bereichern.«[44]

Longs Motive in Fragen bezüglich *race* sind nicht ganz klar. Manche mutmaßen, er habe erwartet, dass Schwarze schließlich ein uneinge-

---

43 Kinder nach ihm zu benennen war so verbreitet, dass Longs Büro routinemäßig Eltern, die ihm schrieben, einen Silberbecher mit dem eingravierten Namen des Babys schickte. Huey P. Long Papers, Folder »Baby Cups«, Mss. 2005, Louisiana and Lower Mississippi Valley Collections, LSU Libraries, Baton Rouge, LA. Mindestens ein Mädchen, das am Tag seiner Amtseinführung als Gouverneur zur Welt kam, wurde nach ihm benannt; siehe Ken Burns, *Huey Long*, 15. Oktober 1986, Arlington, VA, Public Broadcasting Service.
44 *The Louisiana Weekly*, »Huey Long is Dead«.

schränktes Wahlrecht erhalten würden – oder er habe selbst geplant, es der schwarzen Bevölkerung Louisianas zuzugestehen – und habe es sich nicht mit einer potenziellen Wählergruppe verderben wollen. Manche Beobachter hatten den Eindruck, ihm sei wahrhaftig an den schwarzen Armen gelegen gewesen. Vielleicht fasst ein Artikel, den er im August 1931 in *Louisiana Progress* veröffentlichte, seine Ansichten am besten zusammen: »Nun ein Wort zu den armen Schwarzen. Wir haben in Louisiana 700 000 Schwarze. Sie sind hier. Für sie muss gesorgt werden. Lassen Sie sich nicht von Leuten, die schreien, weil ein Schwarzer vielleicht für jemanden arbeitet, gegen Ihren Nachbarn einnehmen, nur weil er dem Schwarzen etwas zu tun gibt. Die armen Schwarzen müssen auch leben. Sie würden sie doch nicht verhungern lassen, wenn Sie es könnten. Ich habe in meinem Leben viele hungrige Schwarze ernährt und werde es wieder tun. So etwas tut der weiße Mann in den Südstaaten. Im Norden reden sie den Schwarzen mit Mister an, aber sie kümmern sich nicht so darum, ihn zu ernähren, wie wir es hier tun. Der weiße Mann im Süden macht dieses ›Mister‹-Getue nicht mit, aber er ernährt den Schwarzen, wenn es sonst niemand tut.«[45] Bezeichnenderweise steht diese Kolumne in der Zeitung gleich neben einem äußerst rassistischen, demagogischen Beitrag, der einen politischen Gegner kritisiert, weil er einem Club mit einem schwarzen Vizepräsidenten angehört, ein Thema, das Longs Zeitung über mehrere Ausgaben hinweg behandelte. »Sie sind hier. Für sie muss gesorgt werden« – weiter reichte Longs Sorge nicht. Dass selbst diese minimale Würdigung – nichts »ausdrücklich gegen« sie unternommen und sie nicht aus Regierungsprogrammen ausgeschlossen zu haben – ihm bei der schwarzen Bevölkerung Louisianas weithin dauerhafte Zuneigung einbrachte, lässt erahnen, woran sie vor seiner Zeit gewöhnt waren.

Zur Frage der Voreingenommenheit gegen Katholiken und Juden bestätigte ein Bekannter von Long, dass er keine religiösen Vorurteile hatte: »Aber er war auch nicht sonderlich religiös«.[46] Interessanterweise war Long ein wesentlicher Faktor in der Kampagne der ersten Frau, die einen Sitz im US-Senat errang, Hattie Caraway aus Arkansas. Er war nicht sonderlich feministisch – er unterstützte ihre Kampagne, weil sie

---

45 Long, »Our National Plight«.
46 Interview mit Harvey Peltier, Oral History Interviews, 3. März 1960, T. Harry Williams Papers, Mss. 2489, 2510, Louisiana and Lower Mississippi Valley Collection, LSU Libraries, Baton Rouge, LA.

progressive Politik vertrat, er einen ihrer politischen Gegner hasste und er seine eigene Macht demonstrieren wollte –, aber es ist bemerkenswert, dass er nichts gegen eine Frau im Senat einzuwenden hatte. Ein wichtiges Mitglied seines Stabes war Alice Lee Grosjean, eine 24-Jährige, deren Ernennung zur Innenministerin von Louisiana Long wegen unausweichlicher Gerüchte endlosen Ärger bereitete, die aber offenbar eine äußerst fähige Führungskraft war.[47] Nach den Maßstäben seiner Zeit war Long in »Rassen«-, Religions- und Genderfragen bemerkenswert progressiv.

All diese Themen hielt Long für Ablenkungen vom eigentlichen Problem: der Klassenzugehörigkeit. Long kam in einem ungewöhnlich progressiven Teil Louisianas zur Welt (dem einzigen Landkreis, der einmal einen sozialistischen Kandidaten ins Parlament gewählt hatte, und einem der wenigen, der gegen die Sezession des Bundesstaates von der Union gestimmt hatte, weil Sklaverei »eine Angelegenheit des reichen Mannes« sei),[48] fuhr zunächst als Handelsreisender – damals ein glanzvoller Beruf – durch den ländlichen Süden und lernte viel über alles, was die Menschen in diesem Teil Amerikas im frühen 20. Jahrhundert beschäftigte.

Anschließend studierte Huey Long Jura, ging als Anwalt gegen Ölkonzerne vor, die Louisiana damals völlig zu verändern begannen, und trat schließlich mit ausgeprägten Vorstellungen über die Verantwortung Reicher gegenüber der Gesellschaft in die Politik ein, überzeugt von den Möglichkeiten, Wähler mit klassenbasierten Appellen ansprechen zu können. Sein rascher Aufstieg vom Leiter der Regulierungsbehörde für Versorgungsunternehmen, Public Service Commission, zum Gouverneur war von Attacken gegen Großkonzerne, vor allem gegen Standard Oil geprägt. Als Gouverneur sorgte er für die Umsetzung populistischer Maßnahmen wie die Verteilung kostenloser Schulbücher an Schüler und Schülerinnen. Zudem leitete er ein umfangreiches Straßenbauprogramm und einen Versuch, Standard Oil zu besteuern, was seine Gegner veranlasste, ein Amtsenthebungsverfahren anzustrengen, das jedoch scheiterte. Nach nur drei Jahren wurde er in den US-Senat gewählt und machte sich einen Namen als Wirtschaftspopulist, bis er 1935 durch ein Attentat getötet wurde.[49]

Die wesentlichen Ergebnisse von Longs politischen Bestrebungen in Louisiana waren ein umfangreiches Straßenbauprogramm – eine

---

47 Siehe z. B. White, *Kingfish*, S. 153.
48 Brinkley, *Voices of Protest*, S. 10.
49 Williams, *Huey Long*; Brinkley, *Voices of Protest*; White, *Kingfish*.

erstaunliche Leistung, die das Highway-Netz des Bundesstaates an die Spitze der Vereinigten Staaten brachte – sowie Bildungsausgaben vor allem für die Louisiana State University und Sozialprogramme wie die Schaffung von Armenkrankenhäusern. Das alles erfolgte Jahre, bevor die Works Progress Administration landesweit ähnliche Anliegen aufgreifen sollte. Ein Beobachter stellte fest: »Innerhalb von drei Jahren nach Huey Longs Amtsantritt stiegen die Ausgaben des Bundesstaates von 29 Millionen auf 84 Millionen US-Dollar.«[50] Allerdings wenden andere Experten ein, diese Ausgaben hätten die Stellung des Bundesstaates in vergleichenden Rankings nicht verbessert und ein Großteil des Geldes sei für Korruption verschwendet worden.[51]

Sein bemerkenswertestes Vermächtnis hinterließ Long jedoch außerhalb von Louisiana. Indem er Roosevelt zu einer progressiven Besteuerung veranlasste, war er wesentlich daran beteiligt, die amerikanische Herangehensweise an die Besteuerung zu zementieren.

Über die Ursprünge der Share-Our-Wealth-Bewegung ist lediglich bekannt, dass Long diese Idee eines Nachts während seiner Senatskarriere kam. Schon in seiner Zeit als Handelsreisender hatte er die Angewohnheit, mitten in der Nacht aufzuwachen und Ideen in einem kleinen Notizbuch festzuhalten, das neben seinem Bett lag. Der Legende nach ereignete es sich Anfang 1934: »Laut einigen Versionen des Vorfalls rief Huey Long eines Nachts gegen drei Uhr seinen Sekretär Earl Christenberry und Reverend [Gerald] Smith zu sich und erklärte ihnen, er habe gerade über eine nationale Organisation ohne jegliche Beitragspflichten nachgedacht, die Share-the-Wealth Society heißen sollte; sie sollte in einen nationalen politischen Huey-Long-Verband auf der Basis eines Programms eingebunden sein, dessen Hauptforderung in der Dezentralisierung von Vermögen bestehe.«[52]

In dieser Nacht wurden die Grundlinien des Vereins skizziert. Sein Hauptzweck war es, Reichtum zu beschränken, um ein Mindesteinkommen und Mindestrenten zu gewährleisten und »die Arbeitszeiten einzuschränken, die Agrarproduktion in ein ausgewogenes Verhältnis zu dem zu bringen, was konsumiert werden kann, für die Veteranen aller Kriege zu sorgen und allen jungen Männern und Frauen, die aufgrund ihrer

---

50 Jennings, »Some Policy Consequences of the Long Revolution«, S. 228.
51 Jeansonne, *Messiah of the Masses*.
52 Deutsch, »Huey Long – the Last Phase«.

geistigen Fähigkeiten davon profitieren können, eine Berufsausbildung an Hochschulen zu ermöglichen«.[53]

Da es nur spärliche Quellen gibt, lässt sich die Geschichte der Ursprünge dieses Vereins nur aus Indizien erschließen, und so haben Historikerinnen sich auf die Ereignisse rund um seine Gründung fokussiert (vor allem auf ein Nachlassen von Longs politischer Fortune ab Ende 1933) statt auf eingehende Fragen zum Beispiel danach, warum Long sich besonders auf die Besteuerung konzentrierte. Dennoch ist es möglich, einige der Themen zu rekonstruieren, die Long beschäftigten, als er die Share-Our-Wealth-Vereine ins Leben rief, die Probleme, die er zu lösen versuchte, indem er eine progressive Besteuerung befürwortete, sowie die Ereignisse und Umstände, die aus seinen allgemeinen Interessen und Anliegen spezifische Programme werden ließen. Diese eingehende Untersuchung wird uns einige Hinweise darauf geben, warum zur damaligen Zeit die progressive Besteuerung und nicht etwa Fragen wie die Gesundheitsfürsorge in den Vordergrund rückte.

Longs Befürwortung einer progressiven Besteuerung erwuchs aus zwei wichtigen Quellen seines persönlichen Hintergrunds. Die erste war Louisianas ungewöhnliche Rechtsgeschichte als »die einzige solide, dauerhafte Enklave des bürgerlichen Rechts«.[54] Louisianas Rechtstradition beruht stärker als die aller anderen Bundesstaaten auf dem Code Napoléon sowie auf dem spanischen Recht. In Bereichen, die den wirtschaftlichen Wettbewerb betreffen, passte Louisiana im Laufe der Jahre seine Gesetze denen anderer Bundesstaaten stärker an. So wurde zwar ein Großteil des Gesetzbuchs geändert, aber ein Gedanke hat sich von frühester Zeit bis heute gehalten: der Pflichtteil beim Erbe. Anders als in den übrigen USA steht es Erblassern nicht völlig frei, zu bestimmen, wer ihr Vermögen erbt. Vielmehr muss ein Teil an die Kinder und enge Verwandte übergehen. Dahinter stand in Frankreich ursprünglich die Idee, dass es die Akkumulation dynastischer Vermögen verhindern würde. Dies übernahm Louisiana – und behält es nach wie vor bei, wenn auch heutzutage in stark eingeschränkter Form. Huey Long erfuhr während seines Jurastudiums und seiner juristischen Laufbahn vom Pflichterbteil, das offenbar einen starken Eindruck auf ihn machte. Es ist anzumerken, dass französische Einflüsse Long bewegten, etwas zu artikulieren, was

---

53 Ebd.
54 Friedman, *A History of American Law*, S. 116.

man bei oberflächlicher Betrachtung als *amerikanische* Angst vor großen Vermögen bezeichnen könnte.[55]

Eine weitere rhetorische Ressource war das Erlassjahr, in dem nach biblischer Überlieferung nach einer bestimmten Anzahl von Jahren Schulden erlassen wurden. Long riet einmal einem jungen Mann, der sich wie er das für die Juraprüfungen erforderliche Wissen selbst beibringen wollte: »[Long] ermahnte ihn ausgiebig, neben dem Bürgerlichen Gesetzbuch und dem Gesellschaftsrecht auf dem Lehrplan die Bibel zu studieren. Fang bei der Genesis an und lies täglich einige Seiten, riet er. Lies weiter, ganz gleich, wie ›ermüdend es wird‹; behalte die ›Nachkommen‹ gerade gut genug im Kopf, ›um die Generationen nachzuvollziehen‹. Aber ›wenn du zum hebräischen Recht kommst, studiere es durchweg sorgfältig: Es ist die Grundlage jeden Rechts‹.«[56] Das hebräische Recht war erstmals in einer langen Unterhaltung mit seinem Professor Charles Payne Fenner zur Sprache gekommen, in der es um die Tradition des Pflichtteils in Louisiana ging. Entweder Fenner oder Long selbst erinnerten an biblische Vorschriften, Besitz umzuverteilen, woraufhin Long begann, sich ausführlich mit der Bibel zu befassen. »Was ihn besonders beeindruckte, waren die Gebote, dass es alle sieben Jahre einen Schuldenerlass und alle fünfzig Jahre im ›Jubeljahr‹ eine Rückgabe von Besitztümern an jedermann geben sollte. [...] Das Jurastudium lenkte seine Aufmerksamkeit mehr denn je auf die Frage der Umverteilung von Reichtum.«[57]

In seinen Reden und Schriften verwies er häufig auf die Bibel. So schrieb er 1931: »Gott gab uns das Gesetz. Er gab uns die Lebensregeln. Er sagte uns, was zu tun und was zu lassen ist. Er sagte uns, wenn wir dafür sorgen, dass unser Wohlstand im Volk verteilt bleibt, würden wir uns niederlegen, ruhig schlafen und in Frieden leben, aber wenn wir es nicht tun, würden wir zugrunde gehen wie andere vor uns. Er sagte uns, wie wir diese Dinge handhaben müssen. Werden wir es tun?«[58] Nur zwei Monate nach seiner Vereidigung als Senator 1932 zitierte er angeblich die Heilige Schrift, um donnernd die Umverteilung von Reichtum durch die Besteuerung von Gewinnen zu verteidigen: »Und der Herr sprach: ›Wenn ihr diesen Reichtum verteilt, werdet ihr euch nachts in einem Land der

---

55 Gruning, »Bayou State Bijuralism«; Friedman, *A History of American Law*.
56 Williams, *Huey Long*, S. 76.
57 Ebd., S. 77.
58 Long, »On the Menace of Concentrated Wealth«.

Sicherheit und des Friedens schlafen legen‹, heißt es in der Heiligen Schrift, ›und in einem Land der Annehmlichkeiten und der Fülle für alle leben. Tut ihr dies aber nicht, gibt es kein Land, das mit der Anhäufung von Reichtum in den Händen weniger überdauern wird.‹«[59] Er fragte sich, warum Christen biblische Gebote nur selektiv anwendeten: »Wir befolgen die Gebote des Herrn gegen das Töten, das Stehlen und gegen nahezu alles andere, aber wir haben die Gebote ausgelöscht, die in denselben Sätzen und Paragrafen so klar und deutlich geschrieben stehen, dass selbst der Ignoranteste nicht umhin kann, sie zu verstehen, ausführlich beschrieben im 24. bis 27. Kapitel des Buches Levitikus, die befehlen, das Volk solle nicht zulassen, dass sich sein Reichtum in den Händen weniger sammelt, sodass es Luxus, Superluxus, Hemmungslosigkeit, große Freude und Ausgelassenheit bei einigen wenigen und Hunger und Armut bei vielen gibt.«[60] »Warum beachten wir seine Gebote gegen Töten, Stehlen und viele andere Dinge, nicht aber seine Gebote, wie die Menschheit die Profite des Landes handhaben und sich um das Menschengeschlecht kümmern sollte? [...] ›Und ihr sollt das fünfzigste Jahr heiligen und sollt eine Freilassung ausrufen im Lande für alle, die darin wohnen; es soll ein Erlassjahr für euch sein. Da soll ein jeder bei euch wieder zu seiner Habe und zu seiner Sippe kommen.«[61]

Diese kulturellen Ressourcen hätten durchaus dekorative Ausschmückungen rund um Longs Politik bleiben können, wenn es 1931 nicht zur Baumwollkrise gekommen wäre. In diesem Jahr gab es zu viel Baumwolle, die Grundlage des Wirtschaftslebens in den Südstaaten, was die Preise tiefer fallen ließ, als man es für möglich gehalten hatte, und Baumwollfarmer in der gesamten Region in Schwierigkeiten brachte.[62] Das Problem war, wie bereits gesagt, nicht auf Baumwolle beschränkt, sondern betraf viele Grundstoffe; aber in Louisiana, wo Baumwolle nach wie vor das Haupterzeugnis war, hatte es besonders schwer wiegende Folgen. Long war wie viele Beobachter verblüfft über ein System, das eine ungewöhnlich gute Ernte in eine Katastrophe verwandeln konnte. »Leute verhungern, und doch haben wir mehr Weizen, Mais, Fleisch, Milch, Käse, Honig und Gemüse in diesem Land, als sämtliche Menschen in Amerika kon-

---

59 *Congressional Record*, Bd. 75, Punkt 7, S. 6544.
60 Long, »The Laws of God«.
61 Ders., »Could It Ever Have Been«.
62 Snyder, *Cotton Crisis*.

sumieren könnten, wenn man sie essen lassen würde, was sie wollten«, schrieb Long 1930 und brachte das Problem auf den Punkt: »Der Mann, dem diese Güter gehören, hat keinen Markt, weil niemand Geld hat, sie zu kaufen«, eine Situation, die »äußerst bemerkenswert« sei. »Etwas stimmt nicht, wenn Menschen hungern und frieren und keine Nahrung und Kleidung bekommen können, weil es im Land zu viel gibt.«[63] Der Zusammenbruch der Baumwollpreise veranlasste Long, sich an dem allgemeinen Ringen, die Überproduktion während der Weltwirtschaftskrise zu begreifen, zu beteiligen.

Long spielte eine zentrale Rolle bei dem Versuch, einen »Baumwoll-Holiday« durchzusetzen, ein einjähriges Anbauverbot für Baumwolle in den Südstaaten, das die Preise im laufenden Jahr in die Höhe treiben sollte. Das Wort »Holiday« war von den Farmers' Holiday Associations der 1930er Jahre entlehnt,[64] aber der Plan war präziser als jeder, der bis dahin zur Produktionskontrolle vorgeschlagen worden war. Im Grunde war der Baumwoll-Urlaub eine Möglichkeit, das Gefangenendilemma zu überwinden, mit dem sich jeder einzelne Farmer konfrontiert sah: Der Preisverfall veranlasste einzelne Farmer, ihren Verlust durch den Anbau von mehr Baumwolle wettzumachen, wenn aber jeder mehr Baumwolle anpflanzte, sank der Preis noch weiter. Der Baumwoll-Urlaub verpflichtete die Landwirte kollektiv, nur so viel zu produzieren, wie nachgefragt wurde, ein Ergebnis, das für alle vorteilhaft war, aber nur erzielt werden konnte, wenn keiner ausscherte. Angeblich kam der Plan ursprünglich von einer Gruppe von Farmern aus dem Norden Louisianas oder vom Abgeordneten John Sandlin aus Minden im Nordwesten des Bundesstaates.[65] Geschickt umging Long das Problem, dass eine zwangsweise Reduzierung der Anbaufläche möglicherweise verfassungswidrig wäre, indem er als Grund für diese Maßnahme die Ausrottung des Baumwollkapselkäfers angab, was eindeutig verfassungsgemäß war. Durch Longs Bemühungen rückte der Beschluss eines solchen Anbauverbots in verlockende Nähe, und Long träumte zeitweise sogar schon davon, es international durchzusetzen.[66] Aber das Vorhaben scheiterte, als Texas, der größte Baumwollproduzent der USA, eine Beteiligung verweigerte, und Long zog daraus offenbar die Lehre, dass es einer verlässlicheren Methode

---

63 Long, »Will the God of Greed Pull the Temple Down«.
64 Shover, *Cornbelt Rebellion*.
65 Snyder, *Cotton Crisis; Morning Tribune*, »The Plan Came from Him«.
66 *The Times-Picayune*, »Long Advocates Limiting World Cotton Output«.

bedurfte, die Früchte der technologischen Kapazitäten breit zu verteilen. Aber wie sähe die zuverlässigere Methode aus?[67]

Es folgten Jahre intellektueller Suche. Long wandte sich nicht sofort der Besteuerung zu. In einer Rede in Alexandria hatte er 1927 Steuern lediglich erwähnt, um über die Verschwendung des Staates zu klagen: »Unsere Steuergelder werden oftmals sinnlos ausgegeben. [...] Wir sollten [...] den Weg für eine Steuersenkung frei machen, wo immer dies in der wirtschaftlichen Verwaltung der Staatsgeschäfte praktikabel oder möglich ist.«[68] Ein Finanzbeamter, der in Longs Amtszeit als Gouverneur in Louisiana tätig war, konnte sich nicht erinnern, dass dieser eine systematische Steuerphilosophie zur Umverteilung des Reichtums vertreten hätte, und erklärte lediglich, Long habe niedrige Steuern auf alles gewollt.[69]

Zur Steuerfrage kam Long in mehreren Schritten, die sich in seinen Beiträgen für seine Zeitung *Louisiana Progress* (später *The American Progress*) nachvollziehen lassen. In jeder Ausgabe schrieb er einen Leitartikel zu einem Thema, das ihn gerade beschäftigte, von Lokalpolitik bis hin zu Tiraden gegen Roosevelt. Die Zeitung erschien unregelmäßig, hielt sich aber in irgendeiner Form von 1930 bis 1940. Die Ausgaben von 1930 bis zu Longs Ermordung vermitteln einen Eindruck von der Entwicklung seiner politischen Vorstellungen.

Eine frühe Diagnose lautete, dass das Problem der Überproduktion durch den Überfluss verursacht wurde, der sich aufgrund des monetären Mechanismus anstaute. »Der Farmer kann Tierhäute erzeugen, hat aber nicht das Geld, um Schuhe für seine Kinder zu kaufen. Er kann Baumwolle so billig verkaufen, dass er keinen Kaliko und Gingham kaufen kann, um seine Familie einzukleiden.«[70] Im August 1931 schlug er Tauschhandel als Lösung der Überproduktionskrise vor: »Erinnern Sie sich an die Zeit, als Ihr Vater oder Ihre Mutter eine Tasse Bohnen gegen eine Tasse Zucker tauschte; oder als Ihr Vater einen Sack Kartoffeln gegen einen Sack Hafer tauschte, usw.? Nun, dazu müssen wir wieder zurückkehren, um zu verhindern, dass wir in diesem Herbst und Winter in diesem Land verhun-

---

67 Snyder, *Cotton Crisis*.
68 Huey P. Long, Rede in Alexandria, LA, 3. August 1927, Scrapbook #9, Huey Long Scrapbooks, Mss. 1666, Louisiana and Lower Mississippi Valley Collection, LSU Libraries, Baton Rouge, LA.
69 »Cooper«, Oral History Interviews, 16. Juli 1963, T. Harry Williams Papers, Mss. 2489, 2510, Louisiana and Lower Mississippi Valley Collection, LSU Libraries, Baton Rouge, LA.
70 Long, »Could It Ever Have Been«.

gern. [...] Vergessen Sie den kleinen Unmut und die Eifersüchteleien, die zwischen Ihnen und jemandem in Ihrer Nachbarschaft existieren mögen. [...] Wenn Sie einen Schuppen bauen müssen, schauen Sie, ob Ihr Freund etwas Bauholz hat, das er Ihnen gegen etwas Mais oder Kartoffeln gibt; wenn Ihr Vieh Futter braucht und Sie keines haben, versuchen Sie, es bei jemandem gegen etwas anderes einzutauschen. Legen Sie sommers wie winters einen guten Nutzgarten an. Vergessen Sie zu allen Jahreszeiten Steckrüben nicht. Denken Sie daran, dass allein schon Gemüsebrühe und Maisbrot weit reichen.« Und er erwähnt »einen kleinen Marktbrief, den wir von Harry D. Wilson herausgeben lassen. Darin listet er auf, was immer Sie tauschen möchten und was ein anderer einzutauschen hat.«[71]

Die rasante Wahlkampftour mit Hattie Caraway 1932 war ein wichtiger Moment, in dem die Saat für die spätere Share-Our-Wealth-Bewegung gelegt wurde. Es war Longs erster Wahlkampf zum Thema »Überfluss«.[72] Angeblich hielt er seine Reden aus dem Stegreif, aber von einer sind stenografische Notizen erhalten geblieben. Er begann mit Hinterwäldlerhumor und ging dann sehr bald zu dem über, was sein neues Markenzeichen werden sollte: »Warum ist das so? Warum? Zu viel zu essen und mehr Menschen hungern als in den Dürrejahren; zu viel anzuziehen und mehr Menschen nackt; zu viele Häuser und mehr Menschen obdachlos denn je zuvor. Warum? Dies ist ein Land der Überfülle und des Überflusses. Warum ist es auch ein Land des Hungers, der Nacktheit und der Obdachlosigkeit?«[73] Diese Wahlkampftour war in jeder Hinsicht ein beispielloser Erfolg. Eine Woche vor den Wahlen »räumte man Mrs. Caraway nicht einmal eine Außenseiterchance ein, einen wägbaren Anteil der Gesamtstimmen ihres Bundesstaates zu erringen. [...] Als eine Woche später die Stimmen gezählt wurden, stellte sich heraus, dass sie mehr Stimmen bekommen hatte als all ihre sechs Gegenkandidaten zusammen. Eine Landkarte der Stimmenverteilung machte später deutlich, dass sie ihre Stimmen in den Wahlkreisen bekam, die sie auf ihrer Blitztour mit

---

71 Ders., »Our National Plight«.
72 Hermann Deutsch, »›The Incredible Heterocrat‹ (Entwurf), o. D., S. 340, Hermann Bacher Deutsch Papers, Collection 130, Box 20, Louisiana Research Collection, Tulane University, New Orleans, LA.
73 Huey P. Long, »Huey Long speech for re-election of Senator Hattie Caraway«, o. D., »Stenographic report of extemporaneous speech [not prepared] delivered in Arkansas, for the reelection of Senator Hattie W. Caraway«, Hermann Bacher Deutsch Papers, Collection 130, Box 20, Folder 130-20-3, Louisiana Research Collection, Tulane University, New Orleans, LA.

Huey Long durch den Bundesstaat besucht hatte – 39 Versammlungen in ebenso vielen Wahlkreisen entlang einer gemessenen Fernstraßenstrecke von knapp 3400 Kilometern. In den Wahlkreisen, die ihre erstaunliche Reiseroute nicht berührte, bekam sie nur spärlich gestreute Stimmen, nicht genug, um die sprichwörtliche Schrotflinte zu laden.«[74] Deutsch schreibt: »Die Share-Our-Wealth-Bewegung war noch nicht geboren. Aber der Ideenhintergrund der heutigen Organisation brachte innerhalb einer einzigen Woche das politische Gefüge des Staates Arkansas zum Einsturz.« Nach einer von Longs Reden erhielt dessen Rivale ein Telegramm: »Ein Zyklon ist gerade hier durchgerauscht und kommt auf dich zu. Nur wenige Bäume stehen noch und selbst die sind stark beschädigt.«[75] Für Caraway bedeuteten Longs Reden den Wahlsieg, für Long demonstrierten sie die politische Zugkraft des Themas, das er angesprochen hatte.

In den folgenden Jahren wichen die frühen Gedankenspiele zum Tauschhandel folgenschwereren Überlegungen zu Schuldenmoratorien und einer Ausweitung der Geldmenge.[76] In mehreren Leitartikeln befürwortete Long die Wiedereinführung des Silberstandards als Antwort auf das Problem der sinkenden Kaufkraft. »Die Währung sollte noch stärker ausgeweitet werden, um den Leuten genug Geld für einfachen Handelsverkehr zu geben.«[77] Er kam offenbar zu dem Schluss, dass das Geld in Banken unter Verschluss gehalten wurde: »Da so viele Banken Anfang März und zuvor geschlossen haben, sind mehrere Millionen Dollar in Einlagen gebunden. Sie zirkulieren nicht mehr. Hinzu kommt, dass der Zentralbankvorstand sich nun so verhält, wie er das schon immer wollte, und nicht mehr Geld ausgibt; das Letzte, was wir von ihm gehört haben, ist, dass er eine Milliarde oder mehr eingezogen hat.«[78]

Seine Zeitung zeugt von Longs Ringen und seinem tastenden Umgang mit der Krise: »Die gesamte Geldmenge in unserem Land liegt bei etwa sechs Milliarden Dollar. Unser normaler Reichtum beträgt 360 Milliarden Dollar oder 60 Dollar an Vermögenswerten zu 1 Dollar an Geld. Es ist nicht

---

74 Hermann Deutsch, »›The Incredible Heterocrat« (Entwurf), o. D., S. 339, Hermann Bacher Deutsch Papers, Collection 130, Box 20, Louisiana Research Collection, Tulane University, New Orleans, LA.
75 Ebd., S. 339–340.
76 Long, »Moratoriums Necessary«.
77 Ders., »The First Thing We Must Do«.
78 Ebd.

genug Geld vorhanden, um es zu einem guten Tauschmittel zu machen. [...] Man wird verrückt, wenn man sich die Argumente und Gründe dafür und dagegen anhört. Aber ich bin ohne jeden Zweifel überzeugt, dass eine Remonetarisierung von Silber nur viel Gutes bewirken kann. [...] Und noch sicherer ist, dass es ein Heilmittel gegen jegliches Übel ist, Reichtum durch progressive Besteuerung umzuverteilen, sodass nicht ein Dutzend Leute das kontrollieren, was 120 Millionen Menschen brauchen.«[79]

Die progressive Besteuerung kristallisierte sich im Laufe der Monate und Jahre als Longs wichtigste politische Lösung heraus. Seine Aufmerksamkeit richtete sich auf die Steuern, weil sie auf Bundes- und Bundesstaatsebene ins Blickfeld rückten. Long war, wie gesagt, 1932 an den Bestrebungen beteiligt, eine nationale Umsatzsteuer zu verhindern. Stattdessen wollten radikale Senatoren, Long eingeschlossen, die Staatseinnahmen erhöhen, indem sie die Steuersätze für Reiche anhoben. Dieser Kampf festigte Longs Fokussierung auf Steuern, die in den folgenden Jahren nur noch wuchs. Eine Steuerreform in Louisiana 1933 bestärkte ihn in der Idee, eine Besteuerung der Reichen anzustreben.[80] Und eine Reihe von Studien zur Steuervermeidung Reicher machte um die Mitte der 1930er Jahre die breite Öffentlichkeit auf die Steuerfrage aufmerksam.[81]

Ein weiterer Anstoß für Longs Hinwendung zur Besteuerung war Roosevelts Bundesbehörde National Recovery Administration (NRA), die im Rahmen des National Industrial Recovery Act 1933 geschaffen wurde. Die NRA war möglicherweise der Hauptkatalysator für Longs Bruch mit Roosevelt.[82] Long war gegen die durch das Gesetz eingeführten Lohn- und Preisgrenzen, die seiner Ansicht nach »Eigenbluttransfusionen« darstellten – sie würden kleine Betriebe stärker betreffen als große, und eine Umverteilung von Kleinunternehmen sei lediglich eine Verschiebung von Kleckerbeträgen. Er erklärte, die NRA »wird einiges Gute bewirken, aber solange Reichtum nicht auf die Massen verteilt wird, kann sie nicht weit genug gehen. Sie behauptet, eine Transfusion vorzunehmen. Von wo? In der breiten Masse – von einem einfachen Mann zum anderen. Sie behauptet, Menschen aus dem Sumpf zu ziehen, wodurch? An ihrem eigenen Schopf? [...] Wenn wir unseren großen Wohlstand breit genug streuen, sodass allen im Land des Überflusses gedient ist – dann gäbe es

---

79 Ders., »The Money Fight«.
80 *Los Angeles Times*, »›Kingfish‹ Tells New Tax Plan«.
81 Thorndike, »The Unfair Advantage of the Few«.
82 Kennedy, *Freedom from Fear*, S. 237.

eine Transfusion in die Wirtschaft, einen Auftrieb für die Vergessenen, eine Hoffnung für unsere Nation.«[83]

Die NRA lenkte Longs Aufmerksamkeit auf die Umverteilungsfrage, weil sie nach seiner Einschätzung auf eine Umverteilung von der Masse an die Masse abzielte. Er fand, es liege auf der Hand, mehr Geld in die Hände der breiten Masse zu bringen, indem man es dort wegnehme, wo es zu viel davon gebe. Long führte aus: »Der Präsident will mehr Geld in die Hände der Masse bringen. Die Masse hat nicht das Geld, es einander zu geben. Einige wenige besitzen den gesamten Wohlstand, und in die Hände der Masse können wir Reichtum nur bringen, indem wir ihn von den Klassen nehmen, die alles haben.«[84]

Allmählich zeichneten sich die Elemente der Politik, die Long letztlich vertrat, deutlicher ab: Konzentration von Reichtum war nicht nur aus ethischen Gründen ein Problem – wie Long seit Langem erklärt hatte –, sondern auch, weil sie die breite Masse der Kaufkraft beraubte und die Wirtschaft zum Stillstand brachte; Geld in Umlauf zu bringen mochte eine Reaktion darauf sein, aber eine andere war, den Reichtum »von den Klassen zu nehmen, die alles haben«. Und sobald die Idee entstanden war, die Steuern für die Reichen zu erhöhen, ergab sich der Rest des Programms von selbst. Long hatte schon immer die Konzentration des Reichtums kritisiert, aber Ende 1933 und 1934 enthielt nahezu jeder seiner Leitartikel eine Tirade gegen diesen Zustand. Er behauptete, die Umverteilung von Reichtum werde von vielen befürwortet: von »Thomas Jefferson, Daniel Webster, Andrew Jackson, Theodore Roosevelt [...] William Jennings Bryan«, von »Abraham Lincoln, [...] Francis Bacon, Sir Thomas More, Jean-Jacques Rousseau, Thomas Edison [bis hin zu] den berühmten Medizinern, den Gebrüdern Mayo« und dem Funkpionier Guglielmo Marconi, John D. Rockfellers Pastor und dem Papst.[85] Er fand Unterstützung für diese Politik in der amerikanischen Verfassung, der Bibel und bei griechischen Philosophen und versuchte, den Kampf für eine Umverteilung des Reichtums mit der Amerikanischen Revolution zu verknüpfen.[86] Zudem argumentierte er, eine solche Umverteilung werde letztlich auch den reichsten Kapitalisten nützen, weil sie das System sta-

---

83 Long, »Transfusion With One's Own Blood«.
84 Ders., »Back to the Mark!«
85 Ders., »Behind the President«; ders., »The Way Out«; ders., »Why Change Tyrants?«; ders., »Why Stand Ye Here Idle?«.
86 Ders., »Poison for the Sick«; ders., »The Way Out«; ders., »Why Change Tyrants?«.

biler mache, und die Fehlverteilung von Reichtum sei die Ursache für den Niedergang von Imperien gewesen:[87] »Griechenland verging, Rom fiel, Ägypten, Babylon und alle nahmen ihren Lauf durch einen Kurs, durch wenige Reiche und Millionen Verarmte. Kann nationale Verwirrung diesen Fehler kaschieren?«[88] Für die Konzentration des Reichtums machte er die Weltwirtschaftskrise verantwortlich.[89]

Ende 1933 kam er zu dem Schluss: »Steuern sind die einzige Quelle, die eine Umverteilung von Reichtum gewährleistet. Die Last, die Menschen am unteren Ende tragen, sollte nicht nur so verlagert werden, dass die Reichen an der Spitze sie tragen, sondern so, dass die enormen Vermögen auf eine vertretbare Größe reduziert werden, der Staat dadurch unterstützt wird und der einfache Mann auf der Straße aus den zusätzlichen Ressourcen stetig gefördert wird, bis er einen durchschnittlichen Lebensstandard erreicht hat. Solche Steuersysteme sollten so lange von der Spitze abschöpfen und von unten aufbauen, bis alle ein anständiges Auskommen haben, das ausreicht, um nicht nur die Grundbedürfnisse und Annehmlichkeiten des Lebens, sondern auch einen gerechten Anteil am Luxus zu decken.«[90]

Und 1934 formulierte er sein berühmtes Programm: »Wenn wir die Vermögensgröße durch eine progressive Einkommenssteuer begrenzen, das Erben von Milliardenvermögen durch die Anwendung einer Erbschaftssteuer verbieten, gesetzlich festlegen, dass niemand mehr als 1 000 000 Dollar im Jahr verdienen darf – niemand mehr als 5 000 000 Dollar erben – niemand ein Vermögen von mehr als 100 000 000 Dollar besitzen darf – erst wenn wir diese Bestimmungen gesetzlich verankern, dann und erst dann werden wir das erreichen, was die NRA nicht geschafft hat, nämlich die Rückkehr von Wohlstand nach Amerika für alle Zeit.«[91] Im Zentrum des Programms stand zwar die Besteuerung, aber die Share-Our-Wealth-Vereine setzten sich auch für Bildungsausgaben ein, da Bildung den Jungen nicht nur eine Ausbildung verschaffte, sondern sie auch vom Arbeitsmarkt nahm und die gegenwärtig Arbeitslosen, die ihnen ihre Berufskenntnisse vermitteln konnten, wieder in Beschäftigung brachte: »Alles in allem geht es um ein Programm der nationalen

---

87 Ders., »The Dislocated Pause«; ders., »Why the Wolves Howl!«.
88 Ders., »Quo Vadis?«.
89 Ders., »A History Making Congress«.
90 Ders., »The Long Plan«.
91 Ders., »The Way Out«.

Organisation; es erfordert keinen großen oder belastenden Aufwand, da es einen Überschuss an Gütern und Dingen gibt, die für die Versorgung aller Studenten notwendig sind, und der Konsum derselben uns unmittelbar bei unseren Überproduktionsproblemen helfen wird.«[92] Außerdem führte Long aus: »Mit diesem Programm wird eine Altersrente für alle Menschen über 60 Jahren einhergehen; die vollständige Versorgung für Veteranen unserer Kriege; eine Begrenzung der Arbeitszeit; die Sorge für die gesamte Agrarproduktion, indem der Staat die Ernteüberschüsse soweit notwendig in Jahren übernimmt, in denen sie nicht gebraucht werden. Dazu wird es notwendig sein, dass der Staat in dem Bereich, in dem bestimmte Pflanzen für dieses Jahr nicht angebaut werden, gewisse öffentliche Arbeiten beauftragt.«[93]

Amerika als Land des Überflusses und das Rätsel der Armut inmitten dieses Überflusses waren die zentralen Themen in Longs Schriften kurz vor, während und nach seiner Gründung der Share-Our-Wealth-Vereine: »Hier haben wir der Wildnis ein Land abgerungen, das normalerweise 400 Milliarden Dollar und mehr wert ist.«[94] »Wenn ich mich heute in Amerika umschaue und in einem Teil Menschen hungern sehe, während in einem anderen Nahrungsmittel auf dem Feld verrotten, wenn ich in einem Bundesstaat Menschen in Güterwagen hausen und in einem anderen Tausende leerstehende Häuser sehe, wenn ich von kleinen Kindern lese, die in den Städten in Lumpen herumlaufen, während Farmer im Süden Baumwolle unterpflügen, wenn ich sehe, dass der Staat im Mittelwesten 5 000 000 Schweine vernichtet, während im Osten 5 000 000 Menschen hungern – wenn ich all das sehe, frage ich mich, auf welchem Weg wir uns befinden und wohin wir steuern.«[95]

Aber während Long in den frühen 1930er Jahren darüber lediglich verwirrt war, machte er 1934 einen konkreten Vorschlag, nämlich die Share Our Wealth Society: »Wollen wir dem Geldadel von Amerika erlauben zu sagen, dass er für ein solches Maß an Ungleichheit ist, dass in einem Land, in dem Milch und Honig fließen, den hier geborenen Kindern selbst das Lebensnotwendige vorenthalten wird, obwohl sie alle doch erklärtermaßen gleich geboren werden? [...] Lasst alle sich ordentlich ins Zeug legen. Lasst sie ihre Nachbarn sehen und fordert sie auf, sich einer Share Our

---

92 Ders., »The Educational Program Of The Share Our Wealth Society«.
93 Ders., »The Truth Will Set You Free!«.
94 Ders., »People! People!! PEOPLE!!!«.
95 Ders., »The Way Out«.

Wealth Society anzuschließen [...], damit alle Menschen in Amerika aufgerüttelt, aktiv und wachsam werden und alle fest entschlossen sind, dass in dem Land, in dem es Nahrung gibt, alle zu essen haben; in dem Land, in dem es eine Überfülle an Kleidung gibt, alle etwas anzuziehen haben; in einem Land, in dem es eine Überfülle an Häusern gibt, Wohnungen für alle da sind.«[96]

Progressive Besteuerung wurde für Long also zum zentralen Thema, weil das Problem, das er zu lösen versuchte, seiner Ansicht nach eines der Überproduktion und der dadurch verursachten Verzerrungen der Kaufkraft war. Der allgemeine Hintergrund für seine Befürwortung progressiver Steuern war ein Ringen mit der Frage, wie sich der Kapitalismus so gestalten ließe, dass er besonders auch für die Armen funktionierte. Long verwies gern auf den Gegensatz zwischen der Welt seiner Kindheit, in der die eigenständigen Anstrengungen einer Familie genügten, um all ihre Bedürfnisse vom Bau eines Eigenheims bis hin zur Selbstversorgung mit Nahrungsmitteln zu befriedigen, und der von komplexen wechselseitigen Abhängigkeiten geprägten Welt, in der er mittlerweile lebte. Für ihn wie auch für viele zeitgenössische Beobachter besonders beunruhigend war das Rätsel der Überproduktion – Baumwolle verdarb auf den Feldern, während Kinder keine Kleider hatten. In seinen Bemühungen, diese Welt zu begreifen, griff er auf die Ressourcen seiner juristischen Ausbildung in Louisiana und auf Elemente aus der Bibel zurück, um Maßnahmen gegen die Konzentration von Reichtum zu formulieren. Sein besonderes Augenmerk wurde auf die Besteuerung gelenkt, als es in den frühen 1930er Jahren zu einer Auseinandersetzung darüber kam, wie man die Staatseinnahmen steigern könnte, um die Kriegsschulden zu begleichen, ein Kampf, dessen Ausgang das Muster festlegte, nach dem der amerikanische Staat während des Zweiten Weltkriegs seine Einnahmen generieren sollte. Progressive Besteuerung wurde zur Antwort auf die Überproduktion. Obwohl Long Probleme wie Gesundheitsfürsorge nicht ausdrücklich erörterte und sie anscheinend nicht in seine Überlegungen einbezog, macht eine eingehende Untersuchung zur Entwicklung seiner Ideen klar, dass solche Fragen neben dem Hauptproblem, das all seine Energien aufzehrte, sekundär waren: dem Problem, wie sich Überproduktion bekämpfen ließ.

Forschende waren insofern übermäßig erbarmungslos gegenüber Long, als sie seine Argumente einfach abtaten. So behauptet Alan Brink-

---

96 Ders., »Vigilance!«.

ley, Long habe sich auf jahrzehntealte Studien berufen. Aber wie Long erklärte, stützten neuere Untersuchungen seine Argumente zur Konzentration von Reichtum,[97] unter anderem Harold Loebs *The Chart of Plenty* und eine Recherche von *The Daily News*: »Nachdem ich mich zwanzig Jahre lang bemüht habe, die Aufmerksamkeit des amerikanischen Volkes auf die Notwendigkeit zur Umverteilung des Reichtums in die Hände unseres Volkes zu lenken, sodass es in dem Land mit einem Überfluss an Nahrung und Kleidung keinen Hunger und keine Nacktheit gibt – am Ende dieser zwanzig Jahre der Turbulenzen und Mühen sage ich, dass das Eis zu schmelzen beginnt, die Wolken aufzureißen beginnen; es gibt nicht nur einen Silberstreif, sondern einen blauen Fleck am Himmel, der von Tag zu Tag größer wird.«[98]

Selbstverständlich war Long nicht der Urheber der Ideen und Debatten, an denen er sich beteiligte. Es waren kollektive Debatten, ausgelöst von einer eifrigen, gesellschaftsweiten Suche nach den Hebeln für Wirtschaftswachstum. Diese Episode sollte uns daran erinnern, in welchem Maße die Weltwirtschaftskrise das Marktsystem außer Kraft gesetzt und Beobachter und Politiker aller Richtungen veranlasst hatte, den gesellschaftlich konstruierten Charakter der Wirtschaftswelt in Betracht zu ziehen. Dies ist ein Punkt, der leicht vergessen wird. So unterstellt Alan Brinkley, dass die verheerenden Zustände, die Long um sich herum wahrnahm, normal und die Preise »von sich aus« gefallen seien.[99] Das ist ein Widerhall der traditionellen Kritik, bei dem Problem handele es sich schlicht um ein selbstverständliches Wirtschaftsphänomen.

Aber viele der allgemeinen Ideen, die Long wie viele andere Amerikaner zu durchdenken versuchten, wurden letztlich bestätigt. Long fragte sich, ob fehlende Kaufkraft ein Grund für die Wirtschaftskrise war, und obwohl die meisten Expertinnen die spezifische Argumentation zur Überproduktion ablehnten, dominierte die Sorge um die Kaufkraft die amerikanische Wirtschaft der Nachkriegszeit. Long fragte sich, ob die beschränkte Geldmenge der Grund für die Weltwirtschaftskrise war, und Friedman und Schwartz dachten diesen Gedankengang bis zum Ende durch; mittlerweile gilt die Erklärung, dass die Weltwirtschaftskrise durch eine übermäßig restriktive Geldmenge verursacht wurde, als gängige Meinung. Zu Recht lenkte Long die Aufmerksamkeit auf diese

---

97 Siehe z. B. ders., »Share Our Wealth is Coming«.
98 Ders., »Forcing the Truth To Light«.
99 Brinkley, *Voices of Protest*, S. 40.

Probleme, auch wenn die von ihm vorgeschlagenen Lösungen nicht das waren, worauf sich Analysten mit dem Vorteil jahrzehntelanger Sachkunde letztlich einigten. Long war kein Wissenschaftler und sein Herangehen enthielt Widersprüche. So berechnete er die Steuerbeträge falsch, die Reiche tragen könnten und die zur Umverteilung zur Verfügung stünden, wie Brinkley und andere aufzeigten, und er ignorierte munter den Unterschied zwischen liquiden und illiquiden Vermögenswerten. Aber die politische Welt Amerikas ist dem allgemeinen Prinzip der progressiven Besteuerung treu geblieben. Wenn Long darum rang, eine Politik zu formulieren, die nicht selbstverständlich war, so leben wir in der nicht selbstverständlichen Welt, die diese Politik geschaffen hat.

Diese eingehende Einschätzung zu Longs Vorstellungen gibt uns einen Hinweis auf seine populäre Anziehungskraft. Häufig heißt es, sie sei schwer nachzuvollziehen und habe etwas von einem magischen oder mystischen Charisma. Charisma mag durchaus eine Rolle spielen, aber der Grund für Longs Erfolg war letztlich, dass er sich ernsthaft bemühte, die wesentlichen Wirtschaftsfragen seiner Zeit zu durchdenken. Seine Ideen standen mit einem radikalen Umdenken in Bezug auf Wirtschaftsinstitutionen in den 1930er Jahren in Einklang.

Zudem war Longs Herangehensweise fester in einer amerikanischen Tradition staatlicher Intervention verankert, als ihm zugestanden wurde. Im frühen 20. Jahrhundert standen die USA vor der besonderen Herausforderung, mit ihrem plötzlich wachsenden Wohlstand umzugehen; damals waren sie wesentlich produktiver als jedes europäische Land. Als »Land des Überflusses« hatten sie mit Preisschwankungen und Instabilität zu kämpfen. Viele der einzigartigen Merkmale des amerikanischen Staates lassen sich auf diese Probleme zurückführen. Im Ringen mit diesen Herausforderungen bildeten sich Lösungen heraus, die zu einer Fokussierung auf den Einsatz der konzentrierten Staatsmacht gegen die Konzentration von Kapital führte. Ziel dieser Tradition war letztlich – wie in jedem anderen westlichen kapitalistischen Land –, ein Funktionieren des Kapitalismus zu gewährleisten und zwar ein Funktionieren für das Volk. Longs Bemühungen waren Teil der allgemeinen Bestrebungen der westlichen Welt, durch ein radikales Umdenken in Bezug auf die Vorstellungen von Privateigentum und Umverteilung von Reichtum für das Funktionieren des Kapitalismus zu sorgen. Aber anders als in Europa, wo die Verwüstungen der Kriegszeit zu Bestrebungen führten, den Staat zur Regeneration des Kapitalismus zu nutzen, indem man sich auf Exporte und Konsumzurückhaltung konzentrierte, versuchte man in der um die

Jahrhundertwende extrem produktiven amerikanischen Wirtschaft die Macht des Staates einzusetzen, um Reichtum im Interesse eines Wirtschaftswachstums aufzubrechen, von dem das ganze Volk profitieren würde. Die progressive Besteuerung ist Teil dieser Geschichte.

Der Werdegang Huey Longs und der progressiven Besteuerung ermöglicht es uns, ein weiteres Schlüsselelement der amerikanischen Geschichte zu überdenken. Gewöhnlich gelten Südstaatenpolitiker als Hemmschuh des Progressivismus. Aber Huey Long war ein Südstaatenpolitiker, der einen Weg fand, eine populistische Zugkraft zu entfalten, die zugleich progressiv war, eine populistische Zugkraft, die nicht auf *race* setzte. Long nimmt zu Recht einen Platz in der Tradition der progressiven Bewegung ein. Diejenigen, die das amerikanische Steuersystem kritisieren, weil es nicht progressiver gestaltet ist, übersehen, wie ungewöhnlich progressiv es im Vergleich zu anderen ist. Nachdem die Ära des Progressivismus wichtige Grundlagen für die progressive Besteuerung geschaffen hatte, beriefen sich Huey Long und andere wie er auf einen weniger gängigen Teil des Populismus, um progressive Steuern nicht nur als moralisches Gut, sondern als wirtschaftliche Notwendigkeit zu interpretieren.

Bevor wir uns jedoch einer Feier Longs durch die Progressive Bewegung zuwenden, sei hier auf eine historische Ironie hingewiesen. Wie in Kapitel 6 erörtert, vertreten mehrere Forschende die Auffassung, regressive Steuern seien die Grundlage eines jeden europäischen Sozialstaates, während progressive Steuern einen schwierigen Weg darstellen, Staatseinnahmen zu generieren. Falls das zutrifft, trug Longs populistische Zugkraft zumindest langfristig ebenso viel, wenn nicht sogar mehr als die rassistische Zugkraft anderer Südstaatenpolitiker dazu bei, den Sozialstaat zu untergraben. Kurzfristig erwies sich die Einkommenssteuer als flexibles, erfolgreiches Instrument, Staatseinnahmen zu generieren, das einen wachsenden Staat untermauerte, unter anderem auch einen anfänglichen Sozialstaat. Aber nach Ansicht von Experten traten die Grenzen eines progressiven Steuersystems zutage, als die Wirtschaftskrise der 1970er Jahre die hoch entwickelten Industriestaaten traf. Wenn die These stimmt, dass regressive Steuern die Entwicklung des Sozialstaats erleichtern – eine Frage, mit der wir uns in Kapitel 6 befassen –, untergruben Huey Long und die Agrar-Etatisten durch ihre Fokussierung auf progressive Besteuerung und ihre vehemente Ablehnung regressiver Steuern die langfristigen Möglichkeiten des amerikanischen Staates, Einnahmen zu erzielen, und brachten die USA damit auf den Weg, dem sie bis heute folgen.

6 Progressive Besteuerung und der Sozialstaat

Die Kapitel 4 und 5 befassten sich mit der Ausprägung von zwei charakteristischen Merkmalen des progressiven Steuersystems der USA: dem Scheitern einer Umsatzsteuer und der Verpflichtung auf progressive Einkommenssteuern. Dieses Kapitel analysiert nun die Folgen dieser Merkmale für den Sozialstaat. Obwohl der Sozialstaat in den Gesellschaftswissenschaften ausgiebig untersucht wurde, waren diese Studien häufig losgelöst von solchen zum Steuersystem. Das führt zu einseitigen Interpretationen der Politik, die unterstellen, Sozialprogramme ließen sich als Reflexionen vorherrschender Ansichten über die Armen begreifen, als ob allein schon der Wunsch nach Staatseinnahmen diese automatisch generiere. Unsere Erklärungen der Politik in den fiskalischen Möglichkeiten des Staates zu verankern, liefert ein realistischeres Bild und zeigt, dass die Art der Steuererhebung eigenständige – und etwas überraschende – Auswirkungen für den Sozialstaat haben kann.

Trotz der allgemeinen Tendenz, den Zusammenhang zwischen Besteuerung und Sozialausgaben zu ignorieren, gibt es dazu eine kleine Anzahl hervorragender Arbeiten. Einer der ersten Wissenschaftler, die argumentierten, dass die Art der Steuererhebung Auswirkungen auf den Sozialstaat haben könnte, war der Soziologe Harold Wilensky. Ähnlich wie klassische italienische Theorien zu Staatsfinanzen und der »Fiskalillusion« stellte er fest, dass der schwedische Sozialstaat in den 1970er Jahren offenbar indirekte Steuern wie die Mehrwertsteuer und andere Umsatzsteuern erhöhte.[1] Im Laufe der folgenden dreißig Jahre entwickelte er die Argumentation, dass »der Druck auf das verfügbare Real-

---

1 Wilensky, *The Welfare State and Equality*.

einkommen durch steigende Preise und Staatsausgaben den größten Widerstand gegen Steuern in den Ländern schafft, die dumm genug sind, zu stark auf schmerzlich sichtbare Steuern zu setzen, vor allem auf Einkommens- und Vermögenssteuern für Haushalte«.[2] Wilensky berechnete einen »Gegenreaktionswert« *(backlash score)* für die Intensität und Dauer von Steuerprotesten, die zwischen 1965 und 1975 politisch erfolgreich waren, und stellte eine Korrelation zwischen der Gegenreaktion auf Steuern und dem Anteil sichtbarer Steuern in der Struktur der Staatsentnahmen fest. Direkte Steuern wie Einkommens-, Vermögens-, Kapitalgewinn-, Erbschafts- und Schenkungssteuern stufte er als sichtbar ein, also »Abgaben, die in einem oder zwei großen Beträgen von Steuerzahlern eingezogen werden, die glauben, dass sie keine unmittelbaren Leistungen entsprechend ihren Beiträgen erhalten werden«.[3] Der Mechanismus, der laut Wilensky Steuern sichtbar macht, ist die geringe Häufigkeit und die Größe der Zahlungen, ebenso wichtig ist jedoch, dass die Vorteile, die solche Steuern erkaufen, unsichtbar bleiben. Dagegen werden Umsatzsteuern in häufigen kleinen Zahlungen erhoben, die der Steuerzahler nach Wilenskys Schema nicht spürt, während Lohnsteuern (die den Sozialstaat unmittelbar finanzieren) toleriert werden, weil ihre Vorteile sichtbar sind. Ein Punkt, den Wilensky nicht weiter ausführt, der aber ebenfalls erwähnt werden sollte, ist, dass der Staat detaillierte Informationen über das Einkommen von Steuerzahlern braucht, um Steuern zu erheben, die nach Einkommen unterscheiden. Das Verfahren, diese Einkommenssteuer einzutreiben, kann ein für den Steuerzahler ärgerliches Ritual sein, da es ihm im Gegensatz zu anderen Formen, die wie die Konsumsteuern nicht nach Einkommen unterscheiden, unmittelbare Informationen über die Steuerbelastung an die Hand gibt.

In einer direkten Zurückweisung der Politik Huey Longs, mit der sich Kapitel 5 befasste, argumentiert Wilensky: »Unter den von der amerikanischen Linken bereitwillig aufgegriffenen Mythen ist der irreführendste, dass der Weg zur Gleichberechtigung über progressive Einkommenssteuern für Unternehmen und Vermögen führt. [...] Tatsächlich haben die egalitärsten und zivilisiertesten Demokratien leicht regressive Steuersysteme und höchst progressive Ausgabenprogramme.«[4]

---

2 Ders., *Rich Democracies*, S. 379.
3 Ebd., S. 715.
4 Ebd.

Wilenskys »backlash scores« wurden nicht quantitativ repliziert, und mehrere wichtige Fragen sind nach wie vor zu klären, beispielsweise warum der Anteil der sichtbaren Steuern statt deren absolutes Niveau das relevante Kriterium sein sollte: Gemessen als Prozentanteil des Bruttoinlandsprodukts, sind die sichtbaren Steuern in entwickelten Sozialstaaten hoch, und erst wenn man sie als Prozentsatz der gesamten Steuereinnahmen misst, werden die von Wilensky erörterten relativen Stellenwerte klar. Dem liegt die Annahme zugrunde, dass Bürgerinnen die *sichtbaren* Kosten gegen die *gesamten* vom Staat erbrachten Leistungen abwägen, was jedoch nicht empirisch belegt ist.

Dennoch gibt es sowohl auf Mikro- wie auf Makroebene Belege, die Wilenskys Argumentation stützen. Psychologische Experimente erhärten seine Behauptung, dass die Sichtbarkeit von Steuern für die Einstellungen dazu auf Mikroebene wichtig ist. So zeigten Chetty, Looney und Kroft in einem Feldexperiment, dass der Verkauf eines Produkts zurückgeht, wenn die Umsatzsteuer in dessen Preis ausgewiesen ist, obwohl Käufer wissen, dass eine Umsatzsteuer erhoben wird, auch wenn sie nicht ausgewiesen wird.[5] Finkelstein zeigte in einem Feldexperiment, dass sich die Mauteinnahmen um 20 bis 40 Prozent erhöhten, wenn die Gebühren elektronisch erhoben wurden, sodass die Fahrer sich der Zahlungen weniger bewusst waren.[6] Und Gallagher und Muehlegger wiesen nach, dass ein Steuernachlass in Form eines Verzichts auf Umsatzsteuern effektiver ist als ein weniger sichtbarer Entlastungsbetrag bei der Einkommensteuer.[7] Umfragen zu Einstellungen gegenüber unterschiedlichen Steuern ergaben gemischte Ergebnisse.[8] Allerdings nannten die Erhebungsprotokolle zunächst eine bestimmte Steuerart und fragten dann, wie die Befragten dazu standen, und das scheint nicht der beste Weg zu sein, um zu erfahren, ob sie sich in ihrem Alltagsleben über eine bestimmte Steuer Gedanken machen. Die experimentellen Belege erscheinen da überzeugender.

Historische Fallstudien finden auch auf der Makroebene Erhärtendes für Wilenskys Argumentation. In meinen Arbeiten zum vergleichsweisen Erfolg oder Scheitern neoliberaler Bewegungen in den USA, Großbri-

---

5 Chetty/Looney/Kroft, »Salience and Taxation«.
6 Finkelstein, »Tax Salience and Tax Rates«.
7 Gallagher/Muehlegger, »Giving Green to Get Green«.
8 Siehe z. B. Advisory Commission on Intergovernmental Relations, S. 1; Hadenius, »Citizens Strike a Balance«; Dornstein, »Taxes«.

tannien, Frankreich und Westdeutschland stellte ich fest, dass die Entwicklung genauso ablief, wie Wilensky es darstellt: In den USA waren die unpopulärsten Steuern, die die neoliberale Revolte auslösten und die Aufmerksamkeit der politischen Entscheidungsträger erregten, die Vermögens- und Einkommenssteuer; in Großbritannien sah die Regierung Thatcher voraus, dass eine Erhöhung der Einkommenssteuer unpopulär wäre, und erhöhte angesichts eines Haushaltsdefizits stattdessen die Umsatzsteuer; in Deutschland und Frankreich war die Besteuerung dagegen auf eine Weise mit den Ausgaben verknüpft, die den Nutzen der Steuern ersichtlich machte und es Politikern daher erschwerte, durch Steuersenkungen sonderlichen politischen Einfluss zu gewinnen.

Eine wichtige Ausweitung von Wilenskys Arbeit ist Junko Katos Argument, dass die Einführung einer Mehrwertsteuer vor den wirtschaftlichen Schwierigkeiten der 1970er Jahre es Politikerinnen erlaubte, das Gesamtniveau der Staatseinnahmen zu erhöhen, als es zum Wirtschaftsabschwung kam, während das Fehlen dieses Instruments vor den 1970er Jahren es Politikern schwer machte, in einem Umfeld mit geringem Wachstum eine neue Steuer einzuführen.[9] Kato argumentiert: »Als regressive Pauschalsteuer auf breiter Basis hat die Mehrwertsteuer, wenn sie eingeführt ist, eine starke Steuerertragswirkung, die der Einkommenssteuer fehlt. Die breite Grundlage der Besteuerung von Konsum, der im Verlauf wirtschaftlicher Auf- und Abschwünge nicht so stark schwankt wie die Einkommen, gewährleistet selbst bei einer leichten Erhöhung des pauschalen Steuersatzes hohe Steuereinnahmen.«[10] Hatte ein Land in wirtschaftlich guten Zeiten jedoch keine Mehrwertsteuer eingeführt, verhinderte die Opposition dagegen nach den 1970er Jahren deren Entwicklung zu einem erfolgreichen Instrument der Steuererhebung. Kato fügt Wilenskys Analyse also ein historisches Element hinzu und argumentiert, nicht nur die Steuerart spiele eine Rolle, sondern auch der Zeitpunkt ihrer Einführung. Die erfolgreichsten Steuersysteme seien solche, die auf der Basis weniger sichtbarer Steuern in den Wohlstandsjahrzehnten nach dem Zweiten Weltkrieg entstanden.

Peter Lindert sieht einen zweiten Zusammenhang zwischen Steuersystem und Sozialstaat.[11] Während Wilensky sich auf die politischen Folgen progressiver Besteuerung konzentriert, richtet Lindert sein Augenmerk

---

9 Kato, *Regressive Taxation*.
10 Ebd., S. 27.
11 Lindert, *Growing Public*.

vornehmlich auf die wirtschaftlichen Konsequenzen und behauptet, es sei eine stabilere Strategie, statt auf progressive Kapital- und Einkommenssteuern auf regressiv wirkende Steuern und Abgaben auf Arbeit und Konsum zu setzen, weil diese wirtschaftlich weniger verzerrend wirkten: »Entgegen den Annahmen vieler über umverteilende Sozialstaaten lässt [deren Art der Besteuerung] das Bruttoinlandsprodukt und die Ungleichheit im Vergleich zum Steuermix in Ländern mit geringeren Ausgaben tendenziell steigen. In manchen Sozialdemokratien mit hohen Abgaben und großem Staatshaushalt sind die Steuern auf Kapitalakkumulation tatsächlich *niedriger* als die auf Arbeitseinkommen und suchtgefährdende freizeitorientierte Güter.«[12] Vor allem die skandinavischen Länder zeichnen sich durch niedrige Steuern auf Kapitaleinkommen und durch ihren umfangreichen Sozialstaat aus. Ein Grund für den größeren Erfolg von Konsumsteuern ist, dass Kapitalsteuern zur Kapitalflucht führen können: »Kapital ist international mobil und würde positive Produktivitätseffekte mitnehmen, wenn es abwanderte.«[13] Steffen Ganghof vertritt in einer Reihe von Publikationen die Auffassung, dass regressive Steuern mit Wirtschaftswachstum vereinbar seien, liege in erster Linie daran, dass sie eine geringe Steuerbelastung von Kapital erlauben.[14] (Zudem behauptet er, dass sich eine niedrige Kapitalbesteuerung auch in progressiven Steuersystemen erreichen ließe, indem man zwischen Kapital- und Arbeitseinkommen differenziere, allerdings unterschätzt er möglicherweise die politischen Schwierigkeiten, dies durchzusetzen.) Bislang hat Kapitalflucht offenbar noch nicht zu der von vielen befürchteten Abwärtsspirale bei Steuern und Sozialausgaben geführt, aber nach Ansicht mancher Experten hat die Globalisierung verhindert, dass die Steuerlast auf Kapital stieg, und das mag das Geheimnis der Stabilität europäischer Sozialstaaten sein.[15]

Ein weiterer angeblicher Vorteil von Konsumsteuern ist der Sparanreiz, den sie bieten: »Wenn man jetzt und für alle Zeit lediglich einer Konsumsteuer von 15 Prozent und keiner Einkommenssteuer unterliegt, wird der Sparanreiz nicht sonderlich beeinträchtigt. [...] Dagegen belasten Einkommenssteuern das ersparte Einkommen zweimal, sowohl anfangs, als das Einkommen, das man zu sparen beschließt, erwirtschaftet wurde, als

---

12 Ebd., S. 235.
13 Ebd., S. 241.
14 Ganghof, »Tax Mixes and the Size of the Welfare State«; ders., »The Political Economy of High Income Taxation«; ders., »The Politics of Tax Structure«.
15 Genschel, »Globalization, Tax Competition, and the Welfare State«.

auch, wenn das Ersparte neues Kapitaleinkommen erzielt.«[16] Das sollte in Systemen, die auf Konsumsteuern setzen, zu höheren Sparvermögen und folglich zu größerem Wirtschaftswachstum führen. Aus diesen Gründen sind nach Linderts Auffassung regressive Steuern eher mit Wirtschaftswachstum vereinbar, während progressive Steuern es verzerren. Nach dieser Darstellung ist die politische und breite öffentliche Unterstützung für eine Senkung der Einkommens- und Vermögenssteuern keine unmittelbare Folge ihrer Sichtbarkeit, sondern eine indirekte Folge ihrer Auswirkung auf das Wirtschaftswachstum. Mehrere Wirtschaftsstudien erhärten das Argument, dass Konsumsteuern mit größerem Wirtschaftswachstum einhergehen.[17] Lucas brachte das berühmte Argument vor, der effiziente Steuersatz auf Kapital liege bei null.[18]

Die vorhandenen Arbeiten zum Zusammenhang zwischen Steuern und Sozialausgaben betonen also die negativen politischen und wirtschaftlichen Auswirkungen progressiver Steuern vor allem nach den wirtschaftlichen Schwierigkeiten der 1970er Jahre. Obwohl die spezifischen Mechanismen, durch die progressive Steuern den Sozialstaat untergraben, nach wie vor umstritten sind, unterstellen diese Erklärungen, dass ein progressives Steuersystem an den größeren Schwierigkeiten beteiligt war, in den letzten Jahrzehnten Sozialstaaten aufzubauen oder beizubehalten. Nach Ansicht mancher Wissenschaftler und Politikerinnen gibt es keinerlei Gewähr, dass die höheren Staatseinnahmen durch eine regressive Besteuerung im amerikanischen Kontext in Sozialausgaben geflossen wären und nicht in Militärausgaben oder andere derartige Aufwendungen; das war schon immer ein Grund, weshalb linksgerichtete amerikanische Kräfte einer regressiven Besteuerung mit Vorsicht begegnet sind. Ein liberaler Senator erklärte Sven Steinmo in einem Interview seine Opposition gegen eine nationale Konsumsteuer: »Niemand kann mir garantieren, dass das Geld, das durch Steuern auf die Lebensmittelausgaben amerikanischer Arbeiter eingenommen wird, jemals zum Nutzen eben dieser Arbeiter ausgegeben wird. Woher soll ich wissen, ob

---

16 Lindert, *Growing Public*, S. 241–242; Hines, »Taxing Consumption«.
17 Summers, »Capital Taxation«; zu einem Überblick siehe Kneller/Bleaney/Gemmell, »Fiscal Policy and Growth«; Pecorino, »The Growth Rate Effects«; Johansson/Heady u. a., Working Paper No. 620; Jorgenson/Yun, »Tax Policy and Capital Allocation«; Widmalm, »Tax Structure and Growth«; siehe dagegen Angelopoulos/Economides/Kammas, »Tax-Spending Policies and Economic Growth«.
18 Lucas, »Supply-Side Economics«.

diese Steuergelder für Sozialausgaben oder für mehr Verschwendung im Pentagon ausgegeben werden?«[19] Aber in der amerikanischen Geschichte wurden schon mehrmals Vereinbarungen über regressive Steuern für progressive Ausgaben getroffen, wie wir beim Agricultural Adjustment Act und dem Social Security Act gesehen haben. Wieder einmal werden die wahrgenommenen Unterschiede zwischen den USA und anderen Ländern möglicherweise übertrieben.

Historiker und historisch orientierte Sozialwissenschaftlerinnen haben noch eine dritte Art betont, auf die das ungewöhnliche amerikanische Steuersystem die Entwicklung des Sozialstaates beeinträchtigte, dabei konzentrierten sie sich auf eine frühere Periode. Von 1913 bis 1954 waren freiwillige Sozialleistungen wie Betriebsrenten und Krankenversicherungen durch den Arbeitgeber dank einer Reihe von Steuergesetzen steuerfrei. Unternehmen, die nach Möglichkeiten suchten, ihre Steuerlast zu senken, sahen in freiwilligen Sozialleistungen eine hilfreiche Möglichkeit, Effektivlöhne zu erhöhen, vor allem während der Lohnpause von 1942, als direkte Lohnerhöhungen unmöglich waren. Die weitverbreitete Einführung freiwilliger Sozialleistungen verdrängte den Staat aus der Alters- und Gesundheitsfürsorge, weil diejenigen, die eine private Sozialversicherung besaßen, fürchteten, staatliche Alternativen würden qualitativ schlechtere Leistungen bieten als ihre gegenwärtige vom Arbeitgeber finanzierte Versicherung.[20]

Jacob Hacker mahnt, dass Steuerentscheidungen nicht der einzige Faktor hinter dem Aufkommen der arbeitgeberfinanzierten Sozialversicherung waren.[21] Sie war auch nicht der einzige Grund für das wiederholte Scheitern einer gesetzlichen Krankenversicherung.[22] Dennoch sind sich alle Analysten einig, dass Steuerentscheidungen ein wesentlicher Faktor für die Entwicklung der arbeitgeberbasierten Sozialversicherung war,

---

19 Zit. in: Steinmo, »Political Institutions and Tax Policy«, S. 515.
20 Quadagno, »Welfare Capitalism and the Social Security Act«; dies., *The Transformation of Old Age Security*; Stevens, »Blurring the Boundaries«; Brown, »Bargaining for Social Rights«; Dobbin, »The Origins of Private Social Insurance«; Jacoby, »Employers and the Welfare State«; Howard, *The Hidden Welfare State*; Hacker, *The Divided Welfare State*; Thomasson, »The Importance of Group Coverage«; Gordon, *Dead on Arrival*; Klein, *For All These Rights*; Jacobs/Skocpol, *Health Care Reform*.
21 Hacker, *The Divided Welfare State*; siehe auch Jacoby, *Modern Manors*; und Klein, *For All These Rights*.
22 Siehe z. B. Gordon, *Dead on Arrival*; Quadagno, »Why the United States Has No National Health Insurance«.

die erheblich zur Erklärung des unterentwickelten Sozialstaats beiträgt. Was die in dieser Tradition verhafteten Analysten jedoch nicht erklären können, ist, woher dieses System der Steuervergünstigungen für freiwillige Sozialleistungen kam, das sie häufig als etwas Exogenes behandeln.

Der folgende Abschnitt dieses Kapitel befasst sich mit der Geschichte dieser Steuervergünstigungen für freiwillige Sozialleistungen und zeigt, dass diese Merkmale des Steuerrechts gerade im progressiven Charakter wurzelten, den Akteure wie Huey Long gefordert hatten. Bereits vor dem Aufkommen des Neoliberalismus in den 1970er Jahren war progressive Besteuerung wichtig, weil sie eine neue politische Welt schuf, die eine Politik der Steuervergünstigungen in den Mittelpunkt rückte und den amerikanischen Sozialstaat in private statt in staatliche Bahnen lenkte.

Das Aufkommen von Steuervergünstigungen für private Sozialleistungen

Eines der vergleichsweise ungewöhnlichsten Merkmale des amerikanischen Steuerwesens ist das Vorherrschen von Steuervergünstigungen, also von steuerrechtlichen Bestimmungen, durch die sich die Steuerschuld eines Steuerzahlers etwa durch eine Steuerbefreiung für bestimmte Einkommensarten, einen Nachlass für bestimmte Tätigkeiten oder eine Steuergutschrift verringert. Gewöhnlich werden sie für ein bestimmtes Verhalten eingeräumt. So werden Steuerzahlerinnen für ihre Hypothekenzahlungen belohnt, indem sie die Hypothekenzinsen von ihrem zu versteuernden Einkommen absetzen können. Die Steuergutschrift für Erwerbseinkünfte (Earned Income Tax Credit) belohnt sie für ihre Erwerbstätigkeit. Steuervergünstigungen werden gemeinhin als Schlupflöcher im Steuerrecht bezeichnet, was jedoch ungenau ist. Manche Experten nennen sie *Steueraufwendungen*, allerdings ist diese Terminologie nach meiner Auffassung irreführend, daher verwende ich hier den Begriff Steuervergünstigungen.[23]

Das amerikanische Steuerrecht ist voller Vergünstigungen.[24] Sie wurden bereits von Anfang an im amerikanischen Steuerwesen verankert, als das Einkommenssteuergesetz von 1913 die Absetzbarkeit von Hypothekenzinsen für Eigenheime vorsah. Steuerabzüge für freiwillige Sozialleis-

---

23 Prasad, »Tax ›Expenditures‹ and Welfare States«.
24 Howard, *The Hidden Welfare State*.

tungen von Arbeitgebern und die Steuerbefreiung solcher Leistungen für Arbeitnehmer wurden mehrfach durch Entscheidungen ratifiziert – 1926, 1939, 1942/43 und 1954 – und sorgten für eine steigende Nachfrage nach privaten Krankenversicherungen. Der Kongress verabschiedete 1926 ein Gesetz, das die Praxis des Finanzministeriums förmlich verankerte, Unternehmenssteuern auf Ausgaben für Betriebsrenten zurückzustellen. Besonders wichtig für die Entwicklung der privaten Sozialversicherung waren die folgenden Entscheidungen: 1939 beseitigte das US-Finanzamt Unsicherheiten, welche freiwilligen Sozialleistungen zu versteuern waren; 1943 stellte die Finanzbehörde in einem Verwaltungsentscheid fest, dass Arbeitgeberbeiträge zu privaten Gruppenversicherungen der Steuerbefreiung unterliegen; und 1954 verankerte der Kongress den Verwaltungsentscheid von 1943 im Steuergesetz, beendete damit die Unsicherheit, ob er ein Gerichtsurteil überstehen würde, und weitete ihn auf alle Arten der Krankenversicherung aus, auch auf betriebliche Versicherungen.[25]

Trotz der außerordentlichen Bedeutung von Steuervergünstigungen in den USA sind ihre Ursprünge unklar. Bereits das während des Bürgerkriegs verabschiedete Steuergesetz erkannte an, dass »zur Ausübung eines Gewerbes, Betriebs oder Berufs notwendig angefallene und bezahlte Aufwendungen wie Miete für Geschäftsräume und Löhne für Angestellte« steuerlich absetzbar waren und folgte damit dem britischen Vorbild, das »übliche und notwendige« Steuerabzüge zuließ.[26] Die älteste Steuervergünstigung, der Abzug von Hypothekenzinsen, ist »einer der ersten Bausteine des verborgenen Sozialstaats«.[27] Er wurde erstmals im Einkommensteuergesetz von 1913 festgelegt, das »auf jegliche Schulden gezahlte Zinsen, einschließlich, aber nicht ausschließlich auf Hypotheken« von dieser Steuer ausnahm. »So genossen alle Personen, die sich für den Kauf eines Hauses verschuldeten, von Anfang an gemeinsam mit allen verschuldeten Konsumenten eine Sonderstellung im Steuerrecht. Diese Gestaltung vergrößerte effektiv die potenzielle Unterstützungsbasis für den Steuerabzug von Hypothekenzinsen.«[28] Ursprünglich stand dahinter

---

25 Jacoby, »Employers and the Welfare State«; Dobbin, »The Origins of Private Social Insurance«; Howard, *The Hidden Welfare State;* Hacker, *The Divided Welfare State;* Thomasson, »The Importance of Group Coverage«.
26 United States Internal Revenue Service, *The Excise Tax Law.*
27 Howard, *The Hidden Welfare State,* S. 49.
28 Ebd.

keineswegs die Absicht, sich speziell auf Hypotheken für Eigenheime zu konzentrieren. Im Gesetzestext hieß es lediglich, »alle Zinszahlungen, die eine steuerpflichtige Person innerhalb eines Jahres auf Schulden leistet«, sind steuerlich abzugsfähig.[29]

Da es darüber im Kongress keine ausdrückliche Debatte gab, vermuten Forschende, dass es sich um eine administrative Notwendigkeit und einen Wunsch nach Vereinfachung handelte, was möglicherweise dem orthodoxen Verständnis der Absetzbarkeit von Zinszahlungen entspricht. Wie Howard anmerkt, hatte der Kongress Bedenken, geschäftliche Schulden – die nach Ansicht aller als notwendige Geschäftsausgaben steuerlich abzugsfähig sein sollten – mit privaten Schulden zu vermischen. Da er aber Einfachheit bevorzugte, weitete er die Abzugsfähigkeit auf sämtliche Schulden aus.[30] Obwohl dies später mit dem Argument begründet wurde, Steuerabzüge von Zinszahlungen für Schuldner seien logisch notwendig, da Gläubiger bereits Steuern auf erhaltene Zinsen zahlten, lassen die historischen Belege vermuten, dass sie eher »versehentlich« zustande kamen und nicht Teil einer logischen Planung waren.[31] Howard spekuliert, dass der größere soziale Kontext den Kongress veranlasst haben könnte, Steuerabzüge für alle Schulden ausdrücklich zuzulassen, da »diese Behandlung von Schulden [...] günstig für Agrarinteressen im Süden und Westen war«.[32] Für die Populisten der Jahrhundertwende waren Schulden ein derart zentrales Thema, dass die Absetzbarkeit von Schulden aller Art lediglich eine populistische Tradition fortsetzte. Angesichts der etablierten Praxis, bestimmte Arten von Schulden bei Gerichtsverfahren auszunehmen und Eigenheime vor der Insolvenz zu schützen, sollte es nicht überraschen, dass Maßnahmen zugunsten von Schuldnern kaum kommentiert wurden, als sie in das erste bundesweite Steuergesetz aufgenommen wurden.[33] Obwohl die Ursprünge spekulativ bleiben, deutet der größere politische Kontext darauf hin, dass die Abzugsfähigkeit von Schulden die Schnittmenge in einem Ringen verschiedener Parteien bildete, in dem Interessenvertreter der verarbeitenden Gewerbe generell niedrigere Steuern wollten (und Steuerabzüge als einen Weg dazu sahen),

---

29 Zit. in: Ventry, »The Accidental Deduction«, S. 236.
30 Ebd., S. 53–54.
31 Ventry, »The Accidental Deduction«.
32 Howard, *The Hidden Welfare State*, S. 53–54.
33 McKnight, »Protection of the Family Home«; Goodman, »The Emergence of Homestead Exemption«; Morantz, »There's No Place Like Home«.

während populistische Agrarier allgemein eine Vorzugsbehandlung von Schuldnern wollten (und Steuerabzüge als einen Aspekt dieser Begünstigung sahen).

Die erste gesetzliche Verankerung des Prinzips, freiwillige Sozialleistungen von der Besteuerung auszunehmen, war ein Zusatzartikel zum Steuergesetz von 1926, den der republikanische Senator George McLean aus Connecticut einbrachte, aber auch hier verhinderte die fehlende Debatte zur Zeit seiner Verabschiedung, dass die Gründe für diese Regelung erforscht wurden. McLean erklärte zu seinem Antrag lediglich, Pensionsfonds operierten »auf derselben Grundlage wie solche, die Aktiendividenden oder Gewinnbeteiligungspläne bieten« und bereits von der Besteuerung ausgenommen waren.[34] Dieser Zusatzartikel wurde weder im Kongress debattiert, noch in den Berichten des Finanzministeriums erwähnt oder in Zeitungsberichten oder den Memoiren der Hauptakteure erörtert.[35] Daher interpretiert Howard ihn als Teil der allgemeinen parteipolitischen Auseinandersetzungen über Steuern, die nach dem Ersten Weltkrieg stattfanden, als die kurz zuvor wieder an die Macht gelangten Republikaner eine allgemeine Senkung der Steuern und vor allem der während des Krieges erhobenen progressiven Steuern anstrebten, was auf heftigen Widerstand der Demokraten und rebellischer Republikaner stieß. Die Republikaner wollten niedrigere Steuersätze und weitere Maßnahmen, die Unternehmen halfen, und die Steuervergünstigungen für Altersrenten fiel in den Rahmen dieses neuen republikanischen Herangehens.[36] Den Zusatzartikel zu Betriebsrenten brachte ein Senator ein, »ein wirtschaftsfreundlicher Republikaner aus dem Nordosten, der wie Mellon überzeugt war, dass Steuersenkungen für Reiche und Unternehmen der Schlüssel zum Wirtschaftswachstum seien«.[37] Aus diesen Gründen kommt Howard zu dem Schluss, dass der Ursprung der Steuervergünstigungen für Altersrenten in dem allgemeinen parteipolitischen Ringen über progressive Besteuerung in den 1920er Jahren lag, in dem sie ein Mittel zur Senkung von Unternehmenssteuern darstellten. Sie gaben Firmen eine Möglichkeit an die Hand, ihre Steuerlast zu senken und Beschäftigten zugleich eine höhere Vergütung zukommen zu lassen.

---

34 Zit. in: Howard, *The Hidden Welfare State*, S. 61.
35 Ebd.
36 Ebd., S. 63.
37 Ebd., S. 61.

Die nächste wichtige Entscheidung fiel 1939, als der Kongress entschied, dass freiwillige Sozialleistungen kein zu versteuerndes Einkommen darstellten. Das Steuergesetz von 1939 spezifizierte: »Die folgenden Posten sind nicht in das Bruttoeinkommen einzubeziehen und sind von der Besteuerung nach diesem Kapitel auszunehmen: [...] Erhaltene Beträge aus Unfall- oder Krankenversicherungen oder Berufsunfallversicherungen als Entschädigung für persönliche Verletzungen oder Erkrankungen sowie jegliche Entschädigungszahlungen, die auf dem Klageweg oder durch Vereinbarung aufgrund solcher Verletzungen oder Erkrankungen erhalten werden«.[38] Das galt jedoch nur für Sozialleistungen, die über kommerzielle Versicherungsunternehmen liefen, nicht für innerbetriebliche Programme, die direkt vom Arbeitgeber finanziert wurden. Zudem durften Arbeitgeber Zahlungen für Rentenpläne vom zu versteuernden Einkommen abziehen, was vorher bestehende Regelungen bestätigte, und der Kongress entschied, dass auf freiwillige Sozialleistungen keine Lohnsteuern abzuführen waren.[39] Vor dieser Entscheidung hatten die Finanzbehörden Krankenversicherungsbeiträge als zu versteuerndes Einkommen gewertet, hatten aber seit 1919 einige freiwillige betriebliche Leistungen – wie Mahlzeiten und Unterkunft – vom zu versteuernden Einkommen ausgenommen, wenn sie »zum Vorteil des Arbeitgebers« gewährt wurden.[40] Dadurch entstand eine Unsicherheit im Steuerrecht, die, wie manche glaubten, Privatunternehmen zögern ließ, Krankenversicherungspläne einzuführen. Das Gesetz von 1939 stellte dies nun klar und erklärte Beiträge an kommerzielle Krankenversicherungen zu nicht zu versteuerndem Einkommen.[41]

Das Gesetz von 1939 trägt dazu bei, den Anstieg privater Sozialversicherungen in den frühen 1940er Jahren zu erklären. Hackers Argument, die Besteuerung sei nicht so wichtig gewesen wie gedacht, stützt sich auf Dobbin, der behauptete, den Anstieg privater Sozialversicherungen durch staatliche Politik zu erklären, ließe sich nicht erhärten, da er bereits vor dem Zweiten Weltkrieg begonnen habe.[42] Dabei versteht er unter der staatlichen Politik die Übergewinnsteuern während des Krieges,

---

38 Internal Revenue Code von 1939, Chapter 1, Section 22(b)(5), 53 Statute 10, zit. in: White, »Medical Reimbursement Plans«, S. 1603.
39 Internal Revenue Code von 1939, Chapter 1, Section 23(p)(1), 53 Statute 15; Jacoby, »Employers and the Welfare State«, S. 546.
40 Simon, »Fringe Benefits«, S. 892; Landman, »The Taxability of Fringe Benefits«, S. 177.
41 Jacoby, »Employers and the Welfare State«.
42 Dobbin, »The Origins of Private Social Insurance«.

Lohnstopps und das Steuergesetz von 1942, und argumentiert, all diese Maßnahmen seien zu spät erfolgt, um den Anstieg in den frühen 1940er Jahren auszulösen.[43] Allerdings zieht er das Steuergesetz von 1939 nicht mit ein und folgt damit möglicherweise den damals verfügbaren Sekundärquellen. Seine Daten zeigen einen signifikanten Anstieg nach 1939, was mit der Argumentation für die Auswirkung dieses Gesetzes übereinstimmt: So hatten 25,7 Prozent kleiner Betriebe und 38,3 Prozent großer Unternehmen 1939 eine Unfall- und Krankenversicherung, 1946 waren es 53,3 Prozent beziehungsweise 67,2 Prozent.[44] Rentenversicherungen nahmen in diesem Zeitraum ebenfalls zu, und zwar am stärksten von 1942 bis 1944, genau um die Zeit, als die Regierung beschloss, Zusatzrenten für hoch bezahlte Beschäftigte von Steuern zu befreien, und kurz nach Verabschiedung des Steuergesetzes von 1942.[45] Informelle Rentenpläne und Versicherungsvereine auf Gegenseitigkeit nahmen parallel zum Anstieg förmlicher privater Kranken- und Rentenversicherungen ab.[46] Nach Ansicht von Zelenak kann die Steuergesetzgebung von 1939 und früheren Jahren die Zunahme privater Sozialversicherungen vor 1940 nicht erklären, weil die meisten Amerikaner erst ab 1942 Einkommenssteuern zu zahlen begannen.[47] Aber die hier entscheidende Steuervergünstigung ist die für Arbeitgeber, die bereits vergleichsweise hohe Steuern zahlten und Beiträge für freiwillige Sozialleistungen von der Körperschaftssteuer absetzen oder von der Lohnsummensteuer ausnehmen konnten, ganz gleich, ob die Beschäftigten, die diese Beiträge erhielten, einkommenssteuerpflichtig waren. Daher stützt das Gesetz von 1939 die Argumentation, dass Steuerabzüge ein Faktor für den starken Anstieg privater Sozialversicherungen in den frühen 1940er Jahre waren.

Einige Jahre später schuf das Steuergesetz von 1942 einige neue Merkmale, die zusammengenommen Krankenversicherungen noch attraktiver machten. Es erhöhte die Spitzensteuersätze für Körperschaften und führte während des Krieges eine Übergewinnsteuer von 90 Prozent ein. Zudem nahm eine Verwaltungsverordnung 1943 Arbeitgeberbeiträge zu privaten Krankenversicherungen für Beschäftigte von der Besteuerung aus. Wie Michael Brown schreibt, war diese Verordnung bei Arbeitgebern

---

43 Ebd., S. 1419, 1437.
44 Ebd., S. 1424.
45 Jacoby, »Employers and the Welfare State«, S. 546–547.
46 Dobbin, »The Origins of Private Social Insurance«, S. 1427.
47 Zelenak, »The Federal Retail Sales Tax«, S. 194.

besonders beliebt, weil »im Kontext der Übergewinnsteuer während des Krieges 85 Prozent der Krankenversicherungskosten steuerbegünstigtes Einkommen oder Gewinne waren, die ansonsten hätten versteuert werden müssen«.[48] Besonders wirkungsvoll wurde diese Regelung in Verbindung mit anderen Maßnahmen der Kriegszeit, denn es war eine der wenigen Phasen um die Jahrhundertmitte, in denen der Staat den Konsum tatsächlich einzudämmen versuchte, um die Inflation zu bekämpfen. Über das National War Labor Board, eine staatliche Schlichtungsstelle für Arbeitskämpfe, verhinderte Roosevelt Lohnerhöhungen für Arbeitskräfte. In der Klemme zwischen den Bemühungen des Präsidenten, die Inflation durch Beschränkung der Lohnerhöhungen in Grenzen zu halten, und den Gewerkschaften, die eben wegen der Inflation Lohnerhöhungen forderten, ermunterte die Schlichtungsstelle die Gewerkschaften, stattdessen für freiwillige Sozialleistungen zu kämpfen, die denn auch zu einem zentralen Element der Gewerkschaftsstrategie wurden.[49] Viele Gewerkschaftsmitglieder mussten erstmals Einkommenssteuern zahlen und wurden auf die Folgen von Steuerbefreiungen aufmerksam.[50] Wie Brown anmerkt, lässt sich die Gewerkschaftsentscheidung nicht als Reaktion auf das Scheitern des Sozialstaats erklären, da sie tatsächlich zu einem Zeitpunkt getroffen wurde – unter der Regierung Truman –, als die Aussichten auf einen Sozialstaat recht gut waren.[51] Tatsächlich waren die 1940er Jahre eine Zeit, in der die USA durchaus den Weg hätten einschlagen können, den andere Länder – in einigen Fällen erst ein Jahrzehnt zuvor – beschritten hatten, ein privates Sozialsystem in ein staatliches umzuwandeln, da manche Gewerkschaftsführer und Arbeitgeber sich unzufrieden über das bestehende System privater Krankenversicherungen äußerten und Alternativen befürworteten.[52] Nach Browns Ansicht ist die Zunahme freiwilliger Sozialleistungen in diesem Kontext als ein Element im Machtkampf zwischen Gewerkschaften und Unternehmen zu verstehen. Freiwillige Sozialleistungen waren das zentrale Element der Gewerkschaftsstrategie, die Loyalität von Arbeitskräften zu festigen.

Sahen die Gewerkschaften private Sozialleistungen als Möglichkeit, die Gewerkschaftstreue von Arbeitern zu erhalten, so waren sie für Un-

---

48 Brown, »Bargaining for Social Rights«, S. 651.
49 Ebd., S. 651–657.
50 Stevens, »Blurring the Boundaries«, S. 135.
51 Brown, »Bargaining for Social Rights«, S. 659.
52 Ebd.; Quadagno, »Welfare Capitalism«.

ternehmen ein Mittel, die Belegschaft an sich zu binden: »Unternehmer, die nach dem Krieg für eine Privatisierung von Sozialleistungen eintraten, neigten dazu, sie als Bollwerk gegen Staatssozialismus zu sehen [...] die ältere, gewerkschaftsfeindliche Begründung für betriebliche Sozialleistungen blieb ein lebendiges Merkmal der Unternehmensführungsideologie und der strategischen Praxis.«[53] Neben der steuerlichen Stellung sieht Jacoby auch den Umstand, dass das National Labor Board Sozialversicherungsbeiträge von den im Krieg geltenden Lohnkontrollen ausnahm, als ebenso folgenreich an wie die allgemeinen Versuche von Arbeitgebern, freiwillige Sozialleistungen im Kampf gegen eine gewerkschaftliche Organisierung einzusetzen. Unternehmen wollten keine Kollektivverhandlungen über private Sozialleistungen, wie die Gewerkschaften sie anstrebten, vielmehr wollten sie diese Leistungen aus den gleichen Gründen, wie Arbeitgeber in allen anderen Ländern sie schon immer wollten – um die Loyalität der Beschäftigten zum Betrieb zu stärken.

Aber die Verwaltungsverordnung von 1943 enthielt auch Unklarheiten, vor allem in Bezug darauf, für welche speziellen Arrangements die Steuerfreiheit galt, und es herrschte Unsicherheit, ob die Regelung eine gerichtliche Klärung überstehen würde.[54] Manche Firmen bescheinigten den Finanzbehörden eine inkonsistente Behandlung. So hatte die Bell Telephone Company seit der Jahrhundertwende ein paternalistisches betriebliches Gesundheitsprogramm, das sich zu einer innerbetrieblichen Krankenversicherung entwickelt hatte. Die Finanzbehörde hatte es 1918 von der Besteuerung ausgenommen, diese Regelung aber 1938 zurückgenommen und es für steuerpflichtig erklärt; 1941 hatte es sich erneut revidiert und ihm Steuerfreiheit gewährt, nur um diese Zahlungen 1943 wieder für steuerpflichtig zu erklären, weil sie innerbetrieblich und nicht an ein kommerzielles Versicherungsunternehmen erfolgten.[55] Diese Unklarheit wurde durch das Steuergesetz von 1954 beseitigt, das die Steuerbefreiung gesetzlich verankerte. Aufgrund von Daten auf der Ebene der Bundesstaaten kommt Thomasson zu dem Schluss, dass allein diese Steuerentscheidung die Zahl der Gruppen-Krankenversicherungen um annähernd 10 Prozent erhöhte.[56]

---

53 Brown, »Bargaining for Social Rights«, S. 648–649.
54 Thomasson, »The Importance of Group Coverage«, S. 1374.
55 Helm, »A Tangle of Rulings«.
56 Thomasson, »The Importance of Group Coverage«, S. 1382.

Welche Auswirkungen Steuern nach 1954 auf die Nachfrage nach privaten Krankenversicherungen hatte, ist unklar, und Untersuchungen kommen zu breit gestreuten Schätzungen.[57] Nach Ansicht von Hacker und anderen begannen zu diesem Zeitpunkt politische Erwägungen, den eingeschlagenen Weg zu untermauern, da Personen, die eine solche Versicherung hatten, fürchteten, eine gesetzliche Krankenversicherung würde die Qualität ihres privaten Programms verwässern oder es gänzlich beseitigen.

Bis heute diskutieren Forschende, welchen genauen Einfluss diese Entscheidungen von 1939, 1942/43 und 1954 hatten, aber zusammengenommen boten diese politischen Maßnahmen amerikanischen Arbeitgebern eine Möglichkeit, einen Teil der Entlohnung ihrer Beschäftigten vor der Besteuerung zu bewahren, und trugen damit zur Ausweitung des Systems privater Sozialleistungen bei. Zu Beginn und um die Mitte des 20. Jahrhunderts förderte diese Steuerpolitik, dass informelle Pensionspläne und Versicherungsvereine auf Gegenseitigkeit durch förmliche private Kranken- und Rentenversicherungen ersetzt wurden.

Vergleichende Sicht: Private Sozialleistungen in anderen Ländern

Bevor wir das Steuerrecht vergleichen, befassen wir uns in einem kurzen Exkurs mit privaten Sozialleistungen, die im ausgehenden 19. und frühen 20. Jahrhundert in vielen Ländern üblich waren. Das ist notwendig, weil die heutige Fachliteratur zum Sozialstaat durchgängig überschätzt, in welchem Maße das amerikanische private Sozialsystem einzigartig war. Kinzley stellt fest: »Im 19. Jahrhundert setzten Arbeitgeber in ganz Westeuropa auf paternalistische Familienmodelle der Beschäftigungsverhältnisse. [... Private Sozialleistungen] gehörten zu einem üblichen internationalen Vokabular von Programmen und Strategien, mit den komplexen Problemen und Herausforderungen moderner Industrieentwicklung umzugehen«.[58]

In Großbritannien florierte die private Wohlfahrt. Das wohl berühmteste Beispiel ist das Unternehmen Cadbury, das zwischen 1902 und 1918

---

57 Siehe Gruber/Poterba, »Tax Incentives and the Decision to Purchase Health Insurance«.
58 Kinzley, »Japan in the World of Welfare Capitalism«, S. 190, 205.

viele private Sozialprogramme einführte, unter anderem Krankengeld und Betriebsrenten sowie kostenlose medizinische und zahnmedizinische Behandlung.[59] Robert Fitzgerald stellte in einer Untersuchung von Firmenunterlagen aus der Zeit vor dem Ersten Weltkrieg fest, dass sämtliche Zweige der britischen Industrie private Sozialleistungen boten:[60] Eisenbahn, Gaswerke, Eisen und Stahl, Chemie, Brauereien, Textilindustrie, Kohlebergbau, Schiffbau, Maschinenbau, Elektroindustrie, Lebensmittel- und Tabakindustrie und nach dem Ersten Weltkrieg auch die Automobilindustrie. Viele Industriezweige hatten genau die gleiche Bandbreite an Sozialleistungen wie in den USA einschließlich privater Vorsorgeprogramme für den Krankheitsfall.

Bei der Eisenbahn hatten solche Sozialleistungen eine lange Geschichte, die bis in die 1830er Jahre zurückreichte, als die Eisenbahngesellschaften »Vorsorgevereine« für ihre Beschäftigten gründeten, die Versorgung bei Krankheit, Renten und andere Leistungen abdeckten. In der Eisen- und Stahlindustrie gab es verbreitet freiwillige Krankengeldfonds, Krankenhäuser, Krankenversicherung, Arbeiter-Krankenvereine, Krankengeld und Betriebsärzte.[61] Die beiden dominierenden Unternehmen der Chemieindustrie – Imperial Chemical Industries (ICI) und Unilever – hatten umfangreiche Hilfsprogramme im Fall von Krankheit und Unfällen. Die Sozialprogramme von Unilever, dem nach Aktienwert größten britischen Unternehmen, traten in der britischen Volkswirtschaft des frühen 20. Jahrhunderts äußerst sichtbar zutage. Eines seiner Sozialprojekte war eine Modellsiedlung (Port Sunlight), die allen bekannt sein dürfte, die sich mit amerikanischem Industriepaternalismus befasst haben, und die einen Krankenverein und ab 1907 ein Krankenhaus besaß. Diese beiden dominierenden Unternehmen in einem der wichtigsten britischen Industriezweige »wurden zu anerkannten Repräsentanten allumfassender industrieller Sozialprogramme«.[62] Kleinere britische Firmen und selbst solche, die stärker durch Gelegenheitsarbeit geprägt waren, boten zunehmend ebenfalls betriebliche Sozialleistungen an, darunter Brauereien, Werften, Maschinenbaufirmen, Elektrohersteller und Lebensmittel- und Tabakfabrikanten.[63]

---

59 Dellheim, »The Creation of a Company Culture«, S. 29.
60 Fitzgerald, *British Labour Management and Industrial Welfare*.
61 Ebd., S. 84–87.
62 Ebd., S. 115.
63 Ebd., S. 137–183.

Nach Ansicht von Fitzgerald war betriebliche Wohlfahrt in Großbritannien als Methode, die Produktivität zu steigern und die Arbeitskräftefluktuation zu verringern, eine Alternative zu den Prinzipien der wissenschaftlichen Betriebsführung und des Taylorismus. Gelegentlich führten diese betrieblichen Programme zur Opposition gegen eine gesetzliche Krankenversicherung, etwa als sich das *Brewer's Journal* 1911 besorgt über die Auswirkungen einer gesetzlichen Versicherung auf ihre betrieblichen Sozialprogramme äußerte.[64] Aber laut Fitzgerald erwuchs letztlich aus der privaten Wohlfahrt der britische Sozialstaat, vor allem durch die Innovation, dass Firmen mit betrieblichen Sozialprogrammen erlaubt wurde, sich vom staatlichen Sozialsystem befreien zu lassen, wenn sie gewisse Mindeststandards erfüllten.[65]

Auch in Kanada florierten private Sozialleistungen. Um den Ersten Weltkrieg wirkten Arbeitgeber einer wachsenden Welle von Arbeiterunruhen entgegen, indem sie private Wohlfahrtsangebote unterstützten wie »betriebliche Altersrenten, Gewinnbeteiligungen, medizinische Leistungen, Freizeiteinrichtungen und bessere Arbeitsbedingungen«.[66] Yarmie argumentiert: »In beiden Ländern [Kanada und den USA] begannen Arbeitgeber zudem, Welfarismus einzusetzen, um die Arbeiterbewegung [um den Ersten Weltkrieg] in Schach zu halten. Das parallele Herangehen von Unternehmern und Staat an die Beziehungen zwischen Arbeitgebern und Arbeitnehmern untergräbt jegliche Behauptungen amerikanischer Einzigartigkeit.«[67]

Naylor schreibt, dass 1919 in Ontario »innovative Maßnahmen in den Arbeitnehmer-Arbeitgeber-Beziehungen in der Regel das Ergebnis privater, nicht staatlicher Aktivitäten waren. Als Produkt der Initiativen einzelner Firmen orientierten sie sich generell am Rockefeller-Plan und ließen keinen Raum für eine Beteiligung der Gewerkschaften. [...] Arbeitgeber waren von einem Bild des vorkapitalistischen Paternalismus geleitet.«[68] Er merkt an, dass nach dem Ersten Weltkrieg eine »große Bandbreite an Maßnahmen eingeführt wurde, um für Loyalität zum Betrieb und ein gewisses Maß an Zufriedenheit mit dem Arbeitsplatz zu sorgen. Diese Sozialprogramme der Nachkriegszeit waren nicht etwa bemer-

---

64 Ebd., S. 142.
65 Ebd., S. 212.
66 Yarmie, »Employers and Exceptionalism«, S. 598.
67 Ebd., S. 613.
68 Naylor, *The New Democracy*, S. 165.

kenswert, weil sie neu waren, sondern wegen der schieren Menge der Unternehmen, die ihren Beschäftigten neue und häufig aufwändige Leistungen boten. [...] McClary's hatte 1882 einen Arbeitnehmer-Versicherungsverein gegründet, der Beschäftigten Kranken- und Sterbegeld zahlte. 1910 ging das Unternehmen zu einem allgemeineren Sozialsystem [...] mit einer gewissen medizinischen Versorgung über«.[69] Manche dieser Maßnahmen zielten eindeutig auf eine Kontrolle der Arbeitskräfte ab wie eine betriebliche Krankenschwester, die kranke Arbeitskräfte zu Hause aufsuchte. Nach dem Krieg wurden auch andere Arbeitgeber »in diese Bewegung hineingezogen und führten ähnliche oder sogar umfangreichere Programme ein. All diese Maßnahmen, die zusammen eine mehr oder weniger kohärente Strategie des Wohlfahrtskapitalismus bildeten, stellten Reaktionen auf erhebliche Probleme der Arbeiterkontrolle dar.«[70] Sozialleistungen, bei denen Krankengeld die Norm darstellten, waren sehr beliebt, und häufig waren kanadische Niederlassungen internationaler Konzerne bei diesem Trend führend.

Auch in Deutschland florierten private Sozialleistungen, allerdings sahen deutsche Historikerinnen sie eher als Vorlage für den Sozialstaat, denn als Alternative zu ihm. McCreary liefert das drastischste Beispiel, indem er einen unmittelbaren Zusammenhang zwischen der deutschen Sozialgesetzgebung und dem privaten Wohlfahrtssystem von Krupp, einem der deutschen Großunternehmen im ausgehenden 19. Jahrhundert, vermutet: »Auf nationaler Ebene ist es durchaus kein Zufall, dass das Krankenversicherungsgesetz gegen den ausdrücklichen Wunsch Bismarcks als erste Sozialmaßnahme verabschiedet wurde. [...] Es ist auch kein Zufall, dass Deutschland auf dem allgemeinen Feld der Sozialgesetzgebung unter den anderen Industrienationen führend war. [...] Der Reichstag akzeptierte die Vorschläge des Kanzlers, weil sie *nicht* revolutionär waren. Sie nahmen einfach ehemals freiwillige private Programme, mit denen alle größeren Industriellen seit Langem vertraut waren, und weiteten sie auf die nationale Sphäre aus, indem sie sie verpflichtend machten.«[71]

Wie er anmerkt, waren die Sozialprogramme Krupps nicht die ersten im Land, nicht einmal die ersten in Essen.[72] Sie umfassten eine

---

69 Ebd., S. 166.
70 Ebd., S. 168.
71 McCreary, »Social Welfare and Business«, S. 26–27.
72 Ebd., S. 28.

umfangreiche Krankenversicherung, Altersrenten, Lebensversicherung, Wohnungen, Schulen und diverse andere Sozialleistungen. Es gibt ausführliche Dokumente über Alfred Krupps Motive, die denen aller Wohlfahrtskapitalisten ähnlich waren: eine Mischung aus karitativen Idealen und nüchternem Kalkül in Bezug auf Arbeitnehmertreue.[73] Seine Bestrebungen, Loyalität zum Unternehmen zu schaffen, waren offenbar äußerst erfolgreich: »In Essen sprechen Einheimische noch immer von dem Status, den Krupps Beschäftigte vor dem Ersten Weltkrieg genossen. Sie waren nicht bloß Hilfskräfte, Arbeiter oder auch Stahlwerker, sondern ›Kruppianer‹«.[74] Als Beleg für die Behauptung, dass die freiwilligen Sozialleistungen Krupps die landesweit verpflichtende Sozialgesetzgebung beeinflussten, führt McCreary an, dass die Krupps Wilhelm I. und Wilhelm II. sowie Bismarck persönlich nahestanden, und schreibt: »Das Ausmaß von Krupps Einfluss auf die Sozialgesetzgebung lässt sich zwar unmöglich genau abschätzen, aber angesichts der Größe und Bedeutung seines Unternehmens, des Erfolgs seines Sozialprogramms und dieser persönlichen Kontakte scheint die Schlussfolgerung berechtigt, dass ein solcher Einfluss existierte.«[75]

Kocka sowie Kastl und Moore untersuchen die privaten Sozialprogramme von Siemens und Halske, Berghoff die von Hohner und Sweeney die der Schwerindustrie im Saarland.[76] Private Sozialleistungen waren in Deutschland so wichtig, dass Wissenschaftler in den 1970er Jahren zu diskutieren begannen, ob solche Systeme Überbleibsel einer feudalen Vergangenheit waren oder von instrumentellen Interessen getrieben waren; auch die Folgen für die deutsche Industrialisierung wurden erörtert.[77] Die Einzelheiten dieser Debatte interessieren uns hier weniger als die Tatsache, dass diese und spätere Wissenschaftlerinnen in Deutschland genügend private Sozialleistungen fanden, um rivalisierende Theorien über ihren Stellenwert in der deutschen Geschichte zu entwickeln.

In Japan florierten private Sozialleistungen ebenfalls. Kinzley erörtert eine Erhebung aus den frühen 1920er Jahren, durchgeführt von

---

73 Ebd., S. 39–41.
74 Ebd., S. 47.
75 Ebd., S. 30–31.
76 Kocka, *Unternehmensverwaltung und Angestelltenschaft;* Kastl/Moore, »Wily Welfare Capitalist«; Berghoff, »Unternehmenskultur und Herrschaftstechnik«; Sweeney, *Work, Race, and the Emergence of Radical Right Corporatism.*
77 Zu einem Überblick siehe Berghoff, »Unternehmenskultur und Herrschaftstechnik«.

»der Kommunalverwaltung Tokios in 233 Unternehmen, [die] personell gut ausgestattete medizinische Praxen in vielen Betrieben verzeichnete«.[78] Die Bandbreite der Vorsorge und Leistungen war ähnlich wie andernorts und umfasste Krankenversicherungen beispielsweise in der Textilindustrie, dem um die Jahrhundertwende größten Industriezweig Japans. »Die Erhebung des Landwirtschafts- und Handelsministeriums von 1903 zu betrieblichen Wohlfahrtsangeboten in 123 Textilunternehmen stellte fest, dass 65 innerbetriebliche medizinische Einrichtungen irgendeiner Art hatten und die meisten zudem Arbeitsschutzmaßnahmen unterstützten.«[79] In einem anderen wichtigen Industriezweig, bei den Eisenbahnen, standen private Krankenversicherungen neben anderen Sozialleistungen im Mittelpunkt.[80] In Japan schlossen sich private und staatliche Sozialleistungen nicht gegenseitig aus. Der Staat unterstützte die Weiterentwicklung privater Wohlfahrt durch Sozialmodelle in staatseigenen Betrieben wie auch durch Gesetze.[81]

Auch in Frankreich florierten private Sozialleistungen. So stellte Paul Dutton fest: »Beschäftigungsabhängige Programme bildeten von den ausgehenden 1920er Jahren bis zum Ende des Zweiten Weltkriegs den Kern der Familienförderung und der Sozialversicherungsprogramme.«[82] In einer gründlichen Geschichte des französischen Kaufhauses Bon Marché liefert Michael B. Miller die beste Untersuchung zur privaten Wohlfahrt und verwendet dabei den unter französischen Wissenschaftlern üblichen Begriff »industrieller Paternalismus«. Er argumentiert: »Paternalismus starb weder sofort aus, als westliche Volkswirtschaften fortgeschrittener wurden, noch war er lediglich eine Fortführung der in früherer Zeit geprägten Arbeitspolitik. [...] In Frankreich war er bis weit ins 20. Jahrhundert vor allem in einigen der größten, dynamischsten und innovativsten Unternehmen der französischen Wirtschaft zu finden und diente dort den der jeweiligen Zeit entsprechenden Zwecken.«[83] Er kommt zu dem Schluss, dass Paternalismus half, die Bürger mit den Unternehmen zu versöhnen.[84] Laut Donald Reid gab es diesen industriellen

---

78 Kinzley, »Japan in the World of Welfare Capitalism«, S. 189.
79 Ebd., S. 195–196.
80 Ebd., S. 198–201.
81 Ebd., S. 194–195.
82 Dutton, *Origins of the French Welfare State*, S. 11.
83 Miller, *The Bon Marché*, S. 8.
84 Ebd., S. 9–10.

Paternalismus in Frankreich bereits im 19. Jahrhundert.[85] Wie in den USA sahen Firmen in diesen paternalistischen Maßnahmen eine Möglichkeit, die staatliche Kontrolle über die Industrie in Grenzen zu halten.[86] Schon in den 1850er Jahren schufen Kattundruckereien »einen Sparverein, ein Altersheim, öffentliche Bäder, Arbeiterwohnungen, eine Gesellschaft für Mutterschutz und Vereinigungen, die Arbeitsunfälle verhindern und untersuchen sollten.«[87]

Peter Stearns kommt in seiner systematischen Studie zum industriellen Paternalismus im Frankreich des 19. Jahrhunderts zu dem Schluss, dass es in der Mehrzahl der Großunternehmen paternalistische Programme gab: »Mindestens 461 namentlich genannte Firmen begannen vor 1848, ein paternalistisches Programm zu entwickeln. Angesichts der Unzulänglichkeit der Aufzeichnungen gibt dies die tatsächliche Situation untertrieben wieder. Da in den 1840er Jahren weniger als 656 Fabriken mehr als fünfzig Arbeitskräfte beschäftigten, sprechen wir hier von der Mehrzahl der Betriebe in dieser Kategorie.«[88] In den 1840er Jahren »weiteten mindestens fünfzig Großunternehmen ihre Hilfsangebote auf Renten aus, die manchmal nur Witwen und Waisen erhielten und immer bescheiden ausfielen [...], aber zunehmend auch erwachsene Männer unterstützten, wenn sie ihr Leben der Firma gewidmet hatten«.[89] Außerdem fingen sie an, innerbetriebliche medizinische Versorgung anzubieten, die Behandlungszimmer und sogar Krankenhäuser umfasste.[90] Stearns schreibt: »Es gab keinen abrupten Wandel, aber die Entwicklung war klar: Zunächst nur zögernd oder mit selbstzufriedener Großzügigkeit eingeführte Maßnahmen wurden nun zu Standardausgaben.«[91]

In krassem Gegensatz zur jüngeren amerikanischen Geschichtsschreibung, nach deren Verständnis der amerikanische Wohlfahrtskapitalismus den Staat aus der Bereitstellung von Sozialleistungen verdrängte, generierte der industrielle Paternalismus nach Ansicht französischer Historiker ein Modell, auf dem der Sozialstaat aufbaute. So argumentiert Dutton, Sozialversicherungen und Wohlfahrtsprogramme »erwuchsen

---

85 Reid, »Industrial Paternalism«.
86 Ebd., S. 587.
87 Piore/Sabel, *Das Ende der Massenproduktion*, S. 43.
88 Stearns, *Paths to Authority*, S. 89.
89 Ebd., S. 95.
90 Ebd., S. 96.
91 Ebd., S. 99.

aus Arbeitgeberinitiativen und privaten Versicherungsvereinen auf Gegenseitigkeit«, und als die Sozialgesetzgebung kam, gelang es diesen privaten Vereinen, die administrative Zuständigkeit für Sozialversicherungen zu erlangen.[92] Nach Duttons Ansicht schließen sich private und staatliche Sozialfürsorge keineswegs gegenseitig aus, sondern stehen in einem komplexen Wechselspiel zueinander, in dem private Fürsorge häufig zu staatlicher führte oder private Einrichtungen die administrative Zuständigkeit für staatliche Versorgung bekamen. (Das ähnelt Lloyd Georges Strategie, den Widerstand privater Hilfsvereine auf Gegenseitigkeit, der »friendly societies« gegen staatliche Sozialleistungen in Großbritannien zu überwinden, indem er ihnen die Verwaltung des neuen staatlichen Programms übertrug.)[93]

Laut Dutton ist die Prägung durch die private Fürsorge im fragmentierten, dezentralen Charakter des frühen französischen Sozialstaats erkennbar: »Versicherungsvereine auf Gegenseitigkeit dienten als Modell für Sozialversicherungen, während Familienbeihilfen Industrieller zum Archetypus der Familienwohlfahrt wurden. [...] die Entscheidung für das Gegenseitigkeitsmodell erwies sich auch als folgenschwer für den französischen Sozialstaat der Nachkriegszeit. Die Schaffung eines Sozialversicherungssystems ›auf Gegenseitigkeit‹ schrieb die Dezentralisierung nach Berufsgruppen dauerhaft fest.«[94] Zudem ist die Trennung von Familienförderung und Sozialversicherung ein Vermächtnis ihres Ursprungs in separaten privaten Modellen.[95]

Obwohl quantitative Untersuchungen zum Ausmaß privater Sozialleistungen in jedem Land rar sind und die Unzulänglichkeit historischer Aufzeichnungen wohl niemals systematische Vergleiche zulassen werden, welchen Prozentsatz der Arbeitskräfte diese Maßnahmen absicherten, zeigen diese Fallbeispiele doch, dass in jedem Land private Wohlfahrt existierte.[96] Nach Ansicht von Jacoby gab es in anderen Ländern zwar private Sozialleistungen, dort waren sie aber relativ weniger wichtig und »wurden durch die frühe Entwicklung des europäischen Sozialstaats aus-

---

92 Dutton, *Origins of the French Welfare State*, S. 3.
93 Sokolovsky, »The Making of National Health Insurance«.
94 Dutton, *Origins of the French Welfare State*, S. 5.
95 Ebd.
96 Es gibt nur wenig englischsprachige Literatur zur privaten Wohlfahrt in Schweden, aber siehe Swenson, »Bad Manors and the Good Welfare State«.

gebootet; umgekehrt ging der US-Wohlfahrtskapitalismus den Sozialprogrammen des New Deal voraus und schränkte sie in bedeutenden Hinsichten ein. So lag 1939 – als die Grundlagen des schwedischen Sozialstaats gelegt wurden, aber die Sozialversicherung in den USA noch nicht Fuß gefasst hatte – der Prozentsatz der älteren Schweden, die eine staatliche Rente bezogen, bei 79 Prozent gegenüber nur 5 Prozent in den Vereinigten Staaten«.[97] Aber gerade das Beispiel der Rente untergräbt Jacobys Argumentation eher, als dass es sie stützt, weil Altersrenten der einzige Bereich des Sozialstaats ist, auf dem die USA nicht hinterherhinken.[98] Die frühe Vorlage privater Sozialleistungen verhinderte in den USA die Entwicklung eines umfassenden staatlichen Rentensystems ebenso wenig, wie eindeutig etablierte private Sozialsysteme in anderen Ländern die Hinwendung zum Staat nicht ausschlossen. Analysten haben eine größere Kluft zwischen privaten und öffentlichen Sozialsystemen behauptet, als die Geschichte zu rechtfertigen scheint. In Europa entwickelte sich der Sozialstaat in enger Verbindung zu privaten Wohlfahrtssystemen, übernahm Modelle von ihnen oder übertrug ihnen Zuständigkeiten, und selbst in den USA entstand neben privaten Programmen ein starkes staatliches Rentensystem. Daher lässt sich nicht einfach argumentieren, private Sozialleistungen hätten in den USA unweigerlich staatliche verdrängt, wie die derzeit populärste Erklärung für den unterentwickelten Sozialstaat behauptet. Vielmehr müssen wir die Frage beantworten, warum die Vereinigten Staaten nicht imstande waren, den Widerstand dieser privaten Wohlfahrtsprogramme zu Beginn und um die Mitte des 20. Jahrhunderts zu überwinden, während dies in allen anderen hoch entwickelten Industrieländern gelang.

An dieser Stelle wird die Rolle der Steuervergünstigungen deutlich. Während in Europa private Sozialsysteme um die Jahrhundertmitte durch staatliche ersetzt wurden, verabschiedeten die USA eine Reihe von Steuergesetzen und Vorschriften, die das amerikanische Festhalten an privaten Sozialleistungen stärkten, indem sie die Schaffung privater Kranken- und Rentenversicherungsprogramme förderten. Erwuchsen in Europa aus informellen privaten Systemen wie Versicherungsvereinen auf Gegenseitigkeit Sozialstaaten, so wichen sie in den USA förmlichen

---

97 Jacoby, *Modern Manors*, S. 164–165.
98 Zu einer Erörterung, warum eine frühere Wissenschaftlergeneration die Bedeutung staatlicher Renten in den USA wohl unterschätzte, siehe Scruggs/Allan, »Welfare-State Decommodification in 18 OECD Countries«, S. 62–64.

privaten Sozialsystemen. Vor allem in der Gesundheitsfürsorge, einem Bereich, in dem staatliche und private Programme möglicherweise nicht so reibungslos nebeneinander existieren können wie bei den Renten, förderten und kodifizierten die Steuergesetze die private Alternative.[99] An diesem kritischen Punkt begann die relative Unterentwicklung des amerikanischen Sozialstaats, was darauf schließen lässt, dass eine Untersuchung der Gründe für die ungewöhnliche Entwicklung der Gesundheitsfürsorge in den USA es erfordert, die Gründe für die Serie von Steuergesetzen um die Jahrhundertmitte eingehender zu verstehen und progressive Besteuerung und die Rolle der Steuervergünstigungen vergleichend zu betrachten.

Die Folgen der progressiven Besteuerung

Trotz der spärlichen historischen Quellen zu den Ursprüngen der Steuervergünstigungen in den USA lässt sich ein analytischer Blick darauf gewinnen, indem wir untersuchen, warum andere Länder im frühen 20. Jahrhundert keine ähnlichen Steuermaßnahmen trafen. Ein Element, das in der Literatur zu den Ursprüngen der Steuervergünstigungen nicht hervorgehoben wurde, ist die im Vergleich zu anderen Ländern völlig andere Struktur der Körperschaftssteuern, die im frühen 20. Jahrhundert in den USA bestand. Aufgrund ihrer politischen Fokussierung auf progressive Steuern waren die USA im frühen 20. Jahrhundert insofern ungewöhnlich, als sie überhaupt eine separate Körperschaftssteuer hatten, wie auch in der Art und Weise, wie diese Körperschaftssteuer funktionierte. Mit der Einkommenssteuer wurde 1913 eine Körperschaftssteuer von 1 Prozent eingeführt, die 1918 auf 12 Prozent und 1940 auf 24 Prozent angehoben wurde. Als man in den 1930er Jahren die Befreiung der Dividenden von der individuellen Einkommenssteuer aufhob, führte dies zur sogenannten »Doppelbesteuerung« von Körperschaftsgewinnen.[100] Kein anderes Land hatte zu jener Zeit diese Kombination progressiver Steuern und einen fragmentierten demokratischen Kontext. Obwohl für diesen Zeitraum keine vollständigen Vergleichsdaten zu Steuern zur Verfügung stehen, zeigen die vorhandenen Belege, dass um die Jahrhundertmitte in

---

99 Hacker, *The Divided Welfare State*, S. 202.
100 Brownlee, *Federal Taxation in America*; Bank, *From Sword to Shield*.

den Vereinigten Staaten Körperschaften und Dividenden höher und stärker progressiv besteuert wurden. Eine vergleichende Studie zur Besteuerung von Dividenden stellte 1938 fest: »Die größte Abweichung zwischen den Ländern besteht in den sehr hohen Steuersätzen, die in diesem Land [den USA] denjenigen mit sehr großen Einkommen auferlegt werden. [...] Andererseits sind die Steuersätze hier für die unteren und mittleren Einkommensgruppen relativ moderat.«[101] Das erste Jahr, für das systematische Vergleiche der Körperschaftssteuern in verschiedenen Ländern verfügbar sind, ist 1955. In diesem Jahr standen die USA bei der Körperschaftssteuer, gemessen im Prozentanteil des BIP, an zweiter Stelle hinter Großbritannien.[102] Zehn Jahre später war die Körperschaftssteuer als Prozentanteil des BIP in Großbritannien auf einen der niedrigsten Beträge in den OECD-Ländern gesunken, aber in den USA hoch geblieben.[103] Das spiegelt sowohl die Instabilität und Inkohärenz der britischen Steuerpolitik wider als auch das amerikanische Festhalten an der Körperschaftsbesteuerung in jener Zeit. Seitdem sanken in Amerika die Körperschaftssteuern und stiegen andernorts, sodass sie in den USA mittlerweile nicht mehr ungewöhnlich progressiv sind. Wenn unser Ziel jedoch lautet, die Ursprünge der Politik der Steuervergünstigungen zu verstehen, betrifft der relevante Vergleich die Körperschaftssteuerstruktur im frühen 20. Jahrhundert, als diese Vergünstigungen entstanden und politisch eine zentrale Rolle einnahmen. (Es gibt zwar eine Debatte darüber, wer die Steuerlast der Körperschaften letztlich trägt, aber hier interessieren uns deren politischen, nicht die wirtschaftlichen Folgen.)

In Frankreich gab es bis 1948 keine separate Steuer auf Körperschaftseinkommen, aber seit 1917 eine Steuer auf die Gewinne aus Industrie- und Handelsbeteiligungen (die das ältere *patente* ersetzte), und Wertpapiere wurden separat besteuert.[104] Zusammen sorgten diese beiden Steuerarten für einen Großteil der Staatseinnahmen, allerdings wurde ihr Ertrag in beiden Fällen routinemäßig durch zu niedrige Be-

---

101 *The Wall Street Journal*, »U.S. Taxes in 1938 on Stockholder's Share Of Corporate Earnings«. Manche bezweifeln, ob dieser Begriff angemessen ist, da alle Steuern in gewissem Sinne eine Doppel- oder Mehrfachbesteuerung darstellen – so können Löhne einmal bei der Auszahlung an Beschäftigte besteuert werden und ein weiteres Mal, wenn diese sie ausgeben. Hier geht es jedoch nicht um Terminologie, sondern um einen Vergleich der Praktiken.
102 OECD, *Long-Term Trends in Tax Revenues*, berechnet nach Tabelle 1 und 8.
103 OECD, »Revenue Statistics«.
104 Delalande, *Les batailles de l'impôt*, S. 382; Shoup, »Taxation in France«

wertungen verringert.[105] Das Zögern, zuverlässige Bewertungsverfahren einzuführen, erwuchs aus der in Frankreich weit verbreiteten Furcht vor der »fiskalischen Inquisition« durch den Staat, als die direkte Steuern damals galten.[106] Obwohl die Sozialisten sich in der Zwischenkriegszeit lange bemühten, eine einmalige Kapitalabgabe zur Tilgung der Kriegsschulden durchzusetzen, erzwangen schwache Regierungen und die Opposition der Rechten eine Hinwendung zu indirekten Steuern.[107] Das Ergebnis war, dass die Körperschaftssteuer als Prozentsatz des BIP 1965 in Frankreich nur halb so hoch war wie in den USA.[108] Frankreich hatte eine lange Tradition von Steuerbefreiungen, aber im Kontext des aufkommenden regressiven Steuersystems hatten Unternehmen oder ihre politischen Fürsprecher anscheinend kein sonderliches Interesse an Steuervergünstigungen. Steuerzahler vermieden Steuerzahlungen nicht durch Vergünstigungen, sondern durch systematische Unterbewertung von Werten, die der direkten Besteuerung unterlagen, was letztlich ein Übergehen zu indirekten Steuern erzwang.

Schweden war nicht nur damals, sondern auch seither von einem ungewöhnlich kapitalfreundlichen Steuersystem geprägt. Die Körperschaftssteuern wurden 1938 auf eine Weise reformiert, die großen und kapitalintensiven Unternehmen nützte, was als wesentlicher Faktor dazu beitrug, Arbeitgebergruppen mit dem Sozialstaat zu versöhnen.[109] In den folgenden Jahren »haben sozialdemokratische Regierungen eine Reihe tiefgreifender Steueraufwendungen angeboten, [...] die Investitionen und Ersparnisse fördern, Konjunkturschwankungen ausgleichen und Schwedens Wirtschaftsressourcen in ihren größten und profitabelsten Unternehmen konzentrieren sollten. Anders als in jedem anderen Land, das dem Autor bekannt ist, sind in Schweden die Steuern auf Unternehmensgewinne umgekehrt proportional zur Rentabilität und Größe. Anders ausgedrückt: Je größer und profitabler ein Unternehmen ist, umso nied-

---

105 Owen, *The Politics of Tax Reform in France*, S. 348–349.
106 Morgan/Prasad, »The Origins of Tax Systems«.
107 Owen, *The Politics of Tax Reform in France*; Delalande, *Les Batailles de l'impôt*.
108 OECD, »Revenue Statistics«. Die Ursache waren offenbar nicht ungewöhnlich hohe Unternehmensgewinne in den Vereinigten Staaten, zumindest nach den historischen Maßzahlen für den Reichtum des obersten 1 Prozents zu urteilen, die damals in den USA denen in Frankreich und Großbritannien entsprachen; siehe Piketty, »Top Incomes Over the Twentieth Century«, S. 48.
109 Högfeldt, »The History and Politics of Corporate Ownership in Sweden«, S. 541.

riger sind die Steuersätze.«[110] Die Körperschaftssteuer als Prozentanteil des BIP war 1965 in Schweden nur halb so hoch wie in den USA.[111] Zudem gelten in Schweden für Kapitaleinkommen niedrigere Spitzensteuersätze als für Erwerbseinkommen.[112] Es gibt zwar Steuervergünstigungen, aber sie sind dort nicht annähernd so wichtig wie in den Vereinigten Staaten.[113] Generell werden dem Kapital in Schweden im Rahmen der großen Vereinbarung, Wirtschaftswachstum als Gegenleistung für Sozialleistungen zu gewährleisten, niedrige Steuern zugestanden, daher muss es nicht durch die Hintertür der Steuervergünstigungen für niedrige Steuern kämpfen.

In Großbritannien gab es in der frühen Nachkriegszeit zwar eine insgesamt progressive Steuerstruktur und hohe Steuersätze, aber bis 1965 keinen separaten Körperschaftssteuersatz (abgesehen von vorübergehenden Kriegsregelungen).[114] Für Unternehmen galt die allgemeine Einkommenssteuer und ein »Anrechnungsverfahren für Aktionäre, die eine Steuergutschrift für Dividendenzahlungen erhalten. Je nach Größe dieser Gutschrift reduziert oder eliminiert sie die zweite Besteuerungsebene.«[115] Die Erträge aus der Körperschaftssteuer variierten zudem nach dem schwankenden Muster der britischen Steuerpolitik und gehörten 1965 zu den niedrigsten der hoch entwickelten Industrieländer.[116] Da Unternehmen die allgemeine Einkommenssteuer zahlten, war es nicht machbar, spezielle Ausnahmen für die Körperschaftssteuersätze einzuführen. Und das Gestaltungsmuster der Steuerpolitik war einer Vermehrung von Steuervergünstigungen abträglich: Während es im US-Kongress intensive Lobbyarbeit gab, »gingen Steuermaßnahmen in Großbritannien von der Exekutive aus und waren von einer gewissen Verschwiegenheit umgeben: Der Haushaltsplan wurde vom Schatzkanzler aufgestellt, der mit seinen Kabinettskollegen häufig nur minimale Diskussionen darüber führte und dem Rat einer kleinen Gruppe von Beamten des Finanzministeriums folgte, die sich allgemeinen Maßnahmen verpflichtet fühlten«.[117] Bereits im 19. Jahrhundert zeigt ein Vergleich mit Frankreich, dass »es in

---

110 Steinmo, »Social Democracy vs. Socialism«, S. 407.
111 OECD, »Revenue Statistics«.
112 Ganghof, »The Politics of Tax Structure«, S. 73.
113 Steinmo, »Political Institutions and Tax Policy«.
114 Daunton, Trusting Leviathan, S. 211; ders., Just Taxes.
115 Bank, »The Dividend Divide in Anglo-American Corporate Taxation«, S. 2.
116 OECD, »Revenue Statistics«.
117 Daunton, Trusting Leviathan, S. 72.

Großbritannien keine eklatanten Ausnahmen bei der Besteuerung gab«.[118] Um die Jahrhundertwende fürchtete das Finanzamt, dass selbst eine Steuerbefreiung für karitative Spenden ein erster Schritt wäre, der unweigerlich zu chaotischem Druck für Befreiungen unterschiedlicher Art führen und letztlich die Fähigkeit des Staates reduzieren würde, Steuern einzunehmen. Einige Steuervergünstigungen wie die Abzugsfähigkeit von Hypothekenzinsen fanden zwar Eingang in das britische Steuerrecht, aber selbst hier sind die Grenzen der abzugsfähigen Darlehensbeträge so gering, dass »Hypothekensubventionen für die meisten Steuerzahler im Grenzbereich nahezu keinerlei Anreiz bieten« und aufgrund der Inflation »der Wertverlust der Subventionen für Hypothekenzinsen zwar allmählich, aber gigantisch war«.[119] Großbritanniens konzentriertes Verfahren der Haushaltsplanung sorgte dafür, dass Steuervergünstigungen politisch keine zentrale Rolle spielten.

Deutschland ist dem amerikanischen Modell näher. Seit 1920 gab es dort eine Körperschaftssteuer mit einer »Doppelbesteuerung« von Dividenden, die erst 1977 abgeschafft wurde.[120] Obwohl Deutschland eine Körperschaftssteuer hatte, die zum Gegenstand einer Politik der Steuervergünstigungen hätte werden können, lagen die Einnahmen aus dieser Steuerart um die Jahrhundertmitte weitaus niedriger als in den USA, was den Anreiz für Unternehmen verringerte, auf Vergünstigungen zu drängen.[121] Auch der andere Charakter der Agrarpolitik im frühen 20. Jahrhundert mag eine Rolle gespielt haben. Obwohl sowohl in den USA als auch in Deutschland in dieser Zeit etwa ein Drittel der Erwerbsbevölkerung in der Landwirtschaft tätig war, bestand insofern ein wesentlicher Unterschied zwischen den beiden Ländern, als in den USA »Kleinbauern« vorherrschten, wie Kane und Mann sie nennen, also Bauern, die als reiner Familienbetrieb ihr eigenes Land bewirtschafteten, aber keine Arbeitskräfte beschäftigten.[122] Während diese amerikanischen Agrarier auf Maßnahmen wie schuldnerfreundliche Politik drängten und damit den Kontext schufen, in dem Steuervergünstigungen entstanden, waren Großgrundbesitzer die einzigen Agrarier, die in Deutschland son-

---

118 Ebd., S. 7.
119 Gale, »What Can America Learn from the British Tax System«, S. 352–353.
120 Genschel, *Steuerharmonisierung und Steuerwettbewerb*; Mehrotra, »The Public Control of Corporate Power«; King/Fullerton, *The Taxation of Income from Capital*, S. 157.
121 OECD, »Revenue Statistics«.
122 Kane/Mann, »A Theory of Early Twentieth-Century Agrarian Politics«.

derlichen politischen Einfluss geltend machen konnten, und aus den in Kapitel 3 dargelegten Gründen waren sie vorrangig an Protektionismus interessiert.[123] In Deutschland gab es für Unternehmen weder die hohen Steuern noch den politischen Kontext, der Steuervergünstigungen hervorbrachte.

Aus diesen Gründen versuchten Politiker in anderen Ländern in der ersten Hälfte des 20. Jahrhunderts nicht, den Steuersatz für Unternehmen zu durchlöchern: In manchen Fällen gab es gar keine Körperschaftssteuer, und in den meisten Ländern war sie erheblich weniger drückend, oder Steuervergünstigungen ließen sich aus anderen Gründen politisch nicht durchsetzen. All diese kapitalistischen Länder entwickelten im frühen 20. Jahrhundert politische Maßnahmen, die das Kapital begünstigten, aber die Macht eines mobilisierten Agrarkontingents zwang die USA, Unternehmen hohe Steuern aufzuerlegen und ihnen dann durch die Hintertür der Steuervergünstigungen Ausnahmen anzubieten. Steuervergünstigungen wurden von Anfang bis Mitte des 20. Jahrhunderts zu einem Schlüsselelement der politischen Welt. Vor diesem Hintergrund ist die Abzugsfähigkeit freiwilliger Sozialleistungen zu verstehen. Eine vergleichsweise hohe Körperschaftssteuer löste eine politische Abfolge aus, die mit einer Fülle von Steuervergünstigungen endete.

Diese Politik der Steuervergünstigungen erwies sich als äußerst resilient und untergrub die Aussichten auf eine staatliche Gesundheitsfürsorge. Forschungen haben gezeigt, dass sowohl Unternehmen als auch Gewerkschaften für eine von Arbeitgebern bereitgestellte, nicht für eine öffentliche Sozialversicherung kämpften, teils weil diese steuerbefreit war. Aber die tiefer reichende Frage, die diese Forschungen bislang nicht beantwortet haben, ist, warum Steuervergünstigungen in den USA so wichtig waren. Ich vertrete hier die Ansicht, dass die Politik der Steuervergünstigungen – und somit die der Sozialversicherung – mit der progressiven Besteuerung zusammenhängt. Um die Wende zum 20. Jahrhundert belegte die progressive Besteuerung Unternehmen und Reiche mit extrem hohen Steuersätzen. Angesichts der etablierten Praxis, bestimmte Einkommensarten von der Steuer auszunehmen, reagierten Gesetzgeber, indem sie Steuervergünstigungen aller Art anstrebten. Die Kombination aus progressiver Besteuerung und einer fragmentierten Struktur der Politikgestaltung war besonders folgenschwer, weil sie eine

---

123 Ebd.; Koning, *The Failure of Agrarian Capitalism*.

breite Senkung der Steuersätze erschwerte und daher zur Suche nach anderen Möglichkeiten führte, die Steuerlast zu verringern. Das schuf eine spezielle Beziehungsstruktur zwischen Kapital und Staat, die Steuervergünstigungen zu einem zentralen Bestandteil der Politik machte. Diese Politik resultierte schließlich in Steuervergünstigungen für private Sozialleistungen, die Unternehmen ihren Beschäftigten bereitstellten. Da die Körperschaftssteuern in den meisten anderen Ländern im frühen 20. Jahrhundert nicht so hoch waren, entwickelten sie diese Politik der Steuervergünstigungen nicht. Mächtige Unternehmen in anderen Ländern waren nicht auf Steuervergünstigungen angewiesen, weil sie generell niedrigere Körperschaftssteuern zahlten. Dort wurde die öffentliche Gesundheitsfürsorge auch nicht in die Auseinandersetzungen über Steuervergünstigungen hineingezogen und schließlich verdrängt, und die Steuerstruktur produzierte von vornherein nicht die seltsame Kuriosität eines auf Steuervergünstigungen fokussierten Gemeinwesens.

Dieses Kapitel hat drei Wege ausgemacht, auf denen die amerikanische Steuerstruktur mit dem Sozialstaat interagiert. Progressive Steuern können aufgrund ihrer höheren Sichtbarkeit mehr politische Proteste auslösen als regressive. Steuern auf Einkommen und Kapital können wirtschaftlich stärker verzerrend wirken als Steuern auf Arbeit und Konsum. Und in einem fragmentierten Staatswesen ließ progressive Besteuerung ein Regime der Steuervergünstigungen entstehen, das die Entwicklung eines privaten Sozialsystems begünstigte, das letztlich für die Entwicklung des Sozialstaats nachteilig war. Sicher ist progressive Besteuerung nicht der einzige relevante Faktor für eine Untersuchung der Entwicklung des amerikanischen Sozialstaates, aber ich hoffe hier gezeigt zu haben, dass sie ein wichtiger Faktor ist und dass eine Untersuchung von Sozialprogrammen, losgelöst von der Untersuchung der fiskalischen Möglichkeiten des Staates, unvollständig ist.

Dieser Teil des Buches hat sich mit dem seltsamen Prozess befasst, durch den Überproduktion zu einer Fokussierung auf progressive Besteuerung führte, die wiederum den Sozialstaat einschränkte. Teil III untersucht anhand eines breiteren, ausdrücklich stärker vergleichenden Fokus den anderen wesentlichen politischen Vorstoß, der aus dem amerikanischen Überfluss erwuchs: Konsumkredite.

III Die agrarorientierte Regulierung des Finanzsystems

7 Die adversatorische Regulierung in den USA

Eine der seltsamsten Fragen, die von der Finanzkrise 2007/2008 aufgeworfen werden, betrifft eine merkwürdige Tatsache: Obwohl die Deregulierung der Finanzmärkte in den 1990er Jahren vielen als Mitursache der Krise gilt, war und ist das Finanzsystem der USA in einigen zentralen Bereichen traditionell stärker reguliert als in Europa. Tatsächlich wird diese Tradition einer im Vergleich zu Europa stärkeren Regulierung oft als Grund für die Deregulierung in den 1990er Jahren genannt. Dennoch zeitigten die Deregulierungsmaßnahmen im US-amerikanischen Kontext offenbar deutlich schlimmere Folgen als in den europäischen Ländern und führten dort zu der tiefsten Wirtschafts- und Finanzkrise seit der Weltwirtschaftskrise von 1929. Eine Deregulierung nach europäischem Vorbild funktioniert in den USA also nicht. Für die vergleichende politische Ökonomie ergeben sich daraus zwei Fragen. Erstens, wie war es möglich, dass die »liberalen« USA, das paradigmatische Beispiel einer Marktwirtschaft schlechthin, im Finanzsektor eine stärkere Regulierung aufwies? Und zweitens, warum waren die Folgen in den USA so viel schlimmer als in Europa, als man dort die weniger regulierten europäischen Systeme nachahmte?

Erstaunlicherweise gibt es nicht viel vergleichende Literatur zur Regulierung der Finanzmärkte. Es gibt eine wachsende Zahl von Arbeiten zur Regulierung des globalen Finanzmarktes, doch die Regulierung der globalen Finanzmärkte ist noch in Entwicklung begriffen.[1] Bislang besteht sie nur aus einem Flickenteppich einzelner Standards für eine begrenzte Zahl von Fragen. So beschränken sich die Basler Akkorde, Kernstück

---

1 Z. B. Herring/Litan, *Financial Regulation;* Singer, *Regulating Capital;* Posner, »Making Rules for Global Finance«.

der globalen Finanzregulierung, auf Fragen der Mindestkapitalanforderungen. Sie befassen sich weder mit den in der jüngsten Finanzkrise so wichtigen Fragen des Kreditratings und der Verbriefung oder mit der Regulierung der in mehreren Sektoren tätigen Banken und den nach Ansicht mancher daraus erwachsenden Interessenkonflikten, denen schon im Glass-Steagall Act die Hauptsorge galt.[2] Wenn wir die Dynamik des heutigen Finanzsystems verstehen wollen, müssen wir unsere Aufmerksamkeit der Regulierung auf nationaler Ebene zuwenden.

Am reichhaltigsten ist die vergleichende Literatur zur nationalen Regulierung des Finanzsystems im Bereich der Bankenregulierung. Aus dieser Literatur geht hervor, dass es in den USA zumindest bis in die 1990er Jahre hinein und in einigen Dimensionen auch danach noch eine strengere Regulierung gab als in anderen Ländern. Andreas Busch schreibt: »Entgegen weitverbreiteter Ansichten über das Wirtschaftsleben in den USA operieren US-amerikanische Banken in einem hochgradig regulierten Umfeld.«[3] Das sei so seit der Weltwirtschaftskrise. Busch merkt an, dass es in Großbritannien bis heute keine Regulierungsbehörde gibt und sowohl Deutschland als auch die Schweiz mit leichteren Regulierungsmaßnahmen reagierten als die Vereinigten Staaten.

Howell Jackson vergleicht die Stärke der Finanzregulierung in verschiedenen Ländern, indem er die Budgets der Regulierungsbehörden, ihre Personalstärke und ihre Durchsetzungsbemühungen untersucht. Als allgemeinen Trend stellt er fest, dass »in Ländern mit Common-Law-Tradition – also in den USA, in Großbritannien und in Ländern des ehemaligen British Empire – in allen untersuchten Dimensionen deutlich höhere Regulierungsniveaus erreicht werden«, und dass die USA hinsichtlich der gesamten Regulierungskosten als Prozentsatz des BIP und der gesamten Personalstärke als Prozentsatz der Gesamtbevölkerung mehr für die Regulierung des Finanzsektors ausgeben als Australien, Kanada, Frankreich, Deutschland, Irland, Schweden und Großbritannien. Hinsichtlich der Sicherheiten gab es »in den USA weit mehr Durchsetzungsaktionen als in Großbritannien und Deutschland«.[4] Duffie und Hu vergleichen die USA mit Großbritannien und stellen fest: »Die Aufsicht

---

2 Siehe Tarullo, *Banking on Basel*, zu einer Kritik der Konzentration auf Kapitalanforderungen als Dreh- und Angelpunkt der Regulierung der internationalen Finanzmärkte.
3 Busch, *Banking Regulation and Globalization*, S. 33.
4 Jackson, »Variation in the Intensity of Financial Regulation«, S. 256, 283.

im Stil Großbritanniens führt zu einem Durchsetzungsniveau, das um Größenordnungen niedriger liegt als in den Vereinigten Staaten.«[5] John Coffee merkt außerdem an, dass die USA auch in den Fällen, in denen sie bei den Durchsetzungsinputs (Budgets und Personalausstattung) ähnliche Werte erreichen wie andere Common-Law-Länder, hinsichtlich der Durchsetzungsoutputs (Durchsetzungsaktionen, monetäre Sanktionen, Sammelklagen, strafrechtliche Verfolgung) sehr viel strenger vorgehen als ihr nächster Rivale unter den Common-Law-Staaten, Großbritannien.[6]

Man könnte nun fragen, ob US-amerikanische Finanzleute eher bereit sind, Risiken einzugehen oder gegen Gesetze zu verstoßen, sodass es einer stärkeren Regulierung und größerer Durchsetzungsbemühungen bedarf. Doch was in den USA als Rechtsbruch gilt, das gilt in anderen Ländern als gesetzeskonform. Die Vereinigten Staaten kriminalisieren Handlungen, die anderswo nicht als kriminell gelten. Die bislang gründlichste Vergleichsstudie zur Regulierung des Finanzsystems ist eine von der Weltbank durchgeführte Untersuchung der Bankenregulierung.[7] Die Ergebnisse sind in Abbildung 7.1 dargestellt. Darin zeigt sich, dass die USA bis 1999 – also vor der Aufhebung des Glass-Steagall Act – die strengste Bankenregulierung aller hoch entwickelter Industrieländer außer Japan besaßen.[8] Finanzgeschäfte, die in den USA bis zur Aufhebung des Glass-Steagall Act illegal gewesen wären, konnten in anderen Ländern vollkommen legal durchgeführt werden. Selbst Länder mit einem höheren Anteil staatlicher Banken erlebten, dass diese staatlichen Banken mit weniger Einschränkungen operierten als Privatbanken in den USA – was neuere Versuche erschwert, die Auswirkungen staatlichen Bankbesitzes auf die Entwicklung des Finanzwesens genauer zu bestimmen.[9]

In früheren Kapiteln haben wir schon andere Bereiche mit einer stärkeren Regulierung gesehen, deshalb sollte uns die strengere Regulierung des Finanzsektors in den USA nicht überraschen. Aber nicht in allen Bereichen des Finanzsektors zeigt sich dieses Muster. Am auffälligsten ist hier die Tatsache, dass die Schattenbanken in den USA der Regulierung entgangen sind.[10] Die stärkere Regulierung der Zugangsbarrieren hatte

---

5 Duffie/Hu, »Competing for a Global Share«, S. 29.
6 Coffee, »Law and the Market«.
7 Barth/Caprio/Levine, »The Regulation and Supervision of Banks«.
8 Siehe ebd.
9 Z. B. La Porta/Lopez-de-Silanes/Shleifer, »Government Ownership of Banks«.
10 Gorton/Metrick, »Regulating the Shadow Banking System«.

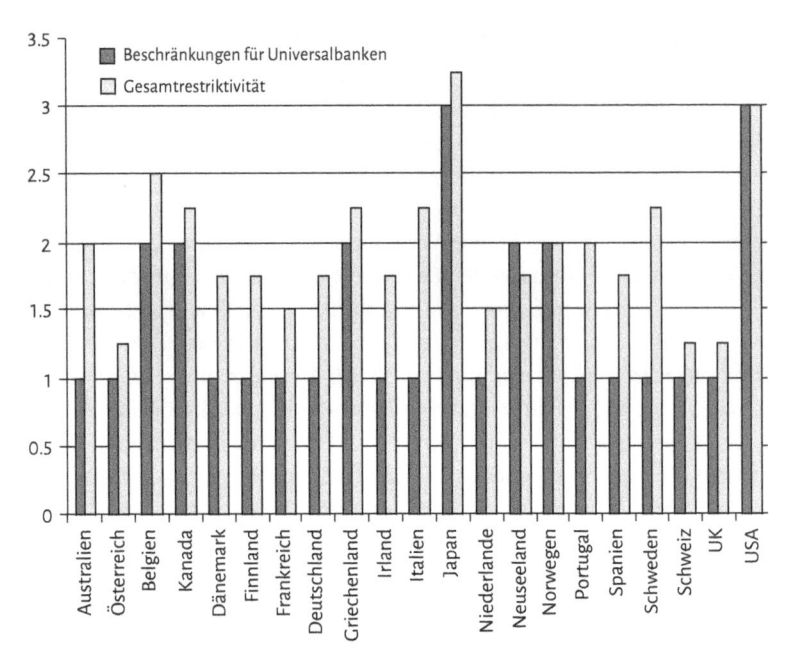

Abb. 7.1 Restriktivität der Bankenregulierung vor 1999
Quelle: Barth/Caprio/Levine, »The Regulation and Supervision of Banks«

jedoch Folgen, denn sie wurde häufig als Argument für eine Deregulierung angeführt. Von den späten 1980er bis Ende der 1990er Jahre verwiesen Beobachter immer wieder darauf, dass es in Europa keine gesetzliche Trennung zwischen Geschäfts- und Investmentbanken gebe[11] (und dass europäische Banken deutlich weniger Restriktionen bei der Eröffnung von Niederlassungen unterworfen waren, wie wir im nächsten Kapitel noch sehen werden). Das galt als Beleg dafür, dass auch in den USA keine Trennung dieser Art erforderlich sei. Das Argument diente auch zur Begründung des Gramm-Leach-Bliley Act (GLBA), der die durch den Glass-Steagall Act eingeführte Trennung zwischen Geschäftsbanken und Investmentbanking aufhob. Vorgetragen wurde das Argument sowohl von Wissenschaftlern[12] als auch von Vertretern der Banken: »Heute müssen Banken, Versicherungsgesellschaften und Wertpapierfirmen [...] im Wett-

---

11 Canals, *International Comparisons*.
12 Z. B. Benston, »Universal Banking«; Calomiris, *U. S. Bank Deregulation*.

bewerb ebenso flexibel auftreten können wie ihre europäischen und asiatischen Konkurrenten. Die US-amerikanischen Finanzinstitute können das nicht, solange der Kongress nicht unsere antiquierten Bankengesetze abschafft.«[13] »Wenn Sie nach Europa oder nach Asien blicken, werden Sie sehen, dass dort Organisationen wie die unsrige bereits existieren; dort sind Banken und Versicherungsunternehmen und Investmentfirmen sämtlich Teil der sogenannten Universalbanken.«[14]

Im US-Kongress führten Mitglieder beider Parteien dieses Argument an, darunter Daniel Patrick Moynihan: »London macht es, Tokio auch. Warum nicht New York ...?«[15] Richard Lugar: »Dieses Gesetz wird ineffiziente Barrieren zwischen Versicherungswesen, Bank- und Wertpapiergeschäft einreißen und es den Finanzdienstleistungsunternehmen in den USA ermöglichen, auf gleicher Grundlage mit ihren europäischen und asiatischen Entsprechungen zu konkurrieren.«[16] Und Pete Domenici: »Gegenwärtig ist das europäische Recht weitaus flexibler und erlaubt den dortigen Finanzdienstleistungsunternehmen eine bessere Integration, als sie US-amerikanischen Firmen möglich ist. Unsere Gesetze müssen damit Schritt halten. Dieser Ausschussbericht wird es unseren Banken, Versicherungsgesellschaften und Wertpapierfirmen erlauben, sich über Finanzholdings miteinander zu verbinden und dadurch vielleicht sogar noch stärkere Wettbewerber auf dem zunehmend internationalisierten Markt für Finanzdienstleistungen zu werden.«[17]

Auch nach dem Ausbruch der Finanzkrise wurde dieses Argument zur Verteidigung des Gramm-Leach-Bliley Act angeführt: »Wenn der GLBA das Problem gewesen wäre, hätte man erwarten müssen, dass die Krise ihren Ausgang in Europa genommen hätte, wo es Beschränkungen nach Art des Glass-Steagall Act niemals gegeben hat.«[18]

Präsident Obama führte es als einen der Hauptgründe an, weshalb er gegen eine Wiedereinführung der Trennung zwischen Geschäftsbanken und Investmentbanking war: »Ich habe mir die Daten angesehen, und da zeigt sich zum Beispiel, dass andere Länder, die nicht dieselben Probleme mit ihren Finanzmärkten haben wie wir, auch keine Trennung zwischen

---

13 Komansky/Purcell/Weill, »1930s Rules Ensnare 1990s Finance«.
14 Weill, zit. in: »Financial Powerhouse«.
15 *Congressional Record*, 106 Cong., S. 28357.
16 Ebd., S. 28356.
17 Ebd.
18 Gramm, »Deregulation and the Financial Panic«.

Investment- und Geschäftsbanken haben.«[19] Die allgemeine Auffassung lautet, wenn die europäischen Staaten mit einer geringeren Regulierung des Finanzsektors gut funktionieren können, dann können die USA das auch. Das war zwar nicht der einzige, aber doch ein wichtiger Grund für die Verabschiedung des Gramm-Leach-Bliley Act.[20]

Dennoch glauben viele, diese Serie von Deregulierungen sei ein Faktor beim Zusammenbruch des US-amerikanischen Finanzsystems gewesen. So bleibt noch viel Forschungsarbeit zu leisten, um die spezifischen Auswirkungen der Aufhebung des Glass-Steagall Act zu ermessen, aber es ist klar, dass ein bedingungsloser Optimismus im Blick auf den Gramm-Leach-Bliley Act unangebracht wäre. Elf Studien haben die Auswirkungen des Gesetzes auf die Risiken im Finanzsystem untersucht. Bei vieren davon lautet das Ergebnis, dass GLBA die Risiken im Finanzsystem verringert habe.[21] Bei dreien steht am Ende die entgegengesetzte Einschätzung.[22] Und vier gelangen zu gemischten Schlüssen oder sehen keinerlei Wirkung.[23] Außerdem messen die Studien, die eine Vergrößerung des Risikos erkennen, die unabhängige Variable möglicherweise akkurater. Sämtliche Studien, die eine Verringerung des Risikos durch den GLBA anzeigen, vergleichen die Zeit unmittelbar vor der Verabschiedung des GLB Act mit der Zeit danach. Viele Wissenschaftler weisen jedoch darauf hin, dass der GLBA lediglich einen Prozess der Umgehung der Glass-Steagall-Restriktionen formell absegnete, der schon seit vielen Jahren im Gange gewesen war, und halten eine fortlaufende Messung für angemessener. Die Studien, die nach der Verabschiedung des GLB Act ein größeres Risiko konstatieren, arbeiten meist mit einer fortlaufenden und daher akkurateren Messung der unabhängigen Variablen. Hier bedarf es weiterer Forschung, aber schon jetzt ist klar, dass die optimistische Einschätzung, wonach der GLBA nichts mit der Krise zu tun hatte, auf äußerst wackligen analytischen Grundlagen basiert.

---

19 Barack Obama, zit. in: Leonhardt, »After the Great Recession«.
20 Barth/Brumbaugh/Wilcox, »Policy Watch«.
21 Mamun/Hassan/Lai, »The Impact of the Gramm-Leach-Bliley Act«; Neale/Peterson, »The Effect of the Gramm-Leach-Bliley Act; Mamun/Hassan/Maroney, »The Wealth and Risk Effects«; Yildirim/Kwag/Collins, »An Examination«.
22 Stiroh/Rumble, »The Dark Side of Diversification«; Allen/Bali, »Cyclicality«; Geyfman/Yeager, »On the Riskiness of Universal Banking«.
23 Allen/Jagtiani/Moser, »Further Evidence«; Elyasiani/Mansur/Pagano, »Convergence and Risk-Return Linkages«; Baele/De Jonghe/Vander Vennet, »Does the Stock Market«; Cebula, »Determinants of Bank Failures«.

Wir beginnen auch die Mechanismen zu verstehen, über die damals die Abschaffung des Glass-Steagall Act die Krise beeinflusst haben könnte. Erstens ermöglichte die Abschaffung des Glass-Steagall Act die schiere Vergrößerung der Finanzinstitute und machte es möglich, dass ihr Wohlergehen für immer weitere Teile der Wirtschaft bedeutsam wurde, weil sie damit ein »systemisches Risiko« erzeugten, wie manche Analytiker dies nennen.[24] Zweitens, auch wenn Studien zu widersprüchlichen Ergebnissen hinsichtlich der Frage gelangen, inwiefern das Finanzsystem nach der Verabschiedung des GLB Act als Ganzes zu einer größeren Diversifizierung der Risiken in der Lage war, scheint sich die Volatilität der Gewinne und der Performance im Wertpapiergeschäft traditioneller Geschäftsbanken nach der Verabschiedung vergrößert zu haben.[25] Akhigbe und Whyte fanden heraus, dass die Wertpapierfirmen zwar ihr Risiko verringern konnten, weil sie ihre Geschäftstätigkeit diversifizierten, indem sie Geschäftsfelder der traditionellen Geschäftsbanken übernahmen, die Geschäftsbanken aber ihr Risiko erhöht haben, weil sie nun auch im riskanteren Investmentgeschäft tätig sind.[26] Und drittens, schon vor dem GLBA bestand im Bankensektor größere Unsicherheit als in anderen Teilen des Finanzsystems, gemessen an der Divergenz der von verschiedenen Ratingagenturen produzierten Ratings.[27] Dadurch breitete sich die für das Bankwesen typische Undurchsichtigkeit auf das gesamte Finanzsystem aus, und das führte wiederum zu der inzwischen weithin als solche anerkannten Fehleinschätzung der Ratingagenturen. Der Gramm-Leach-Bliley Act war nicht die einzige folgenreiche Regulierungsreform (die Nichtregulierung des Commodity Futures Modernization Act hatte die unmittelbarsten Konsequenzen), doch sie war eine von mehreren Veränderungen im Regulierungsregime, die zusammen mit den übrigen die Fähigkeit des Staates zur Einhegung des Finanzsystems verringerten. Die Vermischung des Investmentgeschäfts mit dem Kreditgeschäft machte beides anfälliger füreinander, da bei den Geschäftskrediten neue, letztlich nach dem Muster der Privatkredite gestaltete Finanzinstrumente entwickelt und die Privatkredite den Fluktuationen am Aktienmarkt unterworfen wurden.

---

24 Moss, »An Ounce of Prevention«.
25 Rajan, »Has Finance Made the World Riskier?«; Stiroh/Rumble, »The Dark Side of Diversification«.
26 Akhigbe/Whyte, »The Gramm-Leach-Bliley Act of 1999«.
27 Morgan, »Rating Banks«.

Kurz gesagt, die USA deregulierten ihren Finanzmarkt zum Teil deshalb, weil die Finanzmärkte in den europäischen Ländern weniger stark reguliert waren, doch in den USA hatte die Deregulierung offenbar schlimmere Folgen. In diesem und den beiden folgenden Kapiteln will ich untersuchen, warum das so war.

Bei der Regulierung von Privatkrediten gibt es drei zentrale Unterschiede zwischen den USA und anderen Ländern. Erstens, im größten Teil des 20. Jahrhunderts besaßen die USA eine schuldnerfreundlichere Insolvenzgesetzgebung, die eine Kreditaufnahme weniger beschwerlich machte. Zweitens – und in einer gewissen Spannung damit – führten die USA während und nach der Weltwirtschaftskrise unter allen Ländern die umfangreichste Regulierung des Bankwesen ein, darunter das Verbot der in anderen Ländern üblichen Universalbanken durch den Glass-Steagall Act sowie das Verbot von Bankniederlassungen in anderen Bundesstaaten, wie sie in anderen Ländern gleichfalls zu finden waren. Drittens entwickelten die USA nach dem Zweiten Weltkrieg eine politische Ökonomie, deren treibende Kraft die Hypothekenfinanzierung war.

Aus diesen Unterschieden entwickelte sich ein Regime, das in ungewöhnlich hohem Maße vom Fluss der Kredite abhing und die Aufnahme von Krediten wie auch das wirtschaftliche Überleben einer Insolvenz erleichterte, doch zugleich wurden die Banken, die diese Kredite vergaben, streng reguliert. In diesem und dem nachfolgenden Kapitel zeichne ich die Entstehung dieser komplexen Regulierungstechniken nach – die ich unter der Bezeichnung *agrarische Regulierung des Finanzsystems* zusammengefasst habe – und untersuche die Ursprünge des eher schuldnerfreundlichen Insolvenzrechts, der umfangreicheren Regulierung und der Konzentration auf die Finanzierung von Hypotheken. In Kapitel 9 fasse ich diese Argumente zusammen, um die oben gestellte Frage zu beantworten: Warum besaßen die »liberalen« USA eine derart interventionistische Bankenregulierung, und warum hatten Versuche, sich in Richtung der weniger stark regulierten europäischen Länder zu bewegen, derart negative Folgen?

Insolvenz

Das koloniale Nordamerika übernahm die englischen Gesetze zur Insolvenz – mit Kerkerhaft für Schuldner und drakonischen Strafen, bei denen man dem Schuldner die Ohren abschnitt oder die Daumen mit

Brenneisen verbrannte.[28] Im 19. Jahrhundert verbesserten sich die Bedingungen für die Schuldner langsam, aber stetig. Schon 1800 wurde ein weniger scharfes Bundesinsolvenzgesetz verabschiedet, das jedoch schon drei Jahre später wieder aufgehoben wurde.[29] In den 1820er und 1830er Jahren begannen einzelne Bundesstaaten, die Kerkerhaft für Schuldner abzuschaffen.[30] Das erste Bundesinsolvenzgesetz, das für alle Schuldner galt und es ihnen ermöglichte, sich selbst für insolvent zu erklären, wurde 1841 verabschiedet, aber schon ein Jahr später wieder zurückgenommen.[31] Ein ähnliches Gesetz dieser Art trat 1867 in Kraft, begleitet von einer Rhetorik, die Schuldknechtschaft mit Sklaverei verglich, doch schon 1878 wurde auch dieses Gesetz wieder aufgehoben.[32]

Erst 1898 wurde ein Bundesinsolvenzgesetz verabschiedet, das langfristigen Bestand hatte. In diesem Jahr entfaltete die auf einen »Neustart« ausgerichtete Insolvenzpolitik ihre Wirkung, und bis zu den Insolvenzrechtsreformen des Jahres 2005 »genossen die meisten Schuldner bei persönlichen Privatkrediten in den USA einen breiten Zugang zu einem sofortigen und bedingungslosen Schuldenerlass, der nicht einmal durch Rückzahlungsverpflichtungen aus zukünftigem Einkommen eingeschränkt wurde. Die einzigen anderen Länder mit einer auch nur annähernd ›liberalen‹ Politik gegenüber Schuldnern waren England und die Commonwealth-Länder, insbesondere Kanada. Doch selbst in diesen Jurisdiktionen ließ sich das Insolvenzrecht historisch kaum als schuldnerfreundlich bezeichnen: Dort konnten Schuldner niemals einen sofortigen Schuldenerlass erlangen wie in den USA, sondern mussten diverse Einschränkungen hinnehmen, die nur einen begrenzten, bedingten und zeitlich aufgeschobenen Schuldenerlass zuließen.«[33]

Ein schuldnerfreundliches Insolvenzrecht scheint dem Grundprinzip des Kapitalismus zu widersprechen, nämlich dem Eigentumsrecht. Manche Beobachter sahen in dieser Einstellung gegenüber Schulden und Insolvenz allerdings eine spezifisch amerikanische Form eines entfesselten, risikobereiten Kapitalismus. So schrieb Tocqueville: »Die Industrie ist [in Amerika] wie eine riesige Lotterie, in der eine kleine Zahl von Menschen

---

28 Mann, *Republic of Debtors*, S. 78 ff.; Noel, *A History of the Bankruptcy Law*, S. 54, 71.
29 Balleisen, *Navigating Failure*; Sandage, *Born Losers*.
30 Warren, *Bankruptcy in United States History*.
31 Balleisen, *Navigating Failure*.
32 Sandage, *Born Losers*.
33 Tabb, »Lessons from the Globalization«, S. 763–764.

täglich verliert, der Staat jedoch fortwährend gewinnt; ein solches Volk muß deshalb die Kühnheit in der Industrie begünstigen und in Ehren halten. Nun setzt jedes kühne Vorhaben das Vermögen dessen, der sich ihm widmet, und das Vermögen aller derer, die sich ihm anvertrauen, aufs Spiel. Die Amerikaner, die aus dem kaufmännischen Wagemut eine Tugend machen, können auf keinen Fall die Kühnen mißbilligen. Das ist der Grund, weshalb man in den Vereinigten Staaten dem Kaufmann, der Bankrott macht, eine so eigentümliche Nachsicht entgegenbringt: seine Ehre wird durch ein solches Unglück nicht angetastet. Darin unterscheiden sich die Amerikaner nicht bloß von den europäischen Völkern, sondern von allen handeltreibenden Nationen der Gegenwart.«[34]

Scott Sandage hat kürzlich Belege dafür zusammengetragen, dass Tocqueville sich irrte, als er meinte, die Ehre sei durch ökonomisches Scheitern nicht in Mitleidenschaft gezogen worden. 1812 klagten Verfechter eines Insolvenzgesetzes, Schuldner würden »nicht mehr als Bürger der Gemeinschaft anerkannt« und seien »lebenslang zu Sklaverei, Elend und Unfreiheit verdammt«.[35] Für die Jahre vor der Verabschiedung des Gesetzes von 1867 bezeugt eine Flut von Briefen aus der Hand von Schuldnern, wie sie ihre Lage empfanden: »Ich habe zehn Jahre in schlimmerer Unfreiheit verbracht als die Schwarzen im Süden, in schlimmerer Demütigung und Erniedrigung, da ich unter meinen alten Kollegen nicht mehr als Gleicher anerkannt wurde.«[36] Andere hatten das Gefühl, »in schlimmeren Fesseln als der Sklaverei zu liegen«.[37] Ökonomisches Scheitern war in den USA ganz eindeutig zu jener Zeit im 19. Jahrhundert mit einem Stigma behaftet, als das Insolvenzrecht dort von den europäischen Vorläufern abwich und Schuldner keineswegs den Luxus eines Wissens genossen, dass ihre Ehre »durch ein solches Unglück nicht angetastet« würde.[38]

---

34 Tocqueville, *Über die Demokratie in Amerika*, S. 727–728.
35 Zit. in: Sandage, *Born Losers*, S. 194.
36 Zit. ebd., S. 194.
37 Zit. ebd., S. 190.
38 Manche Wissenschaftler behaupten, das Stigma eines Bankrotts habe sich Ende des 20. Jahrhunderts abgeschwächt. So findet Efrat, »The Evolution of Bankruptcy Stigma«, ab den 1960er Jahren Zeitschriftenartikel, die eine positivere Einstellung gegenüber insolventen Schuldnern erkennen lassen. Das könnte indessen auch auf einen allgemeinen Einstellungswandel gegenüber Armen und Unterdrückten in den USA zurückzuführen sein, sodass man darin kein spezifisches Beispiel für die amerikanische Unterstützung eines freien Marktes erblicken dürfte. Anderer-

Es lohnt sich, hier kurz innezuhalten und diese Argumente in ihrer wechselseitigen Relation zu betrachten, denn sie zeigen, warum kulturelle Argumente derart unverwüstlich sind. Während Tocqueville meint, der ausbleibende Ehrverlust aufgrund ökonomischen Scheiterns beweise die Marktorientierung des amerikanischen Regimes, behauptet Sandage, in Wirklichkeit beweise gerade der Ehrverlust aufgrund ökonomischen Scheiterns die Marktorientierung des amerikanischen Regimes.[39] Sandage vertritt die These, ökonomisches Scheitern sei als moralisches Scheitern interpretiert worden und habe deshalb die Amerikaner in der Weise diszipliniert, dass sie ihr Verhalten den Erfordernissen einer Marktwirtschaft angepasst hätten. Sanders bietet hier keine vergleichenden Belege, die zeigten, dass nicht marktwirtschaftliche oder weniger vollständig marktwirtschaftlich organisierte Volkswirtschaften ökonomisches Scheitern als moralisch neutral gewertet hätten. Doch wenn Tocqueville recht mit seiner Ansicht hat, wonach auch das eine kulturelle Präferenz für den Markt anzeigt, lässt sich nur schwer erkennen, dass irgendeiner dieser Belege von Bedeutung für die Frage wäre, warum diese Gesetze eingeführt wurden. Aber die Möglichkeit, diametral entgegengesetzte empirische Muster als Beweis für die Existenz einer marktfreundlichen Kultur in den USA zu interpretieren, macht deutlich, warum das kulturelle Argument weiterhin eine derart herausragende Bedeutung besitzt, dass Forschende auf diese Weise behaupten können, jedes von ihnen gefundene Muster stütze das Argument.

Ein tieferer Blick auf die Ursprünge dieser Gesetze lässt indessen erkennen, dass das Insolvenzgesetz von 1898 nicht auf einer ungewöhnlich marktfreundlichen Kultur basierte, sondern das Ergebnis einer unbequemen Ehe zwischen kommerziellen Interessen und den Verfechtern der Schuldnerrechte, insbesondere Farmer, war. Fabrikanten und Kapitalisten wünschten sich ein systematisches Insolvenzrecht, das die bei Schuldnern herrschende Praxis verhinderte, manche Gläubiger (vor allem Familienangehörige und sonstige Verwandte) bevorzugt auszuzahlen. Nach der Aufhebung des Insolvenzgesetzes von 1867 drängten kommerzielle Interessen unablässig auf die Verabschiedung eines anderen Bundes-

---

seits behaupten Sullivan/Warren/Westbrook, *The Fragile Middle Class*, das Stigma eines Bankrotts habe sich in letzter Zeit verstärkt. (Siehe insbesondere ihre amüsante Fußnote 16 zur tautologischen Argumentation von Wissenschaftlern, die behaupten, der Bankrott sei mit einem geringeren Stigma behaftet.)
39 Sandage, *Born Losers*.

gesetzes zur Regelung der Insolvenz. Das in vergleichender Perspektive ungewöhnliche Merkmal des 1898 verabschiedeten Gesetzes – nämlich sein schuldnerfreundlicher Charakter – ging auf den Einfluss von Schuldnergruppen zurück. Skeel schreibt: »Im Zentrum dieses Widerstandes gegen ein gläubigerorientiertes Insolvenzrecht in den 1880er und 1890er Jahren standen die agrarischen und populistischen Bewegungen, die in der zweiten Hälfte des 19. Jahrhunderts aufkamen und sich mit der im Süden weiterhin einflussreichen Bewegung für die Rechte der Bundesstaaten überlappten [...]. Die Insolvenz war eine außergewöhnlich prominente Frage, und Kongressabgeordnete aus den Farmstaaten setzten sich aktiv für die ideologischen Auffassungen ihrer ländlichen Wählerschaft ein [...]. In den Augen der Populisten galten Insolvenzrecht und Goldstandard vielfach als die zwei schlimmsten Geißeln des einfachen Arbeiters.« Ein Abgeordneter fasste das Argument folgendermaßen zusammen: Der Goldstandard sei »die Saat, die für die große Frucht des Ruins ausgesät wurde, und dieses Insolvenzgesetz folgt als Vollernter und Dreschmaschine, mit der Shylock seine Ernte einfährt«.[40] Gestärkt wurde die Sicht der Agrarier noch von der föderalen Struktur des amerikanischen Staates. Gläubigerfreundliche Republikaner aus dem industrialisierten Nordosten sahen sich zu Konzessionen an Republikaner aus dem Mittleren Westen gezwungen, damit überhaupt Hoffnung auf die Verabschiedung eines Insolvenzgesetzes bestand. Ohne den Druck der Agrarier hätte das Insolvenzgesetz zum Beispiel eher dem gläubigerfreundlicheren Insolvenzgesetz geglichen, das in England etwa zur selben Zeit verabschiedet wurde. Das eigentümlich amerikanische Konzept einer Insolvenz als eines »Neustarts« und eines vollständigen Schuldenerlasses war bei seiner Einführung also das direkte Resultat populistischer Agitation im Rahmen der Reformwelle, die wir in Kapitel 3 behandelt haben.

Adversatorische Regulierung

Das Insolvenzrecht stellt einen wichtigen Unterschied dar. Doch eine weitere extrem ungewöhnliche Facette der Regulierung im US-amerikanischen Stil ist die Einrichtung von Regulierungsbehörden, die gegenüber dem Kapital in ungewöhnlich adversatorischer Weise auftreten. Da

---

40 Skeel, *Debt's Dominion*, S. 38–39.

dieses Merkmal so folgenreich für die hier erzählte Geschichte ist, wollen wir in diesem Kapitel einen Schritt zurücktreten, um die breitere Entwicklung der Regulierung in den USA zu verstehen.

Im Verlaufe des 20. Jahrhunderts entwickelten die USA ein System zur Regulierung des Marktes, das sich in einzigartiger Weise auf Regulierungsbehörden stützt. Diese Regulierungsbehörden des Bundes – die vertraute »Buchstabensuppe«, die von der Interstate Commerce Commission ICC sowie der Food and Drug Administration FDA bis hin zur Securities and Exchange Commission SEC, der Equal Employment Opportunity Commission EEOC, der Environmental Protection Agency EPA, der Occupation Safety and Health Administration OSHA und vielen anderen reicht – erlangten eine autonome Macht und bestimmten in legalistischer Manier Regeln, wie man dies in keinem anderen Land beobachten kann. Einige dieser Behörden sind innerhalb der Exekutive angesiedelt, andere sind von allen drei Gewalten des Staates unabhängig. Obwohl die jeweiligen Leitungen dieser Behörden auf politischem Weg bestimmt werden, besitzen sie eine derartige Autonomie gegenüber dem Staat, dass manche Beobachter die Sorge haben, sie bildeten innerhalb des US-amerikanischen Staates gleichsam eine »vierte Gewalt«. Auf ihren begrenzten Politikfeldern verfügen sie zuweilen über die Macht aller drei übrigen Gewalten – sie können Regeln bestimmen, durchsetzen und interpretieren.[41] Sie sind die amerikanische Version des bürokratischen Staates, wie Max Weber ihn beschrieben hat.

Der formale und legalistische Stil der von diesen Behörden vorgenommenen Regulierung wurde einmal als »adversatorischer Legalismus« (*adversarial legalism*) bezeichnet.[42] In der Wissenschaft herrscht die Meinung vor, dass diese Regulierung interventionistischer und schädlicher für die Wirtschaft war als die Regulierung in Europa, zumindest bis zum Aufstieg des Neoliberalismus in den 1980er Jahren. In manchen Fällen führten die teureren und staatsinterventionistischeren Regulierungen in den USA nicht zu besseren Ergebnissen, und die eher auf Kooperation ausgerichteten Ansätze der europäischen Länder waren erfolgreicher. In anderen Fällen wie dem Contergan-Skandal schützte die US-amerikanische Regulierung die Konsumentinnen weitaus besser vor der Industrie. In diesem Kapitel betrachte ich zunächst die Literatur zum

---

41 Meier, *Politics and the Bureaucracy*; Smith/Licari, *Public Administration*.
42 Kagan, *Adversarial Legalism*.

adversatorischen Legalismus und unternehme dann eine Fallstudie zum Aufstieg und der zunehmenden Autonomie der ersten unabhängigen Regulierungsbehörde, der Interstate Commerce Commission ICC, um die Entfaltung einer adversatorischen Regulierung zu untersuchen.

Die Regulierungsbehörden scheinen genau das zu sein, was der Staat nach Ansicht der Amerikaner – so glaubt jedenfalls ein prominenter Kommentator – niemals sein sollte, nämlich »kosmopolitisch, sachverständig, autoritativ, effizient, vertraulich, wohlgegliedert, fortschrittlich, elitär, mechanisch, pflichtorientiert, weltlich, regulierend und delegierend«.[43] Anders als der »unsichtbare« Staat, der das 19. Jahrhundert charakterisierte, sind die Regulierungsbehörden zentralisiert, bürokratisch und extrem sichtbar.[44] Dieses Muster US-amerikanischer Regulierung widerspricht derart unseren üblichen Klischeevorstellungen von den Vereinigten Staaten, dass es eine sorgfältigere Untersuchung verdient.

Während der gesamten 1980er und 1990er Jahre trugen einzelne Wissenschaftlerinnen, die jeweils spezifische Aspekte der Regulierung untersuchten, die in der Einleitung erörterten Befunde zu einer stärker adversatorischen Regulierung zusammen – zum Beispiel die Tatsache, dass die USA in Fragen des Klimas, der Gesundheit und der Sicherheit eine strengere Regulierung einführten.[45]

Der in Berkeley lehrende Rechtswissenschaftler Robert A. Kagan verband diese Befunde miteinander und behauptete, die US-amerikanische Regulierung sei stärker »adversatorisch« ausgerichtet als die Regulierung in anderen Ländern. Diese These gehört in den Rahmen seiner allgemeineren These, wonach das Recht in den USA von einem »adversatorischen Legalismus« geprägt sei, das heißt von einer Dominanz der Anwälte und einem ungewöhnlichen Vertrauen in einen formalen, transparenten, regelgebundenen und kostenträchtigen Prozess adversatorischer Rechtsstreitigkeiten, im Unterschied zu eher verhandlungsorientierten Ansätzen der Bestimmung und Umsetzung politischer Entscheidungen, wie man sie in anderen Ländern finde.[46] Auch wenn die Gesetze ähnlich seien,

---

43 Wills, *A Necessary Evil*, S. 17–18.
44 Balogh, *A Government Out of Sight*.
45 Lundqvist, *The Hare and the Tortoise*; Braithwaite, *To Punish or Persuade*; Vogel, *National Styles of Regulation*; Benedick, *Ozone Diplomacy*; Verweij, »Why Is the River Rhine Cleaner«; Jasanoff, »Acceptable Evidence«; Kelman, *Regulating America*; Badaracco, *Loading the Dice*.
46 Kagan, *Adversarial Legalism*.

werde die Politik in den USA anders umgesetzt, und zwar mit »(1) komplexeren gesetzlichen Regelwerken; (2) mit formaleren, stärker adversatorischen Verfahren zur Lösung politischer und wissenschaftlicher Dispute; (3) mit kostenträchtigeren Formen rechtlicher Anfechtung; (4) mit stärkeren, eher Strafcharakter besitzenden rechtlichen Sanktionen; (5) mit häufigeren gerichtlichen Überprüfungen administrativer Entscheidungen und Verfahren und entsprechenden gerichtlichen Interventionen; (6) mit mehr politischem Streit über rechtliche Regeln und Institutionen; (7) mit politisch fragmentierteren, weniger eng koordinierten Entscheidungen sowie (8) mit größerer rechtlicher Unsicherheit und Instabilität«.[47] Kagan sieht in der Regulierung einen von vielen Bereichen, in denen sich ein adversatorischer Legalismus finden lässt, vom Strafrechtssystem bis hin zum Schadensersatzrecht, von den Rechten der Sozialhilfeempfänger bis hin zur Reform der Schulfinanzierung.

Während die Studien aus den 1980er Jahren in den USA durchgängig eine stärkere Regulierung beobachteten, zeigte sich ab den 1990er Jahren ein eher gemischtes Bild, da die Deregulierungsbewegung in den USA zu einem Rückgang der Regulierung führte – wozu etwa die AIDS-Aktivisten beitrugen, die gegen das schleppende Vorgehen der FDA protestierten –, während die wachsende Macht der Europäischen Union (EU) einen stärker adversatorischen und legalistischen Ansatz auch nach Europa brachte. In den 1990er Jahren leitete Kagan ein Team, dass die Behandlung multinationaler Konzerne in diversen Ländern untersuchte. Er und sein Team hielten den Stimulus konstant – das heißt, ein und dasselbe Unternehmen entfaltete in verschiedenen Ländern dieselben Aktivitäten – und versuchten so, den unterschiedlichen Charakter der Regulierungsregime zu isolieren. Mithilfe dieser Methode beobachteten die Forschenden in den USA eine stärkere oder kostenträchtigere und interventionistischere Regulierung auf den Gebieten der Abfallentsorgung, der Boden- und Grundwasserverschmutzung, der Luftverschmutzung, des Kündigungsschutzes und des Patentschutzes. Der Prozess der Zulassung von Medikamenten hatte sich dagegen den in anderen Ländern üblichen Verfahren angeglichen, und die Gesetze über die Auszeichnungspflicht bei chemischen Stoffen war weniger belastend, während die Regulierung bei Mülldeponien in manchen US-Bundesstaaten strenger war als in anderen.[48] Für die

---

47 Ebd., S. 7.
48 Siehe die Beiträge zu Kagan/Axelrad, *Regulatory Encounters*.

jüngere Zeit ist das Bild also eher gemischt. Einige Wissenschaftlerinnen behaupten, dass es nach den 1980er Jahren zu einem »deutlichen Wechsel« gekommen sei. Die USA hätten sich um eine systematische Deregulierung bemüht, während die EU sich in Richtung der adversatorischen Regulierungsweise in den USA bewegt habe.[49]

Der jüngste Versuch zu einer Beantwortung der Frage, wer nun über die strengeren Regulierungsgesetze verfügt, ist die Arbeit von Jonathan Wiener und seinen Kollegen, die zu dem Ergebnis gelangt, dass von den 1970er Jahren bis heute eine allgemeine Parität bestanden habe, wobei gewisse Befunde den Gedanken eines Wechsels stützten.[50] Die Arbeit ist zwar eindeutig die bislang beste Studie dieser Art, aber sie beschränkt sich auf die Untersuchung der Gesetzestexte und überprüft nicht deren Implementierung oder Durchsetzung. Da viele der oben genannten Fallstudien Unterschiede auf der Ebene der Implementierung enthüllen, ergibt die Prüfung der Texte nur einen Teil des Bildes. Dennoch zeigt die Arbeit, dass sich auf dieser Ebene in den USA nicht signifikant weniger Regulierung findet als in Europa. Wiener und Rogers schreiben: »Unterschiede hinsichtlich der Vorsicht basieren eher auf dem Kontext des betreffenden Risikos als auf generellen Unterschieden in den nationalen Regulierungsregimen.«[51] Sie merken an, dass man in Europa zwar bei Fragen wie genetisch veränderten Organismen, Hormonen im Fleisch und dem Klimawandel größere Vorsicht walten lasse, die Vereinigten Staaten dagegen vorsichtiger auf Gebieten seien, die von der Medikamentenzulassung über die Kernenergie und den Schutz der Ozonschicht bis hin zur Teilchenbelastung in der Luft reichten.[52]

Wie wir aus diesen Studien ersehen können, gibt es keinen Beleg für die Behauptung, der amerikanische Staat wäre insgesamt weniger interventionistisch bei der Regulierung der Wirtschaft. Aus Fallstudien gibt es einige Belege dafür, dass der amerikanische Staat vor den 1980er Jahren insgesamt interventionistischer war als europäische Staaten und die Regulierung in den USA eine eher adversatorische Form annahm, während sie in Europa eine eher kooperative Form besaß. Hinsichtlich des ak-

---

49 Löfstedt/Vogel, »The Changing Character of Regulation«.
50 Wiener/Rogers/Hammitt, *The Reality of Precaution;* Hammitt/Wiener/Swedlow/Kall/Zhou, »Precautionary Regulation«; Wiener/Rogers, »Comparing Precaution«.
51 Wiener/Rogers, »Comparing Precaution«, S. 317.
52 Ebd., S. 322.

tuellen Zustands gibt es weiterhin eine Debatte, doch auch heute spricht nichts für das Bild einer geringeren Regulierung in den USA. Welches Ausmaß die Interventionen und die jüngsten Veränderungen auch erreichen mögen, zeigen diese Studien doch jedenfalls, dass wir nicht automatisch einen geringeren Grad an staatlichem Interventionismus in den USA unterstellen dürfen. Im Minimum setzten oder setzen die Vereinigten Staaten in bestimmten Bereichen stärker auf Regulierung als europäische Länder, und im Maximum taten oder tun sie dies auf den allermeisten Gebieten. Kein ernsthafter Wissenschaftler auf dem Gebiet der vergleichenden Regulierungsforschung behauptet, dass die Regulierung in den USA dem Bild eines minimalen staatlichen Interventionismus entspräche, wie es die in Kapitel 2 untersuchten Theorien der vergleichenden politischen Ökonomie zeichnen.

Weniger erfolgreich war die Forschung indessen bei der Erklärung, woher diese amerikanischen Regulierungen kommen, und hier vermag keine unserer Theorien eine Anleitung zu geben, da einfach zu viele Fälle einer strengeren Regulierung als allfällige Ausnahmen von einem ansonsten liberalen Staat abgetan werden können.

Bei dem Versuch, den adversatorischen Legalismus zu erklären, verweist Kagan auf eine nationale Kultur, die die Freiheit schätze, den Staat vor Gericht herauszufordern, sowie auf fragmentierte Institutionen, die andere Formen der Ausübung staatlicher Macht erschweren.[53] Wie oben bereits erwähnt, ist das kulturelle Argument als analytisches Werkzeug kaum ernst zu nehmen, da es sich beliebig dehnen und auf jedes empirische Muster anwenden lässt. Wenn wir zum Beispiel das entgegengesetzte empirische Muster gefunden hätten, sähen Vertreterinnen des kulturellen Arguments mit Sicherheit genau darin einen Beweis für ihre These. Hätten wir herausgefunden, dass europäische Länder Fragen der Marktregulierung unabhängigen zentralisierten Regulierungsbehörden anvertrauten, würden Anhänger des kulturellen Arguments zweifellos behaupten, das zeige den europäischen Etatismus, den Respekt vor Expertinnen sowie die Vorliebe für eine Zentralisierung der Macht, und das Fehlen unabhängiger Regulierungsbehörden würde als Beweis für den Anti-Etatismus in den USA gewertet. Wäre man in Europa formalistischer und legalistischer und in den USA weniger regelorientiert, würde das als Beweis dafür gelten, dass das amerikanische System populisti-

---

53 Kagan, »Do Lawyers Cause Adversarial Legalism?«.

scher sei. Selbst die herausragende Rolle der Rechtsanwältinnen würde, falls man sie in Europa fände, als Respekt vor hoch qualifizierten Experten gedeutet. In Wirklichkeit weisen die drei genannten empirischen Muster in die entgegengesetzte Richtung, denn tatsächlich sind zentralisierte Regulierungsbürokratien, Formalismus und Legalismus sowie die herausragende Rolle der Anwältinnen charakteristisch für die USA. Eine Theorie, die in der Existenz zentralisierter Weber'scher Bürokratien einen Beweis für die anti-etatistische Kultur der Amerikaner, im Fehlen zentralisierter Weber'scher Bürokratien aber ebenfalls einen Beweis für die anti-etatistische Kultur sieht, ist nicht sonderlich hilfreich bei dem Versuch, die Welt zu verstehen. Möglicherweise sind beide Elemente mit einer anti-etatistischen Kultur verträglich, doch wenn das so ist, müssen wir uns nach anderen Faktoren umsehen, die erklären könnten, warum ein Gemeinwesen mit einer anti-etatistischen Kultur eher einen dieser Wege einschlagen sollte als den anderen.

Die Fragmentierung der Macht ist zwar ein wichtiges Element, kann aber nicht die ganze Geschichte sein, denn sie wäre auch mit einem Zustand vereinbar, in dem es gar keine unabhängigen Regulierungskommissionen gäbe. Wenn das empirische Muster genau umgekehrt beschaffen wäre (also unabhängige Regulierungskommissionen ein europäisches Phänomen darstellten und in den USA fehlten oder dort erst in jüngster Zeit entstanden wären), könnten wir Abhandlungen lesen, in denen dargelegt würde, wie schwierig es sei, die verschiedenen »Vetopunkte« innerhalb des politischen Systems zu bewegen, der Einrichtung einer unabhängigen Regulierungskommission zuzustimmen.

Wollen wir verstehen, wie diese Kommissionen tatsächlich entstanden, müssen wir die Fachgebiete der Politik und der Rechtspolitik hinter uns lassen und uns den Debatten über die Ursprünge der progressiven Bewegung zuwenden, die disziplinübergreifend und mit einiger Heftigkeit in der Geschichtswissenschaft, der Soziologie und der Politikwissenschaft geführt wurden und werden. Diese Fachgebiete und insbesondere die Forschenden, die die politische Entwicklung Amerikas untersuchen, haben die unabhängigen Regulierungskommissionen ebenso wie die innerhalb der Exekutive angesiedelten Behörden sehr sorgfältig untersucht.

Die erste unabhängige Regulierungsbehörde auf Bundesebene, die Interstate Commerce Commission (ICC), bestimmte Regeln für die Preisfestsetzung bei den Eisenbahnen und erlangte schließlich beträchtliche Macht über den gesamten Eisenbahnbereich. Sie basierte auf dem Vorbild unabhängiger Kommissionen, die in den Bundesstaaten eingerichtet worden waren. Die ICC wurde dann ihrerseits zum Vorbild für alle späteren unabhängigen Regulierungsbehörden, und indem sie das Muster einer von der Politik unabhängigen und mit Experten besetzten Regulierungsbehörde entwickelte, schuf sie die amerikanische Form der Regulierung.

Wegen ihrer zentralen Bedeutung hat man die ICC erschöpfend untersucht, und bis heute wird heftig über die Frage gestritten, ob die zentralen Akteure Agrarpopulisten waren, die niedrigere Eisenbahnfrachtraten wünschten, oder die Eisenbahnunternehmen selbst, die darin ein stabilisierendes Mittel zur Vermeidung einer möglicherweise zerstörerischen Konkurrenz sahen, oder Kaufleute im Nordosten, die die Einrichtung der Kommission aus denselben Gründen befürworteten wie die Agrarpopulisten, oder Bürokraten wie Charles Francis Adams aus Massachusetts, die ihre Kräfte für die Schaffung eines Raums autonomer staatlicher Macht einsetzten.[54] Trotz aller Divergenzen stimmen diese Darstellungen in wenigen elementaren Punkten überein: Der Druck, irgendetwas hinsichtlich der Frachtraten zu unternehmen, kam von den Agrariern; die Idee zu einer Kommission stammte von anderen Gruppen und stand ursprünglich im Gegensatz zu den Ansichten der Agrarier; und das Resultat, Interstate Commerce Act, brachte den Nahversendern Vorteile auf Kosten der Fernversender.

Um den Aufstieg der ersten unabhängigen Regulierungskommission nachzuvollziehen, müssen wir den zentralen Konflikt zwischen Nah- und Fernversendern verstehen. Der kapitalintensive Charakter der Eisenbahnen führte dazu, dass jeder Ort (mit Ausnahme der größten Städte) allenfalls von einer einzigen Eisenbahngesellschaft versorgt wurde. Ein Farmer oder Händler, der etwas von Chicago an die Ostküste versenden wollte – ein Fernversender –, hatte mehrere Optionen, weshalb die Eisenbahngesellschaften gezwungen waren, um die Aufträge der Versender zu konkurrieren. Ein Farmer oder Kaufmann, der Produkte zwischen zwei Orten im Mittleren Westen versenden wollte – ein Nahversender –, hatte bezüglich der Eisenbahn nur eine einzige Option. Die Kapitalerfordernisse der Eisenbahnen und die Größe des nordamerikanischen Kon-

---

54 Siehe z. B. Benson, *Merchants, Farmers, and Railroads*; Bernstein, *Regulating Business*; Skowronek, *Building a New American State*; McCraw, *Prophets of Regulation*; Fiorina, »Legislator Uncertainty«; Gilligan/Marshall/Weingast, »Regulation and the Theory«; Berk, *Alternative Tracks*; Sanders, *Roots of Reform*; James, *Presidents, Parties, and the State*.

tinents sorgten für natürliche Monopole zwischen den Endpunkten. Und da die Eisenbahngesellschaften aufgrund der Konkurrenz gezwungen waren, die Frachtraten für die Fernversender zu senken, erhöhten sie die Raten für den Nahtransport, um Verluste aus dem Ferntransport auszugleichen. Aufgrund der Größenvorteile im Eisenbahnwesen – wo es nur wenig teurer war, einen vollen statt einen nur halbvollen Güterzug auf die Fahrt zu schicken – versuchten die Betreiber außerdem, einen höheren Anteil am gesamten Frachtvolumen zu gewinnen, zum Beispiel indem sie Kartelle bildeten (die als »Pools« bezeichnet wurden). Manche Unternehmen konnten den Eisenbahnbetreibern dank ihrer schieren Größe ein hohes Frachtvolumen im Austausch gegen verringerte Frachtkosten versprechen, bis die Praxis, großen Unternehmen wie Standard Oil »Rabatte« einzuräumen, sich schließlich durchsetzte.[55]

Diese Praktiken führten zu Preisunterschieden, die alle Sektoren einer Region betrafen. Zwischen den Endpunkten der Eisenbahnstrecken zahlten die Farmer mehr, um ihre Erzeugnisse auf den Markt zu bringen; die Konsumenten zahlten mehr für diese Erzeugnisse, und auch die verschiedenen Industriezweige litten unter den höheren Transportkosten. Die Farmer, Konsumenten und Industrieunternehmen westlich von Chicago waren jedoch auf niedrige Fernfrachtraten angewiesen. Deshalb behaupteten Forschende, der daraus resultierende Konflikt sei ein Konflikt zwischen Regionen und nicht zwischen Klassen gewesen.[56] Eine lange Debatte innerhalb der Wirtschaftsgeschichte weckt Zweifel an der populistischen Behauptung, die Frachtraten seien objektiv hoch gewesen, doch es kann keinen Zweifel geben, dass Fernversendern niedrigere Raten geboten wurden als Nahversendern und Versender mit einem hohen Frachtvolumen Rabatte erhielten.[57] Als die Deflationen der 1880er und 1890er Jahre die Farmer veranlassten, nach Ursachen für ihre Nöte zu suchen, identifizierten sie diese sichtbaren Faktoren der Preisdiskriminierung und des Pooling als das eigentliche Problem und forderten eine Regulierung der Eisenbahn. So kam die Forderung nach einer Regulierung der Eisenbahn ursprünglich von Agrariern. Die agrarischen Einflüsse fanden Zugang zum Repräsentantenhaus, wo John Reagan, Kongressabgeordneter aus Texas, zum wichtigsten Verfechter dieser Regulierung

---

55 Benson, *Merchants, Farmers, and Railroads;* Skowronek, *Building a New American State;* Sanders, *Roots of Reform;* James, *Presidents, Parties, and the State.*
56 Sanders, *Roots of Reform*, S. 187; Bensel, *Sectionalism.*
57 Zu einem Überblick siehe Eichengreen, »Mortgage Interest Rates«.

wurde. Das Repräsentantenhaus brachte im Laufe der 1870er und 1880er Jahre wiederholt Gesetzentwürfe ein, die Eisenbahnregulierungen unterschiedlicher Art vorsahen.[58]

Allerdings standen nicht Agrarier hinter dieser speziellen Idee. Sie stammte vielmehr aus dem Senat, der den Agrarinteressen mit weniger Wohlwollen begegnete. Während der gesamten 1870er und 1880er Jahre reagierte der Senat auf Dutzende von Eisenbahngesetzen, die das Repräsentantenhaus gebilligt hatte, entweder mit Untätigkeit oder mit Gegenentwürfen, die sich mit den stärker populistischen Entwürfen des Repräsentantenhauses nicht vereinbaren ließen. Der Senat war nicht gegen eine Regulierung der Eisenbahnen, begünstigte jedoch die Interessen der Eisenbahngesellschaften und bevorzugte eine Regulierung, die den Markt durch eine Legalisierung des Pooling stabilisieren sollte. Das war im Repräsentantenhaus allerdings Anathema, da man das Pooling dort genauso sah wie die Farmer. Mitte der 1880er Jahre standen diverse Gesetzentwürfe des Repräsentantenhauses, die Pooling und Preisdiskriminierung untersagten, solchen des Senats gegenüber, die das Pooling legalisierten und die Preisdiskriminierung unerwähnt ließen. Die wechselseitige Blockade fand schließlich ein Ende, als der Oberste Gerichtshof 1886 jegliche Regulierung der Eisenbahnen durch einzelne Bundesstaaten für verfassungswidrig erklärte, sodass nun die gesamte Branche unreguliert war. Der Kongress reagierte schnell, um Gesetzentwürfe des Repräsentantenhauses und des Senats miteinander in Einklang zu bringen, und verabschiedete 1887 den Interstate Commerce Act – wobei der Entwurf des Repräsentantenhauses insofern siegte, als Pooling und Preisdiskriminierung nun verboten wurden, der Senat jedoch den Gedanken einer zur Regulierung berechtigten Kommission durchsetzte.[59]

Die Anfänge der Interstate Commerce Commission waren wenig verheißungsvoll. In einer Reihe von Entscheidungen vereitelte der immer konservativere Oberste Gerichtshof in den 1890er Jahren mehrere Versuche der Kommission, Frachtraten festzusetzen oder verkehrspolitische Entscheidungen zu treffen, und bestimmte, dass die Kommission lediglich die Angemessenheit der Frachtraten überprüfen dürfe – und als die Kommission dann versuchte, auf diesem nur noch begrenzten Gebiet

---

58 Benson, *Merchants, Farmers, and Railroads;* Sanders, *Roots of Reform;* James, *Presidents, Parties, and the State.*
59 Benson, *Merchants, Farmers, and Railroads;* Sanders, *Roots of Reform;* James, *Presidents, Parties, and the State.*

tätig zu werden, kippte der Gerichtshof sämtliche Entscheidungen bis auf eine.[60] Um die Jahrhundertwende galt die Kommission weithin als eine machtlose Institution. Doch der zunehmende Regulierungseifer zu Beginn des neuen Jahrhunderts sorgte für eine Aufhellung ihres Schicksals, insbesondere dank Theodore Roosevelts mehrgleisigem Angriff auf die Monopole. 1903 wurde ein starkes Gesetz gegen die Gewährung von Rabatten verabschiedet und 1906 ein Gesetz, das es der ICC erlaubte, Obergrenzen für die Frachtraten festzusetzen. Auch bei den Agrariern gewannen nun Kommissionen an Beliebtheit. Während sie in den 1870er und 1880er Jahren noch gegen die Idee einer Kommission gewesen waren, hatte eine Serie richterlicher Aufhebungsbeschlüsse gegen mehrere Agrargesetze in den 1890er Jahren sie gegen die Judikative aufgebracht. Im Kampf zwischen den Gerichten und der Kommission stellten radikale Agrarier sich nun auf die Seite der Kommission.[61]

Der Glaube der Progressiven an unparteiliches Expertentum machte Kommissionen während der gesamten Präsidentschaft Woodrow Wilsons ausgesprochen beliebt, wobei die Federal Reserve Commission (später Federal Reserve Board) und die Federal Trade Commission sich am Vorbild der ICC orientierten. Die Progressiven hofften jedoch, der Staat selbst werde Verantwortung für das öffentliche Interesse übernehmen. Herbert Croly formulierte es so: »Jede Gesetzgebung, die das vernachlässigte öffentliche Interesse zu fördern versucht, ist daher zu begrüßen; doch die Begrüßung dieser Kommissionen sollte nicht sonderlich enthusiastisch ausfallen. Es sollte nicht enthusiastischer sein als in einer Monarchie die Begrüßung eines ersten Kindes des regierenden Monarchen durch die Bürger – eines Kindes zumal, das sich als ein Mädchen erweist und deshalb nach geltendem Recht nicht die Krone zu erben vermag. Eine Erbin ist unter diesen Umständen allenfalls ein Versprechen auf Besseres; und so sind auch diese Kommissionen lediglich Zeichen eines guten Willens und ein Versprechen auf etwas Besseres. Als erste Versuche, einer vernachlässigten Verantwortung nachzukommen, mögen sie tolerierbar sein; werden sie jedoch zu lange toleriert, könnte es gut sein, dass sie mehr schaden als nützen.«[62]

In den folgenden Jahrzehnten erbten dann auch Frauen den Thron. Die unabhängigen Regulierungskommissionen wurden von der radikale-

---

60 Skowronek, *Building a New American State*, S. 160.
61 Ebd., S. 254.
62 Croly, zit. in: Bernstein, *Regulating Business*, S. 41.

ren, während des Ersten Weltkriegs eingeführten Planung in den Schatten gestellt, doch als das Land in die Weltwirtschaftskrise rutschte, erlebten die unabhängigen Regulierungsbehörden eine Blütezeit. Die New-Deal-Reformer entdeckten, dass die Kommission eine US-amerikanische Form staatlicher Regulierung der Wirtschaft bot. Das Versprechen einer von Experten gelenkten Wirtschaft war unwiderstehlich zu einer Zeit, als es in der Wirtschaft drunter und drüber zu gehen schien. Untersuchungen von Börsenskandalen durch den Senat führten zur Gründung der Securities and Exchange Commission. Auch die Federal Communications Commission, das National Labor Relations Board und das Civil Aeronautics Board stammen aus dieser Zeit. Viele Politiker sahen in der Kommission eine Möglichkeit, die Konzentration staatlicher Macht in den Händen des Präsidenten zu verhindern.[63] Doch diese Hoffnung wurde enttäuscht, als die Exekutive ihre eigene Form von Regulierungsbehörden entwickelte, zum Beispiel die Food and Drug Administration (FDA).[64]

An jedem Punkt des Aufstiegs unabhängiger Regulierungsbehörden lassen sich die ungewöhnliche Größe und das wirtschaftliche Wachstum des US-amerikanischen Staates erkennen. Wenn wir die Geschichte in einen vergleichenden Kontext stellen wollen, müssen wir drei Aspekte vergleichen: die Ursprünge des Kommissionsmodells in einer Zeit, als die Preisdifferenzierung zwischen Nah- und Ferntransporten den Druck erhöhte, etwas im Hinblick auf die Frachtraten der Eisenbahnen zu unternehmen; die Gründe, warum es in den USA besonders verlockend war, diese Aufgabe an eine Kommission zu delegieren; und die Gründe, weshalb die ICC unter Theodore Roosevelt und Wilson gestärkt wurde. An jedem dieser Punkte sorgte die ungewöhnliche Entwicklung des amerikanischen Staates dafür, dass der amerikanische Weg vom europäischen abwich. Trotz gewisser Unterschiede in der wirtschaftlichen und sozialen Struktur der europäischen Länder fand sich nirgendwo in Europa der zentrale Konflikt zwischen Nah- und Ferntransport, da die Eisenbahnnetze dort stärker konzentriert waren. Eine Delegierung war nicht so attraktiv, weil Korruption in Europa nicht derart endemisch war. Und unabhängige Regulierungsbehörden waren dort nicht die Antwort auf das Problem der Monopole, weil es in Europa weder große Monopolunternehmen noch agrarische Gruppen gab, die sich gegen Monopole gewandt hätten.

---

63 Bernstein, *Regulating Business*, S. 53.
64 Carpenter, *Reputation and Power*.

Erstens, während in den USA Preisunterschiede zwischen Nah- und Ferntransport die Aufmerksamkeit der Farmer auf die Eisenbahnen lenkten, bestanden für die Eisenbahnen in Europa keine sonderlichen Größenvorteile beim Fernverkehr, wie die Größe der amerikanischen Landmasse sie ermöglichte. Der Hauptgrund für diesen Unterschied lag darin, dass die Eisenbahnen überall nationale Unternehmen waren. Ob nun privat oder staatlich finanziert, vom Staat direkt oder von unabhängigen Kommissionen reguliert, sie reichten niemals über die Landesgrenzen hinaus. Da Ferntransporte in Europa stets Transporte zwischen verschiedenen Ländern waren, nutzte man hier weiterhin die Wasserwege. Deshalb waren Nah- und Ferntransport nicht miteinander vergleichbar. Die Eisenbahnen unterschieden zwar zwischen Transporten über unterschiedlich lange Strecken,[65] dennoch konnte der Ferntransport per Eisenbahn in Europa niemals denselben Umfang erreichen wie in den USA und deshalb auch nicht dieselben politischen Konflikte auslösen. So umfasste das Streckennetz der Eisenbahnen in den USA während der 1880er Jahre 192 741 Kilometer, verglichen mit 30 363 Kilometern in Deutschland (damals das zweitgrößte Streckennetz der Welt), 29 563 in Großbritannien und Irland, 27 671 in Frankreich und 4 073 in Schweden. Selbst Russland, mit einer ähnlich großen Landmasse wie die kontinentalen USA, konnte sich aufgrund einer langsameren wirtschaftlichen Entwicklung nur eines Streckennetzes von 25 492 Kilometern rühmen.[66] Kanäle hätten in den USA wirtschaftlich zwar ebenso effektiv sein können wie Eisenbahnen, doch das war zu dieser Zeit nicht klar, und in den Jahrzehnten nach dem Bürgerkrieg galt es als politischer Imperativ, die Nation zusammenzuführen und alle Teile miteinander zu verbinden. Deshalb gewann der Eisenbahntransport einen höheren Anteil am gesamten Transportmarkt als in anderen Ländern (nur Russland kam in die Nähe ähnlicher Werte[67]), wodurch dann die hier untersuchten politischen Trennungslinien entstanden.

Die Probleme, vor denen die USA standen – die Schaffung besserer Verbindungen innerhalb eines den gesamten Halbkontinent umspannenden Marktes in den Jahrzehnten nach dem Versuch eines Teils dieser Landmasse, sich vom Rest abzuspalten, und das alles angesichts eines

---

65 Chandler, *Scale and Scope*.
66 McArthur, *Foreign Railways of the World*, S. 6.
67 Hannah, »Logistics, Market Size, and Giant Plants«.

raschen Wirtschaftswachstums –, unterschieden sich deutlich von den Problemen in Europa. Da man in den USA für Ferntransporte auf die Eisenbahn angewiesen war und die Frachtraten bei Ferntransporten fielen, entstand der Eindruck einer Preisdifferenzierung, der die Kette der letztlich zur ICC führenden Ereignisse in Gang setzte.

Aber auch wenn die Probleme nicht dieselben waren, hatten die europäischen Länder doch gleichfalls Probleme mit den Eisenbahnen, etwa bei den Standorten oder der Standardisierung, sodass der Gedanke, diese Probleme durch Kommissionen zu lösen, durchaus hätte aufkommen können. Der besondere Reiz dieses Gedankens lag in den USA jedoch in der Möglichkeit, die Eisenbahnfrage aus der Politik herauszunehmen. Die Idee zu einer Kommission stammte von Senator Shelby Cullom aus Illinois, der im Senat bei Eisenbahnfragen die führende Figur darstellte. Wie viele andere US-Bundesstaaten hatte Illinois auf Landesebene eine Kommission eingerichtet, der die Aufsicht über die Frachtraten oblag. Sie war die erste »starke« Kommission – im Vergleich zu der bekannteren, aber schwächeren »Sunshine Commission« in Massachusetts, die sich darauf beschränkte, das Fehlverhalten der Eisenbahngesellschaften publik zu machen. Durch den Interstate Commerce Act wurde dann die stärkere Version einer Kommission geschaffen. Die Kommissionen der Bundesstaaten wiederum gingen aus gescheiterten Experimenten mit staatlich betriebenen Eisenbahnen hervor. So war die Western and Atlantic Railroad in Georgia bis 1870 ein Staatsunternehmen, hatte jedoch zunehmend mit Vorwürfen zu kämpfen, sie opfere die wirtschaftliche Effizienz politischen Zweckmäßigkeitserwägungen, was schließlich zu einem Skandal führte.[68] Es war die Angst vor Korruption, die Charles Adams in Massachusetts veranlasste, der Idee einer in Staatsbesitz befindlichen Bahn den Rücken zu kehren. »Man stelle sich vor, die Erie-Eisenbahn und Tammany-Ringe [parteipolitische Vereinigungen] machten gemeinsame Sache und würden auf die Politik losgelassen, dann würden die Folgen eines Staatsbesitzes rasch deutlich werden.«[69] Die Tatsache, dass die ersten Großunternehmen – Eisenbahngesellschaften – zeitlich vor der Entwicklung einer staatlichen Infrastruktur zu ihrer Kontrolle entstanden, führte zu Besorgnissen hinsichtlich einer direkten politischen Lenkung dieses Bereichs, und so experimentierten die Bundesstaaten mit unabhängigen

---

68 Wimbish, »Should the Government Own«, S. 323–324.
69 Zit. in: McCraw, *Prophets of Regulation*, S. 11.

Expertenkommissionen. Als der Oberste Gerichtshof diese auf der Ebene der Bundesstaaten angesiedelten Regulierungskommissionen für ungesetzlich erklärte, übernahm die nationale Gesetzgebung das von ihnen geschaffene Modell. So entstand die unabhängige Regulierungskommission in einer Zeit erhöhter Klientelismus-Besorgnisse als Alternative zu einem politisierten Staatsbesitz. In den meisten europäischen Ländern war diese Besorgnis geringer ausgeprägt, da man dort bereits staatliche Bürokratien geschaffen hatte, deren Rekrutierung auf Fähigkeiten und Verdienst basierte. Zwar haben neuere Forschungen die Vorstellung widerlegt, wonach der Staat in den USA auf Bundesebene während des 19. Jahrhunderts passiv oder sogar inexistent gewesen sei, doch damals bestand der amerikanische Staat noch nicht aus Bürokratien, deren Personal auf der Grundlage von Fähigkeiten und Verdienst rekrutiert wurde, und das führte im Bereich der Regulierung zu einer ungewöhnlichen Reaktion. In diesem Fall führte die amerikanische Angst vor staatlicher Korruption zur Schaffung von Behörden, die den Staat letztlich stärkten.

Der besondere Kontext schließlich, der die ICC im frühen 20. Jahrhundert stärkte, war der gegen die Trusts gerichtete Eifer in den ersten Jahrzehnten des Jahrhunderts. Die natürlichen Monopole, die durch die Großbetriebe und den kapitalintensiven Charakter der neuen Technologien zur Ausbeutung von Bodenschätzen geschaffen wurden, hatten zum plötzlichen Aufstieg einer Reihe von Unternehmen geführt, die in den Augen von Beobachtern über riesigen Reichtum und gewaltige Macht verfügten. Eine zentrale Konfliktlinie verlief zwischen diesen Großunternehmen und den kleineren Firmen (einschließlich der Agrarkonzerne), an deren Stelle sie vielfach traten oder mit denen sie Handel trieben. Auch im Bereich der Arbeit kam es zu zahlreichen Konflikten. Von besonderer Bedeutung war hier die Tatsache, dass sich dank des steigenden Wohlstands im Land eine Öffentlichkeit entwickelte, die in der Lage war, das Fehlverhalten dieser Großunternehmen aufzuzeigen und die öffentliche Meinung zu mobilisieren. Gegen Ende des 19. Jahrhunderts vereinigten sich diese Entwicklungen zu einer breiten Bewegung gegen die Macht der Monopole. Auch wenn es überall zu Konflikten zwischen großen und kleineren Unternehmen kam, erlebte doch kein europäisches Land einen derart leidenschaftlichen Eifer gegen Monopole, da die amerikanischen Firmen deutlich größer waren als die Unternehmen in anderen Ländern und die amerikanischen Farmer sich nicht durch Protektionismus besänftigen ließen, wie es andernorts geschah. Die großen amerikanischen Firmen mit ihrem scheinbar grenzenlosen Reichtum wurden zu

Magneten für die Öffentlichkeit und für öffentliche Agitation. Die Eisenbahnen und andere natürliche Monopole wurden in diese allgemeine Feindseligkeit gegenüber Monopolen einbezogen.[70] So führte denn in jeder Phase der Geschichte – die ursprünglichen Missstände, die Lösung durch Delegation und die Stärkung der ICC – der einzigartige Charakter der Herausbildung des US-amerikanischen Staates im Kontext eines raschen wirtschaftlichen Wachstums die Politik auf den Weg der Schaffung unabhängiger Regulierungsbehörden. Die Größe der amerikanischen Landmasse löste im Verein mit der schnellen wirtschaftlichen Entwicklung den ursprünglichen Konflikt zwischen Fern- und Nahversendern aus. Die politische Korruption in einem Kontext, in dem sich die auf Fähigkeiten und Leistung basierenden Bürokratien, die bald überall entstehen sollten, noch nicht entwickelt hatten, führte zur Lösung der unabhängigen Kommission. Und die Angst vor Monopolen, die ihre Ursache in der außergewöhnlichen Stärke der Monopolmacht in den USA hatte, führte zur Stärkung der Kommission.

Über die Jahre wurde das von der ICC entwickelte Muster innerhalb wie außerhalb des Staates übernommen, und regierungsabhängige Behörden wie Frances Kelseys FDA lernten von der Praxis der ICC. Mitte des Jahrhunderts hatten die florierenden unabhängigen wie die regierungsabhängigen Regulierungsbehörden jenen adversatorischen Legalismus entwickelt, den Kagan und seine Mitarbeiter dokumentieren. Es war diese Tradition, insbesondere die Besorgnis der Agrarier wegen der Konzentration des Reichtums, die im Zusammenwirken mit der Weltwirtschaftskrise zu der ungewöhnlich scharfen Kritik an Universalbanken und Filialbanken und in der Folge zu der Demokratisierung des Kredits führte, die wir im nächsten Kapitel genauer betrachten werden.

---

70 Goodwyn, *The Populist Moment;* Cooper, *Pivotal Decades;* McGerr, *A Fierce Discontent;* Postel, *The Populist Vision.*

8 Die Demokratisierung des Kredits

Die Finanzkrise hat ein Licht auf die Rolle des Kredits im amerikanischen Leben geworfen, und viele Analytiker fragen sich, wie sie die »Finanzialisierung« der amerikanischen Wirtschaft erklären könnten. Eine in den letzten Jahren häufig angeführte Erklärung lautet, der Kredit habe den Menschen in den USA die Möglichkeit gegeben, die Wirtschaftskrise der 1970er Jahre zu überstehen. Greta Krippner hat diese These am systematischsten ausgebaut.[1] Sie behauptet, durch die Hinwendung zum Kredit habe die Politik in den USA die Konflikte vermieden, die wegen der Wirtschaftskrise in den 1970er Jahren hätten ausbrechen können. Sie meint, die Versuche zur Erweiterung des Kredits habe es der Politik ermöglicht, die Verteilungsentscheidungen, die sonst schwierig gewesen wären, zu entpolitisieren, zumal »eine Reihe ungelöster Verteilungsfragen gleich unter der Oberfläche der Krediterweiterung lauern, zu der es in den Jahrzehnten seit den 1970er Jahren in der US-amerikanischen Wirtschaft gekommen ist«.[2] Krippner sieht in den Politikern die Hauptakteure dieser Entpolitisierung, denn »als die Bedingungen, die eine breite Grundlage für wirtschaftliche Prosperität bildeten, zu erodieren begannen, boten Bemühungen, Teile der Umsetzung politischer Entscheidungen von staatlichen Institutionen auf Märkte zu verlagern, den Politikerinnen die Möglichkeit, die Verantwortung für unangenehme Ereignisse wie Inflation oder Arbeitslosigkeit von sich zu weisen«.[3] Auf diese Weise »verwandelten Politiker ein Zeitalter knappen Kapitals und ständiger Kreditknappheit in scheinbare Prosperität und umgingen so die Notwendigkeit

---

1 Krippner, *Capitalizing on Crisis*; siehe auch Rajan, *Fault Lines – Verwerfungen*.
2 Krippner, *Capitalizing on Crisis*, S. 165.
3 Ebd., S. 147.

eines gesellschaftlichen Konsenses« in Verteilungsfragen.[4] Indem sie Konsumentinnen, Unternehmen und dem Staat erlaubten, von der Zukunft zu borgen, hätten sie die Probleme der Gegenwart verkleistert. Krippner warnt, jetzt sei es dagegen erforderlich, »eine öffentliche Philosophie zur Anleitung für Entscheidungen hinsichtlich der Verteilung zu formulieren. Für diese Aufgabe sind wir heute weniger gut gerüstet, weil die Finanzialisierung das Problem der Verteilung seit mehr als zwei Jahrzehnten verdeckt und die kollektive Fähigkeit hat erodieren lassen, sich mit Fragen ökonomischer Gerechtigkeit zu befassen«.[5]

Mit ihrer Fokussierung auf die Finanzialisierung in den letzten Jahrzehnten als Reaktion auf Wirtschaftskrisen folgt Krippner dem Beispiel von Wissenschaftlern wie Giovanni Arrighi und Robert Boyer.[6] Ein Problem mit der Ansicht, dass die Finanzialisierung eine Reaktion auf die Wirtschaftskrise der 1970er Jahre gewesen sei, liegt jedoch darin, dass die USA um 1970 in mehreren Dimensionen bereits stärker finanzialisiert waren als die meisten anderen Länder. 1970 rangierten die USA bei den Krediten des privaten Sektors, als Anteil des BIP gerechnet, hinter der Schweiz auf Platz 2,[7] während Daten des Internationalen Währungsfonds (IWF) zeigen, dass die USA hier schon seit 1948 nur hinter der Schweiz und Norwegen rangieren.[8] Nach der Börsenkapitalisierung und mehreren anderen Maßzahlen waren die USA schon 1960 stärker finanzialisiert als Frankreich, Deutschland und Schweden.[9] Wie Krippner anmerkt, gibt es eine Debatte über die Frage, welche Maßzahl für die »Finanzialisierung« verwendet werden sollte. Ihre bevorzugte Maßzahl ist der Anstieg der mit Finanzgeschäften verbundenen Gewinne, doch ihre kausale Begründung konzentriert sich teilweise auf die Zunahme der Verbraucherkredite und den dadurch gekauften politischen Frieden. Die Kredite im Haushaltssektor, als Anteil am BIP gerechnet, stiegen jedoch schon seit den 1940er Jahren.[10] Zum Vergleich: Während die Hälfte der Amerikaner 1971 in irgendeiner Form Ratenkredite aufnahmen, tat dies nur ein Zehn-

---

4 Ebd., S. 149.
5 Ebd., S. 150.
6 Arrighi, *The Long Twentieth Century*; Boyer, »Is a Finance-Led Growth Regime«.
7 Demirgüç-Kunt/Levine (Hg.), *Financial Structure and Economic Growth*, und zugehöriger Datenbestand.
8 International Monetary Fund, *International Financial Statistics*, Verhältnis der Zeilen 22d + 42d zu Zeile 99b, nach Djankov/McLiesh/Shleifer, »Private Credit«.
9 Rajan/Zingales, »The Great Reversals«, S. 14–15.
10 James/Sylla, »Credit Market Debt Outstanding«.

tel der Deutschen.[11] In Frankreich erreichten die Verbraucherkredite 1965 lediglich einen Anteil von 2 Prozent des BIP, verglichen mit 6 Prozent in den USA.[12] Schon in den 1960er Jahren schrieb David Caplovitz über das außergewöhnliche Maß, in dem amerikanische Haushalte Verbraucherkredite aufnahmen.[13] Das Finanzgebaren war eine typisches Merkmal des Wohlstands und nicht nur eine Reaktion auf die Krise.

Wir wissen außerdem, dass die Gewohnheit, Kredite aufzunehmen, und die institutionellen Neuerungen, die dies ermöglichten, in den USA schon vor den 1970er Jahren zu finden waren. Louis Hyman schreibt, in den 1970er sei es insofern zu einer Veränderung gekommen, als die Kreditnehmer zwar weiterhin Kredite aufnahmen, aber aufgrund makroökonomischer Probleme weniger in der Lage waren, diese Kredite zu bedienen: »Ein [vor den 1970er Jahren] auf steigenden Löhnen und stabiler Beschäftigung basierendes Kreditsystem wurde [nach den 1970ern] in der Weise umgestaltet, dass es mit unsicherer Beschäftigung und Einkommensungleichheit zurande kam.«[14]

Krippner und andere haben nicht Unrecht, wenn sie den Fokus auf die 1970er Jahre legen, denn es gibt keinen spezifischen Grund, weshalb das Kreditsystem nach der Krise eine derartige Umgestaltung erfahren haben sollte. Die Wirtschaftskrise hätte auch zu einer bewussten Entscheidung für einen anderen Weg führen können, und die makroökonomischen Probleme hätten die Verbraucher zu einer Änderung ihres Verhaltens bewegen können. Stattdessen erreichte die Verschuldung neue Höchstwerte und die Sparquote ging beträchtlich zurück. Eine Untersuchung der Geschichte des Kredits vor den 1970er Jahren hilft jedoch bei der Erklärung, *warum* dieser besondere kreditorientierte Weg in den 1970er Jahren eingeschlagen wurde – sie zeigt die Zielkonflikte, vor denen die Politik stand, wie auch die damals vorhandene Infrastruktur, die manche Entscheidungen leichter machte als andere.

Dieses Kapitel beginnt mit einem kurzen Überblick über den Anstieg des Kredits in den USA und stützt sich dabei weitgehend auf die Arbeiten von Louis Hyman, Sarah Quinn und Martha Olney. Der Fokus liegt hier eher auf den Verbraucher- als den Geschäftskrediten, denn die Verschuldung der Privathaushalte war besonders folgenreich für die Krisen

---

11 Logemann, »Different Paths to Mass Consumption«, S. 525.
12 Effosse, »Pour ou contre le crédit«, S. 79.
13 Caplovitz, *The Poor Pay More;* ders., »Consumer Credit«.
14 Hyman, *Debtor Nation*, S. 4.

der jüngeren Zeit (wie ich in Kapitel 9 noch genauer darlegen werde). Im folgenden Abschnitt untersuche ich die Ursprünge der Federals Housing Administration (FHA) in vergleichender Perspektive, um einige der für ihre Schaffung verantwortlichen Faktoren zu identifizieren. Der letzte Abschnitt des Kapitels greift auf diese Geschichte zurück, um eine andere Sicht des Geschehens in den 1970er Jahren zu präsentieren. In Krippners Augen waren die zentralen Akteure in der Kreditkrise der 1970er Jahre Politiker und Politikerinnen, die versuchten, nicht für die Wirtschaftskrise verantwortlich gemacht zu werden, und gleichsam ad hoc in diese Politik hineinstolperten. Wie wir in Kapitel 9 sehen werden, lenkt Krippner unsere Aufmerksamkeit durchaus zu Recht auf den Zielkonflikt zwischen Kredit und Umverteilung. Hier behaupte ich allerdings, dass die Politik damals einer an der Basis weitverbreiteten Bewegung folgte, die einen besseren Zugang zu Krediten forderte. Diese Kampagne überschnitt sich mit Forderungen nach einer Aufhebung der vorurteilsbehafteten Beschränkungen, denen Afroamerikanerinnen und Afroamerikaner sowie Frauen in vielen Lebensbereichen ausgesetzt waren, und da war es hilfreich, die Bewegung zur Deregulierung des Finanzsektors zu unterstützen, die damals gerade Fahrt aufnahm. Es war absolut keine zufällige oder ad hoc aufgegriffene Strategie. Vielmehr wurzelte sie in Entwicklungen vorangegangener Jahrzehnte, die den Kredit zu einer zentralen Facette des amerikanischen Lebens gemacht hatten.

Der Kredit in den USA des frühen 20. Jahrhunderts

Da kaum längere Datenreihen zu diesen Fragen vorliegen, lässt sich nicht mit Sicherheit sagen, wann die USA bei den Krediten von der Entwicklung in anderen Ländern abzuweichen begannen, aber wir wissen, dass dort nicht immer schon eine außergewöhnliche Kreditorientierung bestand. Die Privatkredite waren in den USA 1913 im Verhältnis zum BIP geringer als in der Schweiz, in Dänemark, Frankreich, Großbritannien und Deutschland.[15] Nach Rajan und Zingales hinkten sie 1913 bei vier Maßzahlen zur Finanzialisierung hinter den meisten industrialisierten Ländern her.[16] Insbesondere bei den Konsumentenkrediten und

---

15 Eichengreen/Mitchener, »The Great Depression«, S. 64.
16 Rajan/Zingales, »The Great Reversals«, S. 14–17.

den Hypotheken verweisen Historikerinnen auf zwei Perioden vor den 1970er Jahren, in denen in den USA ein Anstieg der Verbraucherkredite zu verzeichnen war: den Kreditboom der 1920er Jahre und die Zeit des New Deal.

Obwohl informelle Kreditarrangements mit Händlern immer schon zum Kapitalismus gehört hatten, begann die systematische Entwicklung des Verbraucherkredits in den USA während des 19. Jahrhunderts, als die in den Westen ziehenden Amerikaner Kredite brauchten, um Farmen zu kaufen (oder sie zu bewirtschaften, auch wenn das Land selbst kostenlos war).[17] Nach dem Bürgerkrieg führten die Entwicklung des Ernteverpfändungs-Systems und die Einführung der Ratenzahlung zu einem weiteren Anstieg der Verbraucherkredite.[18] Im späten 19. Jahrhundert schrieb die agrarische Linke in den USA sich die leichtere Verfügbarkeit von Krediten auf ihre Fahnen, am bekanntesten in den Argumentationen eines William Jennings Bryan.

Die Vorarbeiten aus der Progressive Era trugen in den 1920er Jahren Früchte, als der Staat wie auch der private und der gemeinnützige Sektor unabhängig voneinander mehrere Schlüsselinstitutionen entwickelten, die eine Demokratisierung des Kredits erleichterten. Die einzelnen Bundesstaaten hatten sich zwar schon im 19. Jahrhundert am Bankensektor beteiligt,[19] doch auf der Bundesebene hielt der Staat sich aus der Kreditfinanzierung heraus. Mehrere Zyklen aus Boomphasen und Pleitewellen ließen indessen viele Beobachter zu der Überzeugung gelangen, dass eine Stabilisierung auf Bundesebene erforderlich war.[20] Das erste größere Beispiel dafür, dass der Staat auf Bundesebene erfolgreich Verantwortung für das Kreditmanagement übernahm, war der Federal Farm Loan Act (FFLA) von 1916, »ein wichtiger Zwischenschritt zwischen den Ad-hoc-Programmen des 19. Jahrhunderts und dem umfassenden systematischen Einsatz direkter staatlicher Kredite und Garantien im Gefolge des New Deal«.[21] Wie Quinn darlegt, schuf die FFLA, angetrieben von Farmern, die sich als Reaktion auf die Wirtschaftskrise der 1890er Jahre organisierten, einen Präzedenzfall insbesondere für den Einsatz von Krediten mit re-

---

17 Quinn, *American Securitization*.
18 Olney, »When Your Word Is Not Enough«, S. 409.
19 Callender, »The Early Transportation and Banking Enterprises«.
20 Quinn, *American Securitization*.
21 Ebd., S. 99.

gelmäßiger Tilgung, ein zentrales Element der expandierenden Nutzung von Krediten nach dem New Deal.[22]

Auch der private Sektor sorgte für Innovationen auf den Kreditmärkten. Firmen begannen, solche Kreditarrangements mit der Entwicklung der Ratenzahlung zu formalisieren, die in den ersten Jahrzehnten des 20. Jahrhunderts zunehmend genutzt wurde, um große Anschaffungen zu finanzieren, zum Beispiel den Kauf von Erntemaschinen, Nähmaschinen, Klavieren, Phonographen, Möbeln und schließlich auch von teuren neuen Haushaltsgeräte des Lebens im 20. Jahrhundert wie dem Kühlschrank.[23] Besonders folgenreich war die 1915 erfolgte Einführung der Ratenzahlung in der Automobilindustrie.[24] Die Ratenzahlung unterlag nicht dem Wucherverbot, da dieses Arrangement nicht als Kredit angesehen wurde.[25] Nach der Einführung des Ratenzahlungskaufs in der Automobilbranche 1915 erlebten die Verbraucherkredite einen dramatischen Anstieg. Ratenkäufe größerer langlebiger Erzeugnisse verdoppelten sich nahezu von 3,7 Prozent der Einkommen im Zeitraum 1898–1916 auf 7,2 Prozent der Einkommen im Zeitraum 1922–1929.[26] 1926 wurden 15 Prozent aller Einzelhandelsverkäufe über Ratenzahlung abgewickelt, wobei mehr als die Hälfte davon auf den Automobilsektor entfiel.[27] Und 1930 wurden mehr als zwei Drittel der Verkäufe von Möbeln und Waschmaschinen per Ratenzahlung abgewickelt.[28]

Um dieselbe Zeit führte eine im gemeinnützigen Sektor aufkommende Bewegung gegen Kredithaie zu einem Anstieg der »Kleinkredite«.[29] Während Kredite für den Aufbau neuer Farmen im Westen erforderlich gewesen waren, erklärte Arthur Ham von der Russell Sage Foundation nun, sie seien auch für den Aufbau der städtischen Wirtschaft notwendig, deren Arbeiter die Wurzeln auf dem Lande verloren hätten und keine Möglichkeit zu einer vom Markt freien Selbstversorgung mehr besäßen. Krankheit oder Arbeitslosigkeit führten zu Verschuldung, doch wegen des Wucherverbots fürchteten sich legale Geldverleiher vor der Vergabe von

---

22 Quinn, »The Credit State«, S. 27–31; dies., *American Securitization*, S. 107.
23 Olney, »When Your Word Is Not Enough«, S. 409–413; Calder, *Financing the American Dream*; Hyman, *Debtor Nation*.
24 Olney, *Buy Now, Pay Later*; Hyman, *Debtor Nation*.
25 Carruthers/Ariovich, *Money and Credit*, S. 94.
26 Olney, »Demand for Consumer Durable Goods«.
27 Cohen, »Encountering Mass Culture«, S. 8.
28 Carruthers/Ariovich, *Money and Credit*, S. 95.
29 Ebd.; Anderson, »Experts, Ideas, and Policy Change«.

Kleinkrediten und überließen dadurch das Feld Kredithaien, die außerhalb des Gesetzes agierten. Die Russell Sage Foundation drängte zu einer Reform der den Wucher betreffenden Gesetze und konnte schließlich verzeichnen, dass in der Mehrzahl der Bundesstaaten solche Reformen durchgeführt wurden.[30]

All diese Entwicklungen wurden durch die lockere Geldpolitik der Federal Reserve in den 1920er Jahren gestützt, and alle führten in dieselbe Richtung: Verbraucherkredite waren leichter zu haben, vor allem in den Boomjahren der 1920er. Ablesen lässt sich dieser Kreditboom an den Zahlen für die Verschuldung im frühen 20. Jahrhundert. 1900 lag die Verschuldung bei 4,66 Prozent des Einkommens, und in den folgenden zwei Jahrzehnten stieg und fiel sie jeweils moderat. Ab 1920 ist ein ständiger Anstieg zu verzeichnen, von 4,68 Prozent in diesem Jahr auf 9,34 Prozent im Jahr 1930.[31] Der amerikanische Kreditboom der 1920er Jahre stand indessen in der entwickelten Welt nicht allein da. Auch in anderen Ländern erhöhte sich die Kreditvergabe, in einigen sogar deutlich.[32] Und auch einige institutionelle Neuerungen waren nicht einzigartig. So basierte die FFLA ursprünglich auf einem deutschen Vorbild, und bis zu diesem Zeitpunkt stimmt die Entwicklung der Kreditvergabe in den USA offenbar mit der in Europa überein.[33]

In vergleichender Perspektive ungewöhnlicher sind da schon die Neuerungen auf dem Gebiet des Kredits, die während der Weltwirtschaftskrise und des New Deal eingeführt wurden und deren wichtigste der erschwingliche Hypothekenkredit gewesen sein dürfte. Heute gehört der Hypothekenkredit zu den zentralen Institutionen der politischen Ökonomie Amerikas. Obwohl der Hauskredit ein vertrautes Element im Leben der Mittelschicht darstellt, steht seine amerikanische Ausprägung insofern einzigartig in der Welt da, als er den Hausbesitz in ganz besonderem Maße erleichtert. In allen entwickelten Ländern gibt es Hypotheken und Hypothekenfinanzmärkte, doch aufgrund einer Kombination verschiedener Merkmale ragt der amerikanische Hauskredit heraus. In den USA ist das Verhältnis zwischen Darlehensbetrag und Beleihungswert besonders hoch, sodass Hausbesitzer einen höheren Anteil des Kauf-

---

30 Ebd.; Trumbull, »Credit Access and Social Welfare«.
31 Olney, *Buy Now, Pay Later*, S. 87–90.
32 Eichengreen/Mitchener, »The Great Depression«.
33 Wiprud, *The Federal Farm Loan System*; Shulman, »The Origin of the Federal Farm Loan Act«.

preises durch Kredit finanzieren können. Hausbesitzer können dort Hypothekendarlehen mit festen Zinssätzen und sehr lange Laufzeiten bis zu 20 Jahren oder mehr erhalten. Das senkt die monatlichen Kosten, macht sie langfristig berechenbarer und bringt sozioökonomische Schichten mit mittlerem oder sogar niedrigem Einkommen in Reichweite eines Hausbesitzes. Die vorzeitige Rückzahlung eines Hypothekenkredits ist leicht möglich, und selbst Zweithypotheken sind verbreitet. Einige dieser Merkmale finden sich zwar auch in anderen Ländern, doch insgesamt gibt es in keinem anderen Land derart günstige Bedingungen für die Darlehensnehmer. Am nächsten kommt dem noch Dänemark, aber dort verlangt man von Hauskäufern ein höheres Eigenkapital (von 20 Prozent im Unterschied zu lediglich 3 Prozent in den USA), wodurch ganz automatisch ein großer Teil der Bürgerinnen vom Häusermarkt ausgeschlossen bleibt. Außerdem sind die Kriterien für die Prüfung der Kreditwürdigkeit in Dänemark strenger. Bei der Erleichterung von Hausbesitz durch einen leichteren Zugang zu Hypothekendarlehen und eine Vereinfachung des Umgangs damit stehen die USA einzig in der Welt da.[34]

Diese institutionellen Neuerungen wurden Mitte des 20. Jahrhunderts eingeführt. Zu Beginn des Jahrhunderts verlangten Hypothekendarlehen oft Eigenkapitalanteile bis zu 50 Prozent des Beleihungswerts, und die Laufzeiten waren kurz, gewöhnlich weniger als 10 Jahre und manchmal nur 3 bis 5 Jahre. Feste Zinssätze waren selten, und die meisten Hypothekendarlehen waren »Ballonkredite«, bei denen der Darlehensnehmer über die gesamte Laufzeit des Kredits lediglich die Zinsen zahlt, aber keine Tilgung vornimmt, sodass der Kredit am Ende der Laufzeit in seiner vollen Höhe zurückgezahlt werden muss. Wie sich zeigte, erwies sich das für viele Kreditnehmer als schwierig, sodass sie lediglich ein Hypothekendarlehen durch das nächste ersetzten und den Kauf des Hauses niemals wirklich abschlossen. Die wiederkehrende Notwendigkeit, ein neues Hypothekendarlehen aufzunehmen, machte sie allerdings anfällig für die mangelnde Bereitschaft der Banken, in unsicheren Zeiten Kredite zu vergeben – eine der Hauptursachen für Zwangsvollstreckungen und ein Verstärker der jeweiligen Wirtschaftskrise. Die Ratenzahlung, bei der Kredite über die Laufzeit getilgt werden, wurde Ende des 19. Jahrhunderts von den Spar- und Darlehenskassen eingeführt, war jedoch noch nicht weit verbreitet, und da sie – vor allem in Verbindung mit den

---

34 Green/Wachter, »The American Mortgage«.

üblichen kurzfristigen Darlehen – zu höheren monatlichen Zahlungen führte, war sie nicht sonderlich beliebt. Die meisten Hypothekendarlehen waren letztlich nur Kredite, bei denen ein Haus als Sicherheit diente.[35]

Die heutigen Hypothekendarlehen hatten wichtige Vorläufer wie die Spar- und Darlehenskassen des 19. Jahrhunderts und die Entwicklung der Kreditmechanismen im Federal Farmer's Loan Act von 1916. Später folgten dann bedeutende gesetzgeberische Maßnahmen wie die Kreditprogramme der Veterans Administration von 1944 sowie Veränderungen in der Regulierungsstruktur des Finanzsektors während der 1960er Jahre.[36] Doch die Merkmale, die im internationalen Vergleich für den einzigartigen Charakter der amerikanischen Hypothekendarlehen sorgten, erwuchsen weitgehend aus der Wirtschaftskrise der 1930er Jahre. Der Bau neuer Häuser war in den frühen 1930er Jahren zusammengebrochen. Bei Wohngebäuden fiel die Zahl der Baugenehmigungen von einem Spitzenwert von fast 500 000 um 1925 auf nur noch 25 000 im Jahr 1933, und die Investitionen in den Hausbau sanken innerhalb von drei Jahren von 68 Milliarden auf 17,6 Milliarden US-Dollar.[37] Die Zahl der Zwangsvollstreckungen erhöhte sich auf mehr als das Dreifache.[38] Mehrere andere Bereiche der Wirtschaft hingen von der Bautätigkeit ab. So belieferte ein beträchtlicher Teil der Industrie die Bauindustrie mit Erzeugnissen und Dienstleistungen, von Baustoffen bis hin zu Lastkraftwagen. An einem Punkt stellten die Familien von Bauarbeitern ein Drittel aller Sozialhilfeempfänger.[39] Wohneigentum hatte möglicherweise auch, wie Ökonomen sagen, »Wohlstandseffekte« auf den Konsum, weil es der Besitzerin das Gefühl gibt, wohlhabender zu sein, und die Bereitschaft erhöht, mehr Geld auszugeben.[40]

---

35 Jackson, *Crabgrass Frontier*; Weiss, »Marketing and Financing«; Green/Wachter, »The American Mortgage«; Quinn, *Finance, Technology, and the Politics of Debt*; dies., »The Credit State«; Hyman, *Debtor Nation*.
36 Green/Wachter, »The American Mortgage«; Quigley, »Federal Credit and Insurance Programs«; Quinn, *American Securitization*; dies., »The Credit State«.
37 Gotham, »Racialization and the State«, S. 296; Hyman, *Debtor Nation*, S. 48.
38 Gotham, »Racialization and the State«, S. 296.
39 Hyman, *Debtor Nation*, S. 48.
40 So veränderten Haushalte, die eine Wertsteigerung ihrer Häuser zu verzeichnen hatten, in den 1980er Jahren ihr Ausgabeverhalten nicht, während Haushalte, deren Häuser einen dramatischen Wertverlust erlitten, ihre Ausgaben reduzierten; siehe Engelhardt, »House Prices and Home Owner Saving Behavior«. Falls dieser Zusammenhang auch in den 1930er Jahren bestand, wäre das ein weiterer Transmissionsriemen vom Wohneigentum in die weitere Wirtschaft.

Aus all diesen Gründen galt die Bauindustrie Roosevelt und anderen Beobachtern als zentral für die Wiederbelebung der Wirtschaft und der Hausbau als wichtigster Teil der Bauindustrie. Da sie glaubten, der Zusammenbruch des Hausbaus beeinträchtige auch die übrige Wirtschaft, sahen sie in der Wiederbelebung des Hausbesitzes einen zentralen Hebel, der die Wirtschaft wieder in Gang bringen konnte. Mariner Eccles, Vorstandvorsitzender der Federal Reserve, schrieb:

> Die Bedeutung eines neuen Hausbauprogramms zur Wiederbelebung der Wirtschaft stieß bei Präsident Roosevelt auf offene Ohren. Er wusste, dass fast ein Drittel der Arbeitslosen aus dem Baugewerbe kam und der Hausbau den wichtigsten Teil des Baugewerbes darstellte. Ein ausreichend umfangreiches Programm zum Bau neuer Häuser würde nicht nur diese Männer schrittweise wieder in Arbeit bringen, sondern auch als das Rad im Rad wirken, das die gesamte Maschinerie der Wirtschaft wieder in Gang setzen konnte. Es würde bei allen Wirkung entfalten, von den Gardinenherstellern bis zu den Produzenten von Holz, Ziegelsteinen, Möbeln, Zement und elektrischen Geräten. Der Transport all dieser Dinge hätte Einfluss auf die Eisenbahnen, die wiederum die Erzeugnisse der Stahlwerke für die Herstellung von Schienen, Güterwaggons und so weiter benötigen würden.[41]

In dieser Frage waren Beobachter unterschiedlichster Couleur sich einig, einschließlich der American Federation of Labor, die meinte, eine Wiederbelebung des Wohnungsbaus biete »die breiteste einzelne Grundlage für die Produktion und erneute Beschäftigung in wichtigen Industriezweigen. In Abstimmung mit anderen Plänen für eine prosperierende Wirtschaft sollten wir die Beseitigung von Slums und die Umquartierung von Familien weiterführen, die wegen ihres niedrigen Einkommens keine Chance auf dem privaten Wohnungsmarkt haben.«[42]

Kongress und Präsident – erst Hoover, dann Roosevelt – experimentierten mit verschiedenen Möglichkeiten zur Rettung des Wohnungsbaus. Unter Hoover schuf das Federal Home Loan Banking System ein

---

41 Zit. in: Quinn, *American Securitization*, S. 149–150; dies., »The Credit State«, S. 36; Gotham, »Racialization and the State«, S. 299; Radford, *Modern Housing for America*, S. 179.
42 Zit. in: Logemann, »Shaping Affluent Societies«, S. 245.

zusätzliches Kreditsystem. Roosevelt machte den Wohnungsbereich in seiner Reaktion auf die Weltwirtschaftskrise zu einem zentralen Anliegen. Das erste Experiment im Rahmen der Wohnungsbaupolitik des New Deal war die Home Owner's Loan Corporation (HOLC), eine zeitlich begrenzte Maßnahme, die es Kreditnehmern ermöglichte, ihre Hypothekenverpflichtungen gegen Staatspapiere umzutauschen, um Zwangsversteigerungen zu vermeiden und zugleich den Kapitalstrom in den Wohnungssektor sicherzustellen. Kurz darauf folgte die glücklose Wohnungsbauabteilung der Public Works Administration mit ihrer direkten Förderung des Wohnungsbaus für die arme städtische Bevölkerung, die jedoch stark kritisiert wurde – von der Rechten wegen zu großer, von der Linken wegen zu geringer staatlicher Intervention – und letztlich an zu wenig Fördermitteln scheiterte. An die Stelle dieser Experimente traten schließlich die Kernstücke der Wohnungsbaupolitik des New Deal, die Federal Housing Administration (FHA) und die Federal National Mortgage Association (FNMA).[43]

Der National Housing Act von 1934 gründete die FHA, autorisierte die Schaffung von Hypothekenbanken und implementierte ein kleines, aber wichtiges Programm für Renovierungskredite. Es war ein bemerkenswertes Gesetz. Es ging über die traditionellen Kategorien des Staates und des Marktes hinaus. Der National Housing Act ignorierte jene, die den Staat dazu aufriefen, die in Not Geratenen direkt zu subventionieren, setzte sich über die Ermahnungen der Konservativen hinweg, den Markt sich selbst zu überlassen, und nutzte stattdessen den Staat als Starthilfe für den Markt. Diese Strategie war in den industrialisierten Ländern während der Weltwirtschaftskrise keine Seltenheit, doch das Besondere an der US-amerikanischen Fassung lag in dem Zuschnitt, den diese Art Markteingriff dort erhielt. Die FHA machte eine bestimmte Ausgestaltung der Hypotheken – langfristig (10 bis 20 Jahre), niedriger Zinssatz (unter 5 Prozent), ein hohes Verhältnis zwischen Darlehensbetrag und Beleihungswert (bis zu 80 Prozent), regelmäßige Tilgung – zum Standard und schuf zugleich ein Versicherungsprogramm für Darlehensgeber, das bis zu 20 Prozent ihrer Gesamtverluste aus einem Hypothekardarlehen ersetzte. Diese Versicherung wurde nicht mit staatlichen Mitteln finanziert, sondern aus den Zinserträgen der Hypotheken. Das bedeutete, dass

---

43 Radford, *Modern Housing for America;* Green/Wachter, »The American Mortgage«; Quinn, *American Securitization;* dies., »The Credit State«; Hyman, *Debtor Nation,* S. 49–70.

Darlehensgeber sicher sein konnten, keine allzu großen Verluste zu erleiden, sofern sie bei der Vergabe nicht vollkommen unvorsichtig gehandelt hatten. Da die im Housing Act von 1934 vorgesehenen Hypothekenbanken im privaten Sektor nicht spontan entstanden, gründete Roosevelt 1938 die FNMA, weithin »Fannie Mae« genannt. Fannie Mae schuf einen landesweiten Sekundärmarkt für diese versicherten Hypothekendarlehen, der deren Kauf und Verkauf erleichterte. Dadurch erhöhte sich die Liquidität auf dem Markt für Hypothekendarlehen deutlich, da die Darlehensgeber ihre Hypotheken nun rasch weiterverkaufen konnten. So konnte das Kapital durch das ganze Land dorthin fließen, wo es am dringendsten gebraucht wurde. Ein Bevollmächtigter der FHA schrieb dazu Anfang der 1950er Jahre: »Heute ist es ganz üblich, durch Grundbesitz in einem Teil des Landes gesicherte Hypotheken in den Portfolios von Hypothekengläubigern mit Sitz an Orten zu finden, die Hunderte oder sogar Tausende von Kilometern von diesen Sicherheiten entfernt liegen, und in hohem Maße ist eine von der FHA abgesicherte Hypothek ›ihr eigener Bote, der ohne großes Gepäck daherkommt‹, da sie für sich selbst spricht und fast alle im Hypothekengeschäft Bewanderte sie unverzüglich anerkennen. Dieses Element der Liquidität ist ein relativ neues und sehr wertvolles Instrument im Bereich der Hypotheken [...]. Inzwischen wurden und werden beträchtliche Einnahmen mit Serviceleistungen rund um FHA-gesicherte Hypotheken erzielt.«[44]

Diese Finanzinstitutionen des New Deal sorgten offenbar für eine Erhöhung der Wohneigentumsquote. Die längere Laufzeit der Hypothekendarlehen verringerte die monatlichen Zahlungen, und das hohe Verhältnis zwischen Darlehensbetrag und Beleihungswert, die niedrigen Zinssätze sowie die Ratenzahlung halfen Käufern aus der Mittelschicht und der Arbeiterklasse, in einer in aller Regel sicheren und stabilen Weise Anleihen bei ihren zukünftigen Einkünften zu nehmen. In den ersten Jahrzehnten des 20. Jahrhunderts lag die Wohneigentumsquote in den USA stets etwas unter 45 Prozent. Nach der Einführung der beschriebenen Veränderungen am amerikanischen Hypothekenwesen in den 1940er Jahren sprang

---

44 Curt C. Mack, »What FHA Means to a Real Estate Broker Today«, September 13–15, National Urban League Papers, Box I: C9, Folder Federal Housing Administration 1951–1955, General, Manuscript Division, Library of Congress. Zur FHA und zur Liquidität siehe auch Bartke, »The Federal Housing Administration«; Harris, »A New Form of Credit«; Quinn, *American Securitization;* dies., »The Credit State«; Hyman, *Debtor Nation.*

diese Quote auf etwa 65 Prozent und sank seither niemals darunter. Ökonometrische Studien lassen erkennen, dass die politisch gestützte Einführung der Hypothek mit festen Abzahlungsraten mindestens die Hälfte dieses Anstiegs der Wohneigentumsquote zu erklären vermag und die FHA auch noch Jahrzehnte nach ihrer Gründung Einfluss auf diese Quote hat.[45] Die Anzahl der Neubaubeginne (eine Maßzahl, die leicht von der Zahl der Baugenehmigungen abweicht) stieg von 93 000 im Jahr 1933 auf 332 000 im Jahr 1937.[46] Auf dem Markt für Einfamilienhäuser erreichten die FHA-versicherten Neubaubeginne zwischen 1935 und 1945 einen Anteil von 30 bis 45 Prozent und auf dem Markt für Mehrfamilienhäuser zwischen 1946 und 1950 sogar einen Anteil von 80 Prozent.[47] Außerdem zog die erwiesene Profitabilität der staatlich gestützten Hypothekenbranche auch Darlehensgeber aus dem privaten Sektor auf den Hypothekenmarkt, und die Kapitalmärkte begannen bessere Bedingungen anzubieten, zum Beispiel Darlehen mit Laufzeiten bis zu 30 Jahren und niedrigen Zinssätzen von 3 Prozent oder weniger.[48] Die FHA stimulierte auch die Gesamtwirtschaft. So berechnete der stellvertretende Administrator der Home Finance Agency 1952, dass die Bundeshilfe für den Wohnungsmarkt der nationalen Wirtschaft einen Nutzen von mehr als 50 Milliarden Dollar oder fast 14 Prozent des BIP eingebracht hatte, und das bei Kosten von einem Achtel Prozent des Gesamthaushaltes.[49] Der Einfluss der FHA auf die Verschuldung der Haushalte trat mit einer gewissen Verzögerung ein, denn in der Weltwirtschaftskrise und während des Krieges verdrängte die staatliche Verschuldung die der Privathaushalte, und Kreditkontrollen hielten die Darlehensvergabe auf einem niedrigen Niveau. Doch nach dem Krieg zogen die Privatkredite wieder an. Die Zahl der Hypothekendarlehen für Einfamilienhäuser sprang von einem kriegsbedingten

---

45 Monroe, »How the Federal Housing Administration«; Chambers/Garriga/Schlagenhauf, »Accounting for Changes«.
46 Jackson, *Crabgrass Frontier*, S. 205.
47 »Future of FHA: Background«, o. J., Patricia Robert Harris Papers, Box 37, Folder Briefing Books: Welfare Reform; Subsidized Housing and Welfare Reform 1977, Manuscript Division, Library of Congress.
48 Hyman, *Debtor Nation*.
49 B. T. Fitzpatrick, »Remarks of B. T. Fitzpatrick, Deputy Administrator and General Counsel, Housing and Home Finance Agency, Before the Annual Conference of the National Associate of Housing Official«, October 15, 1952, National Urban League Papers, Box I: C14, Folder Housing and Home Finance Agency Miscellaneous 1952–1959, Manuscript Division, Library of Congress.

Tiefpunkt bei 8 Prozent des BIP 1944 auf 30 Prozent des BIP 1965 und die Verbraucherkredite im selben Zeitraum von weniger als 2 auf mehr als 12 Prozent des BIP.[50] Was Kommentatoren in den 1920er Jahren noch für eine Kreditblase gehalten hatten, war in den 1960er Jahren zum normalen Muster für den privaten Haushaltssektor geworden.

So dürften denn in allererster Linie die FHA und die Palette der mit dem New Deal verbundenen gesetzlichen Maßnahmen das US-amerikanische Modell des kreditfinanzierten Wohneigentums geschaffen haben. Diese Innovationen subventionierten nicht nur das Wohneigentum oder erleichterten es zukünftigen Hausbesitzern, dank höherer Zinssätze auf ihren Bausparkonten Geld zu sparen, wie das in anderen Ländern geschah. Vielmehr machten sie es für Amerikaner leichter und weithin populär, Schulden in beträchtlicher Höhe aufzunehmen, wie das ein paar Jahrzehnte vor der Einführung dieser Politik noch unvorstellbar gewesen wäre. Bedeutsam an diesen makroökonomischen Bedingungen ist indessen nicht nur die Wohneigentumsquote, sondern auch der damit einhergehende Anstieg der Verschuldung in Mittelschicht und Arbeiterklasse.

Die FHA in vergleichender Perspektive

Die wohl vorherrschende Interpretation der FHA besagt, dass sie für Roosevelt eine Möglichkeit darstellte, Geschäftstätigkeit selbst in der tiefsten Wirtschaftskrise zu belohnen, zumal es sich dabei um die wirtschaftsfreundlichste aller damals vorgeschlagenen politischen Maßnahmen handelte.[51] Das ist richtig, doch zu dieser Zeit versuchten alle Länder, den Kapitalismus zu retten und den Sozialismus zu verhindern, und wie wir gesehen haben, war die Wirtschaftsförderung in der gesamten fortgeschrittenen industrialisierten Welt ein wichtiges Ziel. In Europa wie in den USA schien die Weltwirtschaftskrise sich nicht als Totenglocke des kapitalistischen Systems zu erweisen, sondern als Beginn einer langen Tradition eines Einsatzes des Staates zur Rettung des Kapitals. Aber warum bewegten die USA sich in Richtung einer Wiederherstellung des Kreditsystems, während andere Staaten, die gleichfalls den Kapitalismus retten wollten, dies nicht taten? Die Geschichte der FHA ist wegen ihrer

---

50 Sutch, »Gross Domestic Product«; James/Sylla, »Net Public and Private Debt«.
51 Z. B. Radford, *Modern Housing for America*.

zentralen Bedeutung für die politische Ökonomie schon oft erzählt worden, und dennoch überrascht es, dass es keine historisch-vergleichende Analyse gibt, die der Frage nachgeht, warum es in anderen Ländern keine vergleichbaren Institutionen gab. Wenn die Weltwirtschaftskrise international war und wenn Programme zur Ankurbelung des Wohnungsbaus in den USA als ein natürliches Heilmittel dagegen erschienen, warum entwickelten dann nicht auch andere Länder Programme zur Förderung der Wohnungsbaufinanzierung?

Einen Teil der Antwort gibt Abbildung 8.1, in der die Entwicklung des Bausektors in diversen Ländern zwischen 1925 und 1932 dargestellt ist: Kein anderes Land wurde in diesem Wirtschaftsbereich derart stark getroffen wie die USA.

Selbst Länder, die in den 1920er Jahren einen ähnlichen Kreditboom erlebt hatten wie die USA, zum Beispiel das Vereinigte Königreich, sahen in den 1930er Jahren keinen ähnlichen Zusammenbruch im Bausektor. Obwohl die Maßzahlen für die verschiedenen Länder leicht voneinander abweichen (fertiggestellte Wohnungen, falls verfügbar; sonst Baugenehmigungen), gibt der zeitliche Vergleich derselben Maßzahl doch Hinweise auf das Ausmaß der Krise in den verschiedenen Ländern. In Schweden und der Schweiz war die Bautätigkeit 1932 größer als im Vergleichszeitraum, im Vereinigten Königreich war sie fast unverändert hoch, doch viele Länder erlebten gleichfalls einen Rückgang. Abgesehen von den USA, war der Rückgang am stärksten in Kanada, Finnland, Italien, Deutschland und Spanien. Eine Betrachtung der Reaktion in zwei der am schlimmsten betroffenen Ländern, Deutschland und Kanada, wird uns helfen, die US-amerikanische Reaktion in ihren Kontext zu stellen.

Deutschland

Die Reaktion Deutschlands auf die Weltwirtschaftskrise war insofern weitgehend keynesianisch geprägt, als man es dort offenbar geschafft hatte, die Arbeitslosigkeit durch öffentliche Ausgaben zu senken – »Hitler hatte schon herausgefunden, wie die Arbeitslosigkeit sich bekämpfen ließ, bevor Keynes mit seiner Erklärung dafür fertig war«, schrieb Joan Robinson.[52] Doch der überwiegende Teil dieser Staatsausgaben floss in die Finanzierung der außenpolitischen Ambitionen Adolf Hitlers, wobei bis 1934 der Schwerpunkt auf der Wiederaufrüstung lag. Selbst hinter den

---

52 Robinson, »The Second Crisis«, S. 8.

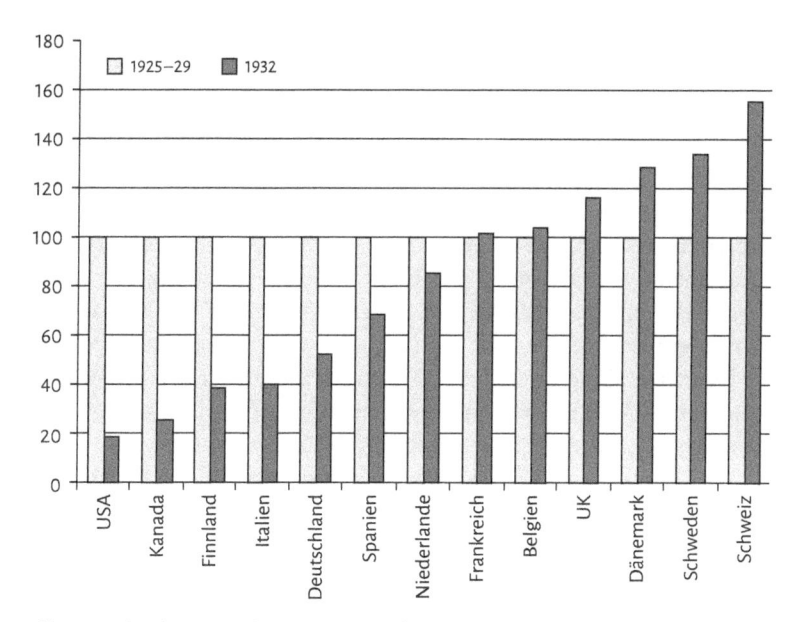

Abb. 8.1 Index der Bautätigkeit, 1925–1929 und 1932. 1925–1929 = 100
Quelle: League of Nations, *World Production and Prices*, 1925–1932, S. 136

gewaltigen Ausgaben für den Bau der Autobahnen, die der Zivilbevölkerung zugutekamen, standen wichtige militärische Zielsetzungen. Die deutsche Reaktion auf die Weltwirtschaftskrise stützte sich in stärkerem Maße auf öffentliche Bauvorhaben als die amerikanische, während die Nazis die private Nachfrage und den privaten Konsum beträchtlichen Restriktionen unterwarfen.[53] Es gab zwar einige Ausnahmen wie die Ehestandsdarlehen,[54] doch insgesamt sorgten hohe Steuern, hohe Zinssätze und andere Maßnahmen für eine Verringerung des Konsums. Deshalb zögern manche Forschende, diese Politik als keynesianisch zu bezeichnen, da sie nicht auf eine Steigerung der Konsumnachfrage gerichtet war.[55] Vielmehr stand sie in der langen historischen Tradition einer Militärpolitik, zu deren langfristigen Nebeneffekten eine Stimulierung der Wirtschaft gehört. Jan Logemann meint, wir sollten darin eher eine an-

---

53 Temin, »Socialism and Wages«.
54 Garraty, »The New Deal«.
55 Z. B. Overy, *The Nazi Economic Recovery*.

dere Form keynesianischer Politik erblicken, die mit einer Steigerung des »staatlichen Konsums« statt des »privaten Konsums« arbeite.[56]

Am größten waren die Unterschiede zwischen amerikanischer und deutscher Politik im Bereich der Landwirtschaft. Zu der Zeit, als Arthur Koestler beobachtete, dass man in den USA Schweine schlachtete, um die Produktion in Grenzen zu halten, versuchte Deutschland unablässig, die landwirtschaftliche Produktion zu erhöhen. »Dennoch benötigte Deutschland bis 1930 einen jährlichen Import an Nahrungs- und Futtermitteln von rund 4 Mrd. RM. Das belastete die Zahlungsbilanz stark, darum ermunterte der Staat die Landwirte mit patriotischen Appellen und durch großzügig gewährte billige Agrarkredite, die Produktion auszuweiten.«[57] Auch hier lag der Schwerpunkt in Deutschland eher auf der Erhöhung des Angebots als der Stärkung der Konsumnachfrage.

Der Hauptgrund für die Konzentration auf öffentlichen statt privaten Konsum lag natürlich in der zielstrebigen Ausrichtung der Nazis auf die Mobilisierung für den Krieg,[58] doch ein zweiter Schwerpunkt lag auf der Besorgnis der Deutschen wegen der Inflation. Während die USA sich vorsichtig in Richtung einer Erweiterung des Kredits bewegten, tat Deutschland Mitte des Jahrhunderts alles, um die Inflation zu bekämpfen und in diesem Rahmen die Verbraucherkredite möglichst zu beschränken.[59] Die schockierenden Inflationen der Weimarer Zeit hatten zu anhaltenden Bemühungen geführt, die Kaufkraft in Grenzen zu halten, und während der 1920er Jahre hatte die Reichsbank unter Hjalmar Schacht eine Reihe weitreichender Kreditbeschränkungen eingeführt, die den Banken große Zurückhaltung bei der Kreditvergabe auferlegten.[60] Neben der Inflationsbekämpfung ging es dem deutschen Staat auch um die Bereitstellung von Krediten für den Wiederaufbau der im Ersten Weltkrieg zerstörten Infrastruktur und die Entwicklung der Exportindustrie, von der das Wirtschaftswachstum ganz wesentlich abhängen sollte. Die Zerstörungen wa-

---

56 Logemann, »Shaping Affluent Societies«; ders., *Trams or Tailfins?*; siehe auch Garraty, »The New Deal«; Overy, *The Nazi Economic Recovery;* James, *Deutschland in der Weltwirtschaftskrise;* Cohn, »Fiscal Policy in Germany«; Ritschl, »Deficit Spending«; Weir/Skocpol, »State Structure«.
57 Hardach, *Die Wirtschaftsgeschichte Deutschlands*, S. 47; siehe auch Garraty, »The New Deal«, S. 921.
58 Simpson, »The Struggle for Control«.
59 Eichengreen/Mitchener, »The Great Depression«.
60 Voth, »With a Bang, Not a Whimper«; Eichengreen/Mitchener, »The Great Depression«.

ren derart groß, dass die Industrieproduktion von 1919 bis 1924 nur einen Bruchteil der Produktion im Vorkriegsjahr 1913 erreichte.[61] Die Erfordernisse des Wiederaufbaus veranlassten die Deutschen während der gesamten ersten Hälfte des 20. Jahrhunderts, die Aufnahme von Verbraucherkrediten zu erschweren und diese Mittel in die Investitionen zu lenken.[62] Das deutsche Wachstumsmodell »ordnete die inländische Nachfrage dem Bedarf an industriellem Kapital unter.«[63] »Mäßige Löhne ermöglichten« über mehrere Jahrzehnte hinweg »den Aufbau des Produktionsapparates, sicherten die Stabilität der neuen Währung und erleichterten Deutschlands Rückkehr zum Weltmarkt durch konkurrenzfähige Ausfuhren.«[64] Hitlers Fixierung auf das Militär war zwar ungewöhnlich, doch die Betonung des staatlichen Konsums gegenüber dem privaten entsprach durchaus dem vor und nach ihm üblichen Vorgehen.

Besonders aufschlussreich ist hier ein Vergleich zwischen den Rollen, die Inflationsängste in Deutschland und den USA spielten. Wie oben bereits dargelegt, hat die Arbeit von Meg Jacobs gezeigt, dass es in den USA zwar Experimente mit freiwilliger Rationierung und Preiskontrolle gab, doch man verknüpfte dort die Inflationsängste ab den 1920er Jahren mit dem Gedanken, die Lösung des Problems liege in dem Bemühen, den Arbeitern mehr Kaufkraft zu sichern. Das Problem der Inflation lag nach dieser Vorstellung nicht darin, dass es zu viel Kaufkraft für zu wenige Waren, sondern *zu wenig Geld* in den Händen der Lohnabhängigen gab, als dass sie sich die gewaltigen dank der amerikanischen Produktivität hergestellten Menge an Erzeugnissen hätten leisten können. Nach dem heutigen Verständnis der Inflation ist diese konsumorientierte Kritik, wonach zu wenig Geld für die Inflation verantwortlich sei, schwer nachzuvollziehen. Am ehesten lasse sich diese Kritik, so meint Jacobs, als ein Argument bezüglich der Verteilungsgerechtigkeit und als eine Form von Protokeynesianismus verstehen, die sich nicht auf Fiskalpolitik, sondern auf einen direkten Wechsel der Gewinne vom Kapital zur Arbeit stützte. In den Augen von Jacobs war das keineswegs apolitisch. Es war die US-amerikanische Version der Sozialdemokratie, die einen Prozess im Auge hatte, bei dem man den Kapitalbesitzern Geld nahm und es in die Hände von Verbraucherinnen legte, die das Geld für Käufe verwendeten, darun-

---

61 Overy, *The Nazi Economic Recovery*, S. 5.
62 Logemann, »Shaping Affluent Societies«; ders., *Trams or Tailfins?*.
63 Allen, »The Underdevelopment of Keynesianism«, S. 263.
64 Hardach, *Die Wirtschaftsgeschichte Deutschlands*, S. 204.

ter auch Käufe landwirtschaftlicher Erzeugnisse. Auch wenn die Erzeuger landwirtschaftlicher Produkte gelegentlich in einen Konflikt mit Konsumentinnen gerieten, etwa wenn staatliche Preisstützungsprogramme das Brot verteuerten,[65] und die beiden Bewegungen niemals eine Koalition eingingen, einte sie doch das gemeinsame Bestreben, den Geldmechanismus auszubessern, wenn möglich auf Kosten der kapitalistischen Profite. »Durch die Verbindung der Inflationspolitik mit der Politik der Einkommensverteilung entwickelten [progressive Arbeiterbewegung und liberale Denker] ihre Kritik zu einer Unterkonsumptionstheorie und argumentierten, die Arbeiter müssten konsumieren können, wenn die Wirtschaft florieren solle.«[66] Die Erhöhung des Kredits war Teil dieses Versuchs zu einer Steigerung des Konsums.

In Deutschland zeigte sich ein vollkommen anderes Bild. Obwohl es dort eine lange Tradition der Hypothekendarlehen gab und zu gewissen Zeiten auch Kleinkredite besondere Bedeutung erlangten (etwa nach dem Zweiten Weltkrieg als Notinstrument, das Haushaltsgüter in die Hände einer verheerend getroffenen Bevölkerung bringen sollte), besaßen Verbraucherkredite in Deutschland niemals eine derartige Bedeutung wie in den USA. Jan Logemann argumentiert, Deutschland habe seine Märkte nicht durch eine Stärkung der Kaufkraft bei den Verbrauchern entwickelt, sondern durch das Bemühen, private Spareinlagen für die Ankurbelung der Produktion zu nutzen, von der ein Großteil für den Export bestimmt war.[67] Der Staat subventionierte das Sparen, weil die Politik eine Wiederkehr der Inflationsmuster aus der Zeit nach dem Ersten Weltkrieg fürchtete. Die zurückhaltende Förderung des Kredits wurde unterstützt vom zunehmenden Ausbau des Sozialstaats. Die Weiterentwicklung des Bismarck'schen Sozialstaats erlangte eine besondere Dringlichkeit, als die Bundesrepublik und die Deutsche Demokratische Republik in einen informellen Wettbewerb in der Frage der Wohlfahrt ihrer Bürgerinnen und Bürger traten. Obwohl die Sozialdemokratische Partei sich gelegentlich für eine Demokratisierung des Kredits einsetzte, lag ihr Hauptfokus doch auf dem Ausbau des Sozialstaats. Der Kredit nahm in den 1950er und 1960er Jahren zwar zu,[68] doch auch 1971 nutzten die deutschen Ver-

---

65 Jacobs, *Pocketbook Politics*, S. 116–117.
66 Ebd., S. 75.
67 Logemann, »Shaping Affluent Societies«; ders., »Different Paths«; ders., *Trams or Tailfins?*.
68 Siehe z. B. Stücker, »Konsum auf Kredit«.

braucherinnen und Verbraucher Kredite in weitaus geringerem Umfang als die amerikanischen.[69] Und obwohl der Markt für Hypothekenkredite vergleichsweise groß war, besaß er doch diverse Merkmale, die sein Fähigkeit beschränkten, zu einer größeren Finanzialisierung der Wirtschaft beizutragen.[70]

Dieser Ansatz hinsichtlich des Kredits war Teil einer umfassenderen Bemühung, die Investitionen im industriellen Sektor zu erhöhen und den Konsum einzuschränken, wie in Kapitel 3 dargelegt. So schrieb Adenauer 1951, »daß die Bundesregierung bemüht sein muß, die Kapazitäten der Grundstoffindustrien [...] auszubauen. Angesichts der Unergiebigkeit des deutschen Kapitalmarkts ist diese Aufgabe nur lösbar durch eine gewisse Zweckbindung von Mitteln, die bisher weniger dringlichen Investitionen oder dem gehobenen Konsum zugeflossen sind«.[71] Es war Deutschland, das Hayeks Lehren zu den Gefahren leichter Kreditaufnahme beherzigte, während die USA die keynesianische Vergrößerung des Konsums übernahm.

Hinter den unterschiedlichen Herangehensweisen an die Frage des Konsums standen letztlich die Unterschiede in den ökonomischen Problemen, mit denen diese Länder konfrontiert waren: das rasche Wirtschaftswachstum in den USA im Gegensatz zu den politischen Konflikten und dem geringeren Wirtschaftswachstum in Europa. Die rasche Zunahme des Kredits in den USA war eine Reaktion auf den raschen Anstieg der Produktivität, während die deutschen Bemühungen zur Beschränkung des Kredits einen zum Teil durch die Verheerungen des Krieges motivierten Versuch darstellten, die Inflation einzudämmen und die Produktivität zu steigern. Tatsächlich hatten die Nazis sich äußerst traditionell verhalten und waren der Politik der früheren Regierungen mit ihrer Betonung des Sparens gefolgt. Ihre Präferenz für staatliche Kanäle – öffentliche Bauten und Straßenbau sowie Wiederbewaffnung – bei der Verwendung der Steuermittel und der erweiterten Geldmenge legte das Fundament für die deutsche Betonung einer Erhöhung der Investitionen und einer

---

69 Logemann, »Shaping Affluent Societies«; ders., »Different Paths«; ders., *Trams or Tailfins?*.
70 Green/Wachter, »The American Mortgage«, S. 103–104.
71 Konrad Adenauer, Schreiben an den Hohen Kommissar der Vereinigten Staaten von Amerika Herrn John J. Mc Cloy vom 27. März 1951, Dokument 2 in: Abelshäuser, »Ansätze ›korporativer Marktwirtschaft‹ in der Korea-Krise der frühen Fünfziger Jahre«, S. 743.

Stärkung des Exportsektors auf Kosten des privaten Konsums. Kurz gesagt, Deutschland reagierte auf die Weltwirtschaftskrise mit einer angebotsorientierten Politik.

Obwohl Frankreich nicht den Zusammenbruch der Bautätigkeit erlebte, der den Rahmen für unsere Fragen in diesem Kapitel bildet, zeigt doch ein kurzer Blick auf die dortige Geschichte des Kredits ein ganz ähnliches Bild wie in Deutschland. Frankreich besaß zwar eine gut entwickelte Tradition des Verbraucherkredits im Bereich des Autokaufs wie auch aufgrund der Institution des Pfandhauses (*mont-de-piété*) und eine etwas *höhere* Akzeptanz des Kredits im Volk als in den USA, doch die Politik begrenzte nach dem Zweiten Weltkrieg ganz bewusst die Verfügbarkeit von Verbraucherkrediten, um genügend Kapital für Investitionen in die Exportbranchen zu haben.[72] Außerdem verweist Trumbull auf den Grund für den Zusammenbruch der Pfandhäuser: »Während der teilweisen deutschen Besatzung stiegen die Quoten der nicht ausgelösten Pfänder, und die Regierung erließ ein Verbot von Auktionen zu deren Versteigerung. Das trieb die Pfandhäuser in den Bankrott.«[73] Das Scheitern dieser Kreditinstitution war also die direkte Folge der Auswirkungen des Krieges auf die Kreditmärkte. Außerdem befürchtete man in Frankreich wie in Deutschland, Kredite könnten die Inflation anheizen.[74] Die erste Regierung Léon Blum versuchte zwar, die Kaufkraft durch eine Erhöhung der Löhne zu stärken, doch der kurzlebige Charakter der Regierungen in der Dritten Republik führte in der Regel zu inkohärenten und halbherzigen politischen Reaktionen auf die Weltwirtschaftskrise und zu keinem konsistenten Fokus auf Kredit und Kaufkraft.[75]

Der Unterschied zwischen der französischen und der US-amerikanischen Regulierung des Kredits trat 1953 sehr deutlich zutage. Der französische Wirtschaftsminister Robert Buron legte einen Gesetzentwurf vor, der Kredite nach bemerkenswert amerikanischen Bedingungen erleichtern sollte. Er erklärte, durch das Gesetz werde »die Entwicklung des Kreditwesens ein Mittel zur Wiederbelebung der französischen Wirtschaft« werden.[76] Der Gesetzentwurf war von Anfang an umstritten und wurde

---

72 Trumbull, »The Political Construction of Economic Interest«; ders., »Credit Access and Social Welfare«.
73 Ders., »Regulating for Legitimacy«, S. 33.
74 Ebd., S. 34.
75 Garraty, »The New Deal«.
76 Effosse, »Pour ou contre le crédit«, S. 72.

nach zwei Jahren Diskussion aufgegeben. Obwohl er durchaus gewisse Auswirkungen hatte, weil die Aufnahme eines Verbraucherkredits nun leichter wurde, nutzten die Franzosen und Französinnen Verbraucherkredite 1965 in deutlich geringerem Maße als amerikanische Konsumenten.[77] (Frankreich war wie Deutschland zu dieser Zeit großzügiger bei der Bereitstellung industrieller Kredite,[78] diese Großzügigkeit galt jedoch nicht auch für den Bereich des Konsums.)

Trumbull meint, dass diese Unterschiede zwischen Frankreich und den USA in der Bedeutung von Verbraucherkrediten letztlich historische Zufälle seien, denn »nationale Unterschiede in der Regulierung lassen sich möglicherweise auf historisch kontingente Bedingungen zurückführen, unter denen die Märkte als legitim konstruiert wurden«.[79] Die amerikanische Politik entwickelte danach kontingent den Gedanken, dass Kredite den Wohlstand mehrten, während die französische Politik zu der Überzeugung gelangte, dass sie der Wirtschaft schadeten. Ein Blick auf den Kontext, in dem diese Entscheidungen jeweils getroffen wurden, legt allerdings den Gedanken nahe, dass sie möglicherweise aus der unterschiedlichen wirtschaftlichen Lage dieser Länder hervorgingen. Frankreich versuchte wie Deutschland, die vom Krieg in Mitleidenschaft gezogene Wirtschaft wiederaufzubauen. In diesem Zusammenhang hatte man in der Politik die Sorge, Konsumentenkredite könnten Ressourcen von der Produktion abziehen. Wie wir gesehen haben, gab es diese Sorge in den USA nicht. Dort befürchtete man eher, die Produktion könnte über die traditionellen Konsum- und Verteilungsmechanismen hinauswachsen und dadurch einen Rückgang der Preise herbeiführen, der das gesamte System in eine Krise stürzte. Den Kredit der Produktion vorzubehalten, indem man die Entwicklung der Verbraucherkredite beschränkte, war im Unterschied zu Deutschland und Frankreich in den USA nicht nötig.

Der Vergleich mit Deutschland und Frankreich zeigt die konzertierten Bemühungen dieser Länder, die Ressourcen möglichst vom Konsum fernzuhalten und in die Produktion zu lenken, während die Politik in den USA auf eine Förderung des Konsums ausgerichtet war, wobei die privaten Hypothekendarlehen nur eines von mehreren Beispielen darstellten.

---

77 Ebd., S. 79.
78 Zysman, *Governments, Markets, and Growth*; Loriaux, *France After Hegemony*.
79 Trumball, »Regulating for Legitimacy«, S. 1; ders., »Credit Access and Social Welfare«.

Kanada

Ein Vergleich mit Kanada ist wegen der Ähnlichkeiten zwischen Kanada und den USA sogar noch aufschlussreicher. Auch Kanada war ein von den Briten nur dünn besiedeltes Land mit einer föderalen politischen Tradition. Wie alle Siedlerkolonien erlebte es ein rasches Wirtschaftswachstum. In Kanada gab es während der Weltwirtschaftskrise sogar radikale Agrarbewegungen.[80] Doch wie Australien und Neuseeland vermochte Kanada aufgrund der durch den Umfang des bewohnbaren Landes bedingten geringen Größe der Bevölkerung niemals die Gesamtproduktivität seines südlichen Nachbarn zu erreichen, und die Industrialisierung war dort von amerikanischem Kapital und amerikanischer Technologie abhängig.[81]

Die Weltwirtschaftskrise hatte in Kanada große Ähnlichkeit mit deren Ausprägung in den USA.[82] Kanada versuchte ganz bewusst, die amerikanischen New-Deal-Programme zu kopieren, doch ein auf Bundesebene unternommener Versuch scheiterte an der Frage der Rechte der Bundesstaaten. Man gründete eine ähnliche Behörde wie die National Recovery Administration (NRA), und in den Provinzen gab es Bewegungen, in denen einige US-amerikanische Ideen ihr Echo fanden. So argumentierte auch William »Bible Bill« Aberhart aus Alberta, der Kapitalismus produziere so viel, dass die Menschen gar nicht die Mittel hätten, um sich daran zu erfreuen. Er stützte sich auf die Theorie des »Sozialkredits« von C.H. Douglas, eine der protokeynesianischen Theorien, die Keynes in seiner *Allgemeinen Theorie der Beschäftigung, des Zinses und des Geldes* erwähnte. Die Bemühungen versandeten, als die Bundesregierung den Versuch Albertas, Banken und Finanzsystem zu kontrollieren, für verfassungswidrig erklärte – und solch eine Kontrolle wäre für den »Sozialkredit« erforderlich gewesen.

Die Bauwirtschaft wurde von der Weltwirtschaftskrise besonders stark getroffen. Wie Abbildung 8.1 zeigt, war der Zusammenbruch der Bauindustrie 1932 in Kanada fast ebenso schlimm wie in den USA. Während der Weltwirtschaftskrise ergaben »umfangreiche, in den 1930er Jahren erstellte Studien zu Halifax, Hamilton, Ottawa, Winnipeg, Montreal und Toronto eine rasche Ausbreitung heruntergekommener Wohnbedingungen, einen Mangel an erschwinglichen Wohnungen und ein gras-

---

80 Lipset *Agrarian Socialism;* Ascah, *Politics and Public Debt.*
81 Naylor, *The History of Canadian Business.*
82 Amaral/MacGee, »The Great Depression«; Betts/Bordo/Redish, »A Small Open Economy«.

sierendes soziales Elend«.[83] Hulchanski schreibt zusammenfassend: »Nahezu alle Aspekte des Wohnungssystems hatten aufgehört, normal zu funktionieren [...]. So sank der Wohnungsbau 1933 um 31 Prozent auf das Niveau von 1929. [...] Versicherungsgesellschaften, Treuhandunternehmen und Hypothekenbanken waren wegen der fallenden Immobilienpreise und Rentenwerte und der wachsenden Zahl der notleidenden Kredite immer weniger bereit, Hypothekendarlehen zu gewähren.«[84]

Kanada reagierte indessen nicht mit einem ähnlich breiten Spektrum politischer Maßnahmen wie die USA. Während die USA mit der Home Owner's Loan Corporation (HOLC) ein zeitweiliges Programm zur Verhinderung von Zwangsvollstreckungen einführten, blieb Kanada auf diesem Gebiet tatenlos. Während die USA die Federal Housing Administration (FHA) und Fannie Mae gründeten, verabschiedete man in Kanada den Dominion Housing Act (1935) und den National Housing Act (1938), die jedoch beide nur geringe Wirkung zeigten.[85] Die USA experimentierten während der Weltwirtschaftskrise sogar mit öffentlichem Wohnungsbau, während man sich in Kanada erst Jahrzehnte später dazu entschloss. Bis weit ins späte 20. Jahrhundert hinein verfolgte Kanada eine Wohnungsbaupolitik, die in der Frage staatlicher Eingriffe weitaus zögerlicher war als die US-amerikanische. Deshalb meinte Harris einmal, Kanada sei darin »amerikanischer als die Vereinigten Staaten«.[86] In den letzten Jahren lag die kanadische Hypothekenverschuldung bei 44 Prozent des BIP, verglichen mit 69 Prozent in den USA. Die Kanadier genossen weder die Vorteile langfristig fester Zinssätze für Hypotheken noch die des Fehlens von Vorfälligkeitsentschädigungen. Im Durchschnitt borgten sie sich 65 Prozent der Kosten eines Hauses, verglichen mit 75 Prozent in den USA.[87]

Die Gründe für die kanadische Untätigkeit während der Weltwirtschaftskrise sind bislang nicht überzeugend untersucht worden.[88] In anderen Politikbereichen war man in Kanada durchaus eher zu staatlicher Intervention bereit als in den USA. Manche behaupten deshalb sogar,

---

83 Purdy, »It Was Tough on Everybody«, S. 460.
84 Hulchanski, »The 1935 Dominion Housing Act«, S. 21.
85 Ebd.
86 Harris, »More American Than the United States«; siehe auch Bacher, *Keeping to the Marketplace*; Harris/Ragonetti, »Where Credit is Due«; sowie den Austausch zwischen Wexler, »A Comparison«, Harris, »Housing and Social Policy«, und Wexler, »Housing and Social Policy«.
87 Green/Wachter, »The American Mortgage«.
88 Siehe Harris, »More American Than the United States«.

die beiden Länder verfügten über vollkommen verschiedene kulturelle Traditionen. Seymour Martin Lipset behauptete bekanntlich, die Amerikanische Revolution habe zwei Nationen mit diametral entgegensetzten Gründungsmythen hervorgebracht: Volkssouveränität in den Vereinigten Staaten und Angst davor in Kanada.[89] Diese »Organisationsprinzipien« hätten im 19. und 20. Jahrhundert in den USA eine Tradition des Misstrauens gegenüber dem Staat und in Kanada eine Tradition staatlicher Intervention entstehen lassen.[90] Wie wir in Kapitel 1 gesehen haben, gibt es gute Gründe für eine grundsätzliche Skepsis gegenüber solchen Thesen. In diesem speziellen Fall vermag das Argument nicht die kanadische Untätigkeit in der Wohnungsbaupolitik während der Weltwirtschaftskrise im Vergleich zu den umfangreichen staatlichen Eingriffen in den USA zu erklären.

Kanadische Unternehmen reagierten auf die Krise genauso wie US-amerikanische Unternehmen mit direkten Lobbybemühungen um eine staatliche Intervention. Die Canadian Construction Association und die Canadian Manufacturers Association gründeten gemeinsam mit Vertretern der Bauingenieure und Architekten den National Construction Council (NCC), der die Bundesregierung zu einem Wohnungsbauprogramm drängen sollte. »Zum ersten Mal in der kanadischen Geschichte [...] gelangten Vertreter der Kommunen, bürgerliche Vereinigungen und die Wirtschaft zu einer gemeinsamen Haltung in Fragen des Wohnungsbaus – die Regierung musste etwas tun, und zwar schnell. Es herrschte eine allgemeine Übereinstimmung hinsichtlich der Frage, wie man das Problem am besten anging, und es gab eine allgemeine Übereinstimmung in der Ansicht, dass die Bundesregierung eingreifen müsse.«[91] Ganz wie die Wirtschaft in den USA, so war auch die Wirtschaft in Kanada für eine staatliche Intervention. Doch in Kanada vermochte die Regierung »Vorschläge der Bauindustrie vom Tisch zu wischen, die ein staatliches Wohnungsbauprogramm forderten, um die Arbeitslosigkeit im Bausektor zu verringern.«[92]

Harris fragt sich, ob das parlamentarische System Kanadas einfach weniger offen für äußeren Druck war als das System in den USA. Vergleichende Forschungen gelangen jedoch meist zu dem Schluss, dass die

---

89 Lipset, *Agrarian Socialism*, S. 1.
90 Ebd., S. 2.
91 Hulchanski, »The 1935 Dominion Housing Act«, S. 22.
92 Harris, »More American Than the United States«, S. 470.

kanadische Regierung aufgrund des dortigen parlamentarischen Systems offener für äußeren Druck ist als die US-amerikanische Regierung. Das ist der entscheidende Faktor in Antonia Maionis Erklärung, warum es in Kanada ein staatliches Gesundheitssystem gibt, in den USA jedoch nicht, wie wir in früheren Kapitel gesehen haben.[93] Dabei stützt Maioni sich auf die im Institutionalismus verbreitete These, dass die parlamentarische Demokratie Kanadas die organische Entstehung von Pressure Groups und dritten Parteien zulasse, während das in den USA herrschende Winner-takes-all-Mehrheitsprinzip dies verhindere und außerdem gleich an mehreren Punkten die Möglichkeit biete, ein Veto gegen neue Ideen einzulegen.

Es ist zwar nicht vollkommen klar, warum die kanadische Regierung untätig blieb, ein wichtiger Unterschied zwischen beiden Ländern besteht jedoch darin, dass es die Bankenkrise, die in den USA die Wohnungspolitik prägte, in Kanada nicht gab. Harris schreibt: »Das Finanzsystem in Kanada war stärker zentralisiert und deshalb stabiler. Während der Weltwirtschaftskrise gingen fast keine kanadischen Geschäftsbanken, Treuhandgesellschaften oder Hypothekenbanken bankrott. Deshalb bestand generell nur eine geringere Notwendigkeit für staatliche Interventionen als in den USA.«[94] Wir haben jedoch gesehen, dass es in Kanada während der Weltwirtschaftskrise im Wohnungsbereich ganz eindeutig solch eine Notwendigkeit gab. Deshalb möchte ich die These von Harris präzisieren: In Kanada fehlte die Notwendigkeit staatlicher Interventionen, die *zugleich die Finanzbranche und den Bausektor hätten retten sollen*. Der Bausektor befand sich in beiden Ländern gleichermaßen in der Krise. Der Bankensektor dagegen nicht.

Obwohl Kanada von der Weltwirtschaftskrise ebenso hart getroffen wurde wie die USA, ging in Kanada keine einzige Bank bankrott. Tatsächlich meldete im Zeitraum von 1920 bis 1980 nur eine einzige kanadische Bank Konkurs an, mit einem Anteil von 1 Prozent am gesamten Bankenkapital, im Vergleich zu einem Fünftel aller Banken in den USA, die während der Weltwirtschaftskrise bankrottgingen, wobei sie in einem der schlimmsten Jahre zusammen über 2,5 Prozent des Bankenkapitals verfügten.[95] Der Schuldenstand in der Landwirtschaft war in Kanada

---

93 Maioni, *Parting at the Crossroads*.
94 Harris, »More American Than the United States«, S. 470.
95 Haubrich, »Nonmonetary Effects«; White, »A Reinterpretation«; Bordo/Rockoff/Relish, »The U.S. Banking System«.

genauso hoch wie in den USA, wobei die Zahl der Bankfilialen um 10 Prozent zurückging, ein weitaus geringerer Anteil als die 35 Prozent in den USA. Und »weit davon entfernt, an der Spitze des Schrumpfungsprozesses zu stehen« wie in den USA, »schnitten die Banken [dort] während der Wirtschaftskrise besser ab als andere Branchen«.[96]

Die meisten Wissenschaftlerinnen, die sich mit den unterschiedlichen Auswirkungen der Weltwirtschaftskrise in den beiden Ländern befasst haben, sind der Ansicht, dass die Stabilität der kanadischen Banken auf deren Filialsystem basierte – wobei eine Bank zahlreiche Filialen in verschiedenen Regionen unterhielt. Die US-amerikanischen Banken durften mit ihrem Filialnetz dagegen nicht die Grenzen der Bundesstaaten überschreiten, und in vielen Fällen war es ihnen nicht einmal erlaubt, im selben Bundesstaat oder auch derselben Stadt Zweigstellen zu eröffnen. Dieses System wird als Einzelbanksystem bezeichnet. Dem Filialbankensystem wird allgemein eine größere Stabilität bescheinigt als dem Einzelbanksystem, da einer lokalen Zweigstelle, die in Schwierigkeiten gerät, zahlreiche Zweigstellen einer Filialbank zu Hilfe kommen können. Da Filialbanken an vielen verschiedenen Orten Darlehen vergeben und Einlagen annehmen, bieten sie eine Diversifizierung hinsichtlich rein lokaler oder saisonaler wirtschaftlicher Bedingungen und auch eine stärker diversifizierte Grundlage für Kredite und Einlagen, die einem lokalen Bank-Run standzuhalten vermag.[97] Außerdem verfügen Filialbanken aufgrund ihrer schieren Größe und Tiefe über höhere Geldmittel, mit deren Hilfe sie kleinere ökonomische Stürme überstehen und zugleich verhindern können, in noch stärkere Stürme zu geraten.[98] Außer in den USA gab es auch in Frankreich zahlreiche kleine Banken, die bankrottgingen, und neben Kanada sollen auch Schweden und Großbritannien von einem diversifizierten Filialbankensystem profitiert haben.[99]

Ein wesentlicher Unterschied zwischen den USA und Kanada lag also darin, dass »Erschütterungen im Finanzsystem dank eines stabilen Filialbankensystems durch ihre Auswirkungen auf das Bankenrisiko nicht noch verstärkt wurden und daher auch geringere Auswirkungen auf die Wirtschaftstätigkeit hatten«.[100] Das ist offenbar der allgemeine Konsens

---

96 Haubrich, »Nonmonetary Effects«; White, »A Reinterpretation«.
97 Grossman, »The Shoe That Didn't Drop«, S. 658.
98 White, »A Reinterpretation«.
99 Bernanke/James, »The Gold Standard«, S. 54–55.
100 Calomiris, *U.S. Bank Deregulation*, S. 102.

im Blick auf den Verlauf der Weltwirtschaftskrise in Kanada und den Vereinigten Staaten.[101] Es gibt immer noch Debatten über den speziellen Mechanismus, der für die größere Stabilität der Filialbanken sorgt. Dabei glauben zum Beispiel Kryzanowski und Roberts, das Filialbankensystem mache eine staatliche Garantie für insolvente Banken erforderlich, weil die Banken buchstäblich *too big to fail* würden.[102] Carlson und Mitchener behaupten dagegen, das Filialbankensystem führe zu einem verstärkten Wettbewerb, der sie vom System instabiler Banken entferne.[103] Alle Seiten sind sich indessen einig, dass die Banken eines Filialbankensystems zumindest *lokalen und regionalen* Erschütterungen besser standhalten können, wie die USA sie erlebten (auch wenn es sie nicht vor nationalen und internationalen Erschütterungen zu bewahren vermag), und dass die kanadischen Banken wegen der Größe und Diversifizierung überlebten, die ihnen das Filialbankensystem ermöglichte.[104] Im frühen 20. Jahrhundert und insbesondere während der Weltwirtschaftskrise entstanden zwar auch in Kanada radikale agrarische Organisationen, doch obwohl diese Organisationen über die Monopole im Finanzsektor klagten und eine Verstaatlichung der Banken forderten, verhinderte die Stabilität des Finanzsystems, dass ihre Vorschläge größere Unterstützung fanden.[105]

In den USA waren die meisten Banken, die bankrottgingen, Einzelbanken, und in den Bundesstaaten, die Filialbanken zuließen, kam es zu weniger Bankeninsolvenzen und einer schnelleren Erholung.[106] In einigen wenigen Ausnahmefällen mussten auch Banken Insolvenz anmelden, die über ein Filialnetz in einem ganzen Bundesstaat verfügten, aber es gab keine Banken mit Filialen in den gesamten USA, wie es sie in anderen Ländern gab.[107]

---

101 Carr/Mathewson/Quigley, »Stability in the Absence«; Calomiris, *U.S. Bank Deregulation*; Haubrich, »Nonmonetary Effects«; White, »A Reinterpretation«., S. 131–132; Grossman, »The Shoe That Didn't Drop«; Bordo/Rockoff/Redish, »The U.S. Banking System«; siehe auch deren Update nach der Finanzkrise: Bordo/Redish/Rockoff, »Why Didn't Canada«.
102 Kryzanowski/Roberts, »Canadian Banking Solvency«; siehe jedoch Calomaris, *U.S. Bank Deregulation*, S. 19.
103 Carlson/Mitchener, »Branch Banking«.
104 Kryzanowski/Roberts, »Canadian Banking Solvency«, S. 374.
105 Lipset, *Agrarian Socialism*; Bordo/Redish, »Why Did the Bank of Canada«; Ascah, *Politics and Public Debt*.
106 Grossman, »The Shoe That Didn't Drop«, S. 658; Calomiris, *U.S. Bank Deregulation*; Wheelock 1992.
107 Grossman, »The Shoe That Didn't Drop«, S. 658; Calomiris/Mason, »Fundamentals«.

Das Einzelbankensystem war nach dem 1863 verabschiedeten National Bank Act entstanden, der Filialbanken auf nationaler Ebene untersagte. Der Grund für das Verbot scheint in dem Wunsch gelegen zu haben, eine korrupte Praxis auszumerzen, bei der Banken nominell Filialen an obskuren Orten gründeten, um Banknoten länger halten zu können und daraus Profit zu schlagen.[108] Das Filialbankensystem war nicht das eigentliche Angriffsziel des Gesetzes und kam weder in den Debatten innerhalb das Kongresses noch in den Diskussionen der Bankiers um dieses Thema zur Sprache.[109] Dennoch führte das Verbot zur Entstehung eines Einzelbankensystems. Die Restriktionen schränkten die Menge des für den Wiederaufbau verfügbaren Kapitals ein. In den ersten Jahrzehnten des Systems scheint man das zwar nicht sonderlich als Problem empfunden zu haben, doch die verstärkte Industrialisierung erforderte mehr Kapital, und Rufe nach einer Lockerung der Regulierung wurden lauter. Mehrere Bundesstaaten reagierten in den 1880er Jahren darauf mit einer Abschwächung der Regulierung. Es entstand ein duales Bankensystem, in dem nationale und nur auf einen Bundesstaat beschränkte Banken um Kunden konkurrierten. Bald gab es eine sehr große Zahl von Banken, die eine starke Lobby gegen Veränderungen bildeten. Angesichts einer wachsenden Konkurrenz seitens der auf einzelne Bundesstaaten beschränkten Banken begannen die nationalen Banken, über ein Filialbankensystem nachzudenken.[110]

Ab etwa 1900 entstanden zahlreiche auf den jeweiligen Bundesstaat beschränkte Filialbanken, vor allem in Kalifornien, Massachusetts, Michigan, New York und Ohio.[111] Um die Jahrhundertwende gab es eine lange Debatte über das Filialbankensystem, in der die Befürworter argumentierten, Filialbanken seien stabiler und effizienter und könnten höhere Geldbeträge für die größeren Projekte bereitstellen, die man nun ins Auge fasse. Die Gegner argumentierten, das Filialbankensystem werde möglicherweise riesige Finanzmonopole entstehen lassen, die für lokale Anliegen und Kreditbedürfnisse unempfänglich seien. Angeführt wurde die Bewegung für das Filialbankensystem von den Vereinigungen großer Banken und Bankiers, insbesondere der Bank of America unter A. P. Giannini. Die Debatte endete mit dem McFadden Act von 1927, der das Verbot

---

108 Board of Governors of the Federal Reserve System, 1932, S. 52–61.
109 Ebd., S. 65; Southworth, *Branch Banking*, S. 11.
110 Board of Governors of the Federal Reserve System, 1932; Southworth, *Branch Banking*.
111 Board of Governors of the Federal Reserve System, 1932, S. 28, 1197.

nationaler Filialbanken stärkte, aber den nationalen Banken die Gründung innerstädtischer Banken erlaubte, sofern die Regulierungsvorschriften des betreffenden Bundesstaates dies zuließen. Der Banking Act von 1933 erlaubte Filialbanken auf der Ebene der Bundesstaaten, wo die einzelnen Bundesstaaten dies zuließen, doch Filialbanken, die über die Grenzen einzelner Bundesstaaten hinweg agierten, wurden erst durch den Riegle-Neal Act von 1994 erlaubt.[112] Die US-amerikanischen Banken waren auch vor dem McFadden Act klein und fragil gewesen, doch das Gesetz war das erste, das rechtlich kodifizierte, was bis dahin nur Praxis gewesen war.

Betrachten wir den McFadden Act – der das Verbot von Filialbanken erstmals explizit kodifizierte – etwas genauer, erkennen wir ein vertrautes Muster aus Akteuren und Ereignissen, wobei Insurgent Republicans und Southern Demokrats den Chor der Gegner anführten. Zum McFadden Act gibt es nur wenig wissenschaftliche Literatur, doch die Handvoll Historikerinnen und Ökonomen, die sich bislang damit befasst haben, sind übereinstimmend der Ansicht, dass der Widerstand vom Süden und Mittleren Westen sowie von Agrariern ausging. In einer frühen geschichtlichen Darstellung merkte Southworth an, dass der organisierte Widerstand gegen das Filialbankensystem aus dem Mittleren Westen kam.[113] In Illinois hatten kleine ländliche Banken die »loop banks«, die großen städtischen Finanzzentren in Chicago, die selbst keine Angst vor dem Filialbankensystem hatten, davon überzeugt, gemeinsam mit ihnen den Widerstand gegen das Gesetz zu organisieren. Preston zeichnet den (erfolglosen) Versuch dieser Gruppe Chicagoer Banker nach, sogar ein Verbot innerstädtischer Filialbanken in das Gesetz aufzunehmen.[114] Chapman und Westerfield verweisen auf den Kuhhandel zwischen den Befürwortern des McFadden Act und denen der McNary-Haugen Farm Relief Bill, der erforderlich war, weil der Widerstand gegen das Filialbankensystem sich in den landwirtschaftlichen Regionen konzentrierte.[115] Während Roe die Einzigartigkeit der US-amerikanischen Regulierung des Finanzsektors auf den Populismus in einem allgemeineren Sinne zurückführt, zeigt Carney, dass nicht die Vertreter der Arbeiterschaft, sondern

---

112 White, »The Political Economy of Banking«; Hendrickson, »The Interstate Banking Debate«; Southworth, Branch Banking; Board of Governors of the Federal Reserve System, 1932; Langevoort, »Interpreting the McFadden Act«.
113 Southworth, Branch Banking.
114 Preston, »The McFadden Banking Act«.
115 Chapman/Westerfield, Branch Banking.

die Agrarier diese Reformen vorantrieben.[116] Economides, Hubbard und Palia zeigen, dass der Widerstand gegen das Filialbankensystem aus Gebieten kam, in denen kleine und gering kapitalisierte Einzelbanken vorherrschten.[117] Der expliziteste Versuch, den sozioökonomischen Status des Widerstands gegen ein Filialbankensystem zu klären, findet sich in einem noch unveröffentlichten Paper von Rajan und Ramcharan, die der Ansicht sind, dass »die Interessen agrarischer Grundbesitzer sich entschieden jeder Reform widersetzten, die in ihren Augen den Wettbewerb zwischen lokalen Banken fördere«.[118] Doch obwohl die Gegner des Filialbankensystems aus ländlichen Regionen kamen, handelt es sich nach Ansicht von Rajan und Ramcharan sowie Calomiris um relativ wohlhabende ländliche Regionen.[119]

Im Kongress wurde die Debatte unter dem Zeichen der Angst vor Monopolen geführt. So eröffnete Alan Goldsborough, Demokrat aus Maryland, die Debatte im Januar 1926 mit den Worten: »Ein großer Denker hat einmal gesagt: ›Gib mir die Kontrolle über den Kredit eines Landes, dann ist mir egal, wer die Gesetze macht‹. [...] Er hätte mit derselben Berechtigung sagen können: ›Gib mir die Kontrolle über den Kredit eines Landes, dann werde ich dort die Gesetze machen‹. [...] Es gibt keine Möglichkeit, ein Kreditmonopol zu kontrollieren.«[120] Henry Steagall, Demokrat aus Alabama, dessen Name im Zusammenhang mit einem anderen Fall ungewöhnlicher US-amerikanischer Gesetzgebung in die Geschichte eingehen sollte, sagte: Das Filialbankensystem »wird von nahezu allen führenden Denkern auf dem Gebiet der Banken verdammt. [...] Es ist ein Bankgeschäft durch Abwesende. Ein Reisetaschen-Bankgeschäft. Die Männer an der Spitze der Filialbanken identifizieren sich weder mit den kommerziellen Interessen noch dem sozialen Leben der Gemeinde. Ihre Aufgabe ist es, möglichst viel aus einer Investition herauszuschlagen, was dann andernorts verteilt wird, und die Einlagen der Gemeinde willkürlich abzuziehen, um sie in Notzeiten in bevorzugte, von ihnen ausgewählte Zentren zu transferieren, welche die Kontrolle über die Muttergesellschaft ausüben.«[121]

---

116 Roe, *Strong Managers;* Carney, *Contested Capitalism.*
117 Economides/Hubbard/Palia, »The Political Economy of Branching Restrictions«.
118 Rajan/Ramcharan, »Constituencies and Legislation«, S. 12.
119 Ebd.; Calomiris, *U.S. Bank Deregulation.*
120 US-Congress, *Congressional Record,* 1926, Teil 3, S. 2839.
121 Ebd., S. 2844.

Republikaner aus dem Mittleren Westen äußerten sich ebenso lautstark. John Nelson aus Wisconsin warnte: »Dieses Gesetz bedeutet, falls es verabschiedet wird, unvermeidlich das Ende unseres unabhängigen Bankensystems und an dessen Stelle die Entstehung des kanadischen, britischen und kontinentaleuropäischen Systems der Filialbanken. [...] Niemand bestreitet den monopolistischen Charakter des Filialbankensystems. Es tendiert unausweichlich zu einer Konzentration des Geldes und des Kredits in den Händen einiger weniger.«[122]

Das Gesetz, das schließlich verabschiedet wurde, war eine Mischung aus Kompromissen und Deals. Manche Gegner des Filialbankensystems unterstützten das Gesetz, weil sie darin einen Wegbereiter für nationale Banken sahen, da die Banken in den Bundesstaaten Filialen einrichten durften (und der Kongress sich in Angelegenheiten der Bundesstaaten würde einmischen müssen, um dort Filialbanken zu verhindern). Manche Gegner wurden für das Gesetz durch Kompromisse gewonnen, die verhindern sollten, dass sich das Filialbankensystem über die Grenzen der Bundesstaaten hinaus ausdehnte. Und manche Jastimmen wurden im Austausch gegen eine Zustimmung zum McNary-Haugen Farm Relief Act gekauft, das den ländlichen Regionen direkte Vorteile brachte.[123]

Wegen der Kompromisse hielt McFadden selbst es für gerechtfertigt, sein Gesetz als eine »Maßnahme gegen das Filialbankensystem« zu bezeichnen, »die die weitere Ausbreitung der Filialbanken in den USA erheblich einschränkt«.[124] Die meisten Analytiker sind jedoch der Ansicht, dass dieses Gesetz am Ende aller Drehungen und Wendungen des Gesetzgebungsverfahren »wieder zu dem geworden war, was es schon bei der Einbringung des Entwurfs gewesen war [...]: eine leicht filialsystemfreundliche Maßnahme.«[125]

Wegen der vielen Kompromisse und Deals lässt sich der Widerstand gegen das Filialbankensystem nur schwer anhand der für und gegen das Gesetz abgegebenen Stimmen nachvollziehen, doch falls man dies tut, ergibt sich näherungsweise ein Bild der regionalen Muster, vor allem wenn wir uns die Ergebnisse der ersten Abstimmung – noch vor dem ganzen Stimmentausch und sonstigen Geschacher – ansehen statt des Ergeb-

---

122 Ebd., S. 2840–2844.
123 Board of Governors of the Federal Reserve System, *Branch Banking*; Chapman/Westerfield, *Branch Banking*, S. 107.
124 Louis McFadden, zit. in: Langevoort, »Interpreting the McFadden Act«, S. 1268.
125 Board of Governors of the Federal Reserve System, *Branch Banking*, S. 149.

nisses der Schlussabstimmung. Bei der Abstimmung im Februar 1926 können wir im Repräsentantenhaus eine Stimmverteilung erkennen, bei der die größte Opposition gegen das Filialbankensystem aus dem Süden kam (Tabelle 8.1). Die größte Unterstützung kam aus dem Nordosten. Die kleine Zahl der republikanischen Abgeordneten aus dem Westen befürwortete in ihrer deutlichen Mehrheit das Gesetz, aber die noch kleinere Zahl der demokratischen Abgeordneten aus dieser Region war mehrheitlich dagegen. Obwohl der Widerstand aus dem Mittleren Westen in den frühen Kämpfen um das Gesetz von zentraler Bedeutung gewesen war, zeigten sich viele Abgeordnete aus dieser Region doch zufrieden mit den Kompromissen, als man abschließend darüber abstimmte. Die verbliebenen Gegner bildeten den harten Kern jener Abgeordneten, die sich unter keinen Umständen für die Zulassung des Filialbankensystems gewinnen ließen, nicht einmal beschränkt auf die großstädtischen Regionen. Bei der Interpretation dieser Tabelle sollten wir jedoch nicht vergessen, dass ein Nein bei der Abstimmung über den McFadden Act keine Unterstützung für das Filialbankensystem signalisiert – sondern, wie wir aus Kongressakten und anderen historischen Quellen wissen, einen entschiedenen Widerstand gegen selbst noch die geringfügigen filialsystemfreundlichen Maßnahmen, die das Gesetz enthielt. Fast alle Gegner kamen aus dem Mittleren Westen und dem Süden. Sie verloren zwar diesen speziellen Streit, gewannen jedoch die Schlacht, denn für viele Jahrzehnte dachte man in der Folge nicht mehr ernsthaft daran, ein die Grenzen der Bundesstaaten überschreitendes Filialbankensystem zuzulassen.

Tabelle 8.1 **Regionale Stimmverteilung bei der Abstimmung über den McFadden Act im Repräsentantenhaus am 4. Februar 1926**

	Republikaner				Demokraten			
	Nordosten	Süden	Mittlerer Westen	Westen	Nordosten	Süden	Mittlerer Westen	Westen
Ja	78	11	88	20	19	54	7	1
Nein	1	1	11	1	1	56	13	4
Exakter Fisher-Test			0.04*				0.000***	

Quelle: Abstimmungsergebnisse aus *Congressional Record*.
Hinweis: Definition der Regionen nach U.S. Census Bureau.
Exakter Fisher-Unabhängigkeitstest zwischen Region und Stimmabgabe.
* $p < 0{,}05$; ** $p < 0{,}01$; *** $p < 0{,}001$

Obwohl die Rhetorik gegen den McFadden Act die Gefährlichkeit von Monopolen in den Vordergrund rückte, erlaubte es der Widerstand gegen das Filialbankensystem den kleinen Einzelbanken in den ländlichen Regionen, ihre lokalen Monopole vor der Wettbewerbsbedrohung zu schützen, die große Filialbanken für sie dargestellt hätten. Viele Analytiker sehen darin den eigentlichen Grund für den Widerstand.[126] In dieser Hinsicht besitzt die Dynamik hinter dem Verbot von Filialbanken große Ähnlichkeit mit der Dynamik, die hinter den Antitrustgesetzen stand. Manche Analytikerinnen sind der Ansicht, dass diese Beschränkung der Größe von Banken zum Aufstieg des Schattenbankensystems und zu einer im Vergleich zu anderen Ländern größeren Bedeutung des Aktienmarkts führte.[127] Erst viele Jahre später hob der Riegle-Neal Act das Verbot von Filialbanken auf, deren Geschäftstätigkeit über die Grenzen einzelner Bundesstaaten hinausreichte.

Der Einfluss der Agrarier auf die Regulierung des Finanzsystems hielt sich auch während der Weltwirtschaftskrise. So hat Richard Carney gezeigt, dass Agrarinteressen auch beim Securities Exchange Act von 1934 von entscheidender Bedeutung waren.[128] Die Geschichte der mit dem Glass-Steagall Act eingeführten Regulierungen zeigt hier hinsichtlich des Ergebnisses, einer ungewöhnlichen US-amerikanischen Regulierung des Bankwesens, durchaus Ähnlichkeiten. Zwar streitet man immer noch über die Details dieser Geschichte,[129] doch es besteht kaum Zweifel daran, dass Bemühungen der Agrarier um eine Kontrolle des Finanzsystems zumindest teilweise für Glass-Steagall verantwortlich waren.[130]

Die Ironie des McFadden Act liegt darin, dass die Abfolge der Ereignisse, die schließlich zu einer Demokratisierung des Kredits in den USA führten, von einer Regulierung des Finanzsektors ausgelöst wurde, die strenger als in anderen Ländern war. Der Widerstand der Agrarier gegen das Filialbankensystem ließ in den USA ein fragileres Finanzsystem entstehen. Obwohl von einem ähnlichen Rückgang der Bautätigkeit getroffen, überlebte das kanadische System, während das US-amerika-

---

126 Rajan/Ramcharan, »Constituencies and Legislation«.
127 Roe, *Strong Managers*.
128 Carney, *Contested Capitalism*.
129 Burk, »The Origins of Federal Securities Regulation; Benston, *The Separation of Commercial and Investment Banking;* Tabarrok, »The Separation of Commercial and Investment Banking«; Eichengreen, *Golden Fetters*.
130 Roe, *Strong Managers;* Carney, *Contested Capitalism*.

nische durch die Schaffung einer großen neuen Quelle für Geldströme wiederbelebt werden musste. Preisdeflationen im Verein mit der geringen Größe der Banken (die durch den McFadden Act kleingehalten worden waren) sowie dem Fehlen einer Einlagenversicherung lösten eine Kettenreaktion aus, in der Farmer, die ihre Kredite nicht mehr bedienen konnten, kleine Banken in den Konkurs trieben. Natürlich hätte diese Ereigniskette auch eine Rezession bleiben können, statt sich zu einer großen Krise auszuwachsen, wenn die Fed, wie in Kapitel 3 dargelegt, anders gehandelt hätte. Entscheidend ist hier jedoch, dass diese Ereignisse zu einer bestimmten Reihe politischer Maßnahmen seitens der Roosevelt-Administration führten, die den Finanzsektor wiederbeleben sollten. Die Folgen dieser historischen Ereigniskette bestanden in einer Volkswirtschaft, die in stärkerem Maße abhängig von Krediten war als in Europa, zugleich aber die kreditgebenden Institutionen einer stärkeren Regulierung unterwarf – ein Widerspruch, der all jene Wissenschaftler widerlegt, die ihren Blick vor allem auf das komplementäre Verhältnis zwischen den verschiedenen volkswirtschaftlichen Institutionen richten. Der Zugang zu Kredit war letztlich das Resultat einer leidenschaftlichen Monopolfeindlichkeit, und derart leidenschaftlich war diese Monopolfeindlichkeit wegen des starken Wachstums der US-amerikanischen Wirtschaft und der Rolle der Landwirtschaft auf den Exportmärkten. Die daraus resultierende Volkswirtschaft war einzigartig in der Welt. Die USA entwickelten eine Art »Hypotheken-Keynesianismus«, in dem der kreditfinanzierte Konsum der Haushalte zu einem zentralen Element der Funktionsweise der Wirtschaft wie auch der Organisation des Lebens der Menschen wurde.

Kredit als Gerechtigkeit

Nach dem Zweiten Weltkrieg sorgte die institutionelle Innovation der Federal Housing Agency auch weiterhin für einen wachsenden Zugang zu Verbraucherkrediten und brachte nebenher weitere Neuerungen hervor wie etwa die Kredite der Veteran's Administration, die nach ähnlichen Grundsätzen arbeitete. Die Kreditmenge fiel zwar nie mehr unter das in den 1960er Jahren erreichte hohe Niveau, stieg jedoch von Mitte der 1960er bis zur Mitte der 1970er Jahre auch nicht weiter an – denn die Kreditaufnahme wuchs nicht überall im gleichen Maße. Die Innovationen aus der Zeit der Weltwirtschaftskrise hatten den Zugang zu Krediten zu einem zentralen Element des amerikanischen Lebens gemacht, doch zugleich blieb dieser Zugang für viele Amerikaner beschränkt.

Deshalb wurden die Institutionen des Hypothekenkredits schon kurz nach ihrer Gründung zum Gegenstand einer Kritik, die ihnen eine diskriminierende Vergabepraxis vorwarf. Wie allseits bekannt, erlaubte die FHA in ihrer Anfangszeit eine auf private Veranlassung rassistische restriktive Vertragsgestaltung, und auch andere Praktiken institutioneller Darlehensgeber beschränkten massiv die Vergabe von Krediten an Afroamerikaner.[131] Aus Minderheiten stammende Antragsteller mussten damit rechnen, gar keinen Kredit zu erhalten oder nur solche mit »höheren Zinssätzen, geringerer Bewertung, einem schlechteren Verhältnis zwischen Darlehenshöhe und Beleihungswert sowie kürzeren Laufzeiten«.[132] Immobilienmakler enthielten schwarzen Kaufinteressenten bestimmte Kreditquellen vor und lenkten sie in Richtung insgesamt teurerer Darlehensformen.[133] Zwar fanden Forschende heraus, dass die Home Owner's Loan Corporation (HOLC) ihre Investitionen unvoreingenommen verteilte[134] und die Politik der 1920er und 1930er Jahre die Zinssätze für schwarze oder weiße Hausbesitzer in gleicher Weise zu beeinflussen schien,[135] doch diese »Unvoreingenommenheit« bezog sich jeweils auf *Wohngegenden mit Rassentrennung*. Noch 1949 enthielt der erste Entwurf für das Underwriting Manual (das Handbuch für Abschlüsse) der FHA folgenden Satz (der erst nach einer expliziten Intervention Thurgood Marshalls, damals leitender Berater der National Association for the Advancement of Coloured People NAACP, überarbeitet wurde): »Wenn eine Wohngegend eine rassisch gemischte Bevölkerung aufweist oder erhält und die Analyse zeigt, dass dieser Umstand den Wert der zu versichernden Immobilien negativ beeinflusst hat oder beeinflussen wird,

---

131 Um nur die bekanntesten Beispiele aus der gewaltigen Literatur zu diesem Thema zu berücksichtigen siehe Jackson, *Crabgrass Frontier*; Massey/Denton, *American Apartheid*; Sugrue, *The Origins of the Urban Crisis*; Cohen, *A Consumers' Republic*; Freund, *Colored Property*.
132 B.T. McGraw, »The Neglected Tenth in Housing and Home Finance«, July 19–24, 1948, NAACP Papers, II: B81, Folder I, Housing and Home Finance Agency 1947–1949, Manuscript Division, Library of Congress.
133 »Equal Credit Opportunity and Arrangers of Consumer Credit«, o.J., FTC Staff, Leadership Conference on Civil Rights Papers, Box II: 13, Folder 12, Task Forces-Housing–Equal Credit Opportunity 1977–1978, Manuscript Division, Library of Congress.
134 Jackson, *Crabgrass Frontier*, S. 202.
135 Kollman/Fishback, »The New Deal«.

oder wenn diese Folge aufgrund von Präzedenzien oder Erfahrungen in vergleichbaren Wohngegenden und unter ähnlichen Bedingungen zu erwarten ist, wird diese Auswirkung natürlich in derselben Weise zu berücksichtigen sein wie Auswirkungen, die auf irgendeine andere Ursache zurückgehen.« Und mit Blick auf die Frage der Rassendiskriminierung hieß es dort weiter: »Falls Hinweise auf solche Auswirkungen fehlen, soll nicht unterstellt werden, dass derartige Auswirkungen bestehen oder sich einstellen werden.«[136]

Der für Afroamerikanerinnen erschwerte Zugang zu Hypothekenkrediten beeinträchtigte den Hausbesitz und sorgte für merkwürdige Verhältnisse auf dem Immobilienmarkt. Die Chicago Commission on Human Relations untersuchte 1962 sehr genau die Verhältnisse in einer Straße der Stadt und stellte dabei fest, dass schwarze Familien weit höhere Preise für Häuser zahlten, als die weißen Vorbesitzer dafür erhalten hatten, während weiße Spekulanten hohe Profite aus der Tatsache zogen, dass schwarze Familien keine Darlehen mit niedrigen Zinssätzen erhalten konnten. Der »Spekulant kauft das Haus mit einem niedrig verzinsten Darlehen von einer Bank oder einem Sparkassenverein [die nur Weißen vorbehalten waren] und verkauft es dann mit einem durch hohe Zinsen belasteten Vertrag an einen schwarzen Käufer [denn Schwarze erhielten keine Darlehen mit niedrigeren Zinsen]. [...] Weiße Familien verkaufen deshalb nicht direkt an einen schwarzen Käufer (wodurch beide viel Geld sparen könnten), weil schwarze Familien nur selten die Finanzierung für eine Hypothek erhalten. Die weiße Familie kann deshalb nicht direkt an eine schwarze Familie verkaufen, weil sie den gesamten Verkaufserlös für den Kauf eines Hauses in einem Suburb oder einem ›sichereren‹ Stadtteil benötigt. Die einzige Alternative ist der Spekulant.«[137]

Bürgerrechtsorganisationen wie die National Urban League versuchten, das Problem anzugehen.[138] Reformer wie Senator Paul Douglas

---

136 Philip B. Perlman to B. T. Fitzpatrick, June 3, 1949, und Briefentwurf Roy Wilkins to Harry S. Truman, December 16, 1949, NAACP Papers, Box II: B72, Folder 1, Federal Housing Administration General 1949, April 1955, Manuscript Division, Library of Congress.
137 Bill Moyer, »An Analysis of the System of Housing Negroes in Chicago«, American Friends Service Committee, February 18, 1966, Leadership Conference on Civil Rights Papers, Box I: 96, Folder 3, Government Agencies Housing and Home Finance Agency 1964–1969, Manuscript Division, Library of Congress.
138 Siehe z. B. »Mortgage Financing for Properties Available to Negro Occupancy«, January 1954, National Urban League 1954, National Urban League Papers, Box I:

aus Illinois unternahmen mutige Versuche zur Erleichterung des Zugangs zu Krediten, doch während der gesamten 1950er und 1960er Jahre blieben diese Vorstöße weitgehend erfolglos.[139] Erst nach den städtischen Unruhen der 1960er Jahre gewannen Bemühungen an Fahrt, ärmeren städtischen Bevölkerungsschichten den Zugang zu Krediten zu erleichtern.[140] Senator William Proxmire leitete eine Reihe von Anhörungen zur Frage des Zugangs zu Krediten, und daraus resultierte eine Reihe von Vorschlägen für Maßnahmen »zur Erhöhung des Zustroms privater Kredite für Konsumenten-, Geschäfts- und Hypothekenzwecke in arme städtische und ländliche Gebiete und zur Vergrößerung der Chancen auf Geschäftseigentum für die Bewohner solcher Gebiete«.[141] Daraus resultierten einige gesetzgeberische Erfolge, darunter der Consumer Credit Protection Act von 1968, der es Verbrauchern erleichterte, Kreditangebote miteinander zu vergleichen.[142]

In den 1970er Jahren wurden diskriminierende Kreditvergabepraktiken schließlich verboten, und zwar aufgrund der Bemühungen von Aktivistinnen und Aktivisten, die für den Zugang von Frauen zu Krediten kämpften. Damals war es üblich, Frauen nur dann einen Kredit zu gewähren, wenn auch der Ehemann den Vertrag unterzeichnete, da das Einkommen einer Ehefrau als instabil galt. Aber auch in Fällen, in denen das Einkommen der Frau das stabilere und das des Ehemannes das instabilere war, musste auch der Ehemann unterschreiben, wodurch sich die Bonitätsbeurteilung des Ehepaars verschlechterte. Die Bonitätsbeurteilung wurde gewöhnlich bei der Eheschließung und bei einer Scheidung gelöscht, sodass eine geschiedene Frau ohne Bonitätsgeschichte dastand, und das zu einem Zeitpunkt, an dem sie am dringendsten darauf angewiesen war.[143] Witwen erhielten gelegentlich den Rat, Kreditkonten im Namen ihres verstorbenen Ehemanns weiterzuführen, und frisch verheiratete Frauen wurden manchmal aufgefordert, ärztliche Be-

---

C21 Folder »Mortgage Financing for Properties Available to Negro Occupancy Miscellaneous«, Manuscript Division, Library of Congress.
139 Hyman, *Debtor Nation*, S. 182.
140 Ebd., S. 181–190.
141 William Proxmire to Marvin Caplan, June 9, 1969, Leadership Conference on Civil Rights Papers, Box I: 115, Folder 8, Community Credit Expansion Act 1969, Manuscript Division, Library of Congress.
142 Hyman, *Debtor Nation*, S. 190.
143 »For Release Sunday, March 25, 1973«, Patsy Mink Papers, Box 56, Folder 7, Banking and Currency Credit Unions Sex Discrimination 1972–1976 (1 of 2), Manuscript Division, Library of Congress.

scheinigungen über ihre Gebärfähigkeit oder ihre Verhütungsmethoden beizubringen, damit man sicher sein konnte, dass sie ihre Berufstätigkeit nicht wegen einer Schwangerschaft aufgaben.[144] Die Federal National Mortgage Association (FNMA) versuchte 1971, diese Praxis gesetzlich abzusichern und es dabei zum Standard zu erheben, dass »nur das halbe Einkommen der Ehefrau bei der Bestimmung der Kreditwürdigkeit einer Familie berücksichtigt werden darf« – eine Position, die diese Behörde erst auf nachhaltiges Drängen von Patsy T. Mink fallenließ, Abgeordnete aus Hawaii im US-Repräsentantenhaus und eine führende Figur in der Frage des Zugangs von Frauen zu Krediten.[145]

Diese restriktive Politik hatte ihren Grund in der Vorstellung, dass Frauen ein größeres Kreditrisiko darstellten als Männer. Ein Vertreter einer Kreditgenossenschaft schrieb: »Wie wir herausfanden, haben manche Kreditgenossenschaften schlechte Erfahrungen mit Krediten an junge Ehefrauen gemacht, die schon nach kurzer Zeit schwanger wurden und den Kredit nicht mehr bedienen konnten. Diese Erfahrung ist in den hiesigen Kreditgenossenschaften nicht vorherrschend, aber sie schafft ein Problem.«[146] Doch statt das Risiko solcher Szenarien zu quantifizieren, benutzten die Kreditgenossenschaften es als eine breite heuristische Grundlage, um alle Frauen als schlechte Risiken einzustufen. So klagte ein Manager einer Kreditgenossenschaft, die Frauen würden Möbel kaufen, heiraten und dann die Rückzahlung des Kredits einstellen. Als man ihn jedoch fragte, wie viele solcher Verluste seine Kreditgenossenschaft in den letzten fünf Jahren erlitten hatte, fielen ihm nur drei oder vier Fälle von mehreren Hundert Krediten ein – eine bemerkenswert niedrige Ausfallrate.[147] Mehr als ein Viertel der Darlehensgeber, die 1974 auf eine Um-

---

144 »Special Report: Sex, Credit, and Credit Unions«, *Credit Union Magazine*, July 1974, Patsy Mink Papers, Box 58, Folder 5, Banking and Currency Credit Unions Sex Discrimination 1971–1974, Manuscript Division, Library of Congress.
145 »Statement by Representative Patsy T. Mink Before the Hearing on Availability of Credit to Women of the National Commission on Consumer Finance at Washington, DC, May 24, 1972«, Patsy Mink Papers, Box 56, Folder 7, Banking and Currency Credit Unions Sex Discrimination 1972–1976 (1 of 2), Manuscript Division, Library of Congress.
146 Frank R. Kahookele to Patsy T. Mink, December 17, 1971, Patsy Mink Papers, Box 58, Folder 5, Banking and Currency Credit Unions Sex Discrimination 1971–1974, Manuscript Division, Library of Congress.
147 »Special Report: Sex, Credit, and Credit Unions«, *Credit Union Magazine*, July 1974, Patsy Mink Papers, Box 58, Folder 5, Banking and Currency Credit Unions Sex Discrimination 1971–1974, Manuscript Division, Library of Congress.

frage des Women's Legal Defense Fund antworteten, räumten eine Diskriminierung von Frauen ein, und Kaufhäuser diskriminierten Frauen, wie sich zeigte, bei der Gewährung eines Kundenkreditkontos.[148] Bei einer Kontrolluntersuchung in Minnesota versuchten ein Prüfer und eine Prüferin, getrennt voneinander einen Kredit zu erhalten. Trotz ansonsten vollkommen identischer Anträge lehnte mehr als die Hälfte der Banken den Kreditantrag der Frau ab. Den Mann behandelten sie dagegen großzügig und verzichteten sogar darauf, dass eine weitere Person den Vertrag unterzeichnete.[149]

Feministische Gruppen nahmen sich dieser Sache an, denn wie Arline Lotman, geschäftsführende Direktorin der Pennsylvania Commission on the Status of Women ausführte: »Die Verweigerung eines Kredits ist kein Einzelfall [...]. In unserer kreditorientierten Wirtschaft bestimmt sie darüber, wo und wie eine Person lebt, in welcher Art Wohnung sie lebt, ob sie ein Auto besitzt oder einen Kredit erhält, um ihre Kinder auf ein College zu schicken [...]. Doppelt hart trifft diese Praxis Frauen aus Minderheiten. Die Verweigerung eines Kredits aus Gründen des Familienstandes beschränkt einschneidend die Möglichkeiten eines weiblichen Haushaltsvorstands, für die von ihr Abhängigen zu sorgen, und diese Gruppe umfasst 57 Prozent der zu einer Minderheit gehörenden Frauen.«[150] Die Zahl der Trennungen und Scheidungen stieg, und geschiedene oder verlassene Frauen, die plötzlich ohne eine eigene Bonitätsgeschichte dastanden, konnten in größte Not geraten, selbst wenn sie seit Jahren einer regelmäßigen Berufstätigkeit nachgegangen waren und bei den Kreditverpflichtungen ihrer Familie niemals eine Zahlung ausgelassen hatten.[151]

Der Aktivismus auf diesem Gebiet nahm zahlreiche Formen an. Einige Aktivisten und Aktivistinnen gründeten lokale frauenfreundliche Kreditgenossenschaften, angefangen bei der Feminist Federal Credit Union in Detroit von 1973 und mit dem Ziel, »das Bewusstsein der Frauen für ihre Rechte, ihre Pflichten, ihr Erbe usw. und deren Sicherung zu

---

148 William H. Jones, »Lenders' Bias Hits Women«, *The Washington Post*, October 13, 1973, E1, E6, Patsy Mink Papers, Box 56, Folder 7, Banking and Currency Credit Unions Sex Discrimination 1972–1976 (1 of 2), Manuscript Division, Library of Congress.
149 Hyman, *Debtor Nation*, S. 195.
150 »For Release Sunday, March 25, 1973«, Patsy Mink Papers, Box 56, Folder 7, Banking and Currency Credit Unions Sex Discrimination 1972–1976 (1 of 2), Manuscript Division, Library of Congress.
151 Hyman, *Debtor Nation*, S. 198.

schärfen« und den Mitgliedern zu helfen, »sich vor Diskriminierung zu schützen, wenn sie bei anderen Instituten Kredite aufnehmen«.[152] Drei weitere folgten in Pennsylvania und New York.

Andere versuchten zu beweisen, dass Frauen kein größeres Kreditrisiko darstellten als Männer, etwa in einer Studie des Department of Housing and Urban Development, die herausfand, dass »Einkommenszuwachs und Stabilität bei allein lebenden Frauen in dem von der Langzeitstudie untersuchten Zeitraum von 1966 bis 1970 denen des Standards entsprachen – also denen der traditionellen Familie mit dem Mann als Familienoberhaupt und Alleinverdiener. Das für 1970 projizierte Einkommen für Doppelverdienerfamilien, in denen die Frau einen substanziellen Beitrag von 40 Prozent zum Familieneinkommen leistet, lag auf den einzelnen Ebenen nur 10 Prozent unter dem Standard – und 25 bis 125 Prozent über den Schätzungen der Hypothekenbanken, je nach den Abzügen, die nach den Leitlinien für das Einkommen der Ehefrau in Anschlag gebracht wurden. Die Wachstumserwartungen für das Einkommen von Familien mit weiblichem Haushaltsvorstand blieben 8 bis 9 Prozentpunkte hinter dem des männlichen Gegenstücks zurück.«[153]

Zweieinhalb Jahre nach den ersten Anhörungen zum Thema wurde der Equal Credit Opportunity Act verabschiedet.[154] Eines seiner Hauptverdienste bestand nach allgemeiner Auffassung darin, dass es getrennt lebenden oder geschiedenen Frauen, »die bislang nur einen geringen rechtlichen Status besitzen«, gleichen Zugang zu Krediten gewährte.[155] Im folgenden Jahr wurde das Gesetz in der Weise ergänzt, dass es auch eine Diskriminierung aufgrund anderer Kriterien untersagte, darunter *race*, Religion und Alter, wodurch dann endlich der Traum eines gleichen

---

152 »›Feminist Federal Credit Union‹ Chartered in Detroit«, August 31, 1973, Patsy Mink Papers, Box 58, Folder 5, Banking and Currency Credit Unions Sex Discrimination 1971–1974, Manuscript Division, Library of Congress.
153 »Women in the Mortgage Market«, March 1976, 11, Patricia Robert Harris Papers, Box 29, Folder »Women and Mortgage Credit Project«, Manuscript Division, Library of Congress.
154 Morrigene Holcomb, »Credit: Availability to Women«, January 9, 1975, Congressional Research Service, Patsy Mink Papers, Box 56, Folder 7, Banking and Currency Credit Unions Sex Discrimination 1972–1976 (1 of 2), Manuscript Division, Library of Congress.
155 Lynn Langway, »Now, Women Will Get Equal Credit«, *Chicago Daily News*, October 23, 1974, Patsy Mink Papers, Box 56, Folder 7, Banking and Currency Credit Unions Sex Discrimination 1972–1976 (1 of 2), Manuscript Division, Library of Congress.

Zugangs zu Krediten wahr wurde.[156] Und schon bald begann das Department of Housing and Urban Development mit einem auf 18 Monate angelegten, Millionen Dollar teuren »Women and Mortgage Credit Program«, das die Einhaltung des Gesetzes sicherstellen, Frauen über ihre gesetzlichen Rechte aufklären und Daten zur Diskriminierung wie auch zu den Kreditrisiken von Frauen sammeln sollte.[157]

Diese Geschichte zeigt, wie sehr die Bewegung für den Zugang zu Krediten auf die politische Arbeit von Basis-Aktivistinnen und organisierten Gruppen angewiesen war. Der Grund, weshalb diese Gruppen den Kredit ins Zentrum ihrer Aktivitäten stellten, lag in der Tatsache, dass der Kredit im amerikanischen Leben zu einer Notwendigkeit geworden war, und, mit Arline Lotmans oben zitierten Worten zu sagen, darüber bestimmte, »wo und wie eine Person lebt, in welcher Art Wohnung sie lebt, ob sie ein Auto besitzt oder einen Kredit erhält, um ihre Kinder auf ein Collage zu schicken [und] für die von ihr Abhängigen zu sorgen«. Politiker mögen die Finanzialisierung der Wirtschaft zu jeweils eigenen Zwecken vorangetrieben haben, doch wenn sie die Zunahme der Verbraucherkredite und Hypothekendarlehen förderten, folgten sie damit gesellschaftlichen Gruppen, die im gleichen Zugang zu Krediten ein sozialpolitisches Ziel erblickten. Mit ihrer Forderung nach gleichem Zugang zu Krediten strebten diese Gruppen nicht nach einem radikalen Wandel, sondern nach Reformen. Da in der Nachkriegszeit bereits eine breite Infrastruktur für Kredite entstanden war, hielten sie den Zugang zu Krediten für eine Frage der Gerechtigkeit und sahen darin ein Mittel zur Verbesserung des Lebens jener Menschen, die vom kreditfinanzierten Konsum ausgeschlossen waren. In den folgenden Jahrzehnten verstärkte sich diese Entwicklung noch, das Ausmaß der Kreditvergabe stieg in ungeahnte Höhen, und sowohl Republikaner als auch Demokraten drängten darauf, die USA zu einer Gesellschaft von Wohnungseigentümern zu machen. Die Geschichte des Aufstiegs der Kreditkarte, die wachsende Bedeutung von Finanzaktivitäten in Unternehmen außerhalb des Finanzsektors und der deutliche Rückgang der Sparquote in den USA sind wohlbekannte Tatsa-

---

156 »Equal Credit Opportunity Act Amendments«, May 16, 1975, Patsy Mink Papers, Box 56, Folder 7, Banking and Currency Credit Unions Sex Discrimination 1972–1976 (1 of 2), Manuscript Division, Library of Congress.
157 »Women and Mortgage Credit Project«, o. J., Patricia Robert Harris Papers, Box 29, Folder »Women and Mortgage Credit Project«, Manuscript Division, Library of Congress.

chen.[158] In diesem Kapitel habe ich dargelegt, dass diese Entwicklungen zum Teil daraus resultierten, dass die Demokratisierung des Kredits von der Mitte des 20. Jahrhunderts bis zu den 1970er Jahren für eine Zustimmung zum Kredit gesorgt hatte, die quer durch alle politischen Lager lief. Wie wir im folgenden Kapitel sehen werden, führt diese Beobachtung zu einer anderen Sicht auf die Finanzkrise.

---

158 Hyman, *Debtor Nation;* Davis, *Managed by the Markets;* Krippner, *Capitalizing on Crisis.*

9 Die Zielkonflikte zwischen Kredit und Sozialstaat

Wie in Kapitel 7 dargelegt, gibt es Gründe für die Annahme, dass die Deregulierungsmaßnahmen der 1980er und 1990er Jahre eine Rolle bei der Finanzkrise spielten. Da die Demokratisierung des Kredits schon um die Mitte des 20. Jahrhunderts ein wichtiger Bestandteil der US-amerikanischen Wirtschaft geworden war, drängten von der Basis kommende Aktivistinnen in den 1970er Jahren, wie wir im letzten Kapitel gesehen haben, auf einen leichteren Zugang zu Krediten für Frauen und Afroamerikaner. In diesem Kapitel führe ich beide Argumentationsstränge zusammen. Im ersten Teil zeige ich, dass es in allen industrialisierten Ländern einen Zielkonflikt zwischen Kredit und Sozialausgaben gibt und dass die Deregulierung zwar in Ländern mit gering entwickeltem Sozialstaat eine Rolle beim Anstieg des Kredits spielte, in Ländern mit hoch entwickeltem Sozialstaat jedoch keinen Einfluss auf den Kredit hatte. In diesem Kapitel gehe ich dem Gedanken nach, dass die Deregulierung in Ländern wie den USA die Möglichkeit eröffnete, eine untergründige Nachfrage nach Kredit zu befriedigen, während es in Ländern mit einem hoch entwickelten Sozialstaat eine derartige Nachfrage nicht gab. In den folgenden Abschnitten untersuche ich die Implikationen dieser Befunde für die jüngste Finanzkrise.

Kredit und Sozialstaat in verschiedenen Ländern

Forschende, die sich mit der Insolvenz befassen, behaupten seit Langem, dass bei fehlenden sozialstaatlichen Institutionen ein System, das eine relativ großzügige Kreditvergabe mit leichteren Regeln für einen Schuldenerlass bei Privatinsolvenzen verbindet, ein gewisses Maß an Wohlfahrt für die Bedürftigen zu gewähren vermag.¹ Krippner und andere Forschende behaupten, dass manche Politiker in der Entwicklung des Kredits ausdrücklich eine Alternative zum Sozialstaat erblickten.² Diese Thesen legen den Gedanken nahe, dass hier ein umgekehrter Zusammenhang zwischen Kredit und Sozialstaat besteht, insofern, dass dort, wo der Sozialstaat geringer entwickelt ist, in höherem Maße auf Kredite zurückgegriffen wird.

Andererseits gibt es auch mehrere Faktoren, die diese inverse Korrelation abschwächen sollten. Ein schlankerer Sozialstaat bedeutet niedrigere Steuern, was wiederum die Kaufkraft erhöhen und das Bedürfnis der Verbraucher nach Krediten verringern sollte. Der Sozialstaat kann selbst das Kreditniveau in einer Volkswirtschaft anheben, wenn sozialstaatliche Geldmittel in Kreditinstrumente investiert werden. Und nach der in der Volkswirtschaftslehre beliebtesten Theorie des Konsums, der Lebenszyklushypothese, sind die Menschen angeblich eher bereit, sich hoch zu verschulden, wenn sie nicht die Notwendigkeit verspüren, für ihre zukünftige Gesundheitsversorgung und Rente zu sparen.³ Da diese Faktoren zu einem direkten Zusammenhang zwischen Ausgaben für den Sozialstaat und Kredit führen müssten, ist nicht klar, welche Beziehung zwischen Kredit und Sozialstaat zu erwarten ist. Im ersten Abschnitt dieses Kapitels unternehme ich eine multivariate Analyse der fortgeschrittenen Industriestaaten, um zu klären, ob sich in Systemen mit geringerer sozialstaatlicher Versorgung signifikant höhere Niveaus bei den Haushaltskrediten finden.

Diese Analyse baut auf einer gut entwickelten Forschungstradition multivariater Analysen zum Verhältnis zwischen Wohneigentum und Entwicklung des Sozialstaats auf. Jim Kemeny stieß erstmals auf den im Ländervergleich erkennbaren Zielkonflikt zwischen Wohneigentum und Entwicklung des Sozialstaats und erklärte ihn mit der These, dass Wohneigentum den Menschen die Möglichkeit bietet, im Alter mit geringeren Renten auszukommen und früher in ihrem Leben die Steuerlast zu stemmen, die in dieser Lebensphase mit den Hypothekenzahlungen

---

1 Sullivan/Warren/Westbrook, *The Fragile Middle Class;* Ramsay, »Consumer Credit Society«; Tabb, »Lessons from the Globalization«; Warren/Tyagi, *The Two Income Trap;* Barba/Pivetti, »Rising Household Debt«.
2 Krippner, *Capitalizing on Crisis;* Quinn, *American Securitization;* dies., »The Credit State«.
3 Siehe z. B. Feldstein, »Social Security«.

konkurriert.⁴ In den letzten Jahren gaben durch Hausbesitz abgesicherte Kreditlinien Hauseigentümerinnen die Möglichkeit, schlechte Zeiten zu überstehen, und möglicherweise hatten sie deshalb auch weniger Interesse an der Unterstützung anderer, weniger glücklicher Mitbürger. Castles wiederholte Kemenys Analyse und fand eine starke Bestätigung für deren Ergebnisse, meinte jedoch, der Kausalzusammenhang könne auch in der entgegengesetzten Richtung verlaufen, insofern die Bürger dort, wo es keinen Sozialstaat gibt, Zuflucht beim Wohneigentum suchten oder die steuerlichen Anforderungen eines Sozialstaats es den Bürgerinnen schwer machten, für Wohneigentum zu sparen.⁵ Ben Ansell replizierte diese Arbeit und brachte sie auf den neuesten Stand, wobei er sich auf Daten und Personen in den USA sowie länderübergreifende Daten stützte.⁶ Er fand heraus, dass in beiden Fällen die Wertschätzung für die Preise von Wohneigentum zu einem Rückgang in der Befürwortung sozialstaatlicher Ausgaben führt. Conley und Gifford zeigen, dass dieser Zusammenhang auch dann besteht, wenn man die Einkommensungleichheit herausnimmt.⁷ Sie schreiben, Wohneigentum sei »eine wichtige Quelle eines sicheren Einkommens, vor allem für Ältere«, und biete »Zugang zu einer wertvollen fungiblen oder kollateralen Ressource«. Das Wohneigentum diene auch als Angelpunkt für die langfristige Verteilung der Ressourcen, weil es eine generationenübergreifende Akkumulation von Kapital für Investition wie auch Konsum ermögliche.⁸ In den USA sind die Hauspreise eng mit der Qualität der Ausbildung verknüpft und kanalisieren den Zugang zu Bildung. Wie Robert H. Frank anmerkt, steigt die Qualität des staatlichen Bildungswesens mit dem Median des Werts der Wohnungen und Häuser in einem Schulbezirk.⁹ Und schließlich wurde der Anstieg der durch Wohneigentum abgesicherten Kreditlinien zu einer Möglichkeit, medizinisch bedingte Krisen zu überstehen. Während diese politische Ökonomie des Wohneigentums und das umfassendere Regime der privaten Vorsorge generell als Form einer Verbesserung der Lebenschancen für einen großen Teil der Bevölkerung

---

4 Kemeny, »Home Ownership«; siehe auch Esping-Andersen, *Politics Against Markets*.
5 Castles, »The Really Big Trade-Off«.
6 Ansell, »The Political Economy of Ownership«.
7 Conley/Gifford, »Home Ownership«, S. 56.
8 Conley, *Being Black;* Schwartz, »Housing, the Welfare State«.
9 Frank, *Falling Behind*, S. 44–45.

dienen,[10] erfüllen sie nicht die Funktionen der Umverteilung und der Vergemeinschaftung von Risiken, die nach traditionellem Verständnis Grundfunktionen des Sozialstaats darstellen, und haben deshalb auch nicht dieselben Effekte auf die Verringerung der Armut wie der Sozialstaat in den europäischen Ländern.[11] Beides ist eine politische und historische Alternative zum Sozialstaat, aber kein Äquivalent dafür.

Diese Forschungstradition gibt Anlass, einen Zusammenhang zwischen Kredit und Sozialstaat zu vermuten. Da man das Wohneigentum jedoch auch durch eine Vielzahl anderer politischer Maßnahmen als die Finanzierung von Hypothekendarlehen fördern kann, zum Beispiel durch Subventionen für das Ansparen von Eigenkapital zum Kauf von Wohnungen, sind die Folgen dieses Zielkonflikts für das Finanzsystem nicht klar, sodass wir die Beziehung zwischen Kredit und Sozialstaat auf direkterem Wege untersuchen müssen.

Herman Schwartz und Leonard Seabrooke haben eine direktere Untersuchung dieser Art vorgenommen und merken an, dass es länderübergreifend eine bivariate Korrelation zwischen Hypothekenschulden als Anteil am BIP und der Art des jeweiligen Sozialstaats gibt (liberal marktwirtschaftlich, sozialpartnerschaftlich, etatistisch entwicklungsorientiert oder familienorientiert).[12] Bislang unerforscht ist jedoch die Frage, ob diese Korrelation auch dann noch hält, wenn man sie auf weitere Faktoren kontrolliert, die Einfluss auf den Kredit wie auch die sozialstaatlichen Ausgaben haben können.

Um diese Lücke zu füllen, habe ich eine Regressionsanalyse des Verhältnisses zwischen Kredit und Sozialstaat in fortgeschrittenen Industrieländern vorgenommen. Die abhängige Variable, *Schulden*, ergibt sich aus der Differenz zwischen den Schulden der Haushalte und ihrem Vermögen als Anteil am BIP. Diese Maßzahl für Kredit berücksichtigt den Wert des Vermögens im Verhältnis zur Höhe der Schulden (und eignet sich für unsere Zwecke, weil Schulden, die auf der Ebene des einzelnen Haushalts durch das jeweilige Vermögen des betreffenden Haushalts ausgeglichen werden, nicht dieselben makroökonomischen Auswirkungen haben wie Schulden, die nicht durch Vermögen ausgeglichen werden). Die Maßzahl resultiert aus der Maßzahl der Organisation für Wirtschaftliche Zusammenarbeit und Entwicklung (OECD) für die Netto-

---

10 Howard, *The Hidden Welfare State*; Hacker, *The Divided Welfare State*.
11 Prasad, »Tax ›Expenditures‹ and Welfare States«.
12 Schwartz/Seabrooke, »Varieties of Residential Capitalism«.

kreditvergabe und Nettokreditaufnahme im Haushaltssektor, wie sie in den Länderberichten der OECD für das Jahr 2009 angegeben werden. Des leichteren Verständnisses wegen habe ich die negativen und positiven Werte jeweils umgekehrt, sodass positive Werte nun für ein höheres Maß an Haushaltsverschuldung stehen.

Der für uns interessanteste Indikator ist Socx, die Maßzahl der OECD für den Bruttowert der Sozialausgaben, der für die Jahre 1980 bis 2005 vorliegt. Pflichtausgaben für eine private Vorsorge habe ich hier nicht einbezogen, da Systeme privater Vorsorge ganz andere Auswirkungen auf Armut, Ungleichheit und Wohlergehen haben als der Sozialstaat.[13] Deshalb gibt es keinen Grund, einen Zielkonflikt zwischen privater Vorsorge und hoher Kreditaufnahme zu erwarten, da beide innerhalb desselben ökonomischen Systems miteinander koexistieren. Desgleichen habe ich die Ausgaben für das staatliche Bildungssystem nicht einbezogen,[14] da sie keine vergleichbaren Folgen für Fragen der Armut und der Ungleichheit zu haben scheinen wie die traditionellen Programme des Sozialstaats und deshalb nicht zum Kern des hier analysierten Zielkonflikts gehören.

Als Kontrollvariablen führe ich drei Maßzahlen für die Wirtschaftsleistung ein (BIP pro Kopf der Bevölkerung, Arbeitslosigkeit und Verbraucherpreisindex), denn der Kredit steigt wahrscheinlich mit der wirtschaftlichen Entwicklung auch unabhängig von der Ausprägung des Sozialstaats; Arbeitslosigkeit dürfte die Nachfrage nach Krediten auch unabhängig von Entwicklungen im Sozialstaat beeinflussen; und der Kredit mag in Inflationsphasen wachsen, weil die Inflation Kredite billiger macht. Außerdem führe ich als Kontrollvariablen zwei demografische Maßzahlen ein (die Erwerbstätigenquote der Frauen und den Anteil der Bevölkerung zwischen 15 und 65 Jahren), da eine höhere Erwerbstätigenquote der Frauen und ein höherer Anteil der Personen im erwerbsfähigen Alter die Nachfrage nach Krediten erhöhen können. Schließlich führe ich zur Kontrolle der Verfügbarkeit von Krediten noch den jährlichen realen Zinssatz ein und eine Maßzahl für die Staatsverschuldung, weil die Staatsverschuldung möglicherweise den gesamten verfügbaren Kredit an sich zieht und daher die Verschuldung der Privathaushalte bremst. In der zweiten Analyse unten führe ich eine Maßzahl zur Deregulierung des Bankensektors ein. Falls zwischen Kredit und Sozialstaat ein Zielkonflikt

---

13 Prasad, »Tax ›Expenditures‹ and Welfare States«.
14 Garfinkel/Rainwater/Smeeding, *Wealth and Welfare States*.

besteht, sollten wir nicht erwarten, dass eine Deregulierung in Ländern mit stärker oder schwächer ausgebildetem Sozialstaat dieselben Auswirkungen hat. Vielmehr dürfte eine Deregulierung in Ländern mit weniger entwickeltem Sozialstaat größere Wirkungen auf den Kredit zeitigen. In Übereinstimmung mit den Erörterungen in Kapitel 7 bemisst sich die Deregulierung an der Liberalisierung von Eintrittshürden in den Finanzsektor wie etwa durch die Aufhebung des Glass-Steagall Act. Ich habe ganz bewusst ein Maß für die Deregulierung des Finanzsektors gewählt, bei dem die USA zu Beginn des hier untersuchten Zeitraums ein hohes Maß an Regulierung besaßen, um den Effekt der Entwicklung zu messen, in der die USA sich in Richtung anderer Länder bewegten.

Alle Daten stammen von der OECD,[15] mit Ausnahme der Zahlen für den Realzins, die von der Weltbank kommen,[16] und der Maßzahl für die Bankenregulierung, die auf Angaben des Weltwährungsfonds zurückgeht.[17] Zu weiteren Details bezüglich der Definitionen, der Quellen, der Mittelwerte und der Standardabweichungen sämtlicher Variablen sowie aller Daten und Berechnungen siehe die Website der Autorin im Datendepot der University of Michigan.[18]

Die Analyse bezieht sich auf den Zeitraum von 1980 bis 2005. Auch wenn die Auswahl dieses Zeitraums auf der Verfügbarkeit von Daten beruhte, umfasst er doch den Höhepunkt im jüngsten Wachstum des Finanzsektors. In die Untersuchung aufgenommen wurden die fortgeschrittenen Industrieländer.[19] Da unser Fokus auf den Auswirkungen eines entwickelten Sozialstaats auf den Kredit liegt, sind die weiter reichenden Schlussfolgerungen aus Analysen, die die entwickelte und in Entwicklung begriffene Welt zusammenfassen, hier weniger bedeutsam.[20]

Einheitswurzeltests ergaben, dass mehrere Variablen keine stationäre Stelle aufwiesen. Deshalb wurden alle Variablen differenziert, wodurch auch das Problem der Autokorrelation gelöst wurde. Die erste Ableitung ist zwar hinsichtlich der Stichhaltigkeit nicht ideal, weil dadurch Information über Ebenen verloren geht, doch bei Anwendung des Wur-

---

15 *OECD National Accounts Statistics.*
16 World Bank, *World Development Indicators*, 2012.
17 Abiad/Detragiache/Tressel, »A New Database of Financial Reforms«.
18 https://doi.org/10.3886/ICPSR34298.v1 [28.8.2024].
19 Siehe die Anmerkungen in den Tabellen 9.1 und 9.2.
20 Z. B. Djankov/McLiesh/Shleifer, »Private Credit«.

zelkriteriums können Schätzungen aufgrund historischer, die langfristige Entwicklung der Variablen beeinflussender Faktoren zu irreführenden Ergebnissen führen. Die erste Ableitung ist das einfachste Mittel, um das zu vermeiden.

Einige der bivariaten Korrelationen waren hoch, für alle Modelle wurden die Varianzinflationsfaktoren berechnet, und in keinem der Modelle fanden sich Probleme mit Multikollinearität.

Für drei Modelle wurden Schätzungen vorgenommen. Das erste Modell wird nach der Methode der kleinsten Quadrate mit panelkorrigierten Standardfehlern geschätzt, das zweite wiederholt diese Schätzung mit einer zeitversetzten abhängigen Variablen, und das dritte Modell verwendet länderbezogen feste Effekte. Bei den ersten beiden Modellen wurden panelkorrigierte Standardfehler eingesetzt, weil die Zahl der Zeitpunkte und Länder den Verdacht begründet, dass die Methode der kleinsten Quadrate die Größe der Standardfehler unterschätzt und die Signifikanz überschätzt.[21] Das dritte Modell verwendet feste Effekte zur Kontrolle unbeobachteter Heterogenität zwischen den Ländern. Bei allen Modellen wurde eine Nachschätzung nach dem Jackknife-Verfahren durchgeführt, und alle Ergebnisse erwiesen sich als robust gegenüber der Ausschließung einzelner Datenpunkte wie auch einzelner Länder.

Tabelle 9.1 zeigt die Ergebnisse der Analyse. Quer über alle Modelle hat Socx einen signifikanten und robusten negativen Effekt. Aus Modell 1 geht hervor, dass eine Erhöhung des Wachstums der Sozialausgaben in Prozent des BIP um 1 Prozentpunkt mit einer Abnahme des Wachstums der Verschuldung in Prozent des BIP um 0,474 Prozentpunkte verbunden ist. Modell 2 wiederholt die Schätzung mit einer zeitversetzten abhängigen Variablen und zeigt, dass eine Erhöhung des Wachstums der Sozialausgaben in Prozent des BIP um 1 Prozentpunkt mit einer Abnahme des Wachstums der Verschuldung in Prozent des BIP um 0,581 Prozentpunkte verbunden ist. Modell 3 wiederholt die Schätzung mit länderbezogen festen Effekten und zeigt, dass eine Erhöhung des Wachstums der Sozialausgaben in Prozent des BIP um 1 Prozentpunkt mit einer Abnahme des Wachstums der Verschuldung in Prozent des BIP um 0,521 Prozentpunkte verbunden ist.

Als Nächstes untersuchte ich die Frage, ob eine Deregulierung des Bankensektors Einfluss auf die Verschuldung der Privathaushalte hat.

---

21 Beck/Katz, »What to Do«.

Wenn die obigen Erörterungen korrekt sind, müsste eine Deregulierung des Bankensektors dort einen Effekt aufweisen, wo der Sozialstaat weniger stark entwickelt ist, nicht jedoch dort, wo er stärker entwickelt ist. Zur Durchführung dieser Analyse wurde eine Variable HighSocx erzeugt und ihr ein Wert von 0 zugeordnet, falls ein Land-Jahr sich in der unteren Hälfte der Verteilung des Socx-Maßes befand, und anderenfalls ein Wert von 1. Tabelle 9.2 zeigt die Resultate dieser Analyse. Die Modelle 1–3 wurden für Fälle geschätzt, in denen der HighSocx-Wert gleich 1 war. Bei jeder dieser Schätzungen wurden dieselben Methoden eingesetzt wie in Tabelle 9.1 – Methode der kleinsten Quadrate (KQ); KQ mit panelkorrigierten Standardfehlern und zeitversetzter abhängiger Variablen; länderbezogen feste Effekte.[22]

Die Tabelle zeigt, dass in Fällen, in denen HighSocx gleich 0 ist (also in den Fällen mit niedrigem Wert des Socx-Maßes), eine Veränderung der Deregulierung im Bereich der Eintrittsbarrieren um 1 Einheit mit einer Zunahme des Wachstums der Verschuldung in Prozent des BIP um 0,824 Prozentpunkte verbunden ist. Modell 2 wiederholt die Schätzung mit einer zeitversetzten abhängigen Variablen und zeigt, dass eine Veränderung der Deregulierung im Bereich der Eintrittsbarrieren um 1 Einheit mit einer Zunahme des Wachstums der Verschuldung in Prozent des BIP um 0,820 Prozentpunkte verbunden ist. Modell 3 wiederholt die Schätzung mit länderbezogen festen Effekten und findet heraus, dass eine Veränderung der Deregulierung im Bereich der Eintrittsbarrieren um 1 Einheit mit einer Zunahme des Wachstums der Verschuldung in Prozent des BIP um 0,880 Prozentpunkte verbunden ist. In den Modellen 4–6 besteht dagegen in jenen Fällen kein statistisch signifikanter Zusammenhang zwischen Veränderungen in der Deregulierung und einer Zunahme der Verschuldung privater Haushalte, in denen HighSocx gleich 1 ist, das heißt in Fällen mit einem hohen Niveau an Sozialausgaben.

Diese Analysen legen den Gedanken nahe, dass es einen Zusammenhang zwischen Kredit und Sozialstaat gibt, und zwar in der Weise, dass

---

22 In separaten Analysen schätzte ich dieses Modell zudem unter Verwendung eines Interaktionsterms zwischen Socx und *deregulation* (indem ich *deregulation* durch Socx teilte, um die Dynamik wachsenden Kredits zu erfassen, wenn *deregulation* wächst, Socx jedoch abnimmt). Dieser Interaktionsterm war signifikant bei der Schätzung mithilfe länderbezogen fester Effekte, sofern Ausreißer ausgeschlossen wurden. Diese Schätzungen sind zugänglich in der Sammlung der Daten und Berechnungen.

Tabelle 9.1   Nachfrage nach Krediten 1980 – 2005 (erste Ableitungen)

	Modell 1	Modell 2	Modell 3
Zeitversetzte abhängige Variable			
Debt. L1	—	-.110	—
		(.106)	
Sozialstaat			
Socx	-.474***	-.581***	-.521***
	(.132)	(.153)	(.139)
Wirtschaft			
BIP pro Kopf	.001**	.001**	.001***
	(.000)	(.000)	(.000)
Index der Verbraucherpreise	-.268***	-.259**	-.235**
	(.075)	(.078)	(.069)
Staatliche Sozialausgaben	.041	.050†	.062*
	(.028)	(.030)	(.029)
Arbeitslosigkeit	.074	.052	.146
	(.124)	(.136)	(.131)
Demografie			
Bevölkerung im Alter von 15 – 64 Jahre	-.000	-.000	.000
	(.000)	(.000)	(.000)
Erwerbsquote der Frauen	.173†	.221*	.088
	(.097)	(.104)	(.117)
Politik			
Realzinssatz	-.014	.006	-.013
	(.027)	(.035)	(.030)
R^2	.27	.30	.31

Anm.: Standardfehler in Klammern. In die Analyse einbezogene Länder: Australien, Belgien, Dänemark, Deutschland, Finnland, Frankreich, Griechenland, Irland, Italien, Japan, Kanada, Neuseeland, Niederlande, Norwegen, Österreich, Portugal, Schweden, Schweiz, Spanien, UK, USA.
Abhängige Variable: Differenz zwischen Verschuldung und Vermögen der privaten Haushalte als Anteil am BIP.
Modell 1: KQ mit panelkorrigierten Standardfehlern.
Modell 2: KQ mit panelkorrigierten Standardfehlern und zeitversetzter abhängiger Variablen.
Modell 3: Länderbezogene feste Effekte.
$p < 0{,}001^{***}$; $p < 0{,}01^{**}$; $p < 0{,}5^{*}$; $p < 0{,}1$ †

wir seit den 1980er Jahren ein größeres Wachstum des Kredits erleben, wenn das Wachstum des Sozialstaats geringer ausfällt. Die Analysen zeigen auch, in Ländern mit geringer entwickeltem Sozialstaat ist Deregulierung mit einer höheren Nachfrage nach Kredit verbunden, nicht jedoch in Ländern, in denen der Sozialstaat gut entwickelt ist. Wenn die

Tabelle 9.2 Effekt der Deregulierung auf den Kredit für verschiedene Niveaus der Sozialausgaben (erste Ableitungen)

	HighSocx = 0 (niedrige Sozialausgaben)			HighSocx = 1 (hohe Sozialausgaben)		
	Modell 1	Modell 2	Modell 3	Modell 4	Modell 5	Modell 6
Zeitvers. abh. Var.						
Debt. L1	—	−.147	—	—	−.018	—
		(.138)			(.147)	
Deregulation						
Deregulation	.824*	.820*	.880†	−.046	−.021	−.274
	(.376)	(.387)	(.495)	(.528)	(.537)	(.810)
Wirtschaft						
BIP pro Kopf	.001**	.001**	.001*	.001**	.001***	.002***
	(.000)	(.000)	(.000)	(.000)	(.000)	(.000)
Index der Verbraucherpreise	−.316***	−.277**	−.275**	−.171	−.168	−.151
	(.089)	(.101)	(.095)	(.138)	(.139)	(.141)
Staatl. Sozialausgaben	.042	.045	.077	.019	.033	.033
	(.033)	(.034)	(.053)	(.039)	(.041)	(.043)
Arbeitslosigkeit	−.216	−.284	−.255	.104	.080	.357†
	(.179)	(.202)	(.217)	(.176)	(.180)	(.183)
Demografie						
Bevölkerung im Alter von 15–64 Jahre	−.000	−.000	.000	−.000	−.000	.000
	(.000)	(.000)	(.000)	(.001)	(.001)	(.001)
Erwerbsquote der Frauen	−.011	−.000	−.078	.245†	.252†	.086
	(.181)	(.217)	(.215)	(.145)	(.149)	(.180)
Politik						
Realzinssatz	−.060†	−.063	−.059	−.045	−.061	−.051
	(.032)	(.052)	(.044)	(.046)	(.049)	(.040)
R^2	.27	.28	.25	.23	.25	.38

Anm.: Standardfehler in Klammern. In die Analyse einbezogene Länder: Australien, Belgien, Dänemark, Deutschland, Finnland, Frankreich, Griechenland, Irland, Italien, Japan, Kanada, Neuseeland, Niederlande, Norwegen, Österreich, Portugal, Schweden, Schweiz, Spanien, UK, USA.
Abhängige Variable: Differenz zwischen Verschuldung und Vermögen der privaten Haushalte als Anteil am BIP.
Modelle 1 und 4: KQ mit panelkorrigierten Standardfehlern.
Modelle 2 und 5: KQ mit panelkorrigierten Standardfehlern und zeitversetzter abhängiger Variablen.
Modelle 3 und 6: Länderbezogen feste Effekte.
$p < 0{,}001***$; $p < 0{,}01**$; $p < 0{,}5*$; $p < 0{,}1†$

Zunahme des Kredits lediglich eine Reaktion auf dessen leichtere Verfügbarkeit wäre statt auf die Nachfrage nach Krediten,[23] müsste eine Deregulierung in Ländern mit entwickeltem Sozialstaat zu einem ähnlichen Anstieg des Kredits führen. Da dies nicht der Fall ist, können wir schließen, dass Deregulierung die Entstehung des Zielkonflikts zwischen Kredit und Sozialstaat *ermöglicht*. Regulierung unterdrückt den Kredit in Ländern mit hoch entwickeltem Sozialstaat, Deregulierung ermöglicht dagegen den kreditfinanzierten Konsum von Gütern und Dienstleistungen, die anderswo vom Sozialstaat bereitgestellt werden.

Während die Verwendung von länderbezogen festen Effekten und die Einführung der zeitversetzten abhängigen Variablen eine gewisse Zuversicht hinsichtlich der Richtung der Kausalbeziehung gestattet, habe ich doch keine technische Kontrollen hinsichtlich Endogenität eingebaut, und so besteht in beiden Analysen die Möglichkeit einer umgekehrten Kausalbeziehung. Für die erste Analyse hieße das, der Kredit wäre nicht die Folge eines beschränkten Sozialstaats, sondern in Ländern mit leichtem Zugang zu Krediten bestünde eine geringere Notwendigkeit für Sozialausgaben. Diese Möglichkeit lässt sich weder theoretisch noch empirisch ausschließen, und deshalb lässt sich die hier identifizierte Beziehung begrifflich am ehesten als ein Zielkonflikt zwischen Kredit und Sozialausgaben erfassen, in dem auch Feedbackeffekte möglich sind. In der zweiten Analyse könnte die Zunahme des Kredits Ursache statt Wirkung einer Deregulierung im Kontext niedriger Sozialausgaben sein. So wäre es vorstellbar, dass bei einer Zunahme des Kredits die politische Zustimmung zu einer Deregulierung wächst. Das würde das Kausalmodell umkehren, bliebe jedoch weiterhin vereinbar mit der übergreifenden Interpretation, wonach steigende Kreditniveaus bei fehlenden Sozialausgaben mit politischer Zustimmung zu einer Deregulierung verbunden sind. Der Unterschied in der Interpretation ist nur subtil. Wenn Deregulierung einen Anstieg des Kredits verursacht, lässt das vermuten, dass sie in Ländern mit schwächer entwickeltem Sozialstaat beim Kredit einen Nachholbedarf zu decken ermöglicht. Wenn dagegen eine Zunahme des Kredits Deregulierung verursacht, ist anzunehmen, dass diese Zunahme die politischen Präferenzen verändert und die Unterstützung für eine Deregulierung stärkt, ob es sich nun um einen Nachholbedarf handelt oder nicht. Beide Möglichkeiten sind mit der These vereinbar, dass Kredit- und

---

23 Wie manche behaupten, z. B. Rajan, *Fault Lines – Verwerfungen*, S. 72–73.

Regulierungspolitik in Ländern mit unterschiedlich entwickeltem Sozialstaat unterschiedlich funktionieren und beide bei der Hervorbringung dieser Ergebnisse eine Rolle spielen.

Kredit und Konsum

Gibt es Grund zu der Annahme, dass die in Tabelle 9.1 erkennbare Beziehung mehr als nur scheinbar ist und die Amerikaner tatsächlich Kredite einsetzen, um die Art von Gütern und Dienstleistungen zu erwerben, die in anderen Ländern der Sozialstaat bereitstellt? Das Klischee besagt, dass die Amerikanerinnen sich in den letzten Jahrzehnten daran gewöhnt haben, ihre Hypothekenkreditlinien oder den Kreditrahmen ihrer Kreditkarten einsetzen, um den Kauf von Fernsehern mit Flachbildschirm, Auslandsreisen, Restaurantbesuche und andere Quellen sofortiger Befriedigung zu finanzieren. Wenn das zutrifft, könnte die oben beobachtete Zunahme des Kredits eine Folge der Tatsache sein, dass die Amerikanerinnen Kredite zur Finanzierung eines Luxuskonsums statt jener Güter und Dienstleistungen verwenden, die in anderen Ländern der Sozialstaat bereitstellt.

Es gibt indessen kaum Belege, die dieses Klischee stützen könnten. Erstens, nach dem *Survey of Consumer Finances* der Federal Reserve von 2007 bilden Hypothekenkreditlinien und Kreditkarten nur einen unbedeutenden Anteil an den Verbraucherkrediten (6,6 bzw. 1,2 Prozent 2007), während Hypotkekendarlehen und andere durch Immobilien oder Grundbesitz abgesicherte Darlehensformen mehr als die Hälfte der Verbraucherkredite ausmachen.[24] Die Amerikaner könnten immer noch Kredite auf ihr Wohneigentum aufnehmen und das Geld für Luxusgüter ausgeben, doch Daten des Bureau of Economic Analysis aus dem Jahr 2012 zeigen einen deutlichen Rückgang des Anteils jener Konsumausgaben, die in den letzten Jahren in den Konsum von Luxusgütern flossen. Die Ausgaben für »Möbel und dauerhafte Haushaltsgeräte« sanken von 4,8 Prozent der persönlichen Konsumausgaben im Jahr 1970 auf 2,8 Prozent im Jahr 2007, dem Höhepunkt der Kreditblase. Auf Kleidung und Schuhe entfielen 1970 7 Prozent der Konsumausgaben, und 2007 waren es 3,4 Prozent. Auf Autos und Autoteile entfielen 1970 5,3 Prozent der Kon-

---

24 Board of Governors of the Federal Reserve System, *Survey of Consumer Finances*.

sumausgaben, 2007 lag ihr Anteil bei 4,1 Prozent. Trotz des Eindrucks, dass der Restaurantkonsum in dieser Zeit explosionsartig zunahm, bildeten Ausgaben für »außer Haus genossene Mahlzeiten und Getränke« 1970 5,6 Prozent der Haushaltsbudgets und 2007 nur noch 5,1 Prozent. Auslandsreisen sind die einzige Luxuskategorie, die einen leichten Zuwachs verzeichnete, von 0,8 Prozent der gesamten Konsumausgaben 1970 auf 1,1 Prozent 2007.[25]

In Wirklichkeit geben die Amerikanerinnen ihr Geld für Wohnen und Gesundheitsfürsorge aus. »Wohnen und Wohnnebenkosten« bildeten mit 18 Prozent 2007 die größte Ausgabenkategorie, wobei die stärkste Steigerung in der Rolle des Wohnens von 1945 bis 1960 erfolgte. Die zweitgrößte Kategorie ist die »Gesundheitsversorgung«, die 2007 bei 14,9 Prozent lag und in der Nachkriegszeit einen stetigen Anstieg verzeichnete.[26]

In vergleichender Perspektive bilden die Ausgaben für die Gesundheitsfürsorge den Ausreißer in einem Vergleich der Ausgabenmuster zwischen den USA und anderen Ländern. Nach dem *Dataset on Final Consumption Expenditures* der OECD geben die Amerikaner und Amerikanerinnen, sofern man die Mietkosten miteinbezieht, gemessen am Anteil am BIP nicht mehr für Wohnen aus als die Bürger und Bürgerinnen in anderen Ländern, und auch in allen übrigen Kategorien geben die Amerikaner etwa so viel aus wie andere. Nur im Bereich der Gesundheitsfürsorge, in dem der Durchschnitt aller übrigen Länder bei etwa 2 Prozent des BIP liegt, haben die Amerikanerinnen in den letzten Jahren 12 Prozent des BIP ausgegeben. Gegenüber 1970 ist das ein Zuwachs um 5,5 Prozentpunkte.[27] Aus diesen Datenquellen ergibt sich ein Bild, wonach die Amerikaner durch Wohneigentum gesicherte Kredite aufnehmen, um ihre Ausgaben auf dem Gebiet der Gesundheitsfürsorge zu finanzieren.

Angesichts des unterentwickelten staatlichen Gesundheitssystems entfällt ein Teil der Konsumausgaben für gesundheitliche Zwecke auf Arzneimittel und medizinische Dienstleistungen, die in anderen Ländern mit Steuermitteln öffentlicher Haushalte bezahlt werden. Man kann die These aufstellen, dass ein Großteil dieser Ausgaben in das einzigartig kostenintensive amerikanische Gesundheitssystem mit seinen gewaltigen Verwaltungskosten, aggressiven Hightech-Behandlungen und schwa-

---

[25] Alle Zahlen aus Bureau of Economic Analysis, 2012, *National Income and Product Accounts*, Tabelle 2.4.5, »Personal Consumption Expenditures by Type of Product«.
[26] Ebd.
[27] OECD, *Dataset on Final Consumption Expenditures*, 2010.

chen Kostenkontrollen fließt. Doch auch darin kann man eine Folge des privaten Charakters des medizinischen Systems in den USA erblicken, da man erwarten darf, dass ein staatlich finanziertes Sozialsystem nur über beschränkte Anreize zu dieser Art Wachstum verfügt und ein großer Teil dieser Ausgaben jenseits der Entscheidung oder Kontrolle durch die Konsumenten liegt. Kurz gesagt, es gibt Grund zu der Annahme, dass private Konsumausgaben für die Gesundheitsfürsorge – die den Hauptunterschied zwischen der amerikanischen und der europäischen Ausgabenverteilung darstellen – aus einem unterentwickelten öffentlichen System der Gesundheitsfürsorge resultieren. Der amerikanische Verbraucher schöpft seine Mittel nicht maximal durch Ausgaben für Luxuskonsum aus, sondern muss sich wegen der Kosten seiner Gesundheitsfürsorge nach der Decke strecken.

Die Gesundheitsfürsorge stellt zwar bei den Zahlen zu den Konsumausgaben einen klaren Ausreißer dar, doch es gibt in den USA auch andere gute Gründe, Kredite aufzunehmen, darunter die Kosten für Bildung. Man denke an die Geschichte von James Rouse, der in den 1930er Jahren, als die Weltwirtschaftskrise zuschlug, seinen Vater und seine Mutter verlor. Er wollte unbedingt Jura studieren und überredete den Dekan der University of Maryland Lawschool, ihn für eine Einmalzahlung von 100 Dollar sowie 5 Dollar in der Woche einzuschreiben, die Rouse sich mit dem Parken von Autos verdiente. »So fuhr ich denn in meine Heimatstadt Easton zurück und ging zum Präsidenten der Easton National Bank, einem Mann namens James Dixon, dessen Sohn mit mir befreundet war, und auch unsere Familie war mit seiner Familie bekannt gewesen. Und ich erzählte ihm meine Geschichte. Und ich sagte ihm: ›Ich muss mir hundert Dollar borgen.‹ Natürlich konnte ich keine rechtsverbindliche Erklärung unterschreiben und auch keinen Bürgen benennen, wie er ursprünglich vorgeschlagen hatte. Ich sagte: ›Da gibt es niemanden.‹ So sorgte er dafür, dass die Bank mir hundert Dollar allein auf meine Unterschrift hin lieh. Das tat sie dann auch. Und das war eine sehr bedeutende Finanztransaktion. Und mit den hundert Dollar und fünf Dollar pro Woche besuchte ich die Abendkurse an der Law School.« Passenderweise wurde Rouse schließlich Administrator für die Federal Housing Administration.[28] Aus-

---

28 »Interview with James Rouse by Dr. Morton J. Schussheim, March 14 1995«, S. 7, Pioneers in Housing, Box 3/2, Rouse, James W. 1991–1995, Manuscript Division, Library of Congress.

bildung, Mobilität, Gesundheitsfürsorge und Wohlfahrt werden in den USA mit Krediten finanziert. In den entwickelten Sozialstaaten werden Ausbildung und Gesundheitsfürsorge zumindest teilweise aus Steuergeldern bezahlt, und der Erwerb von Wohneigentum steht nicht in Konkurrenz zum Erwerb hochwertiger Bildung.

Kredit und Krise

Nach einer Wirtschaftskrise, die zum Teil durch das hohe Niveau der Verbraucherkredite verursacht wurde, mögen die Probleme mit einem kreditgetriebenen System uns heute auf der Hand zu liegen scheinen, doch diese Probleme waren zu der Zeit, als das Kreditsystem entwickelt wurde, nicht unbedingt sichtbar. Obwohl es dem gesunden Menschenverstand zu entsprechen scheint, dass geliehenes und zu verzinsendes Geld am Ende, wenn die Rückzahlung fällig ist, die Kaufkraft verringert, spricht doch für Kredit, dass dessen *produktive* Verwendung zu Wirtschaftswachstum führt und die Schulden von einem weitaus reicheren Schuldner zurückgezahlt werden, für den diese Schulden einen deutlich geringeren Wert darstellen. Wird der Kredit so verwendet, dass er die soziale Aufstiegsfähigkeit der Familie verbessert – Zugang zu guten Schulen; Überbrückung von Notsituationen, die den Haushalt sonst ärmer machen würden; Investitionen in das eigene Geschäft; Kapitalakkumulation durch Kauf von Wohneigentum – und wird er auf makroökonomischer Ebene für produktive Investitionen benutzt, die zu einem Wachstum der Wirtschaft führen, erhöht er die Kaufkraft und bezahlt sich dank des verstärkten Wachstums gewissermaßen selbst. Bei hinreichend niedrigen Zinsen und hinreichend hoher Rendite der Ausbildung oder Investition sind Kredite durchaus sinnvoll. Der Kreditnehmer borgt sich gleichsam etwas bei seinem viel reicheren zukünftigen Ich – das gerade wegen des aufgenommenen Kredits viel reicher sein wird. Das ist die private Version der fundamentalen Erkenntnis hinsichtlich des Wirtschaftswachstums, die das keynesianische Denken prägt. Winfried Riefler, der das Hypothekendarlehen mit regelmäßiger Tilgung entwickelte und zu den Urhebern des Federal Housing Act gehörte, gab den Gegnern des Gesetzes genau diese Antwort. »Wenn Senatoren Rieflers Plan infrage stellten, ›die Staatsverschuldung um weitere anderthalb Milliarden‹ zu erhöhen, spiegelte Rieflers Antwort das neue ökonomische Denken der Zeit wider: Jede Maßnahme, die zur Erhöhung der Beschäftigung beitrage, werde den Wohlstand vergrößern und so für die Rückzahlung dieser Schulden sorgen.«[29]

Natürlich funktioniert dieses Szenario nur, solange die Wirtschaft tatsächlich wächst. Nach Robert Collins liegen die Anfänge der amerikanischen Abhängigkeit vom Wirtschaftswachstum im New Deal.[30] Charles Maier zeigt, dass die Amerikaner in der gesamten Nachkriegszeit »den Klassenkonflikt mit Wirtschaftswachstum überlagerten«.[31] Seines Erachtens liegen die Anfänge dieser Strategie schon in Zeiten vor dem New Deal. Aber letztlich funktioniert auch der Sozialstaat nur, solange die Wirtschaft wächst. In Zeiten wirtschaftlichen Niedergangs und hoher Arbeitslosigkeit ist der Sozialstaat schon bald nicht mehr finanzierbar, da die Zahl der Sozialhilfeempfänger wächst und die der Steuerzahlerinnen sinkt. Die Logik des Sozialstaats – wonach produktive staatliche Investitionen zu Wachstum führen und sich deshalb selbst bezahlen – unterscheidet sich gar nicht so sehr von der Logik des Kredits. Wir sollten deshalb jede teleologische Interpretation des Zielkonflikts zwischen Kredit und Sozialstaat vermeiden, denn ohne unser heutiges Wissen über die Volatilität des Finanzsektors wäre nicht klar, welche dieser Methoden – Umverteilung aus der Zukunft oder Umverteilung in der Gegenwart – sinnvoll ist. Nach dieser Analyse ist Kredit eine Lösung für Verteilungsfragen, eine Lösung, die aus denselben Erkenntnissen hinsichtlich des Wirtschaftswachstums stammt, aus denen sich auch der Keynesianismus speiste. Sozialstaat und Kredit können beide als im 20. Jahrhundert entstandene Versionen eines wechselseitigen Austauschs verstanden werden, die nicht nur durch eine Wechselseitigkeit zwischen sozialen Akteuren, sondern durch ein wechselseitiges Verhältnis zu einer wohlhabenderen Zukunft gekennzeichnet sind.

Wenn wir Kredit als alternative Form der Verteilung verstehen, wird auch ein ansonsten rätselhafter Aspekt der Deregulierungspolitik nachvollziehbar: warum nämlich die amerikanische Linke in den 1970er Jahren für eine Deregulierung des Finanzsektors war. In Kapitel 8 haben wir bereits gesehen, wie unermüdlich sich manche Gruppen darum bemühten, Afroamerikanern und Frauen den Zugang zu Krediten zu erleichtern. Auch wurde der Depository Institutions Deregulation and Monetary Control Act von 1980, der eine Deregulierung der Zinssätze

---

29 Hyman, *Debtor Nation*, S. 55.
30 Collins, *The Politics of Economic Growth*.
31 Maier, »The Politics of Productivity«.

brachte, in einer Zeit verabschiedet, als die Demokraten den Präsidenten stellten und beide Häuser des Kongresses kontrollierten. Selbst der Verbraucheranwalt Ralph Nader sagte vor dem Kongress aus, dass die Regulierungsmaßnahmen aus der Zeit der Weltwirtschaftskrise inzwischen nicht mehr so wichtig seien, denn die Vereinigten Staaten seien (schon 1973) eine »echte kreditorientierte Ratenzahlungsvolkswirtschaft. Häuser werden auf Raten gekauft, ebenso die darin befindlichen Möbel und Haushaltsgeräte. Tatsächlich bezahlen Verbraucher inzwischen Reisen, Kleidung und nahezu alles nach diesem Bezahlmodell. All diese Faktoren weisen darauf hin, dass wir möglicherweise auf dem Wege sind, in dem Sinne zu einem Land mit Kapitalmangel zu werden, dass mehr Nachfrage nach verleihbaren Geldmitteln erzeugt wird, als befriedigt werden kann. [...] Die Auswirkungen des Kredits und vor allem die Verweigerung von Kredit [...] sind in der heutigen Welt so groß.«[32] Einer der Hauptgründe für die Krise gegen Ende des ersten Jahrzehnts des 21. Jahrhunderts lag darin, dass die Entwicklung der Verbriefung von Hypothekendarlehen die Entstehung eines von der Kreditschöpfung bis zum Vertrieb reichenden Kreditmodells ermöglichte, in dem die Gläubiger immer weniger auf die Qualität der Kredite achteten.[33] Zwar gab es die Verbriefung in gewissen Formen bereits im 19. Jahrhundert, doch die mit Hypotheken hinterlegten Wertpapiere wurden von der Regierung erst im Housing Act von 1968 geschaffen, und zwar als Mittel zur Befriedigung einer klar erkennbaren Kreditnachfrage, die sich in der Kreditkrise von 1966 entwickelt hatte.[34]

Diese Beispiele legen den Gedanken nahe, dass es in den USA zumindest teilweise deshalb zu einer Deregulierung des Finanzsektors kam, weil Gruppen aus beiden Parteien sich zusammenfanden und dafür eintraten. Sie unterstützten die Deregulierung aus denselben Gründen, aus denen sie sich auch um einen leichteren Zugang zu Krediten für unterprivilegierte Gruppen bemühten, denn seit den institutionellen Neuerungen aus den Zeiten der Weltwirtschaftskrise und der Nachkriegszeit war der Kredit zu einem der Hauptmechanismen zur Sicherung des Wohlstands geworden. Die Deregulierung wurde nicht nur von Kapitalinteressen vorangetrieben, und sie war auch kein Ad-hoc-Ergebnis politischer Ex-

---

32 U.S. Congress, House, 1973, S. 467, 469.
33 Purnanandam, »Originate-to-Distribute Model«.
34 Sellon/VanNahmen, »The Securitization«; Quinn, *American Securitization*; Hyman, *Debtor Nation*.

perimente. Vielmehr war sie die logische Folge eines Systems, in dem Wohlfahrtsbedürfnisse durch Kredit abgedeckt wurden, sowie der Grenzen, an die dieses System aufgrund der makroökonomischen Probleme der 1970er Jahre stieß.[35]

Natürlich sind uns heute einige Dinge bewusst, die von den Entwicklern dieses Systems möglicherweise nicht ganz verstanden wurden. Das kreditbasierte Modell leistet nicht nur weniger bei der Armutsbekämpfung, wir können uns auch fragen, welche Rolle die hier untersuchte Beziehung bei der jüngsten Finanzkrise gespielt haben mag. Genauer, wenn die Zunahme der Verbraucherkredite einen Faktor dieser Krise bildete und wenn ein unterentwickelter Sozialstaat einen Faktor beim Anstieg des Kredits darstellte, lässt sich dann daraus schließen, dass der unterentwickelte amerikanische Sozialstaat eine Teilursache für die Finanzkrise war?

An der Finanzkrise, die 2007 begann, ist zwar vieles immer noch unklar, doch einige der Hauptursachen sind inzwischen identifiziert. Das Wirtschaftswachstum in der gesamten Welt und insbesondere in China erhöhte weltweit das angesparte Kapital. Durch die Deregulierung der Finanzmärkte wurden diese Geldmittel in die USA gezogen. Eine der Innovationen bestand in der Beschleunigung der Verbriefung, die sich in den 1980er und 1990er Jahren intensivierte. Die Möglichkeit, schlechte Kredite weiterzuverkaufen, erhöhte die Bereitschaft der Darlehensgeber, riskantere Kreditgeschäfte einzugehen. Außerdem ermöglichten Veränderungen der Regeln es den Firmen, immer mehr Fremdkapital einzusetzen, und die Kreditratingagenturen, die von denselben Firmen bezahlt wurden, deren Ratings sie erstellten, versahen Finanzprodukte weiterhin mit hohen Ratings, obwohl es sich in Wirklichkeit um hohe Risiken handelte. Getrennt davon entwickelte sich auf dem Markt für Hypothekendarlehen eine Blase, als die Zinssätze auf ein historisches Tief fielen, doch als die Preise für Wohnimmobilien zu sinken begannen, gerieten spekulative Investments auf diesem Mark in Not und die Blase platzte. Das hatte zur Folge, dass gleichzeitig zahlreiche hypothekengestützte Finanzprodukte in einer Weise scheiterten, die von den Modellen nicht vorausgesehen worden war. Als die Firmen Geld zu verlieren begannen, sorgte das mangelnde Wissen in der Frage, wie stark sie jeweils in solche hypotheken-

---

35 Zu einer breiter angelegten Diskussion der Regulierungspolitik siehe Prasad, *The Politics of Free Markets*.

gestützte Finanzprodukte investiert waren, im gesamten Finanzsektor zu einem Rückgang der Liquidität und damit auch zu einer Verringerung der Ausgaben, einem Investitionsabbau und letztlich zu verstärkter Arbeitslosigkeit.[36]

In der Öffentlichkeit kam es daraufhin zu einer Debatte, in der die Republikaner Versuche zur Stärkung des Wohneigentums in ärmeren Schichten als das Hauptproblem darzustellen versuchten, während die Demokraten die Deregulierung im Finanzsektor für die Probleme verantwortlich machten (entweder als grundlegende Ursache, weil man die Übernahme allzu großer Risiken im Finanzsektor zugelassen hatte, oder als sekundäre Ursache, weil man erlaubt hatte, dass weltweite Ersparnisse in die USA flossen, statt für Investitionen und Konsum in den Entwicklungsländern genutzt zu werden).[37] Beide Faktoren hatten ihren Anteil, doch die Argumentation der Demokraten übersieht die Tatsache, dass *auch die Demokraten* die Deregulierung des Finanzsektors befürwortet hatten, wie wir in diesem Kapitel und in Kapitel 7 gesehen haben. Die Deregulierungsmaßnahmen waren keine exogenen Phänomene und wurden nicht nur von Finanzkreisen vorangetrieben. Sie waren Auswuchs eines Systems, in dem es wegen der zentralen Bedeutung des Kredits für die politische Ökonomie *keine natürliche Anhängerschaft für eine Regulierung gab*. Da der Kredit einen Mechanismus der Armutsbekämpfung darstellte, erhielt die Deregulierung Unterstützung aus allen politischen Lagern.

Das Problem der von den Konservativen vertretenen Argumentation liegt allerdings darin, dass sie keine alternativen Möglichkeiten zur Bekämpfung der Armut anbietet. Schließlich kann der Versuch, die Armut durch einen erweiterten Zugang zu Kredit zu bekämpfen, als ein marktfreundlicher Mechanismus angesehen werden. Deshalb fand er Unterstützung bei Demokraten wie Jimmy Carter und Bill Clinton wie auch bei

---

36 Tomaskovic-Devey/Lin, »Income Dynamics«; Mackenzie, »The Credit Crisis«; Prasad, »Three Theories«; sowie die Beiträge in Lounsbury/Hirsch, *Markets on Trial*. Manche fragen sich, ob man die Krise wirklich auf diese Politik einer Privilegierung des Wohneigentums zurückführen kann, da es auch bei den Geschäftsimmobilien eine Blase gegeben habe. Dort war die Blase jedoch offenbar kleiner (Bureau of Economic Analysis, 2012, *National Income and Product Accounts*, Tabelle 1.1.5), und der Preisanstieg im Industrie- und Gewerbebau ging möglicherweise auf die Konkurrenz aus dem Wohnungsbau um Güter und Arbeitskräfte zurück; Mulligan, »Was There a Commercial Real Estate Bubble?«.

37 Siehe Prasad, »Three Theories«.

Republikanern wie George W. Bush. Clinton erklärte: »Die Steigerung der Hausbesitzerquote wird die Familien und Gemeinden unserer Nation und unsere Wirtschaft stärken und die großartige Mittelschicht dieses Landes ausdehnen. Die Wiedererweckung des Traums eines eigenen Zuhauses für Amerikas arbeitende Bevölkerung kann unsere Nation darauf vorbereiten, die großartigen Möglichkeiten des 21. Jahrhunderts wahrzunehmen.« Und George W. Bush sagte in einer Rede: »Ich glaube [...], dass etwas zu besitzen ein Teil des amerikanischen Traums ist. Ich glaube, dass ein Mensch, der ein eigenes Zuhause besitzt, den amerikanischen Traum verwirklicht.«[38] Beide Administrationen unternahmen Schritte, den Traum vom Eigenheim zu erweitern, und stießen dabei auf keinen nennenswerten Widerstand.

Deshalb kann man durchaus zu dem Schluss gelangen, dass der unterentwickelte Sozialstaat tatsächlich eine Rolle bei der Finanzkrise spielte, denn er führte zu einer politischen Situation, in der alle Akteure die Deregulierung des Finanzsektors und die Erleichterung des Zugangs zu kreditfinanziertem Wohneigentum unterstützten – die sekundären Ursachen der Krise.

Zu der im frühen 20. Jahrhunderts entstandenen Regulierung des Finanzsektors gehörten drei Elemente, die in vergleichender Perspektive einzigartig waren: die Schuldnerfreundlichkeit des Insolvenzrechts, die umfangreiche Regulierung der Banken und die Demokratisierung des Kredits. Die Schuldnerfreundlichkeit des Insolvenzrechts und die Leichtigkeit der Kreditaufnahme trugen gemeinsam dazu bei, dass der Kredit in den USA eine große Bedeutung erlangte. Allerdings standen Regulierungsmaßnahmen, wie der MacFadden und der Glass-Steagall Act sie vorsahen, in einem gewissen Spannungsverhältnis dazu, da sie dafür sorgten, dass die Finanzinstitute kleiner und instabiler waren als in anderen Ländern – anders als Theorien einer institutionellen Komplementarität vermuten lassen mögen, wirkten diese beiden Elemente in entgegengesetzter Richtung, wobei MacFadden und Glass-Steagall Act die weitere Entwicklung des Kredits verhinderten. Die USA entwickelten eine auf Kredit fokussierte Wirtschaft und verabschiedeten im Rahmen des New Deal zugleich eine Reihe von Gesetzen, die die Verfügbarkeit von Krediten einschränkten.

---

38 Zit. in: Rajan, *Fault Lines – Verwerfungen*, S. 64, 66.

Der Wohlstand in den drei Jahrzehnten nach dem Zweiten Weltkrieg verbarg diese Spannungen unter generell wachsenden Einkommensströmen und sorgte für ein langsames, aber stetiges Wachstum der Nachfrage nach Krediten wie auch des Angebots, unterbrochen von erschreckenden – aber seltenen – Kreditkrisen, wenn Anleger ihr Geld abzogen und anderswo nach profitableren Anlagemöglichkeiten suchten, um die Inflation zu schlagen.[39] Das ganze Arrangement löste sich dann in den 1970er Jahren auf, als die Rezession und die Verlangsamung der Wirtschaft dazu führten, dass die Kreditnachfrage das Angebot überstieg und an die von den Regulierungsmaßnahmen des New Deal eingezogenen Decken stieß. Es trifft zweifellos zu, dass die Finanzdienstleister behaupteten, die Trennung zwischen Geschäfts- und Investmentbanken behindere die weitere Entwicklung der Branche und hindere sie daran, einer deutlich erkennbaren und weitverbreiteten Nachfrage nach Krediten nachzukommen.[40] Doch wie wir gesehen haben, setzten sich linke Aktivisten für eine Erweiterung der Verfügbarkeit von Krediten ein. Dieses Bedürfnis nach Krediten, das quer über das politische Spektrum anerkannt wurde, schürte letztlich den rasch anwachsenden Deregulierungseifer. Die amerikanische Tradition einer strengeren Regulierung der Banken, die von allen Seiten unter Feuer geriet und kritisiert wurde, weil sie den Zugang zu Krediten ohne jeden erkennbaren Nutzen einschränke, begann unter diesem Ansturm zurückzuweichen. Im Finanzsektor nahm ein schwindelerregendes, jahrzehntelanges Zeitalter der Innovation seinen Anfang.[41] Die Deregulierungsbewegung trat in eine neue Phase, als der (angeblich) bewiesene Erfolg der Deregulierung zu einer noch stärkeren Deregulierung führte, darunter der Riegle-Neal Act von 1994, der Beschränkungen des Filialbankensystems aufhob, der Financial Services Modernization Act von 1999, der Glass-Steagall zurücknahm, und der Commodity Futures Modernization Act von 2000, der eine Regulierung des Schaltergeschäfts mit Derivaten verhinderte.

Zwar kritisierten manche Forschende diese Deregulierung, die Innovationen im Bereich des Finanzsektors ermöglichte, doch der eigentliche *Grund* für die Deregulierung war die scheinbar grenzenlose Nachfrage nach Krediten in den USA. Der Eindruck eines Erfolgs dieser früheren De-

---

39 Wojnilower, »The Central Role«.
40 Siehe z. B. Peek/Rosengren, »Bank Regulation«.
41 Miller, »Financial Innovation«; Coval/Jurek/Stafford, »The Economics of Structured Finance«.

regulierungsmaßnahmen und der tatsächliche Beweis, dass diese neuen Finanzprodukte sich verkaufen ließen, gaben Anlass zu der Behauptung, die Regulierungsmaßnahmen aus der Zeit des New Deal hätten sich als unnötig erwiesen, und selbst die Sparkassenkrise der 1980er Jahre vermochte der Popularität eines Zugangs zu Krediten keinen Abbruch zu tun.

Kurz gesagt, die zentrale Rolle des Kredits und des kreditgestützten Wohneigentums bei der Kanalisierung des Wohlstands in den USA bedeutete, dass zahlreiche Menschen bereit waren, Schulden in Höhe eines Vielfachen ihres Einkommens zu machen, und in der Nachkriegszeit eine immer größere Nachfrage nach Krediten entfalteten. Das führte zu Kreditkrisen und einer dauerhaften Kreditkrise in den 1970er Jahren, die ihrerseits Anlass gaben, mit jener zunehmenden Deregulierung des Finanzsektors zu experimentieren, die von Akteuren aus allen Teilen der politischen Welt unterstützt wurden.

Die Antwort auf die beiden in Kapitel 7 gestellten Fragen lautet, dass die USA über eine strengere Regulierung des Finanzsystems verfügen, weil sie keineswegs eine liberale Volkswirtschaft sind und vergleichende volkswirtschaftliche Theorien dies zu ihrem Schaden ignorieren. Die USA besitzen vielmehr eine adversatorische politische Ökonomie, in der eine strenge Regulierung die kapitalistischen Unternehmen durch Antitrustgesetze, adversatorische Regulierung, Kapitalbesteuerung und andere Maßnahmen diszipliniert. In der Nachkriegszeit veranlasste das die USA zur Entwicklung einer streng regulierten Wirtschaft, die zugleich von einer hohen Nachfrage nach Krediten geprägt war, während man in Europa den Weg zum Aufbau eines starken Sozialstaats beschritt. Als die Länder in die wirtschaftliche Rezession der 1970er Jahre eintraten, ließ die Kreditnachfrage in den USA Forderungen nach einer Deregulierung aufkommen. Doch angesichts des Fehlens einer strengen Regulierung sorgte die Kreditnachfrage in den USA für die Entstehung von Finanzblasen und führte zu den Folgen, die wir in jüngster Zeit beobachten mussten. Die in Europa entwickelten Maßnahmen zur Regulierung des Finanzsektors funktionieren in den USA nicht, weil die Nachfrage nach Krediten dort höher ist als in Europa. Die eigentliche Lehre, die wir aus dieser Geschichte ziehen müssen, lautet, dass eine von Krediten abhängige Wirtschaft eine strenge Regulierung braucht, um stabil zu bleiben, doch die Nachfrage nach Krediten führt zu Forderungen nach einer Deregulierung. Deshalb besitzt eine Wirtschaft mit einem stärker entwickelten Sozialstaat im Finanzsektor eine höhere Stabilität.

Das kreditgetriebene amerikanische Modell hat auch Folgen für das Wirtschaftswachstum, wie Herman Schwartz dargelegt hat.[42] Er zeigt, dass die USA und Länder mit einem ähnlichen Wohneigentumssystem wie dem US-amerikanischen in den 1990er Jahren ein höheres Wachstum durchhielten als andere Länder. Der Wohnungssektor sorgt nach Schwartz deshalb für Wachstum, weil die Besitzer von Wohneigentum in einem von Desinflation geprägten Umfeld die niedrigeren Zinsen nutzen können, um Hypothekendarlehen aufzunehmen oder zu refinanzieren, wodurch Kaufkraft in einer Weise freigesetzt wird, wie das in Ländern ohne ein derartiges Vertrauen auf Kredite nicht möglich wäre.

Ironischerweise wurden europäische Länder in dem Maße in die Krise von 2007/2008 hineingezogen, wie sie dem amerikanischen Finanzsystem ausgesetzt waren, und das, obwohl die europäischen Regulierungssysteme dort jahrzehntelang gut funktioniert hatten.[43] Hier muss allerdings ein verbreitetes Missverständnis hinsichtlich der jüngsten Wirtschaftskrisen in Europa ausgeräumt werden. In den letzten Jahren waren in Europa zwei Prozesse zu verzeichnen: Erstens, Länder, die dem amerikanischen Finanzsystem ausgesetzt waren – oder es wie Irland und Island imitierten –, wurden dafür bestraft. Zweitens und getrennt davon, der Prozess der wirtschaftlichen Integration ließ in schwächeren europäischen Volkswirtschaften Blasen entstehen, und diese Länder gerieten dadurch in eine Schuldenkrise.[44] Zwischen den beiden Prozessen kam es zu einer Verbindung, weil die Rettung der Banken die Haushaltsdefizite vergrößerte. Das Ergebnis war jedoch keine Folge der Regulierungsstruktur. Die gegenwärtige Krise in Europa darf nicht die grundlegende Tatsache verdecken, dass ein Regulierungssystem, das in europäischen Ländern jahrzehntelang gut funktioniert hatte, in spektakulärer Weise scheiterte, als man es in die USA importierte.

In diesem Kapitel hat sich gezeigt, dass es einen Zielkonflikt zwischen Kredit und Sozialstaat gibt. Hier lohnt indessen der Hinweis, dass die beiden Alternativen höchst unterschiedliche Folgen für das Problem der Armut haben. Während eine auf Kredit basierende Volkswirtschaft jenen Menschen eine gewisse Erleichterung bietet, die Kredite auf-

---

42 Schwartz, *Subprime Nation*.
43 Mit Ausnahme vielleicht der frühen 1990er Jahre in Finnland und der Schweiz; siehe Gylfason/Holmström/Korkman/Söderström/Vihriälä, *Nordics in Global Crisis*.
44 Hardie/Howarth, »Die Krise but Not La Crise?«; Shirai, »The Impact of the U.S. Mortgage Crisis«.

zunehmen vermögen, lässt sie jene schutzlos zurück, die nicht dazu in der Lage sind. Aufgrund der Unterminierung des Sozialstaats verurteilt der amerikanische Weg einer Demokratisierung des Kredits einen Teil der Bevölkerung zur Armut. Wenn die in diesem Kapitel hergestellten Zusammenhänge zutreffen, hätte ein stärker entwickelter Sozialstaat in den USA dort das Wachstum des Kredits und damit auch den Konsum eingeschränkt. Da die Weltwirtschaft seit vielen Jahren von einem starken Konsum in den USA abhängt, wird man behaupten dürfen, dass der Wohlstand der Welt in den letzten Jahrzehnten darauf basierte, dass ein Teil der amerikanischen Bevölkerung zur Armut verdammt war.

IV Schluss

10 Der amerikanische Hypotheken-Keynesianismus: Zusammenfassung und politische Implikationen

In diesem Buch habe ich vier Dinge versucht. Erstens habe ich die Aufmerksamkeit auf die vielfältigen Aspekte gelenkt, in denen die USA vom Idealtypus eines liberalen oder *Laissez-faire*-Staates abweichen, und zwar derart deutlich, dass diese Bezeichnungen für die Wissenschaft inzwischen schädlich sind. Zweitens habe ich zu zeigen versucht, inwiefern der Reichtum in der Neuen Welt ab dem späten 19. Jahrhundert für ein Ungleichgewicht in der Weltwirtschaft sorgte, das erkennbare Folgen für die wirtschaftliche Entwicklung in allen Ländern hatte. Die wirtschaftliche Macht der USA war zwar für alle sichtbar, doch die Folgen für die politische Ökonomie sind bis heute nicht erforscht, und alle größeren Traditionen der vergleichenden politischen Ökonomie tun so, als ob dieser substanzielle Unterschied zwischen den USA und anderen Ländern gar nicht existierte. Die Geografie ist kein Schicksal, und es bedurfte einer bestimmten Reihe sozialer Strukturen, um geografische Ressourcen in wirtschaftlichen Reichtum zu verwandeln – soziale Strukturen, die in anderen großen, an Ressourcen aller Art reichen Ländern nicht zu finden waren. Dieses Buch gelangt jedoch letztlich zu der These, dass es sehr wohl auf die Geografie ankommt. Drittens habe ich versucht, Elizabeth Sanders' Kategorie des »Agrar-Etatismus« zu erweitern und zu zeigen, dass die politische Macht der amerikanischen Farmer, beschleunigt vom wachsenden Reichtum in der Neuen Welt und ermöglicht von der Struktur des amerikanischen Staates, bis in die Zeit der Weltwirtschaftskrise und des frühen New Deal hinein fortbestand und zahlreiche Aspekte der hier aufgezählten stärkeren staatlichen Intervention hervorbrachte. Der Interventionismus des amerikanischen Staates nahm seinen Anfang mit Interventionen in den Agrarsektor. Als diese Interventionstradition erst einmal etabliert war, dehnte man sie weit über spezifisch agrarische Fragen hinaus auch auf andere Bereiche aus. So lassen sich die Wurzeln des Verbraucherschutzes bis zu Techniken der Intervention durch unabhängige Regulierungsbehörden zurückverfolgen, die aus der Agitation agrarischer Interessengruppen bezüglich der Eisenbahnen hervorgegangen waren. Der Verbraucherschutz betrifft heute alle Amerikaner, einschließlich der vielen Hundert oder Tausend Menschen, die ganz unmittelbar von Frances Kelsey gerettet wurden. Und viertens habe ich die unerwarteten Folgen dieser agrarischen Interventionen in der Nachkriegszeit aufzuzeigen versucht, als die progressive Besteuerung den Weg zu einem Sozialstaat nach europäischem Vorbild versperrte und die Dezentralisierung des Finanzsektors zu einer Demokratisierung des Kredits sowie einer auf dem privaten Konsum basierenden Ökonomie führte. Dieses Buch verbindet das Schicksal des heutigen Sozialstaats mit der Wirtschaftspolitik im »ersten« Zeitalter der Globalisierung im späten 19. Jahrhundert[1] und zeigt, inwiefern diese erste Globalisierungsphase ein Muster für die Wirtschaftspolitik entstehen ließ, das dann in der Zwischenkriegszeit zur Reife gelangte. Die Geschichte der größeren Armut in den USA besagt, dass eine Reihe progressiver Eingriffe im frühen 20. Jahrhundert letztlich zu eindeutig nicht progressiven Ergebnissen führte.

Die theoretische Argumentation dieses Buches besagt, dass die Politik eines Staates gegenüber dem Konsum der beste Prädikator dafür ist, ob er eine umfangreiche Sozialpolitik entwickeln wird, die Armut zu verringern vermag. Obwohl ich nur ein Beispiel ausführlich untersucht habe, führt die Logik der dort betrachteten Beziehungen doch zu der theoretischen Voraussage, dass höhere Armutsquoten zu erwarten sind, wenn der Staat die Förderung des Konsums statt der Investition in den Vordergrund rückt. Staaten, die eine Förderung des Konsums in den Mittelpunkt stellen, werden einen weniger umfangreichen Sozialstaat entwickeln, während Staaten, die den Konsum einschränken, gezwungen sind, einen umfangreicheren Sozialstaat zu schaffen. Natürlich erwächst die Herangehensweise eines Staates in Fragen des Konsums nicht aus dem Nichts. Sie ist das Ergebnis eines komplexen Geflechts unterschiedlicher Faktoren, darunter die Geschichte des Wirtschaftswachstums und der Inflation in dem betreffenden Land, seine Rolle in der Weltpolitik und im Krieg sowie die Struktur seines Finanzsystems und die Funktion dieses Systems innerhalb der Gesamtwirtschaft. Die Heran-

---

1 O'Rourke/Williamson, *Globalization and History*, S. 4.

gehensweise eines Staates in Fragen des Konsums ist kein exogener oder letztlich bestimmender Faktor, sondern der Punkt in einer Kausalkette, an dem eine Kausalkette, die mit einer bestimmten Herangehensweise in Fragen des Konsums endet, eine neue Kausalkette eröffnet, die mit einer bestimmten Herangehensweise in Fragen des Sozialstaats endet. Das ist eine Durkheim'sche Antwort auf die in den historischen Sozialwissenschaften auftretende Frage, wie weit zurück in die Geschichte man eine Kausalkette verfolgen sollte. Die Geschichte produziert Ereignisfolgen, in denen Phänomene zu Erscheinungen *sui generis* werden, das heißt nicht mehr auf die Ereignisse, die sie einst hervorbrachten, zurückgeführt werden können. An diesen Stellen sollten unsere Kausalketten beginnen. Welche Faktoren eine bestimmte Herangehensweise in Fragen des Konsums auch hervorgebracht haben mögen, wenn diese Herangehensweise erst einmal etabliert ist, beeinflusst sie in unabhängiger Weise die Entwicklung des Sozialstaats. Die Folgen für den Sozialstaat werden von Politikern durchgesetzt, die auf die Bedürfnisse ihrer Wählerinnen reagieren, und von Wählern, die ihre Bedürfnisse zum Ausdruck bringen. Dieses Buch erkennt zwar in den Geschichten insofern eine gewisse Pfadabhängigkeit, als frühere Entscheidungen spätere beeinflussen und die Wahrscheinlichkeit mancher Ergebnisse erhöhen, findet jedoch keine Belege für die stärkste Version der Pfadabhängigkeit, nach der auf kontingente Momente Sequenzen folgen, in denen Prozesse »verriegelt« und Veränderungen ausgeschlossen sind.[2] Wir finden keine zufälligen Ereignisse der in dieser Sichtweise vorgesehenen Art, da die Ereignisse dort nichts Zufälliges an sich haben. Die Reaktionen der Staaten in aller Welt auf das durch den amerikanischen Wohlstand ausgelöste Ungleichgewicht lässt sich leicht klären, indem man untersucht, wie Gruppen sich bemühten, nach den von ihnen wahrgenommenen Interessenlagen zu agieren. Selbst die geografische Kontingenz, mit der die Ereignisfolge beginnt, lässt sich strukturell als Migration von Menschen in immer neue Gebiete begreifen. Auch in zeitlicher Hinsicht finden wir keine kritischen Angelpunkte, da das Geschehen sich über mehrere Jahrzenten von den 1890er bis zu den 1930er Jahren erstreckt. Wie andere dargelegt haben, passt die starke Version der Pfadabhängigkeit nicht gut zu fließenden historischen Prozessen.[3] Schwächere Versionen der Pfadabhängigkeit

---

[2] Mahoney, »Path Dependence«; ders., *The Legacies of Liberalism;* Pierson, »Path Dependence«.
[3] Thelen, *How Institutions Evolve.*

sind in den Geschichten dagegen sehr wohl zu finden. So haben die USA bis heute keine landesweite Umsatzsteuer eingeführt. Unmittelbar nach dem Krieg gab es keinen Grund, diesen Pfad zu verlassen, da die Einkommenssteuer sich als ein wirkungsvoller Mechanismus zur Erhöhung der staatlichen Einnahmen erwies. Als es dann nach der Wirtschaftskrise der 1970er Jahre Gründe gab, eine neue Art von Steuer einzuführen, war man dazu nicht in der Lage, weil die Bürgerinnen in Zeiten wirtschaftlicher Krisen weniger Bereitschaft zeigten, die Einführung einer neuartigen Besteuerung hinzunehmen. Nach Kato haben wir es hier insofern mit einer Form von Pfadabhängigkeit zu tun, als Pfade, die man vor dem Ersten Weltkrieg eingeschlagen hatte, sich noch Jahrzehnte danach einer Veränderung widersetzten, auch wenn die stärkeren Kriterien der kritischen Angelpunkte und Kontingenz nicht erfüllt sind.[4] Die in der Zeit zwischen dem Ersten und dem Zweiten Weltkrieg jeweils etablierte Herangehensweise an den Konsum hat sich im Übrigen in allen Ländern bis heute gehalten – was zum Beispiel die deutsche Abneigung gegen eine nachfrageorientierte Politik in der gegenwärtigen Krise erklärt. Die wichtigste Lehre aus alledem dürfte in der Bedeutung unbeabsichtigter und nicht vorausgesehener Folgen in der Geschichte bestehen. Selbst wo Gruppen und Akteure sich rational verhalten wollen, sind die Systeme sozialen Handelns allzu kompliziert, als dass man ihre Wechselwirkungen voraussagen könnte – zumindest nach dem gegenwärtigen Stand menschlichen Wissens.

Die empirische These dieses Buchs lautet, dass die Erfahrungen mit dem Reichtum der Neuen Welt die fortgeschrittenen Industrieländer zu unterschiedlichen Herangehensweisen in Fragen des Konsums und damit auch in der Gestaltung des Sozialstaats drängten, wie in Abbildung 10.1 dargestellt. Im 19. und frühen 20. Jahrhundert reagierten europäische Staaten auf den Preisverfall aufgrund des amerikanischen Wachstums unter den Bedingungen des Goldstandards mit einer Anhebung ihrer Zollschranken – eine Entwicklung, die möglicherweise die Konflikte zwischen ihnen verschärfte.[5] Die Konflikte, auf die sich diese protektionistischen Staaten einließen, dezimierten ihre ökonomischen Fähigkeiten noch weiter, sodass die politisch Verantwortlichen in all diesen Ländern verzweifelt versuchten, die Produktion in die Höhe zu

---

4 Kato, *Regressive Taxation*.
5 Hobson, *The Wealth of States*.

treiben. Der Sozialstaat war eines der Elemente des Wiederaufbaus nach dem Krieg und bildete eine Gegenleistung für die Lohnzurückhaltung der Arbeitnehmer sowie ein Mittel zur Versöhnung der Bürgerinnen mit dem von oben verordnetem Wirtschaftswachstum. Auch in europäischen Ländern verfügten Agrarier über eine mächtige Position, doch aufgrund ihrer Integration in die Exportmärkte wurde der Preisverfall für sie von den Getreideimporten ausgelöst, sodass sie sich den protektionistischen Koalitionen anschlossen und sie stärkten.

Protektionismus war für die amerikanischen Farmer ein unzureichendes Mittel, da sie das Problem selbst verursachten, und so setzte denn die in den 1890er und dann noch einmal in den 1920er Jahren in den USA herrschende Volatilität der Preise einen langen Prozess politischer Kreativität frei. Huey Long und andere vermochten nicht zu verstehen, wie es möglich war, dass es in einem Land, das so viel hatte und so viel produzierte, dennoch Menschen gab, die hungerten und kein Dach über dem Kopf hatten. Irgendetwas lief da schief bei den Verteilungsmechanismen, die zwischen der erfolgreichen Produktion und der Fähigkeit zum Konsum lagen. Wie wir gesehen haben, führte diese intensive und fruchtbare Periode des Nachdenkens zu Thesen, wonach die Geldversorgung sehr viel schneller wachsen musste, damit sie mit der wachsenden Wirtschaft Schritt halten konnte, und wonach es galt, das konzentrierte Vermögen zu zerstreuen, damit die Produktivität des Landes durch die Wirtschaft strömen konnte. Insbesondere entwickelte sich in dieser Zeit, wie Meg Jacobs und andere gezeigt haben, ein »Kaufkraftparadigma«, das die amerikanische Wirtschaftspolitik in der Mitte des 20. Jahrhunderts leitete. Durch die Drehungen und Wendungen der Politik hindurch wurden diese Erkenntnisse vor allem auf zweierlei Weise zu praktischer Politik. Erstens versuchten amerikanische Politikerinnen, die Konzentration des Reichtums durch eine in vergleichender Perspektive ungewöhnlich progressive Steuerstruktur aufzubrechen. Zweitens führten diese Bemühungen zu einer Reihe von Gesetzen, mit denen die Banken kleingehalten werden sollten. Das waren zwar nicht die einzigen politischen Maßnahmen, die aus dieser Situation hervorgingen, aber sie waren außerordentlich folgenreich für die weitere Entwicklung der politischen Ökonomie der USA. Dieser politische Versuch, Verbraucher und Anbieterinnen vor der Macht der großen Konzerne zu schützen, wurde weitgehend von Agrariern und ihren Repräsentanten vorangetrieben, die von der Jahrhundertwende bis in die 1930er Jahre hinein an zentralen Schaltstellen des politischen Prozesses saßen.

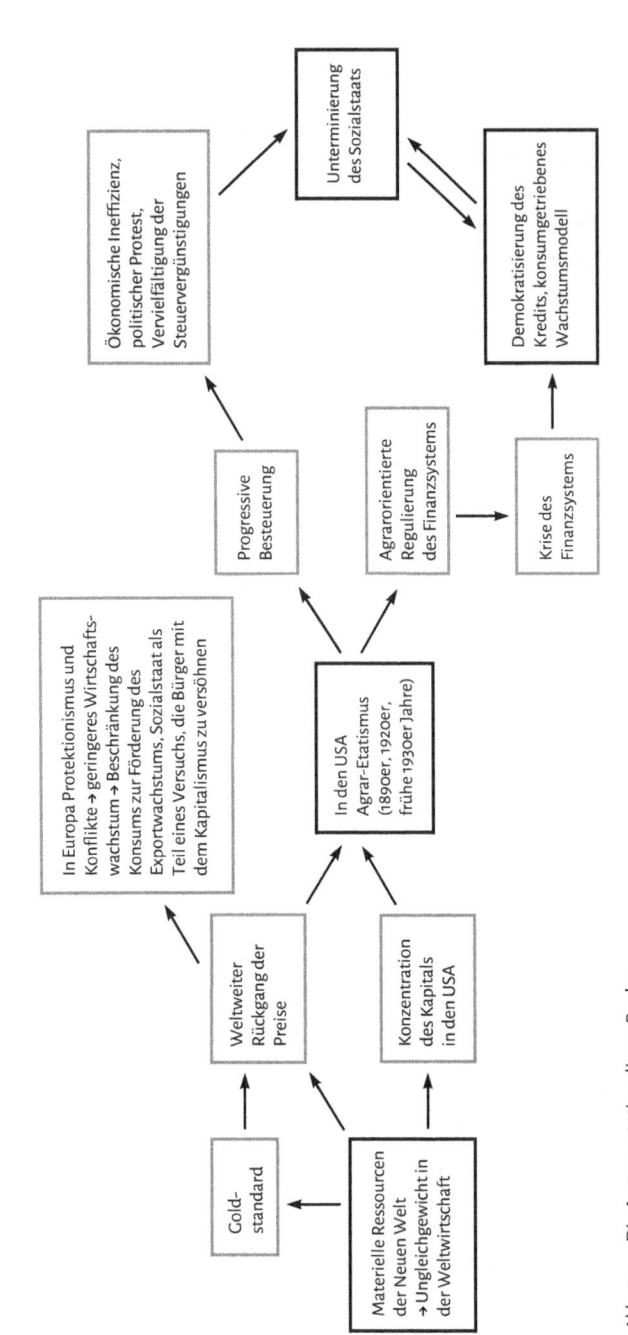

Abb. 10.1 Die Argumentation dieses Buchs

Diese einzigartige Form staatlicher Intervention unterminierte den Sozialstaat. Die progressive Besteuerung scheint eine politisch vulnerablere Form der Generierung von Einnahmen zu sein und ist möglicherweise auch wirtschaftlich weniger effizient, und so verschloss denn der amerikanische Widerstand gegen eine regressive Besteuerung die leichte Einnahmequelle, die europäische Staaten für sich gefunden hatten. Und da die schuldnerfreundliche Politik zu einer Tradition der Gewährung von Steuervergünstigungen geführt hatte, bestand eine der Möglichkeiten zur Vermeidung hoher Steuern für die Unternehmen in der Gewährung von freiwilligen Sozialleistungen in Gestalt von Lohnzulagen, weil sie dafür Steuervergünstigungen erhielten. Diese Steuervergünstigungen wurden gesetzlich festgeschrieben und trugen zur Entstehung des amerikanischen Systems privater Vorsorge, aber zugleich auch zur Aushungerung der staatlichen Sozialhilfe bei. So wird leichter verständlich, warum Arbeitgeber in den USA Ende des 20. Jahrhunderts ihre Präferenzen auf diesem Gebiet umstellten. In den 1980er und 1990er Jahren wurden die Unternehmenssteuern gesenkt, wodurch der Wert der Steuervergünstigungen aufgrund freiwilliger Sozialleistungen sank und die Arbeitgeber weniger Grund hatten, an den immer teurer werdenden freiwilligen Sozialleistungen festzuhalten. In den 1990er Jahren näherten die Unternehmen sich vorsichtig dem Gedanken einer allgemeinen Gesundheitsfürsorge, und die Gewerkschaften kämpften nicht länger für die private Vorsorge.[6]

Die amerikanische Form staatlicher Intervention führte außerdem zu einer kreditbasierten politischen Ökonomie. Die an Agrarinteressen ausgerichtete Regulierung des Finanzsystems verursachte in der Weltwirtschaftskrise einen Zusammenbruch des Finanzsystems. Um das Finanzsystem – und damit die Wirtschaft – wieder aufzurichten, initiierte die Roosevelt-Administration einen Prozess der Demokratisierung des Kredits. Zugleich setzte die aus der Weltwirtschaftskrise hervorgegangene Regulierung des Finanzsystems dem Kredit gewisse Grenzen, da sie die Banken kleinhielt und deren Aktivitäten einschränkte. Dieser Widerspruch war in den Jahrzehnten wirtschaftlicher Entwicklung nach dem Zweiten Weltkrieg kein Problem, doch als in den 1970er Jahren eine weltweite Wirtschaftskrise ausbrach, begannen Beobachter aus allen politischen Lagern, sich für eine leichtere Verfügbarkeit von Krediten ein-

---

6 Zu einer umfassenden Betrachtung dieser veränderten Politik hinsichtlich der Gesundheitsfürsorge siehe Hacker, *The Divided Welfare State*; Jacobs/Skocpol, *Health Care Reform*; Daschle, *Getting It Done*.

zusetzen, und leiteten damit eine Periode der Deregulierung ein. Diese Deregulierung entwickelte ihre eigne Dynamik und führte schließlich zur Finanzkrise.

Nach dem in Studien zur Staatenbildung vorherrschenden militärisch-fiskalischen Modell bilden Kriege die wichtigsten Angelpunkte der Geschichte.[7] In der von mir erzählten Geschichte sind Kriege in zwei zentralen Hinsichten folgenreich: Die in den beiden Weltkriegen angerichteten Verwüstungen stellten einen wichtigen Antrieb für das koordinierte Projekt des Aufbaus von Märkten dar, an das die europäischen Staaten sich im frühen 20. Jahrhundert machten, und der Wohlstand der amerikanischen Wirtschaft, der die Ereignisfolge in Gang setzte, wurde vom Amerikanischen Bürgerkrieg und dem Ersten Weltkrieg eingerahmt, die beide als Katalysatoren für das Wachstum der wirtschaftlichen Kapazitäten der USA dienten. In diesem Sinne erweitert die vorliegende Untersuchung das militärisch-fiskalische Modell, statt es infrage zu stellen. Allerdings ist auch zu berücksichtigen, dass Kriege vor allem die Größe, nicht aber die Form der politischen Ökonomie veränderten. So war der Zweite Weltkrieg ein wichtiger Angelpunkt in der Geschichte des amerikanischen Steuerstaats, da er die Staatseinnahmen auf neue Höhen hob, von denen sie niemals zurückkehrten.[8] Dagegen änderte er nichts an der überragenden Bedeutung der Einkommenssteuer und der Ablehnung einer Umsatzsteuer in den USA, die beide auf die Zeit vor dem Krieg zurückgingen und ihn überlebten. Auch die wichtigsten Schritte bei der Demokratisierung des Kredits waren das Ergebnis ökonomischer, nicht geopolitischer Krisen und lagen vor dem Zweiten Weltkrieg. Der wirtschaftliche Niedergang Europas gegenüber den USA begann gleichfalls schon vor den Weltkriegen, und auch wenn die beiden Kriege den Niedergang beschleunigten, dürfte er doch zusammen mit dem Protektionismus, zu dem er führte, zu dem konfliktgeladenen Klima beigetragen haben, aus dem die Kriege hervorgingen. Kriege interagieren in einer Weise mit inländischen politischen und ökonomischen Institutionen, die es nicht leicht macht, die jeweils primären Faktoren zu identifizieren.

In einem früheren Buch, *The Politics of Free Markets*, habe ich die Konsequenzen dieser verschiedenen Modelle der politischen Ökonomie für den Aufstieg des Neoliberalismus in den USA und Großbritannien wäh-

---

7 Tilly, »War Making and State Making«.
8 Campbell/Allen, »State Revenue Extraction«; Jones, »Mass-based Income Taxation«; Sparrow, »Buying Our Boys Back«.

rend der 1970er und 1980er Jahre untersucht. In den USA war diese politische Bewegung mit der Präsidentschaft Ronald Reagans und in Großbritannien mit der Regierung Margaret Thatchers verknüpft. Reagans Neoliberalismus nahm die Form nachhaltiger Steuersenkungen und Deregulierungen an, von denen viele bis heute bestehen. Bei Thatcher konzentrierte er sich auf umfangreiche Privatisierungen, die gleichfalls nicht zurückgenommen wurden. Obwohl zur selben Zeit auch in Frankreich und Deutschland konservative Politiker an die Regierung kamen und ähnliche Versprechen zur Reduzierung des staatlichen Einflusses auf die Märkte abgaben, war der Neoliberalismus dort nicht sonderlich stark ausgeprägt.

Im Widerspruch zu einigen prominenten Erklärungen ging der Neoliberalismus nicht auf den Einfluss der Wirtschaft oder den von Ökonomen zurück.[9] Vielmehr war er deshalb in den USA und in Großbritannien stärker als in Frankreich oder Westdeutschland, weil das amerikanische und britische Steuersystem durch eine stärkere Progression gekennzeichnet war als ihre französische oder westdeutsche Entsprechung. Die Regulierung war in den USA eher adversatorisch im Blick auf die Wirtschaft, insbesondere auf dem kostenträchtigen Gebiet des Umweltschutzes, während den Firmen in Deutschland erlaubt wurde, sich selbst zu regulieren. Die Staatsbetriebe in Großbritannien wurden mit dem Ziel einer Vollbeschäftigung geführt, die in Frankreich dagegen mit dem Ziel möglichst hoher Effizienz. Und während der Sozialstaat in den USA und Großbritannien den Armen mehr gab als den Reichen, fand sich in Frankreich das entgegengesetzte Umverteilungsmuster, das den Reichen mehr gab als den Armen. Diese Politik legte in den USA und in Großbritannien die Grundlagen für den Neoliberalismus, weil die Mehrheit der Amerikanerinnen und Briten in der Nachkriegszeit einen beispiellosen Anstieg ihres Lebensstandards verzeichnete. Das hieß, dass die adversatorische Politik, mit der man zuvor Wahlen hatte gewinnen können (eine nach dem Motto »Schröpft die Reichen!« gestaltete progressive Besteuerung in den USA und eine gewerkschaftsfreundliche Politik in Großbritannien), nun – und vor allem nach der Stagflation der 1970er Jahre – nicht mehr so attraktiv für die Wählerinnen war. Stattdessen entdeckten Politiker auf der Rechten, dass man mit Steuersenkungen (in den USA) und mit einer gewerkschaftsfeindlichen, die Eigenheimbesitzerinnen begünstigenden

---

9 Prasad, *The Politics of Free Markets*; dies., »The Origins of Neoliberalism«.

Politik (in Großbritannien) inzwischen Wahlen für sich entscheiden konnte.

Die Geschichte endet indessen nicht mit dem Sieg der Konservativen, da Wahlsiege sich nicht so leicht in politische Siege ummünzen lassen. Das wichtigste Versprechen, das Margaret Thatcher bei ihrem Amtsantritt abgab, war der Monetarismus. Als die Regierung jedoch tatsächlich daranging, ihre Geldpolitik umzusetzen, stellte sich heraus, dass niemand so recht wusste, was »Geld« überhaupt ist. Unterschiedliche Definitionen von Geld bestimmen ganz entscheidend, wie die jeweilige Geldpolitik beschaffen sein soll. Angesichts dieser Unsicherheit gelang es dem britischen Finanzministerium, Geld in der Weise zu definieren, dass »Monetarismus« gleichbedeutend mit einem »ausgeglichenen Haushalt« wurde – ein Prozess, gegen den Anhänger des Monetarismus entschiedenen Widerstand leisteten. Dadurch wurden der Politik in derart subtiler Weise die Zähne gezogen, dass selbst die Hauptakteure nicht wirklich verstanden, was da geschah. Zu einer ähnlichen Episode kam es unter Reagan, als das von der Linken vertretene Ziel einer Deregulierung in ähnlich erstaunlicher Weise zu einem Ziel der Rechten wurde.[10]

Kurz gesagt, die verstärkte Intervention führte nach der Wirtschaftskrise der 1970er Jahre zu einem Gegenschlag. Das ist der Grund, weshalb die in Kapitel 1 aufgezeigten verstärkten staatlichen Eingriffe den in Tabelle 1.1 zusammengefassten und gänzlich anderen aktuellen Modellen der politischen Ökonomie wichen, in denen die USA ganz anders aussehen als die Länder Kontinentaleuropas (wobei Großbritannien hier eine Zwischenstellung einnimmt). Die staatlichen Interventionen in Europa richteten sich in allererster Linie auf die Förderung wirtschaftlichen Wachstums durch Investitionen in Unternehmen und überstanden daher leichter die Wirtschaftskrise der 1970er Jahre.

Ich habe oben drei Kriterien für eine gute Erklärung der Unterschiede zwischen den USA und Europa vorgeschlagen: Sie muss die stärkere staatliche Intervention in einigen Wirtschaftsbereichen der USA *ebenso* erklären wie den schwächer ausgebildeten Sozialstaat, der zu größerer Armut und Ungleichheit führt. Sie muss erklären, warum europäische Länder über mehrere Jahrzehnte hinweg in der Lage waren, Wirtschaftswachstum und Umverteilung miteinander zu verbinden. Und sie muss schließlich auch die Abweichungen zwischen den amerikanischen und

---

10 Zu näheren Einzelheiten dieser Episode siehe Prasad, *The Politics of Free Markets*.

den europäischen Entwicklungspfaden erklären. Ich vertrete in diesem Buch die These, dass die Rolle der Agrarier in der Politik der ersten Hälfte des 20. Jahrhunderts die staatlichen Eingriffe in für Farmer wichtige Bereiche erklärt – Eingriffe, die den Sozialstaat in den USA weiter unterminierten. Wegen des Widerstands der Agrarier gegen eine regressive Besteuerung übernahmen die USA nie das wirtschaftlich weniger schädliche Steuersystem, das dem Sozialstaat in Europa zugrunde liegt und das es den Ländern dort ermöglichte, Wirtschaftswachstum mit Umverteilung zu verbinden. Die letzte Ursache dieser Divergenz war das explosive Wirtschaftswachstum in den USA, das vom Import britischer Investitionen in die riesige Landmasse Nordamerikas ausgelöst wurde und während des 19. Jahrhunderts Früchte zu tragen begann.

In diesem Buch vertrete ich auch die These, dass die Unterschiede zwischen dem US-amerikanischen und dem europäischen Modell nur wenig mit der Kultur, den Präferenzen der Arbeitgeber oder der Macht der Gewerkschaften zu tun haben, sehr viel dagegen mit der außergewöhnlichen Produktivität des amerikanischen Kapitalismus und den Krisen, die er in der Zwischenkriegszeit und der Weltwirtschaftskrise verursachte. Die öffentliche Mobilisierung oder die Unterstützung sozialpolitischer Ziele spielten in keinem der Länder mit einem entwickelten Sozialstaat eine wesentliche Rolle bei dessen Entstehung. Auch wenn für die betreffenden Zeiträume keine durchgängigen systematischen Umfragedaten vorliegen, erlauben historische Studien doch die Vermutung, dass die größere Unterstützung, die wir heute beobachten, erst nach der Einführung dieser Sozialpolitik einsetzte. Die Arbeitgeber leisteten meist zunächst Widerstand, wenn sozialpolitische Maßnahmen erstmals vorgeschlagen wurden, fanden sich später jedoch damit ab. Und das Muster der wechselnden Stärke und Mobilisierung der Arbeiterschaft passt nicht zum ungewöhnlichen Entwicklungspfad des nordamerikanischen Sozialstaats.

Die von mir vorgeschlagene Erklärung baut stattdessen auf dem Grundsatz auf, dass der Kapitalismus sich analysieren lässt, indem man die Nachfrageseite der Wirtschaft untersucht und insbesondere der Frage nachgeht, ob ein Staat den Konsum fördert oder einschränkt. Diese Schwerpunktsetzung rückt dann auch den internationalen wirtschaftlichen Kontext in den Brennpunkt, in dem die USA eine ganz andere Rolle spielten als die europäischen Länder, da der Reichtum Amerikas ab dem 19. Jahrhundert ein Ungleichgewicht in der Weltwirtschaft schuf, von dem die Welt sich nur langsam und unter hohen Kosten erholte.

Auch wenn ein Großteil der hier gegebenen Erklärung in erster Linie für die fortgeschrittenen Industrieländer gilt, lassen sich einige Elemente zu einer allgemeineren Erklärung zusammenfassen, die an den gegenwärtigen Entwicklungsländern getestet werden kann. Erstens sind Inflation und vor allem Deflation, wie Polanyi uns gelehrt hat, die großen Destabilisatoren in der Geschichte. Da es keinen Goldstandard mehr gibt, dafür aber Zentralbanken und vollkommen andere Institutionen für das Management der Währungen, dürfte die Frage des Geldes heute nicht mehr dieselbe sein wie früher. Es gibt jedoch immer noch Episoden einer Volatilität der Preise, und deren Untersuchung dürfte einen guten Zugang zur politischen Ökonomie bieten. Ökonomische Beschwernisse reichen selten aus, um den Gang geschichtlicher Ereignisse zu erklären, aber vielleicht können wir es so sagen: Preisvolatilität kommt vor. Wenn es dazu kommt, greifen Staaten ein. Aber *wie* Staaten dann eingreifen, ist eine Folge anderer Faktoren. Ein zweites, allgemeineres Ergebnis dieser Arbeit betrifft die Bedeutung der Agrarpolitik für den Sozialstaat. Die Entwicklung des Sozialstaats begann mit der Industrialisierung der Gesellschaften und zu einer Zeit, als Agrarier und bäuerliche Schichten politisch bedeutsam blieben. Esping-Andersen sah das sehr deutlich, erkannte jedoch nicht, welch komplizierte Wege Agrarpolitik nehmen konnte.[11] Ein besonders wichtiger Aspekt der Agrarpolitik ist die Produktivität der Bauern und deren Integration in die Exportmärkte. Wo die Agrarmärkte nur eine geringe Wettbewerbsfähigkeit besitzen, lassen die Bauern sich mit Protektionismus stillstellen. Die geringe Wettbewerbsfähigkeit der Agrarmärkte kann jedoch auch ein Zeichen für eine geringe Wettbewerbsfähigkeit der gesamten Wirtschaft sein (die dann durch Protektionismus noch verstärkt wird). In dieser Situation kann der Sozialstaat Teil eines Versuchs sein, das Wirtschaftswachstum zu stimulieren, indem man den privaten Konsum einschränkt und die Ersparnisse in Investitionen lenkt. Wo dagegen Bauern Exporteure sind, reicht bei sinkenden Preisen Protektionismus nicht aus, um die politischen Aktivitäten der Bauern zu entschärfen. Die Ergebnisse dieser politischen Aktivitäten lassen sich zwar nicht vorhersagen, doch ein natürliches Ziel agrarischer Energien ist hier die von der Industrialisierung bewirkte Konzentration des Reichtums.

Die Politik der 1920er und 1930er Jahre warf einen langen Schatten und überantwortete die USA in den folgenden acht Jahrzehnten einem

---

11 Esping-Andersen, *The Three Worlds*.

kleineren Sozialstaat, höherer Armut und größerer Ungleichheit. Der Schatten der hier dargestellten Ära ist so lang, dass sich daraus einige klare politische Implikationen für die aktuellen Wirtschaftskrisen ergeben. Dieses Buch ist eine geschichtliche Darstellung, keine Anleitung zu praktischer Politik, und so überlasse ich die vollständige Entwicklung dieser Argumente anderen Gelegenheiten. Dennoch möchte ich hier einige vorläufige Überlegungen anfügen.

1. *Niedrigere Steuern auf Spareinlagen.* Die einzigartige Ablehnung einer nationalen Mehrwertsteuer in den USA wird von Vertretern der »Steuersoziologie« seit einiger Zeit diskutiert.[12] Viele Wissenschaftlerinnen sind der Ansicht, die USA sollten dem Beispiel aller übrigen Industrieländer folgen und eine Mehrwertsteuer einführen.[13] Andrea Campbells Vorschlag zur Einführung einer Mehrwertsteuer in Höhe von 10 Prozent »würde dem Staat erhebliche Einnahmen bringen, und das ohne größere politische oder ökonomische Belastungen – bei vorsichtiger Abschwächung der Regressivität« der Mehrwertsteuer, wobei die konkrete Ausgestaltung diverse Möglichkeiten vorsehen könnte wie die Ausnahme von Erzeugnissen des Grundbedarfs, einen entsprechenden Ausgleich für Haushalte mit geringem Einkommen und höhere Steuersätze für Luxusgüter.[14]

Die in diesem Buch erörterte Geschichte steht im Einklang mit Rufen nach einer ernsthaften Diskussion der Mehrwertsteuer, die ein wichtiges Element in den Bemühungen europäischer Länder darstellt, den Konsum einzuschränken und die Investition sowie die Kapitalakkumulation zu fördern und dabei zugleich einen Staat zu finanzieren, der stark genug ist, um die Armut zu verringern. Die hier vorgetragenen Argumente legen auch den Gedanken nahe, dass solche Vorschläge neben der Berücksichtigung der Regressivität auch die Befürchtung der amerikanischen Bundesstaaten entkräften sollten, die nationale Mehrwertsteuer könnte ihre Steuereinnahmen schmälern. Eine erfolgreiche Mehrwertsteuer könnte auf die bundesstaatliche Mehrwertsteuer aufgeschlagen werden oder an deren Stelle treten, wobei ein bestimmter Anteil der nationalen Mehrwertsteuer explizit den Bundesstaaten zugewiesen würde.

---

12 Siehe Martin/Mehrotra/Prasad, *The New Fiscal Sociology*.
13 Zu einem Überblick siehe Zelenak, »Foreword«.
14 Campbell, »The 10 Percent Solution«, S. 55.

Wenn Harold Wilensky Recht hat, läge der politische Nutzen der Mehrwertsteuer darin, dass er die Steuern weniger sichtbar machte. Einen Mechanismus gerade deshalb einzusetzen, weil er weniger sichtbar wäre, widerspricht jedoch einem Trend hin zu größerer Transparenz, der in der amerikanischen Politik seit einigen Jahrzehnten Bedeutung besitzt. Ein weiterer Ansatz, der in den letzten Jahren Popularität erlangt hat und einige der positiven Folgen einer Besteuerung des Konsums nutzt, aber deren politisch fragwürdige Aspekte vermeidet, bestünde in einer allgemeinen Anhebung der Steuersätze bei gleichzeitiger Senkung der Steuern auf Ersparnisse. Das wäre das ökonomische Äquivalent einer Erhöhung der Konsumsteuern, das dazu beitragen könnte, die Sparquote in den USA zu erhöhen und dadurch das Wachstum zu fördern. Diese Politik könnte Abstufungen vorsehen, die dafür sorgen, dass Steuerzahler mit geringerem Einkommen den größten Teil der Vorteile erhielten. Außerdem könnten die Steuerzahlerinnen mit den niedrigsten Einkommen erstattungsfähige Steuergutschriften erhalten, wie dies für befristete Zeit schon in der Vergangenheit erprobt wurde. Das einzige Problem mit solch einer Maßnahme wäre die Vermeidung einer übermäßigen Komplizierung des Steuerrechts.

2. Vereinfachung des Steuerrechts. Eine Vereinfachung des Steuerrechts scheint eine dieser abstrakten und technischen Fragen einer guten Ausgestaltung des Staates zu sein, die keine sonderliche Begeisterung zu wecken vermögen. Doch die Komplexität des Steuerrechts erklärt viele wichtige Probleme in der aktuellen amerikanischen Politik. Ein Problem liegt darin, dass diese Komplexität eine Hintertür für die Interessen von Unternehmen öffnet, die es ihnen ermöglicht, Ausnahmen durchzusetzen. Viele Amerikaner ziehen daraus den Schluss, dass die Unternehmen eine viel zu große Macht im politischen System der USA besäßen. Doch das Endergebnis solch einer Hinterzimmerpolitik der Unternehmen besteht lediglich darin, *den Körperschaftssteuersatz auf ein ähnliches Niveau abzusenken wie in anderen Ländern*. Das heißt, auf dem Papier besitzen die USA heute einen stark progressiven Körperschaftssteuersatz von 35 Prozent, verglichen mit etwa 25 Prozent in den übrigen Ländern der OECD. In der Praxis sind die effektiven Steuersätze – und damit die tatsächlich gezahlten Steuern – nicht so unterschiedlich.[15]

---

15 Avi-Yonah/Lahav, »The Effective Tax Rate«.

Das führt zu einer naheliegenden Frage: Warum senkt man die Körperschaftssteuersätze dann nicht gleich auf das Niveau der übrigen Länder ab? Wozu dieses ganze Drama mit Heeren von Lobbyisten und komplizierten Ausnahmen, wenn die effektiven Steuersätze am Ende genau dort liegen, wo andere Länder beginnen? Ein Grund für diesen absonderlichen Zustand könnte darin liegen, dass dieser Umgang mit der Frage den Politikern nutzt. Sie sichern sich einen symbolischen Vorteil, weil sie behaupten können, die Körperschaftssteuern seien hoch, und zugleich materielle Vorteile, weil die Unternehmen sie in Form von Wahlkampfspenden bezahlen müssen, damit sie die Steuersätze auf das Niveau der übrigen Länder senken. McCaffery und Cohen sehen darin eine »Erpressung« seitens der Politiker.[16] Diese Situation bringt den Unternehmen keinen wirklichen Nutzen, da sie für Steuersätze zahlen müssen, die für Unternehmen in anderen Ländern auch ohne solche Zahlungen gelten, und sie hat auch keinen gesamtwirtschaftlichen Nutzen, da viel produktive Arbeit auf Lobbyismus und Anwaltstätigkeiten verschwendet wird. Doch den Politikerinnen bringt sie Wahlkampfspenden ein und enthebt sie der Aufgabe, die Körperschaftssteuersätze sichtbar zu senken – was die Hartnäckigkeit dieses Systems erklären mag, und das trotz des Tax Reform Act von 1986. Die schädlichste Auswirkung dieser Sachlage dürfte darin liegen, dass sie zu einer Entfremdung der Öffentlichkeit führt, weil dadurch der Eindruck von Korruption entsteht. Die Politik der Steuervergünstigungen hat außerdem Folgen, die sich nicht vorhersehen oder kontrollieren lassen – tatsächlich verfing sich der Sozialstaat selbst in der Komplexität des Steuerrechts, was dazu führte, dass Unternehmen und Gewerkschaften beide die private Vorsorge einer staatlichen vorzogen.

3. Die Regulierung sollte nicht nur dem Kreditangebot, sondern auch der Kreditnachfrage gelten. In den USA war die wichtigste Reaktion auf die Finanzkrise der Ruf nach einer stärkeren Regulierung des Finanzsystems.[17] Ganz sicher ist Regulierung ein Teil der Antwort, und vor allem die Regulierung der Kreditratingagenturen scheint ein unverzichtbarer Dreh- und Angelpunkt für ein funktionsfähiges Finanzsystem zu sein. Regulierungen sorgen jedoch für eine Verringerung des *Angebots*. Sie erschweren den Zugang zu Krediten, indem sie bestimmen, wieviel Kredit Banken oder Finanzinstitute bereitstellen dürfen. Ein anderer Ansatz bestünde in ei-

---

16 McCaffery/Cohen, »Shakedown at Gucci Gulch«.
17 Schwartz, »Housing, the Welfare State«; Rajan, *Fault Lines – Verwerfungen*.

ner Prüfung der Kreditnachfrage. Warum nehmen die Menschen überhaupt so viele Kredit auf? Warum sind sie so empfänglich für Angebote von Kredithaien? Wie wir gesehen haben, führte die Deregulierung der Eintrittsbarrieren in Ländern mit einem gut entwickelten Sozialstaat nicht zu einem ähnlichen Wachstum der Verschuldung privater Haushalte wie in den USA, und daraus folgt, dass hier andere Faktoren jenseits der Regulierung eine Rolle spielten. Wir haben auch gesehen, dass in den USA der Druck zu einer Erleichterung der Kreditaufnahme aus allen Bereichen des politischen Spektrums kam, von Fürsprechern der Marginalisierten ebenso wie von solchen der Geschäftsinteressen. Aus beidem lässt sich schließen, dass es da eine grundlegende Nachfrage nach Kredit gibt, die auf das Fehlen sozialer Einrichtungen in den USA zurückgeht. In Ermangelung der in Europa üblichen sozialen Einrichtungen greifen Amerikanerinnen nach Krediten, um ihr Überleben zu sichern. Das heißt, wenn wir schlichtweg das Kreditangebot einschränken, *schaffen wir Not und Elend*, weil wir es den Menschen erschweren, ihren Bedarf an medizinischen Leistungen zu decken oder nach Wohneigentum als Mittel der Sicherheit und Mobilität zu streben. Deshalb kommt hier von allen Seiten unausweichlich der Ruf nach einem verbesserten Zugang zu Krediten. Das ist die Dynamik, die in den 1970er Jahren dafür sorgte, dass feministische und afroamerikanische Gruppen und Demokraten und Verbraucherschützer einen leichteren Zugang zu Krediten und eine Deregulierung des Finanzsystems unterstützten. Wir können sicher sein, dass diese Dynamik sich wiederholt, wenn wir den Zugang zu Krediten einschränken, ohne zu bedenken, warum die Menschen überhaupt Kredite nachfragen. Die Regulierung des Finanzsystems kann nicht funktionieren, wenn der Fokus nicht auf der Kreditnachfrage liegt.

4. Das Finanzsystem ist nicht die Antwort. Die Nachkriegswelt lebte und lebt in einer Konsumordnung, die in den USA zu einem gewaltigen kreditfinanzierten Konsum führte. Dieser Konsum ermöglicht in anderen Ländern ein exportgestütztes Wachstum, während die Amerikaner von niedrigen Warenpreisen profitieren. Diese Ordnung zeigt jedoch ihre Schwächen, da ein auf kreditfinanziertem privatem Konsum basierendes System anfällig für Blasen innerhalb des Finanzsystems ist, die das System verwüsten können, und diese Ordnung nichts unternimmt, um den Konsum dort zu fördern, wo er am dringendsten benötigt wird, nämlich in den gegenwärtigen Entwicklungsländern.

In der amerikanischen Regierung gibt es wenig Begeisterung für eine Abkehr von solchem Vertrauen in das Finanzsystem. So sieht etwa Finanzminister Timothy Geithner eine Zukunft, in der das amerikanische Finanzsystem noch stärker entwickelt ist und der komparative Vorteil der USA gerade in diesem hoch entwickelten Finanzsektor liegt. Der amerikanische Finanzsektor wird nach Geithner die Ersparnisse der in rascher Entwicklung begriffenen Mittelschichten in aller Welt anziehen, und darin wird eine wichtige Quelle für das Wirtschaftswachstum in den USA liegen. Amerika wird zur Bank der Welt werden. Geithner glaubt, eine vorsichtige Regulierung werde jene Art von Krisen, wie wir sie erlebt haben, in Zukunft verhindern, aber er möchte nicht, dass die Regulierung den Finanzsektor schädigt. »Ich habe nichts übrig [...] für Bemühungen, die relative Bedeutung des Finanzsystems in unserer Wirtschaft versuchsweise zu verringern, denn wir müssen daran denken, dass wir in einer weiteren Welt agieren. [...] Dasselbe gilt für Microsoft oder alles andere. Wir wollen, dass US-Firmen davon profitieren [...]. Nun sind Finanzunternehmen wegen des Risikos zwar etwas anderes, aber durch Regulierung können wir das in Grenzen halten.«[18]

Es gibt indessen mehrere Gründe, weshalb wir vorsichtig mit dieser Vision sein sollten. Erstens, wenn wir das Finanzsystem in den Mittelpunkt des Wirtschaftssystems rücken, führt das dazu, dass alle – von den Verbraucherschützern über die Fürsprecher der armen Bevölkerungsgruppen bis hin zu den Unternehmen – am Ende wollen, dass dem Finanzsektor keine Schranken gesetzt werden. In einer Volkswirtschaft, deren Motor das Finanzsystem ist, gibt es deshalb keine gesellschaftlichen Kräfte, die sich ganz selbstverständlich für Regulierungen einsetzen, weil das Finanzsystem die Bedürfnisse der Menschen zu erfüllen scheint und für Profite sorgt. Regulierungsmaßnahmen, die Finanzströme von den USA weg und in die Entwicklungsländer lenken, könnten die Abhängigkeit der Amerikaner vom Finanzsystem verringern, ohne die Größe dieses Sektors zu beeinträchtigen. Doch gerade solche Regulierungsmaßnahmen lassen sich angesichts der zentralen Bedeutung des Finanzsystems nur schwer realisieren. In dieser Situation ist eine Regulierung der von Geithner angesprochenen Art zwar notwendig, aber vielleicht gar nicht möglich.

Zweitens dringt der Finanzsektor hier auf unerforschtes Terrain vor. Ökonominnen behaupten häufig auf der Grundlage historischer Korre-

---

18 Scheiber, »The Escape Artist«, S. 17.

lationen zwischen der Entwicklung des Finanzsystems und dem Wirtschaftswachstum, die Entwicklung des Finanzsektors nütze der Wirtschaft.[19] Es ist jedoch unklar, ob diese historischen Zusammenhänge auch für das Niveau der Finanzialisierung gilt, das die USA inzwischen erreicht haben. Einige Studien gelangen zu dem Ergebnis, dass die Finanzialisierung der Bereiche außerhalb des eigentlichen Finanzsektors der Kapitalakkumulation in den letzten Jahrzehnten in Wirklichkeit geschadet habe.[20] Viele Beobachter verweisen darauf, dass der Finanzsektor nicht nur Ressourcen, sondern auch hoch qualifizierte Arbeitskräfte abzieht, und die jüngste Krise lässt vermuten, dass ein Großteil dieses Talents auf die Entwicklung wertloser und sogar schädlicher neuer Finanzprodukte verschwendet wurde.

Vielleicht ist Geithners Vision deshalb besonders gefährlich, weil sie in der Demokratischen Partei alle alternativen Visionen hinsichtlich des Wirtschaftswachstums von der Bühne stößt. Die Republikaner bieten seit Jahrzeiten ein kohärentes Programm der Steuersenkung und des Regulierungsabbaus als Mittel zur Erhaltung des Wirtschaftswachstums an. Dieses Programm war ein aufrichtiger Versuch, auf die Konjunkturschwäche der 1970er Jahre in einer Weise zu reagieren, die auch bei einer Mehrheit der Demokraten auf Zustimmung stoßen konnte.[21] Die Probleme mit dieser Politik sind ausführlich erforscht worden, doch das Programm findet weiterhin ein Echo, weil die Demokraten keine klare Alternative anbieten. Die Demokraten haben zwar ein alternatives Programm zum weiteren Aufbau des Landes durch wirtschaftliches Wachstum, das auf Investitionen in die Bildung, den Verkehr, erneuerbare Energie, Forschung und Entwicklung sowie eine Eindämmung der Kosten für die Gesundheit setzt. Doch keinem Politiker, keiner Politikerin der Demokratischen Partei ist es gelungen, eine klare Agenda zu formulieren, die politisch ebenso überzeugend wäre wie die Forderung nach Steuersenkungen und weniger Regulierung, und das vielleicht deshalb, weil die Demokraten sich ebenso vom Finanzsystem blenden lassen wie die Republikaner.

---

19 Siehe z. B. King/Levine, »Finance and Growth«; Rajan/Zingales, »Financial Dependence«.
20 Stockhammer, »Financialisation and the Slowdown«; Orhangazi, »Financialisation and Capital Accumulation«.
21 Prasad, *The Politics of Free Markets;* dies., »The Origins of Neoliberalism«.

5. Für die USA ist Armutsbekämpfung eine Wachstumsstrategie. Der Sozialstaat hat Auswirkungen auf das Finanzsystem und umgekehrt. Wenn die in diesem Buch vorgetragenen Argumente zutreffen, liegt einer der unerwarteten Vorzüge des Sozialstaats darin, dass er das Finanzsystem zu stabilisieren vermag. Wenn Kredit eine Alternative zum Sozialstaat darstellt, wird ein Ausbau des Sozialstaats die Kreditnachfrage und damit auch die Volatilität des Finanzsystems verringern. Statt die Kreditnachfrage durch eine Erschwerung des Erwerbs von Wohneigentum anzugreifen (etwa durch eine Abschaffung der Steuervergünstigungen für Wohneigentum oder durch einen erschwerten Zugang zu Hypothekendarlehen), müssen wir auf die zugrunde liegenden Sicherheitsbedürfnisse der Amerikanerinnen eingehen, die sie veranlassen, das Wohneigentum in den Mittelpunkt zu stellen, zum Beispiel die Kosten für die Gesundheitsversorgung, die Suche nach guten Schulen und den Aufbau von Vermögen zur Absicherung gegen finanzielle Rückschläge. Einer der wichtigsten Vorteile eines Ausbaus des Sozialstaats, der zugleich die Abhängigkeit der Bürger von Krediten zur Finanzierung ihre sozialen Bedürfnisse verringerte, läge in den Beschränkungen, die dadurch dem Finanzsystem auferlegt würden.

Ein stärker entwickelter Sozialstaat wird den Hunger auf Hypothekendarlehen und Kredite dämpfen, der tief in der politischen Ökonomie der USA verankert ist. Ein Ausbau des Sozialstaats wird das amerikanische Wirtschaftswachstum keineswegs beeinträchtigen, sondern ihm den Weg bereiten, denn wenn die Nachfrage nach Finanzdienstleistungen sinkt, werden auch die Belohnungen dort sinken, und andere, produktivere und weniger zum Aufbau von Blasen neigende Sektoren werden Ressourcen und qualifizierte Arbeitskräfte anziehen. Für die USA ist Armutsbekämpfung eine Wachstumsstrategie.

Bezüglich der Implikationen dieser Arbeit für die Wissenschaft sei zum Abschluss gesagt: Ich habe hier zu zeigen versucht, dass die USA in vielerlei Hinsicht eine ebenso radikale politische Tradition besitzt wie die westeuropäischen Staaten. Es gibt zwar viele Unterschiede zwischen dem amerikanischen und dem europäischen Kapitalismus, doch im Kern der amerikanischen Geschichte finden wir eine Kritik an einem zügellosen Kapitalismus und einen tiefen Glauben an staatliche Intervention, vor allem an den Einsatz staatlicher Macht gegen die Macht des Kapitals.

Diese Untersuchung legt den Schluss nahe, dass Analytiker voreilig das Argument von der »Logik des Industrialismus« – die Behauptung

Polanyis und anderer, dass die Industrialisierung staatliche Intervention mit sich bringe – mit der Bemerkung abgetan haben, diese These könne die Unterschiede in den Formen und dem zeitlichen Auftreten des Sozialstaats in verschiedenen Ländern nicht erklären. Das stimmt, und es ist wichtig. Wenn wir unseren Blick jedoch vom Sozialstaat hin zu allgemeineren Formen staatlicher Intervention erweitern, zeigt sich, dass es keinem Land gelungen ist, den Kapitalismus ohne massive staatliche Intervention funktionsfähig zu machen und zu erhalten. Die USA sind keineswegs eine liberale, auf dem Prinzip des Laissez-faire basierende politische Ökonomie, und sie waren es noch nie.

Statt unsere Aufmerksamkeit auf die reiche Geschichte staatlicher Interventionen in den USA zu lenken, verdunkeln unsere Theorien der vergleichenden politischen Ökonomie diese Geschichte und vermögen uns deshalb nicht bei dem Versuch zu helfen, die Vergangenheit des US-amerikanischen Staates oder dessen gegenwärtige Entwicklung zu verstehen. Um den Entwicklungsweg dieser ungewöhnlichen politischen Ökonomie vollständig zu erforschen, werden wir in der Wissenschaft die Fiktion eines schwachen amerikanischen Staates hinter uns lassen und bei der Entwicklung unserer Theorien die wirkliche Geschichte ins Auge fassen müssen

Abbildungen und Tabellen

Abbildungen

2.1	Ungleichheit vor und nach Steuern und Transfers	55
3.1	Index der Industrieproduktion 1870–1912	88
3.2	Index der Agrarproduktion 1869–1950	89
3.3	Index der Produktion im Fertigungssektor 1869–1941	90
3.4	Gesamt-BIP 1820–1924	91
3.5	Großhandelspreisindex 1848–1943	97
3.6	US-Hypothekenzinssätze 1869–1885	105
3.7	Index der Agrarproduktion 1889–1929	119
3.8	»How To See Our Wheat«	122
7.1	Restriktivität der Bankenregulierung vor 1999	236
8.1	Index der Bautätigkeit, 1925–1929 und 1932	275
10.1	Die Argumentation dieses Buchs	334

Tabellen

1.1	Die USA im Vergleich zu anderen Industrieländern	23
3.1	Pro-Kopf-BIP	86
4.1	Regionales Abstimmungsverhalten der Republikaner zur Umsatzsteuer im Kongress, 1921	146
4.2	Regionale Präferenzen für die Umsatzsteuer im Kongress, 1932	152
8.1	Regionale Stimmverteilung bei der Abstimmung über den McFadden Act im Repräsentantenhaus, 1926	292
9.1	Nachfrage nach Krediten 1980–2005	311
9.2	Effekt der Deregulierung auf den Kredit für verschiedene Niveaus der Sozialausgaben	312

Bibliografie

Abbott, Andrew, »Abundance«, Hollingshead Lecture an der Yale University, 28. Februar 2012.
Abdelal, Rawi, *Capital Rules: The Construction of Global Finance*, Cambridge 2007.
Abelshäuser, Werner, »Ansätze ›korporativer Marktwirtschaft‹ in der Korea-Krise der frühen Fünfziger Jahre«, *Vierteljahrshefte für Zeitgeschichte* 30, Heft 4 (1982), S. 715–756.
Abiad, Abdul/Enrica Detragiache/Thierry Tressel, »A New Database of Financial Reforms«, in: *International Monetary Fund Staff Papers* 47/2 (2010), S. 281–302, http://www.imf.org/external/pubs/ft/wp/2008/data/wp08266.zip [Juni 2024].
Adams, William James, *Restructuring the French Economy: Government and the Rise of Market Competition since World War II*, Washington, DC, 1989.
Advisory Commission on Intergovernmental Relations (ACIR), *Changing Public Attitudes on Government and Taxes*, Washington, DC, 1993.
Aglietta, Michel, *Régulation et crises du capitalisme: l'expérience des États-Units*, Paris 1976; engl.: *A Theory of Capitalist Regulation: The US Experience*, New York 2000.
Akhigbe, Aigbe/Ann Marie Whyte, »The Gramm-Leach-Bliley Act of 1999: Risk Implications for the Financial Services Industry«, in: *The Journal of Financial Research* 27/3 (2004), S. 435–446.
Akhurst, Rosemary, »Taking Thalidomide Out of Rehab«, in: *Nature Medicine* 16/4 (2010), S. 370–372.
Albright, Robert C., »Tax Bill Hit by Industry and Labor: Measure Is Unfair to Corporations, Says One; Other Asserts It ›Soaks the Poor‹«, in: *The Washington Post*, 30. Juli 1942, S. 1.
———. »Gallery Glimpses«, in: *The Washington Post*, 6. September 1942, S. B3.
Alesina, Alberto/Edward L. Glaeser, *Fighting Poverty in the U.S. and Europe: A World of Difference*, Oxford 2006.
Allen, Christopher S., »The Underdevelopment of Keynesianism in the Federal

Republic of Germany« in: Peter A. Hall (Hg.), *The Political Power of Economic Ideas: Keynesianism across Nations*, Princeton 1989, S. 263–289.

Allen, Linda/Turan G. Bali, »Cyclicality in Catastrophic and Operational Risk Measurements«, in: *Journal of Banking and Finance* 31/4 (2007), S. 1191–1235.

Allen, Linda/Julapa Jagtiani/James T. Moser, »Further Evidence on the Information Content of Bank Examination Ratings: A Study of BHC-to-FHC Conversion Applications«, in: *Journal of Financial Services Research* 20/2/3 (2001), S. 213–232.

Allen, Robert Loring, *Irving Fisher*, Cambridge, MA, 1993.

Alston, Lee J., »Farm Foreclosures in the Interwar Period«, in: *The Journal of Economic History* 43/4 (1983), S. 885–903.

Amaral, Pedro S./James C. MacGee, »The Great Depression in Canada and the United States: A Neoclassical Perspective«, in: *Review of Economic Dynamics* 5/1 (2002), S. 45–72.

Amenta, Edwin, *Bold Relief*, Princeton 2000.

Amenta, Edwin/Kathleen Dunleavy/Mary Bernstein, »Stolen Thunder? Huey Long's ›Share Our Wealth‹, Political Mediation, and the Second New Deal«, in: *American Sociological Review* 59/5 (1994), S. 678–702.

Anderson, Elisabeth, »Experts, Ideas, and Policy Change: the Russell Sage Foundation and Small Loan Reform, 1909–1941«, in: *Theory and Society* 37/3 (2008), S. 271–310.

Andrews, Edmund L., »Bush Remark Touches Off New Debate on Income Tax«, in: *The New York Times*, 12. August 2004, S. A20.

Angelopoulos, Konstantinos/George Economides/Pantelis Kammas, »Tax-Spending Policies and Economic Growth: Theoretical Predictions and Evidence from the OECD«, in: *European Journal of Political Economy* 23/4 (2007), S. 885–902.

Ansell, Ben W., »The Political Economy of Ownership: Housing Markets and the Welfare State«, Working Paper, Department of Political Science, University of Minnesota, o. D.

Appadurai, Arjun, *Modernity at Large: Cultural Dimensions of Globalization*, Minneapolis 1996.

Arrighi, Giovanni, *The Long Twentieth Century*, London 1993.

Ascah, Robert Laurence, *Politics and Public Debt: The Dominion, The Banks and Alberta's Social Credit*, Edmonton, Canada, 1999.

The Atlanta Constitution, »Woman's Hanging Stayed by Judge«, 4. Januar 1929, S. 1.

──────. »Potlikker and Cornpone May Split Solid South If Huey Long Wins Out«, 17. Februar 1931, S. 1.

Avi-Yonah, Reuven S./Yaron Lahav, »The Effective Tax Rate of the Largest US and EU Multinationals«, University of Michigan Law School Program in Law and Economics, Working Paper 41, 2011, http://law.bepress.com/umichlwps/empirical/art41 [Juni 2024].

Baack, Bennett D./Edward John Ray, »Special Interests and the Adoption of the Income Tax in the United States«, in: *Journal of Economic History* 45/3 (1985), S. 607–625.

Bacher, John, *Keeping to the Marketplace: The Evolution of Canadian Housing Policy*, Montreal/Kingston 1993.

Badaracco, Joseph L., Jr., *Loading the Dice: A Five-Country Study of Vinyl Chloride Regulation*, Boston 1985.

Baele, Lieven/Olivier De Jonghe/Rudi Vander Vennet, »Does the Stock Market Value Bank Diversification?«, in: *Journal of Banking and Finance* 31/7 (2007), S. 1999–2023.

Bairoch, Paul, »International Industrialization Levels from 1750 to 1980«, in: *Journal of European Economic History* 11/2 (1982), S. 269–333.

Baker, Dean, *The United States Since 1980*, Cambridge 2007.

Baldwin, Peter, *The Politics of Social Solidarity: Class Bases of the European Welfare State 1875–1975*, Cambridge 1992.

Balleisen, Edward J., *Navigating Failure: Bankruptcy and Commercial Society in Antebellum America*, Chapel Hill 2001.

Balogh, Brian, *A Government Out of Sight: The Mystery of National Authority in Nineteenth-Century America*, Cambridge 2009.

The Baltimore Sun, »50 Democrats Unite in Fight Upon Sales Tax«, 17. März 1932, S. 1.

Bank, Steven, »The Progressive Consumption Tax Revisited«, in: *Michigan Law Review* 101/6 (2002/2003), S. 2238–2260.

———. »The Dividend Divide in Anglo-American Corporate Taxation«, in: *Journal of Corporation Law* 30/1 (2004), S. 1–50.

———. *From Sword to Shield: The Transformation of the Corporate Income Tax, 1861 to Present*, New York 2010.

Baran, Paul A./Paul M. Sweezy, *Monopoly Capital: An Essay on the American Economic and Social Order*, New York 1966; dt.: *Monopolkapital: Ein Essay über die amerikanische Wirtschafts- und Gesellschaftsordnung*, Frankfurt am Main 1967.

Barba, Aldo/Massimo Pivetti, »Rising Household Debt: Its Causes and Macroeconomic Implications – A Long-Period Analysis«, in: *Cambridge Journal of Economics* 33/1 (2009), S. 113–137.

Barker, Ernest, *The Development of Public Services in Western Europe 1660–1930*, London 1944.

Barkin, Kenneth D., *The Controversy over German Industrialization, 1890–1902*, Chicago 1970.

Barkley, Frederick R., »Senators Stand by ›Victory Tax‹ Plan«, in: *The New York Times*, 10. September 1942, S. 19.

Barth, James R./R. Dan Brumbaugh Jr./James A. Wilcox, »Policy Watch: The Repeal of Glass-Steagall and the Advent of Broad Banking«, in: *The Journal of Economic Perspectives* 14/2 (2000), S. 191–204.

Barth, James R./Gerard Caprio Jr./Ross Levine, »The Regulation and Super-

vision of Banks Around the World: A New Database«, *The World Bank Development Research Group*, Policy Research Working Paper 2588, 2001.
Bartke, Richard W., »The Federal Housing Administration: Its History and Operations«, in: *Wayne Law Review* 13/4 (1966/67), S. 651–677.
Beck, Nathaniel/Jonathan N. Katz, »What to Do (and Not to Do) with Time-Series Cross-Section Data«, in: *American Political Science Review* 89/3 (1995), S. 634–647.
Beckert, Jens, *Unverdientes Vermögen: Soziologie des Erbrechts*, Frankfurt am Main 2004.
Belich, James, *Replenishing the Earth: The Settler Revolution and the Rise of the Anglo-World, 1783–1939*, Oxford 2009.
Benedick, Richard, *Ozone Diplomacy*, Cambridge 1998.
Benedict, Murray R., *Farm Policies of the United States, 1790–1950: A Study of their Origins and Development*, New York 1966.
Bensel, Richard F., *Sectionalism and American Political Development, 1880–1980*, Madison 1984.
――――. *The Political Economy of American Industrialism, 1877–1900*, New York 2000.
Benson, Lee, *Merchants, Farmers, and Railroads: Railroad Regulation and New York Politics, 1850–1887*, Cambridge 1955.
Benston, George J., *The Separation of Commercial and Investment Banking: The Glass-Steagall Act Revisited and Reconsidered*, New York 1990.
――――. »Universal Banking«, in: *Journal of Economic Perspectives* 8/3 (1994), S. 121–143.
Beramendi, Pablo/David Rueda, »Social Democracy Constrained: Indirect Taxation in Industrialized Democracies«, in: *British Journal of Political Science* 37/4 (2007), S. 619–641.
Berg, Maxine, *The Age of Manufactures, 1700–1820: Industry, Innovation, and Work in Britain*, London 1994.
Berghoff, Hartmut, »Unternehmenskultur und Herrschaftstechnik: Industrieller Paternalismus: Hohner von 1857 bis 1918«, in: *Geschichte und Gesellschaft* 23/2 (1997), S. 167–204.
Berk, Gerald, *Alternative Tracks: The Constitution of American Industrial Order, 1865–1917*, Baltimore 1997.
――――. *Louis D. Brandeis and the Making of Regulated Competition, 1900–1932*, Cambridge 2009.
Bernanke, Ben S., »Nonmonetary Effects of the Financial Crisis in the Propagation of the Great Depression«, in: *American Economic Review* 73/3 (1983), S. 257–276.
Bernanke, Ben S./Harold James, »The Gold Standard, Deflation, and Financial Crisis in the Great Depression: An International Comparison«, in: R. Glenn Hubbard (Hg.), *Financial Markets and Financial Crises*, Chicago 1991, S. 33–68.
Bernstein, Marver, *Regulating Business by Independent Commission*, Princeton 1955.

Bernstein, Michael A., *The Great Depression: Delayed Recovery and Economic Change in America, 1929–1939*, Cambridge 1987.

Betts, Caroline M./Michael D. Bordo/Angela Redish, »A Small Open Economy in Depression: Lessons from Canada in the 1930s«, in: *Canadian Journal of Economics / Revue canadienne d'économique* 29/1 (1996), S. 1–36.

Blakey, George T., »Ham That Never Was: The 1933 Emergency Hog Slaughter«, in: *Historian* 30/1 (1967), S. 41–57.

Blakey, Roy G./Gladys C. Blakey, »The Revenue Act of 1932«, in: *American Economic Review* 22/4 (1932), S. 620–640.

_____. »The Federal Revenue Act of 1942«, in: *American Political Science Review* 36/6 (1942), S. 1069–1082.

Block, Fred, »Understanding the Diverging Trajectories of the United States and Western Europe: A Neo-Polanyian Analysis«, in: *Politics and Society* 35/1 (2007), S. 3–33.

_____. »Swimming Against the Current: The Rise of a Hidden Developmental State in the United States«, in: *Politics and Society* 36/2 (2008), S. 169–206.

Blydenburg, John C., »The Closed Rule and the Paradox of Voting«, in: *The Journal of Politics* 33/1 (1971), S. 57–71.

Board of Governors of the Federal Reserve System (U.S.), *Branch Banking in the United States*, 1932, http://fraser.stlouisfed.org/publication/?pid=686 [Juni 2024].

_____. *Survey of Consumer Finances*, 2007, http://www.federalreserve.gov/econres/scf_2007.htm [Juni 2024].

Bodde, Derk, »Henry A. Wallace and the Ever Normal Granary«, in: *The Far Eastern Quarterly* 5/4 (1946), S. 411–426.

Bordo, Michael David/Claudia Dale Goldin/Eugene Nelson White, *The Defining Moment: The Great Depression and the American Economy in the Twentieth Century*, Chicago 1998.

Bordo, Michael David/Lars Jonung, »The Long Run Behavior of the Income Velocity of Money in Five Advanced Countries: 1870–1975: An Institutional Approach«, in: *Economic Inquiry* 19/1 (1981), S. 96–116.

Bordo, Michael D./John Landon Lane/Angela Redish, »Good Versus Bad Deflation: Lessons from the Gold Standard Era«, National Bureau of Economic Research Working Paper No. 10329, 2004, https://doi.org/10.3386/w10329 [Juni 2024].

Bordo, Michael D./Angela Redish, »Why Did the Bank of Canada Emerge in 1935?«, in: *The Journal of Economic History* 47/2 (1987), S. 405–417.

Bordo, Michael D./Angela Redish/Hugh Rockoff, »Why Didn't Canada Have a Banking Crisis in 2008 (or in 1930, or 1907, or …)?«, National Bureau of Economic Research Working Paper, Working Paper 17312, 2011.

Bordo, Michael D./Hugh Rockoff, »The Gold Standard as a ›Good House Keeping Seal of Approval‹«, in: *The Journal of Economic History* 56/2 (1996), S. 389–428.

Bordo, Michael D./Hugh Rockoff/Angela Redish, »The U.S. Banking System from a Northern Exposure: Stability versus Efficiency«, in: *Journal of Economic History* 54/2 (1994), S. 325–341.
Boudreaux, Donald J./Thomas J. DiLorenzo, »The Protectionist Roots of Antitrust«, in: *Review of Austrian Economics* 6/2 (1993), S. 81–96.
Boyer, Robert, »Is a Finance-Led Growth Regime a Viable Alternative to Fordism? A Preliminary Analysis«, in: *Economy and Society* 29/1 (2000), S. 111–145.
Brady, David, *Rich Democracies, Poor People*, New York 2009.
Braithwaite, John, *To Punish or Persuade*, Albany 1985.
Bren, Linda, »Frances Oldham Kelsey«, in: *FDA Consumer* 35/2 (2001), S. 24–29.
Brickman, Ronald/Sheila Jasanoff/Thomas Ilgen, *Controlling Chemicals: The Politics of Regulation in Europe and the United States*, Ithaca, NY, 1985.
Brinkley, Alan, *Voices of Protest*, New York 1982.
Brooks, Clem/Jeff Manza, *Why Welfare States Persist: The Importance of Public Opinion in Democracies*, Chicago 2008.
Brown, Michael K., »Bargaining for Social Rights: Unions and the Reemergence of Welfare Capitalism, 1945–1952«, in: *Political Science Quarterly* 112/4 (1997/1998), S. 645–674.
Brownlee, W. Elliot, *Funding the Modern American State, 1941–1995: The Rise and Fall of the Era of Easy Finance*, Cambridge 1996.
———. *Federal Taxation in America: A Short History*, Cambridge 2004.
Brynner, Rock/Trent D. Stephens, *Dark Remedy: The Impact of Thalidomide and Its Revival as a Vital Medicine*, Cambridge, MA, 2001.
Buehler, A. G., *General Sales Taxation*, New York 1932.
Buenker, John D., *The Income Tax and the Progressive Era*, New York 1985.
Buhmann, Brigitte/Lee Rainwater/Guenther Schmaus/Timothy M. Smeeding, »Equivalence Scales, Well-Being, Inequality and Poverty: Sensitivity Estimates across Ten Countries Using the Luxembourg Income Study (LIS) Database«, in: *Review of Income and Wealth* 34/2 (1988), S. 115–142.
Bureau of Economic Analysis, *National Income and Product Accounts*, 2012, online abzurufen unter: https://www.bea.gov/ [9.7.2024].
Burk, James, »The Origins of Federal Securities Regulation: A Case Study in the Social Control of Finance«, in: *Social Forces* 63/4 (1985), S. 1010–1029.
Burns, Ken, *Huey Long*, PBS, 15. Oktober 1996.
Busch, Andreas, *Banking Regulation and Globalization*, Oxford 2009.

Calder, Lendol, *Financing the American Dream: A Cultural History of Consumer Credit*, Princeton 1996.
Callender, Guy Stevens, »The Early Transportation and Banking Enterprises of the States in Relation to the Growth of Corporations«, in: *Quarterly Journal of Economics* 17/1 (1902), S. 111–162.

Calomiris, Charles W., *U.S. Bank Deregulation in Historical Perspective*, Cambridge 2000.

———. »Volatile Times and Persistent Conceptual Errors: U.S. Monetary Policy 1914–1951«, American Enterprise Institute Papers and Studies, 2010, http://www.aei.org/papers/economics/monetary-policy/volatile-times-and-persistent-conceptual-errors/ [Juni 2024].

Calomiris, Charles W./Joseph R. Mason, »Fundamentals, Panics, and Bank Distress during the Depression«, in: *American Economic Review* 93/5 (2003), S. 1615–1647.

Cameron, David, »Continuity and Change in French Social Policy: The Welfare State under Gaullism, Liberalism, and Socialism«, in: John Ambler (Hg.), *The French Welfare State*, New York 1991, S. 58–93.

Campbell, Andrea, »The 10 Percent Solution: How Progressives Can Stop Worrying and Love a Value-Added Tax«, in: *Democracy: A Journal of Ideas* 19 (2011), S. 54–63.

Campbell, John L./Michael Patrick Allen, »State Revenue Extraction from Different Income Groups: Variations in Tax Progressivity in the United States, 1916 to 1986«, in: *American Sociological Review* 59/2 (1994), S. 169–186.

Canals, Jordi, *Universal Banking: International Comparisons and Theoretical Perspectives*, Oxford 1997.

Caplovitz, David, *The Poor Pay More: Consumer Practices of Low-Income Families*, New York 1963.

———. »Consumer Credit in the Affluent Society«, in: *Law and Contemporary Problems* 33/4 (1968), S. 641–655.

Carey, David/Josette Rabesona, »Tax Ratios on Labor and Capital Income and on Consumption«, in: Peter Birch Sørensen (Hg.), *Measuring the Tax Burden on Capital and Labor*, Cambridge 2004, S. 213–262.

Carlson, Mark/Kris James Mitchener, »Branch Banking, Bank Competition, and Financial Stability«, in: *Journal of Money, Credit, and Banking* 38/5 (2006), S. 1293–1328.

Carney, Richard, *Contested Capitalism: The Political Origins of Financial Institutions*, Abingdon 2010.

Carpenter, Daniel, *Reputation and Power: Organizational Image and Pharmaceutical Regulation at the FDA*, Princeton 2010.

Carr, Jack/Frank Mathewson/Neil Quigley, »Stability in the Absence of Deposit Insurance: The Canadian Banking System, 1890–1966«, in: *Journal of Money, Credit and Banking* 27/4 (1995), S. 1137–1158.

Carruthers, Bruce G./Laura Ariovich, *Money and Credit: A Sociological Approach*, Cambridge, UK, 2010.

Carruthers, Bruce G./Sarah Babb, »The Color of Money and the Nature of Value: Greenbacks and Gold in Postbellum America«, in: *American Journal of Sociology* 101/6 (1996), S. 1556–1591.

Castles, Francis, »The Really Big Trade-Off: Home Ownership and the Welfare State in the New World and the Old«, in: *Acta Politica* 33/1 (1998), S. 5–19.
Cebula, Richard J., »Determinants of Bank Failures in the U.S. Revisited«, in: *Applied Economics Letters* 17/13 (2010), S. 1313–1317.
Ceccoli, Stephen, »Divergent Paths to Drug Regulation in the United States and the United Kingdom«, in: *Journal of Policy History* 14/2 (2002), S. 135–169.
———. *Pill Politics*, Boulder, CO, 2004.
Chambers, Matthew/Carlos Garriga/Don E. Schlagenhauf, »Accounting for Changes in the Homeownership Rate«, in: *International Economic Review* 50/3 (2009), S. 677–726.
Chandler, Alfred D., Jr., *Scale and Scope: The Dynamics of Industrial Capitalism*, Cambridge 1990.
Chandler, Lester V., 1970. *America's Greatest Depression 1929–1941*, New York 1970.
Chang, Ha-Joon, *Bad Samaritans: The Myth of Free Trade and the Secret History of Capitalism*, New York 2007.
Chapman, John Martin/Ray Bert Westerfield, *Branch Banking: Its Historical and Theoretical Position in America and Abroad*, New York (1942) 1980.
Chetty, Raj/Adam Looney/Kory Kroft, »Salience and Taxation: Theory and Evidence«, in: *American Economic Review* 99/4 (2009), S. 1145–1177.
Chicago Daily Tribune, »Advocates of 1% Sales Tax Open Their Barrage«, 10. Mai 1921, S. 18.
———. »Farmers Again Protest Against Turnover Taxes«, 19. Mai 1921, S. 6.
———. »Sales Tax Foes Arouse Penrose to Hot Retorts«, 20. Mai 1921, S. 7.
———. »Labor Hostility to ›Sales Tax‹ Called Mistake«, 22. Mai 1921, S. A9.
———. »Labor Helps to Kill Chance of Sales Tax«, 25. Mai 1921, S. 1.
———. »Professor and Attorney Agree on Sales Tax«, 26. Mai 1921, S. 9.
———. »Sales Tax Again Condemned by College Expert«, 28. Mai 1921, S. 5.
———. »Sales Tax of 1% Seems Doomed by Fights on It«. 30. Mai 1921, S. 10.
———. »U.S. May Grant Pension in Lieu of War Bonus«, 4. September 1921, S. 3.
———. »Forecast Tax Bill Vote This Week in Senate«, 31. Oktober 1921, S. 12.
———. »Smoot May Put Over His Sales Tax Amendment«, 2. November 1921, S. 14.
———. »Senate Sales Tax Amendment Gaining Friends«, 3. November 1921, S. 5.
———. »Long Impeached to Yells, Faints, and Fist Fights«, 7. April 1929, S. 3.
———. »Hula Hula Girl Sat on Long's Lap, House Hears«, 25. April 1929, S. 5.
———. »3d ›Governor of Louisiana‹ Takes the Oath«, 15. Oktober 1931, S. 1.
———. »›New Deal‹ Pigs Haunt South Suburbs: Towns Protest the Flies and Odors of Dump«, 19. September 1933, S. 1–2.
———. »Farmers Fight for Equality Under the New Deal«, 26. November 1933, S. G4.
———. »Retailer Group Advocates Sale Tax of 5 Per Cent«, 1. April 1942, S. 33.

———. »Expect 10 % Sales Tax Bill«, 3. April 1942, S. 10.
———. »Asks Whether Election Holds Off Sales Levy«, 7. August 1942, S. 25.
———. »Predicts Doom for Boeing Firm in Revenue Bill«, 14. August 1942, S. 9.
———. »Federal Sales Tax Defeated by House Group«, 29. Oktober 1943, S. 16.
Chivvis, Christopher, *The Monetary Conservative: Jacques Rueff and Twentieth-Century Free Market Thought*, Dekalb 2010.
Clark, Geoffrey, »Review of Angus Maddison, Contours of the World Economy«, in: *The Journal of Economic History* 69/4 (2009), S. 1156–1161.
Clemens, Elisabeth, *The People's Lobby: Organizational Innovation and the Rise of the Interest Group*, Chicago 1997.
Coad, George N, »Louisiana to Have Colorful Governor«, in: *The New York Times*, 29. Januar 1928, S. 52.
Cochrane, Willard W., *The Curse of American Agricultural Abundance: A Sustainable Solution*, Lincoln 2003.
Coffee, John C., Jr., »Law and the Market: The Impact of Enforcement«, in: *University of Pennsylvania Law Review* 156/2 (2007/2008), S. 229–311.
Cohen, Lizabeth, »Encountering Mass Culture at the Grassroots: The Experience of Chicago Workers in the 1920s«, in: *American Quarterly* 41/1 (1989), S. 6–33.
———. *A Consumers' Republic: The Politics of Mass Consumption in Postwar America*, New York 2003.
Cohn, Raymond L., »Fiscal Policy in Germany During the Great Depression«, in: *Explorations in Economic History* 29/3 (1992), S. 318–342.
Collins, Robert M., *More: The Politics of Economic Growth in Postwar America*, Oxford 2000.
Conley, Dalton, *Being Black, Living in the Red: Race, Wealth, and Social Policy in America*, Berkeley/Los Angeles 1999.
Conley, Dalton/Brian Gifford, »Home Ownership, Social Insurance, and the Welfare State«, in: *Sociological Forum* 21/1 (2006), S. 55–82.
Cooper, John Milton, *Pivotal Decades: The United States, 1900–1920*, New York 1990.
Corwin, Edward S., *Court over Constitution*, Princeton, NJ, 1938.
Coval, Joshua/Jakub Jurek/Erik Stafford, »The Economics of Structured Finance«, in: *Journal of Economic Perspectives* 23/1 (2009), S. 3–25.
Craig, Lee A./Thomas Weiss, »Agricultural Productivity Growth During the Decade of the Civil War«, in: *The Journal of Economic History* 53/3 (1993), S. 527–548.
Crouch, Colin, »Privatised Keynesianism: an Unacknowledged Policy Regime«, in: *British Journal of Politics and International Studies* 11/3 (2009), S. 382–399.
Curti, Merle, »America at the World's Fairs, 1851–1893«, in: *American Historical Review* 55/4 (1950), S. 833–856.
Cusack, Thomas R./Pablo Beramendi, »Taxing Work«, in: *European Journal of Political Research* 45/1 (2006), S. 43–73.

Daemmrich, Arthur A., »A Tale of Two Experts: Thalidomide and Political Engagement in the United States and West Germany«, in: *Social History of Medicine* 15/1 (2002), S. 137–158.

———. *Pharmacopolitics*, Chapel Hill/London 2004.

Daemmrich, Arthur/Georg Krücken, »Risk Versus Risk: Decision-Making Dilemmas of Drug Regulation in the United States and Germany«, in: *Science as Culture* 9/4 (2000), S. 505–534.

Danbom, David B., *The Resisted Revolution: Urban America and the Industrialization of Agriculture*, Ames 1979.

Daschle, Tom, *Getting It Done: How Obama and Congress Finally Broke the Stalemate to Make Way for Health Care Reform*, New York 2010.

Daunton, Martin, *Trusting Leviathan*, Cambridge 2001.

———. *Just Taxes*, Cambridge 2002.

David, A. Paul/Gavin Wright, »Increasing Returns and the Genesis of American Resource Abundance«, in: *Industrial and Corporate Change* 6/2 (1997), S. 203–245.

Davis, Gerald F., *Managed by the Markets: How Finance Reshaped America*, Oxford 2009.

Davis, Gerald F./Suzanne K. Stout, »Organization Theory and the Market for Corporate Control«, in: *Administrative Science Quarterly* 37/4 (1992), S. 605–633.

Dawley, Alan, *Struggles for Justice*, Cambridge 1991.

De Grazia, Victoria, *Irresistible Empire: America's Advance Through Twentieth-Century Europe*, Cambridge 2005; dt.: *Das unwiderstehliche Imperium: Amerikas Siegeszug im Europa des 20. Jahrhunderts*, Stuttgart 2010.

Delalande, Nicolas, *Les batailles de l'impôt: consentement et résistances de 1789 à nos jours*, Paris 2011.

Dellheim, Charles, »The Creation of a Company Culture: Cadburys, 1861–1931«, in: *American Historical Review* 92/1 (1987), S. 13–44.

DeLong, J. Bradford/Andrei Shleifer, »The Stock Market Bubble of 1929: Evidence from Closed-end Mutual Funds«, in: *The Journal of Economic History* 51/3 (1991), S. 675–700.

Demirgüç-Kunt, Asli/Ross Levine (Hg.), *Financial Structure and Economic Growth: A Cross-Country Comparison of Banks, Markets, and Development*, Cambridge 2001.

Denoon, Donald, *Settler Capitalism: The Dynamics of Dependent Development in the Southern Hemisphere*, Oxford 1983.

Dessaux, Pierre-Antoine, »Comment définir les produits alimentaires?«, in: *Histoire, Economie et Société* 25/1 (2002), S. 83–108.

Deutsch, Hermann, »Huey Long – the Last Phase«, in: *Saturday Evening Post*, 208/15 (1935), S. 27–91.

DiLorenzo, Thomas J., »The Origins of Antitrust: An Interest-Group Perspective«, in: *International Review of Law and Economics* 5/1 (1985), S. 73–90.

Dixon, Arthur, »Voice of the People: A Long Perspective«, in: *Chicago Daily Tribune*, 30. September 1933, S. 12.

Djankov, Simeon/Caralee McLiesh/Andrei Shleifer, »Private Credit in 129 Countries«, in: *Journal of Financial Economics* 84/2 (2007), S. 299–329.

Dobbin, Frank R., »The Origins of Private Social Insurance: Public Policy and Fringe Benefits in America, 1920–1950«, in: *American Journal of Sociology* 97/5 (1992), S. 1416–1450.

_____. »The Social Construction of the Great Depression: Industrial Policy during the 1930s in the United States, Britain, and France«, in: *Theory and Society* 22/1 (1993), S. 1–56.

_____. *Forging Industrial Policy: The United States, Britain, and France in the Railway Age*, New York 1994.

Dobbin, Frank/Timothy J. Dowd, »The Market That Antitrust Built: Public Policy, Private Coercion, and Railroad Acquisitions, 1825 to 1922«, in: *American Sociological Review* 65/5 (2000), S. 631–657.

Dornstein, Miriam, »Taxes: Attitudes and Perceptions and their Social Bases«, in: *Journal of Economic Psychology* 8/1 (1987), S. 55–76.

Dorris, Henry N., »$3,680,000,000 Yield Seen in Sales Tax: Treasury and Congressional Experts' Estimates Given to House Committee«, in: *The New York Times*, 17. März 1942, S. 15, ((1942a))

_____. »Chamber Proposes 10 Billion Tax Plan: Sales, Gross-Income Levies and Rises on Individuals and Corporations Suggested«, in: *The New York Times*, 15. April 1942, S. 16, ((1942b))

Due, John, »Sales Taxation in Western Europe: A General Survey. Part I: The Single-Stage Tax«, in: *National Tax Journal* 8/2 (1955), S. 171–185.

_____. »Sales Taxation in Western Europe. Part II: The Multiple-Stage Sales Tax«, in: *National Tax Journal* 8/3 (1955), S. 300–321.

Duffie, Darrell/Henry T.C. Hu, »Competing for a Global Share of Derivatives Markets: Trends and Policy Choices for the United States«, 2008, http://dx.doi.org/10.2139/ssrn.1140869 [Juni 2024].

Duggan, Paul, »1,000 Swarm FDA's Rockville Office to Demand Approval of AIDS Drugs«, in: *The Washington Post*, 12. Oktober 1988, S. B1.

Dunlavy, Colleen A., »Mirror Images: Political Structure and Early Railroad Policy in the United States and Prussia«, in: *Studies in American Political Development* 5/1 (1992), S. 1–35.

_____. *Politics and Industrialization: Early Railroads in the Unites States and Prussia*, Princeton 1994.

Dutton, Paul V., *Origins of the French Welfare State*, Cambridge 2002.

Eccleston, Richard, *Taxing Reforms: The Politics of the Consumption Tax in Japan, the United States, Canada, and Australia*, Cheltenham, UK, 2007.

Echols, Marsha A., »Food Safety Regulation in the European Union and the

United States: Different Cultures, Different Laws«, in: *Columbia Journal of European Law* 4/3 (1998), S. 525–544.

Economides, Nicholas/R. Glenn Hubbard/Darius Palia, »The Political Economy of Branching Restrictions and Deposit Insurance: A Model of Monopolistic Competition Among Small and Large Banks«, in: *Journal of Law and Economics* 39/2 (1996), S. 667–704.

Edwards, Corwin D., *Control of Cartels and Monopolies: An International Comparison*, Dobbs Ferry, NY 1967.

Effosse, Sabine, »Pour ou contre le crédit à la consommation? Développement et réglementation du crédit à la consommation en France dans les années 1950 et 1960«, in: *Entreprises et Histoire* 59/2 (2010), S. 68–79.

Efrat, Rafael, »The Evolution of Bankruptcy Stigma«, in: *Theoretical Inquiries in Law* 7/2 (2006), S. 365–393.

Eichengreen, Barry J., »Mortgage Interest Rates in the Populist Era«, in: *American Economic Review* 74/5 (1984), S. 995–1015.

———. *Golden Fetters*, Oxford 1992.

———. »Mainsprings of Economic Recovery in Post-War Europe«, in: ders. (Hg.), in: *Europe's Post-War Recovery*, Cambridge 1995, S. 3–35.

———. »Institutions and Economic Growth: Europe after World War II«, in: Nicholas Crafts/Gianni Toniolo (Hg.), *Economic Growth in Europe since 1945*, Cambridge 1996, S. 38–72.

———. *The European Economy Since 1945: Coordinated Capitalism and Beyond*, Princeton/Oxford 2007.

———. *Globalizing Capital: A History of the International Monetary System*, Princeton 2008; dt.: *Vom Goldstandard zum Euro: die Geschichte des internationalen Währungssystems*, Berlin 2000.

Eichengreen, Barry/Kris Mitchener, »The Great Depression as a Credit Boom Gone Wrong«, Bank for International Settlements, Working Paper No. 137, 2003.

Elkins, Caroline/Susan Pedersen (Hg.), *Settler Colonialism in the Twentieth Century*, New York 2005.

Ellis, Elmer, »Public Opinion and the Income Tax, 1860–1900«, in: *Mississippi Valley Historical Review* 27/2 (1940), S. 225–242.

Elyasiani, Elyas/Iqbal Mansur/Michael S. Pagano, »Convergence and Risk-Return Linkages Across Financial Service Firms«, in: *Journal of Banking and Finance* 31/4 (2007), S. 1167–1190.

Engelhardt, Gary V., »House Prices and Home Owner Saving Behavior«, in: *Regional Science and Urban Economics* 26/3–4 (1996), S. 313–336.

Epstein, Steven, *Impure Science: AIDS, Activism, and the Politics of Knowledge*, Berkeley 1996.

Esping-Andersen, Gøsta, *Politics Against Markets: The Social Democratic Road to Power*, Princeton 1985.

———. *The Three Worlds of Welfare Capitalism*, Princeton 1990.
Evans, Peter B./Dietrich Rueschemeyer/Theda Skocpol, *Bringing the State Back In*, Cambridge 1985.

Federico, Giovanni, »Not Guilty? Agriculture in the 1920s and the Great Depression«, in: *The Journal of Economic History* 65/4 (2005), S. 949–976.
Feldenkirchen, Wilfried, »Competition Policy in Germany«, in: *Business and Economic History* 21 (1992), S. 257–269.
Feldstein, Martin, »Social Security, Induced Retirement and Aggregate Capital Accumulation«, in: *Journal of Political Economy* 82/5 (1974), S. 905–926.
Ferguson, Niall, *The Ascent of Money: A Financial History of the World*, New York 2008; dt.: *Der Aufstieg des Geldes: die Währung der Geschichte*, Berlin 2010.
»Financial Powerhouse«, *Jim Lehrer NewsHour*, PBS, 7. April 1998.
Findlay, Ronald/Kevin H. O'Rourke, »Commodity Market Integration, 1500–2000«, in: Michael D. Bordo/Alan M. Taylor/Jeffrey G. Williamson (Hg.), *Globalization in Historical Perspective*, Chicago 2003, S. 13–64.
Finegold, Kenneth, »From Agrarianism to Adjustment: The Political Origins of New Deal Agricultural Policy«, in: *Politics and Society* 11/1 (1982), S. 1–27.
———. »Agriculture and the Politics of U.S. Social Provision: Social Insurance and Food Stamps«, in: Margaret Weir/Ann Shola Orloff/Theda Skocpol (Hg.), *The Politics of Social Policy in the United States*, Princeton 1988, S. 199–234.
Finegold, Kenneth/Theda Skocpol, *State and Party in America's New Deal*, Madison 1995.
Fink, Gary M., *Labor's Search for Political Order: The Political Behavior of the Missouri Labor Movement*, Columbia 1973.
Finkelstein, Amy, »Tax Salience and Tax Rates«, in: *Quarterly Journal of Economics* 124/3 (2009), S. 969–1010.
Fiorina, Morris P., »Legislator Uncertainty, Legislative Control, and the Delegation of Legislative Power«, in: *Journal of Law, Economics, and Organization* 2/1 (1986), S. 33–51.
Fisher, Irving, »The Debt Deflation Theory of Great Depressions«, in: *Econometrica* 1/4 (1933), S. 337–357.
Fisher, John, »Vote 5 % Tax on All Wages Over $12 Week«, in: *Chicago Daily Tribune*, 9. September 1942, S. 1.
Fitzgerald, Deborah, *Every Farm a Factory: The Industrial Ideal in American Agriculture*, New Haven, CT, 2003.
Fitzgerald, Robert, *British Labour Management and Industrial Welfare 1846–1939*, London 1988.
Fleming, Dewey L., »Sales Tax Plan Held Aimed at Poor Classes«, in: *The Baltimore Sun*, 12. März 1932, S. 1.
———. »Tax Hearing Due to End Tomorrow«, in: *The Baltimore Sun*, 20. April 1932, S. 2.

Fligstein, Neil, *The Architecture of Markets: An Economic Sociology of Twenty-First-Century Capitalist Societies*, Princeton 2001; dt.: *Die Architektur der Märkte*, Wiesbaden 2011.
Fogel, Robert W., *Railroads and American Economic Growth*, Baltimore 1964.
Folliard, Edward, »Hitler, Who Fought in War Under Kaiser is Without Country«, in: *The Washington Post*, 28. September 1930, S. M13.
Foner, Eric, »Why Is There No Socialism in the United States?«, in: *History Workshop Journal* 17/1 (1984), S. 57–80.
Fourcade, Marion, *Economists and Societies: Discipline and Profession in the United States, Britain, and France, 1890s to 1990s*, Princeton 2009.
Frank, Robert H., *Falling Behind: How Rising Inequality Harms the Middle Class*, Berkeley 2007.
Fraser, Mat, »It's Back ...«, in: *The Guardian*, 30. März 2004, S. 10.
Freund, David M. P., *Colored Property: State Policy and White Racial Politics in Suburban America*, Chicago 2007.
Freyer, Tony, *Regulating Big Business: Antitrust in Great Britain and America, 1880–1990*, Cambridge 1992.
Frieden, Jeffry, »Monetary Populism in Nineteenth Century America: An Open Economy Interpretation«, in: *The Journal of Economic History* 57/2 (1997), S. 367–395.
Friedman, Lawrence, *A History of American Law*, New York 2005.
Friedman, Milton/Rose Friedman, *Two Lucky People: Memoirs*, Chicago 1998.
Friedman, Milton/Anna J. Schwartz, *A Monetary History of the United States, 1867–1960*, Princeton 1963.

Gale, William, »What Can America Learn from the British Tax System?«, in: *Fiscal Studies* 18/4 (1997), S. 341–369.
Gallagher, Kelly Sims/Erich Muehlegger, »Giving Green to Get Green? Incentives and Consumer Adoption of Hybrid Vehicle Technology«, in: *Journal of Environmental Economics and Management* 61/1 (2011), S. 1–15.
Gallup, George, »Sales Tax Leads in Gallup's Poll; It Is Preferred to a Rise in Income Levy by 53% of Persons Queried«, in: *The New York Times*, 3. November 1943, S. 23.
Ganghof, Steffen, »Tax Mixes and the Size of the Welfare State: Causal Mechanisms and Policy Implications«, in: *Journal of European Social Policy* 16/4 (2006), S. 360–373.
_____. »The Political Economy of High Income Taxation: Capital Taxation, Path Dependence, and Political Institutions in Denmark«, in: *Comparative Political Studies* 40/9 (2007), S. 1059–1084.
_____. »The Politics of Tax Structure«, in: Ian Shapiro/Peter Swenson/Daniela Donno (Hg.), *Divide and Deal: The Politics of Distribution in Democracies*, New York 2008, S. 72–98.

Garber, Peter, »Famous First Bubbles«, in: *Journal of Economic Perspectives* 4/2 (1990), S. 35–54.
Garfinkel, Irwin/Lee Rainwater/Timothy Smeeding, *Wealth and Welfare States: Is America a Laggard or Leader?*, Oxford 2010.
Garon, Sheldon, *Beyond Our Means: Why America Spends While the World Saves*, Princeton 2012.
Garraty, John A., »The New Deal, National Socialism, and the Great Depression«, in: *The American Historical Review* 78/4 (1973), S. 907–944.
Genschel, Philipp, *Steuerharmonisierung und Steuerwettbewerb in der Europäischen Union*, Frankfurt am Main 2002.
_____. »Globalization, Tax Competition, and the Welfare State«, in: *Politics and Society* 30/2 (2002), S. 245–275.
Gerschenkron, Alexander, *Economic Backwardness in Historical Perspective*, Cambridge 1962.
Gerth, Jeff, »Treasury's Objections to a Sales Tax«, in: *The New York Times*, 22. Dezember 1984, S. 31, 34.
Geyfman, Victoria/Timothy J. Yeager, »On the Riskiness of Universal Banking: Evidence from Banks in the Investment Banking Business Pre- and Post-GLBA«, in: *Journal of Money, Credit and Banking* 41/8 (2009), S. 1649–1669.
Gieske, Millard L., *Minnesota Farmer-Laborism: The Third Party Alternative*, Minneapolis 1979.
Gilligan, Thomas W./William J. Marshall/Barry R. Weingast, »Regulation and the Theory of Legislative Choice: The Interstate Commerce Act of 1887«, in: *Journal of Law and Economics* 32/1 (1989), S. 35–61.
Go, Julian, *American Empire and the Politics of Meaning: Elite Political Cultures in the Philippines and Puerto Rico during U.S. Colonialism*, Durham, NC, 2008.
Goldsmith, Raymond W., *Comparative National Balance Sheets*, Chicago/London 1985.
Goodman, Paul, »The Emergence of Homestead Exemption in the United States: Accommodation and Resistance to the Market Revolution, 1840–1880«, in: *The Journal of American History* 80/2 (1993), S. 470–498.
Goodwyn, Lawrence, *The Populist Moment: A Short History of the Agrarian Revolt in America*, Oxford 1978.
Gordon, Colin, *New Deals: Business, Labor, and Politics in America, 1920–1935*, New York 1994.
_____. *Dead on Arrival: The Politics of Health Care in Twentieth-Century America*, Princeton 2003.
Gordon, Robert J., »Two Centuries of Economic Growth: Europe Chasing the American Frontier«, National Bureau of Economic Research Working Paper No. 10662, 2004, https://doi.org/10.3386/w10662 [Juni 2024].
Gordon, Robert J./Robert Krenn, »The End of the Great Depression 1939–41: Policy Contributions and Fiscal Multipliers«, National Bureau of Economic

Research Working Paper No. 16380, 2010, https://doi.org/10.3386/w16380 [Juni 2024].
Gordon, Sanford D., »Attitudes towards Trusts Prior to the Sherman Act«, in: *Southern Economic Journal* 30/2 (1963), S. 156–167.
Gorman, Christine/Ian McCluskey/Lawrence Mondi, »Thalidomide's Return«, in: *Time*, 143/24 (1994), S. 67.
Gorton, Gary/Andrew Metrick, »Regulating the Shadow Banking System«, in: *Brookings Papers on Economic Activity* (Herbst 2010), S. 261–297.
Gotham, Kevin Fox, »Racialization and the State: The Housing Act of 1934 and the Creation of the Federal Housing Administration«, in: *Sociological Perspectives* 43/2 (2000), S. 291–317.
Gourevitch, Peter, *Politics in Hard Times: Comparative Responses to International Economic Crisis*, Ithaca, NY, 1986.
Graetz, Michael J., »Comments on John B. Shoven and John Walley, ›Irving Fisher's Spendings (Consumption) Tax in Retrospect‹«, in: *American Journal of Economics and Sociology* 64/1 (2005), S. 245–256.
Gramm, Phil, »Deregulation and the Financial Panic«, in: *The Wall Street Journal*, 20. Februar 2009, S. A17.
Green, Richard K./Susan M. Wachter, »The American Mortgage in Historical and International Context«, in: *Journal of Economic Perspectives* 19/4 (2005), S. 93–114.
Grossman, Richard S., »The Shoe That Didn't Drop: Explaining Banking Stability During the Great Depression«, in: *The Journal of Economic History* 54/3 (1994), S. 654–682.
Gruber, Jonathan/James Poterba, »Tax Incentives and the Decision to Purchase Health Insurance: Evidence from the Self-Employed«, in: *The Quarterly Journal of Economics* 109/3 (1994), S. 701–733.
Gruning, David, »Bayou State Bijuralism: Common Law and Civil Law in Louisiana«, in: *University of Detroit Mercy Law Review* 81/4 (2003/4), S. 437–464.
Gylfason, Thorvaldur/Bengt Holmström/Sixten Korkman/Hans Tson Söderström/Vesa Vihriälä, *Nordics in Global Crisis: Vulnerability and Resilience*, Helsinki 2010.

Hacker, Jacob, *The Divided Welfare State: The Battle over Public and Private Social Benefits in the United States*, New York 2002.
Hadenius, Axel, »Citizens Strike a Balance: Discontent with Taxes, Content with Spending«, in: *Journal of Public Policy* 5/3 (1985), S. 349–363.
Haig, Robert Murray/Carl Shoup, *The Sales Tax in the American States*, New York 1934.
Hall, Peter A./David W. Soskice, *Varieties of Capitalism: The Institutional Foundations of Comparative Advantage*, New York 2001.

Hamilton, Thomas J., »10 Billion Increase in Tax Bill Urged«, in: *The New York Times*, 13. August 1942, S. 10.

Hammitt, James K./Jonathan B. Wiener/Brendon Swedlow/Denise Kall/Zheng Zhou, »Precautionary Regulation in Europe and the United States: A Quantitative Comparison«, in: *Risk Analysis* 25/5 (2005), S. 1215–1228.

Hamowy, Ronald, *Government and Public Health in America*, Cheltenham, UK, 2007.

Hanes, Christopher, »Wholesale and Producer Price Indexes, by Commodity Group: 1890–1997 [Bureau of Labor Statistics]«, Tabelle Cc66-83, in: Susan B. Carter/Scott Sigmund Gartner/Michael R. Haines/Alan L. Olmstead/Richard Sutch/Gavin Wright (Hg.), *Historical Statistics of the United States, Earliest Times to the Present: Millennial Edition*, New York 2006, https://dx.doi.org/10.1017/ISBN-9780511132971.Cc66-204 [Juni 2024].

Hannah, Leslie, »Logistics, Market Size, and Giant Plants in the Early Twentieth Century: A Global View«, in: *The Journal of Economic History* 68/1 (2008), S. 46–79.

Hansen, John Mark, »Taxation and the Political Economy of the Tariff«, in: *International Organization* 44/4 (1990), S. 527–551.

――――. *Gaining Access: Congress and the Farm Lobby, 1919–1981*, Chicago 1991.

Hansen, Susan, *The Politics of Taxation*, New York 1983.

Hardach, Karl, *Die Wirtschaftsgeschichte Deutschlands im 20. Jahrhundert*, Göttingen 1976.

Hardie, Iain/David Howarth, »Die Krise but Not La Crise? The Financial Crisis and the Transformation of German and French Banking Systems«, in: *Journal of Common Market Studies* 47/5 (2009), S. 1017–1039.

Harris, Richard, »Housing and Social Policy: An Historical Perspective on Canadian-American Differences – A Comment«, in: *Urban Studies* 36/7 (1999), S. 1169–1175.

――――. »More American Than the United States: Housing in Canada in the Twentieth Century«, in: *Journal of Urban History* 26/4 (2000), S. 456–478.

――――. »A New Form of Credit: The State Promotes Home Improvement, 1934–1954«, in: *Journal of Policy History* 21/4 (2009), S. 392–423.

Harris, Richard/Doris Ragonetti, »Where Credit is Due: Residential Mortgage Finance in Canada, 1901–1954«, in: *Journal of Real Estate Finance and Economics* 16/2 (1998), S. 223–238.

Hartz, Louis, *The Liberal Tradition in America: An Interpretation of American Political Thought since the Revolution*, New York 1955.

Haubrich, Joseph G., »Nonmonetary Effects of Financial Crises: Lessons from the Great Depression in Canada«, in: *Journal of Monetary Economics* 25/2 (1990), S. 223–252.

Hawley, Ellis, *The New Deal and the Problem of Monopoly*, Princeton 1966.

Hayek, Friedrich A., *The Road to Serfdom*, Chicago 1944; dt.: *Der Weg zur Knecht-*

schaft (1945), in: ders., *Gesammelte Schriften in deutscher Sprache*, Bd. 1, Tübingen 2004.

―――. *Individualism and Economic Order*, Chicago 1948; dt.: *Individualismus und wirtschaftliche Ordnung*, Erlenbach-Zürich 1952.

Hazlett, Thomas W., »The Legislative History of the Sherman Act Re-Examined«, in: *Economic Inquiry* 30/2 (1992), S. 263–276.

Hellerstein, Jerome R., »Federal Tax Policy During the Roosevelt Era«, in: *Lawyers' Guild Review* 5/3 (1950), S. 160–171.

Helm, William P., »A Tangle of Rulings on Sick Pay Benefits«, in: *Los Angeles Times*, 17. Dezember 1953, S. A4.

Hendrickson, Jill M., »The Interstate Banking Debate: A Historical Perspective«, in: *Academy of Banking Studies Journal* 9/2 (2010), S. 95–130.

Hendrickson, Walter B., »Nineteenth-Century State Geological Surveys: Early Government Support of Science«, in: *Isis* 52/3 (1961), S. 357–371.

Herrigel, Gary, *Industrial Constructions: The Sources of German Industrial Power*, Cambridge 2000.

Herring, Richard/Robert E. Litan, *Financial Regulation in the Global Economy*, Washington, DC, 1995.

Hicks, Alexander, *Social Democracy and Welfare Capitalism: A Century of Income Security Politics*, Ithaca, NY, 1999.

Hicks, John D., *The Populist Revolt: A History of the Farmers' Alliance and the People's Party*, [1931] Minneapolis 2009.

Higgens-Evenson, R. Rudy, *The Price of Progress: Public Services, Taxation, and the American Corporate State, 1877 to 1929*, Baltimore, MD, 2003.

Hilzenrath, David S., »For Clinton's Deficit Fighters, All's Fair Game«, in: *The Washington Post*, 27. Dezember 1992, S. H1.

Hindman, Monty, *The Rise and Fall of Wealth Taxation: An Inquiry into the Fiscal History of the American States*, PhD Diss., University of Michigan 2010.

Hines, James R., Jr., »Taxing Consumption and Other Sins«, in: *Journal of Economic Perspectives* 21/1 (2007), S. 49–68.

Hobson, John M., *The Wealth of States: A Comparative Sociology of International Economic and Political Change*, Cambridge 1997.

Hoffman, Elizabeth/Gary D. Libecap, »Institutional Choice and the Development of U.S. Agricultural Policies in the 1920s«, in: *The Journal of Economic History* 51/2 (1991), S. 397–411.

Hoffman, Philip T., »Taxes and Agrarian Life in Early Modern France: Land Sales, 1550–1730«, in: *The Journal of Economic History* 46/1 (1986), S. 37–55.

Högfeldt, Peter, »The History and Politics of Corporate Ownership in Sweden«, in: Randall K. Morck (Hg.), *A History of Corporate Governance around the World: Family Business Groups to Professional Managers*, Chicago 2005, S. 517–579.

Hooks, Gregory, »From an Autonomous to a Captured State Agency: The Decline of the New Deal in Agriculture«, in: *American Sociological Review* 55/1 (1990), S. 29–43.

Hooks, Gregory/Brian McQueen, »American Exceptionalism Revisited: The Military-Industrial Complex, Racial Tension, and the Underdeveloped Welfare State«, in: *American Sociological Review* 75/2 (2010), S. 185–204.

Howard, Christopher, *The Hidden Welfare State: Tax Expenditures and Social Policy in the United States*, Princeton 1997.

Huber, Evelyne/John D. Stephens, *Development and Crisis of the Welfare State: Parties and Policies in Global Markets*, Chicago 2001.

Huberman, Michael, »Working Hours of the World Unite? New International Evidence of Worktime, 1870–1913«, in: *The Journal of Economic History* 64/4 (2004), S. 964–1001.

Huey Long Scrapbooks, Mss. 1666, Louisiana and Lower Mississippi Valley Collections, LSU Libraries, Baton Rouge, LA.

Huey Pierce Long Papers, Mss. 2005, Louisiana and Lower Mississippi Valley Collections, LSU Libraries, Baton Rouge, LA.

Hulchanski, David, »The 1935 Dominion Housing Act: Setting the Stage for a Permanent Federal Presence in Canada's Housing Sector«, in: *Urban History Review* 15/1 (1986), S. 19–40.

Hyman, Louis, *Debtor Nation: The History of America in Red Ink*, Princeton 2011.

Immergut, Ellen, »Institutions, Veto Points, and Policy Results: A Comparative Analysis of Health Care«, in: *Journal of Public Policy* 10/4 (1990), S. 391–416.

Indiana Farmer's Guide, »The Sales Tax«, 33/18 (30. April 1921), S. 6.

International Monetary Fund, *International Financial Statistics*. Washington, DC, 2009.

Irwin, Douglas, »Did France Cause the Great Depression?«, National Bureau of Economic Research, Working Paper No. 16350, 2010, https://doi.org/10.3386/w16350 [Juni 2024].

Isenberg, Daniel J., »Group Polarization: A Critical Review and Meta-Analysis«, in: *Journal of Personality and Social Psychology* 50/6 (1986), S. 1141–1151.

Iversen, Torben/David Soskice, »Distribution and Redistribution: The Shadow of the Nineteenth Century«, in: *World Politics* 61/3 (2009), S. 438–486.

Jackson, Howell E., »Variation in the Intensity of Financial Regulation: Preliminary Evidence and Potential Implications«, in: *Yale Journal on Regulation* 24/2 (2007), S. 253–291.

Jackson, Kenneth T., *Crabgrass Frontier: The Suburbanization of the United States*, New York 1985.

Jacobs, Lawrence R./Theda Skocpol, *Health Care Reform and American Politics: What Everyone Needs to Know*, New York 2010.

Jacobs, Meg, *Pocketbook Politics: Economic Citizenship in Twentieth-Century America*, Princeton 2005.

Jacoby, Sanford M., »Employers and the Welfare State: The Role of Marion B. Folsom«, in: *The Journal of American History* 80/2 (1993), S. 525–556.

———. *Modern Manors: Welfare Capitalism Since the New Deal*, Princeton 1998.

James, Harold, *The German Slump: Politics and Economics, 1924–1936*, Oxford 1986; dt.: *Deutschland in der Weltwirtschaftskrise 1924–1936*, Stuttgart 1988.

———. »Review of *Lessons from the Great Depression* by Peter Temin«, in: *Business History Review* 64/1 (1990), S. 194–196.

James, John A./Richard Sylla, »Credit Market Debt Outstanding: 1945–1997«, Tabelle Cj899-957, in: Susan B. Carter/Scott Sigmund Gartner/Michael R. Haines/Alan L. Olmstead, Richard Sutch/Gavin Wright (Hg.), *Historical Statistics of the United States, Earliest Times to the Present: Millennial Edition*, New York 2006, http://dx.doi.org/10.1017/ISBN-9780511132971.Cj870-1191 [Juni 2024].

———. »Net Public and Private Debt, by Major Sector: 1916–1976«, Tabelle Cj870-889 in Susan B. Carter u. a. (Hg.), *Historical Statistics of the United States, Earliest Times to the Present: Millennial Edition*, New York 2006, http://dx.doi.org/10.1017/ISBN-9780511132971.Cj870-1191 [Juni 2024].

James, Scott C., *Presidents, Parties, and the State: A Party System Perspective on Democratic Regulatory Choice, 1884–1936*, New York 2000.

Janoski, Thomas, *The Ironies of Citizenship: Naturalization and Integration in Industrialized Countries*, New York 2010.

Jasanoff, Sheila, »Acceptable Evidence in a Pluralistic Society«, in: Deborah J. Mayo/Rachelle D. Hollander (Hg.), *Acceptable Evidence: Science and Values in Risk Management*, New York 1991, S. 29–47.

Jeansonne, Glen, *Messiah of the Masses*, New York 1993.

Jennings, Edward T., »Some Policy Consequences of the Long Revolution and Bifactional Rivalry in Louisiana«, in: *American Journal of Political Science* 21/2 (1977), S. 225–246.

Johansson, Asa/Christopher Heady/Jens Arnold/Bert Brys/Laura Vartia, OECD Economics Department Working Papers, Working Paper No. 620, 2008.

Johnson, H. Thomas, »Postwar Optimism and the Rural Financial Crisis of the 1920's«, in: *Explorations in Economic History* 11/2 (1974), S. 173–192.

Jones, Carolyn, »Mass-based Income Taxation: Creating a Taxpaying Culture, 1940–1952«, in: W. Elliot Brownlee *(Hg.)*, *Funding the Modern American State, 1941–1995: The Rise and Fall of the Era of Easy Finance*, Cambridge 1996, S. 107–147.

Jones, Harriet, »›This is Magnificent!‹: 300,000 Houses a Year and the Tory Revival after 1945«, in: *Contemporary British History* 14/1 (2000), S. 99–121.

Jones, Roland M., »Corn Belt Puzzled by Farm Policy«, in: *The New York Times*, 27. August 1933, S. E8.

Jones, William, »Lenders' Bias Hits Women«, in: *The Washington Post*, 13. Oktober 1973, S. E1, E6.

Jorgenson, D.W./K.Y. Yun, »Tax Policy and Capital Allocation«, in: *The Scandinavian Journal of Economics* 88/2 (1986), S. 355–377.

Kagan, Robert A., *Of Paradise and Power: America and Europe in the New World Order*, New York 2003; dt.: *Macht und Ohnmacht: Amerika und Europa in der neuen Weltordnung*, Berlin 2003.

———. *Adversarial Legalism: The American Way of Law*, Cambridge 2003.

———. »Do Lawyers Cause Adversarial Legalism? A Preliminary Inquiry«, in: *Law and Social Inquiry* 19/1 (1994), S. 1–62.

Kagan, Robert A./Lee Axelrad, *Regulatory Encounters: Multinational Corporations and Adversarial Legalism*, Berkeley 2000.

Kane, Anne/Michael Mann, »A Theory of Early Twentieth-Century Agrarian Politics«, in: *Social Science History* 16/3 (1992), S. 421–454.

Kastl, Jakub/Lyndon Moore, »Wily Welfare Capitalist: Werner von Siemens and the Pension Plan«, in: *Cliometrica* 4/3 (2006), S. 321–348.

Kato, Junko, *Regressive Taxation and the Welfare State*, Cambridge 2003.

Katznelson, Ira, *When Affirmative Action Was White*, New York 2005.

Kazin, Michael, *Barons of Labor*, Urbana 1987.

Keller, Morton, »Regulation of Large Enterprise: The United States Experience in Comparative Perspective«, in: Alfred D. Chandler Jr./Herman Daems (Hg.), *Managerial Hierarchies: Comparative Perspectives on the Rise of Modern Industrial Enterprise*, Cambridge 1980, S. 161–181.

Kelman, Steven, *Regulating America, Regulating Sweden: A Comparative Study of Occupational Safety and Health*, Cambridge 1981.

Kelsey, Frances, »Problems Raised for the FDA by the Occurrence of Thalidomide Embryopathy in Germany, 1960–1961«, in: *American Journal of Public Health* 55/5 (1965), S. 703–707.

Kemeny, Jim, »Home Ownership and Privatisation«, in: *International Journal of Urban and Regional Research* 4/3 (1980), S. 372–388.

Kennedy, David M., *Freedom from Fear: The American People in Depression and War, 1929–1945*, New York/Oxford 1999.

Kenworthy, Lane, *Egalitarian Capitalism: Jobs, Incomes, and Growth in Affluent Countries*, New York 2004.

Kessler David A./Arthur E. Hass/Karyn L. Feiden/Murray Lumpkin/Robert Temple, »Approval of New Drugs in the U.S.: Comparison with the UK, Germany and Japan«, in: *Journal of the American Medical Association* 276/22 (1996), S. 1826–1831.

Keynes, John Maynard, [1935] *The General Theory of Unemployment, Interest, and Money*, San Diego 1964; dt.: *Allgemeine Theorie der Beschäftigung, des Zinses und des Geldes*, Berlin 2006.

Kindleberger, Charles, »Group Behavior and International Trade«, in: *Journal of Political Economy* 59/1 (1951), S. 30–46.

———. *Manias, Panics, and Crashes: A History of Financial Crises*, New York 1978; dt.: *Manien – Paniken – Crashs: die Geschichte der Finanzkrisen dieser Welt*, Kulmbach 2001.

King, Mervyn A./Don Fullerton, *The Taxation of Income from Capital: A Comparative Study of the United States, the United Kingdom, Sweden, and West Germany*, Chicago 1984.

King, Robert G./Ross Levine, »Finance and Growth: Schumpeter Might Be Right«, in: *The Quarterly Journal of Economics* 108/3 (1993), S. 717 – 737.

Kinghorn, Janice Rye/John Vincent Nye, »The Scale of Production in Western Economic Development: A Comparison of Official Industry Statistics in the United States, Britain, France, and Germany, 1905 – 1913«, in: *Journal of Economic History* 56/1 (1996), S. 90 – 112.

Kinzley, W. Dean, »Japan in the World of Welfare Capitalism: Imperial Railroad Experiments with Welfare Work«, in: *Labor History* 47/2 (2006), S. 189 – 212.

Klein, Jennifer, *For All These Rights: Business, Labor, and the Shaping of America's Public-Private Welfare State*, Princeton 2003.

Klinghard, Daniel P., »Grover Cleveland, William McKinley, and the Emergence of the President as Party Leader«, in: *Presidential Studies Quarterly* 35/4 (2005), S. 736 – 760.

Kneller, Richard/Michael F. Bleaney/Norman Gemmell, »Fiscal Policy and Growth: Evidence from OECD Countries«, in: *Journal of Public Economics* 74/2 (1999), S. 171 – 190.

Kocka, Jürgen, *Unternehmensverwaltung und Angestelltenschaft am Beispiel Siemens 1847 – 1914: zum Verhältnis von Kapitalismus und Bürokratie in der deutschen Industrialisierung*, Stuttgart 1969.

Koestler, Arthur, *Arrow in the Blue: An Autobiography*, Bd. 1., New York 1961; dt.: *Pfeil ins Blaue: Bericht eines Lebens 1905 – 1931*, München/Wien 1953.

Kollmann, Trevor M./Price V. Fishback, »The New Deal, Race, and Home Ownership in the 1920s and 1930s«, in: *American Economic Review* 101/3 (2011), S. 366 – 370.

Komansky, David H./Philip J. Purcell/Sanford I. Weill, »1930s Rules Ensnare 1990s Finance«, in: *The Wall Street Journal*, 30. Oktober 1997, S. A22.

Koning, Niek, *The Failure of Agrarian Capitalism: Agrarian Politics in the United Kingdom, Germany, the Netherlands and the USA 1846 – 1919*, London 1994.

Korpi, Walter, *The Democratic Class Struggle*, London 1983.

———. »Power Resources and Employer-Centered Approaches in Explanations of Welfare States and Varieties of Capitalism: Protagonists, Consenters, and Antagonists«, in: *World Politics* 58/2 (2006), S. 167 – 206.

Korpi, Walter/Joakim Palme, »The Paradox of Redistribution and Strategies of Equality: Welfare State Institutions, Inequality, and Poverty in the Western Countries«, in: *American Sociological Review* 63/5 (1998), S. 661 – 687.

Krippner, Greta, *Capitalizing on Crisis: The Political Origins of the Rise of Finance*, Cambridge 2011.
Kryzanowski, Lawrence/Gordon S. Roberts, »Canadian Banking Solvency, 1922–1940«, in: *Journal of Money, Credit, and Banking* 25/3 (1993), S. 361–376.
Kuisel, Richard F., *Capitalism and the State in Modern France*, Cambridge 1981.
———. *Seducing the French: The Dilemma of Americanization*, Berkeley 1993.

Lake, David A., »Export, Die, or Subsidize: The International Political Economy of American Agriculture, 1875–1940«, in: *Comparative Studies in Society and History* 31/1), S. 81–105.
Lamoreaux, Naomi R., *The Great Merger Movement in American Business, 1895–1904*, Cambridge 1985.
Landman, Henry J., »The Taxability of Fringe Benefits«, in: *Taxes – The Tax Magazine* 33/3 (1955), S. 173–190.
Lange, Matthew/James Mahoney/Matthias vom Hau, »Colonialism and Development: A Comparative Analysis of Spanish and British Colonies«, in: *American Journal of Sociology* 111/5 (2006), S. 1412–1462.
Langevoort, Donald C., »Interpreting the McFadden Act: The Politics and Economics of Shared ATMs and Discount Brokerage Houses«, in: *The Business Lawyer* 41/4 (1985/86), S. 1265–1280.
La Porta, Rafael/Florencio Lopez-de-Silanes/Andrei Shleifer, »Government Ownership of Banks«, in: *The Journal of Finance* 57/1 (2002), S. 265–301.
League of Nations, *World Production and Prices, 1925–1932*, Genf 1933.
Lebergott, Stanley, *Pursuing Happiness: American Consumers in the Twentieth Century*, Princeton 1993
Leff, Mark, »Taxing the Forgotten Man: The Politics of Social Security Finance in the New Deal«, in: *The Journal of American History* 70/2 (1983), S. 359–381.
———. *The Limits of Symbolic Reform: The New Deal and Taxation, 1933–1939*, Cambridge 1984.
Le Grand, Julian/David Winter, »The Middle Classes and the Welfare State under Conservative and Labour Governments«, in: *Journal of Public Policy* 6/4 (1986), S. 399–430.
Leonhardt, David, »After the Great Recession«, in: *The New York Times*, 3. Mai 2009, S. MM36.
Lester, Connie L., *Up from the Mudsills of Hell: The Farmers' Alliance, Populism, And Progressive Agriculture in Tennessee, 1870–1915*, Athens, GA, 2006.
Letwin, William L., »Congress and the Sherman Antitrust Law: 1887–1890«, in: *University of Chicago Law Review* 23/2 (1956), S. 221–258.
Libecap, Gary D., »The Rise of the Chicago Packers and the Origins of Meat Inspection and Antitrust«, in: *Economic Inquiry* 30/2 (1992), S. 242–262.
———. »The Great Depression and the Regulating State: Federal Government

Regulation of Agriculture, 1884–1970«, in: Michael D. Bordo/Claudia Goldin/Eugene N. White (Hg.), *The Defining Moment: The Great Depression and the American Economy in the Twentieth Century*, Chicago 1998, S. 181–224.

Lieberman, Evan S., *Race and Regionalism in the Politics of Taxation in Brazil and South Africa*, Cambridge 2003.

Lindert, Peter H., *Growing Public: Social Spending and Economic Growth since the Eighteenth Century*, New York 2004.

Lindert, Peter H./Richard Sutch, »Consumer Price Indexes, For All Items: 1774–2003«, Tabelle Cc1-2, in: Susan B. Carter/Scott Sigmund Gartner/Michael R. Haines/Alan L. Olmstead, Richard Sutch/Gavin Wright (Hg.), *Historical Statistics of the United States, Earliest Times to the Present: Millennial Edition*, New York 2006. http://dx.doi.org/10.1017/ISBN-9780511132971.Cc1-65 [Juni 2024].

Link, Arthur S., »What Happened to the Progressive Movement in the 1920's?«, in: *American Historical Review* 64/4 (1959), S. 833–851.

Lipset, Seymour Martin, *Agrarian Socialism*, Berkeley 1950.

———. *Continental Divide: The Values and Institutions of the United States and Canada*, New York/London 1990.

Lipset, Seymour Martin/Gary Marks, *It Didn't Happen Here*, New York 2000.

Löfstedt, Ragnar E./David Vogel, »The Changing Character of Regulation: A Comparison of Europe and the United States«, in: *Risk Analysis* 21/3 (2001), S. 399–416.

Logemann, Jan, »Shaping Affluent Societies: Divergent Paths to Mass Consumer Society in West Germany and the United States during the Postwar Boom Era«, PhD Diss., Pennsylvania State University, 2007.

———. »Different Paths to Mass Consumption: Consumer Credit in the United States and West Germany during the 1950s and '60s«, in: *Journal of Social History* 41/3 (2008), S. 525–559.

———. »Cultures of Credit: Consumer Lending and Borrowing in Modern Economies«, in: *Bulletin of the German Historical Institute* 47 (Herbst 2010), S. 102–106.

———. *Trams or Tailfins? Public and Private Prosperity in Postwar West Germany and the United States*, Chicago 2012.

Long, Huey Pierce, »Will the God of Greed Pull the Temple Down on Himself?«, in: *Louisiana Progress*, 2/1 (Dezember 1930), S. 1.

———. »Could It Ever Have Been or Could It Ever Be?«, in: *Louisiana Progress*, 2/2 (Januar 1931), S. 1.

———. »On the Menace of Concentrated Wealth and Impoverishment of the Masses«, in: *Louisiana Progress*, 2/6 (Mai 1931), S. 1.

———. »The Laws of God: The Concentration of Wealth«, in: *Louisiana Progress*, 2/7 (Juni 1931), S. 1.

———. »Our National Plight«, in: *Louisiana Progress*, 3/2, (18. August 1931), S. 1.

_____. »Behind the President and In Front of Him«, in: *The American Progress*, 1/1 (24. August 1933), S. 1.

_____. »The First Thing We Must Do«, in: *The American Progress*, 1/2 (31. August 1933), S. 1.

_____. »Poison for the Sick, Stones for the Hungry«, in: *The American Progress*, 1/3, (7. September 1933), S. 1.

_____. »Transfusion with One's Own Blood«, in: *The American Progress*, 1/5 (21. September 1933), S. 1.

_____. »The Long Plan«, in: *The American Progress*, 1/8 (12. Oktober 1933), S. 1.

_____. »Back to the Mark! The President Can Yet Save His Program«, in: *The American Progress*, 1/9 (19. Oktober 1933), S. 1.

_____. »The Dislocated Pause«, in: *The American Progress*, 1/12 (9. November 1933), S. 1.

_____. »Quo Vadis?«, in: *The American Progress*, 1/14 (23. November 1933), S. 1.

_____. »Why the Wolves Howl!«, in: *The American Progress*, 1/16 (7. Dezember 1933), S. 1.

_____. »A History Making Congress«, in: *The American Progress*, 1/20 (4. Januar 1934), S. 1.

_____. »The Money Fight«, in: *The American Progress*, 1/24 (1. Februar 1934), S. 1.

_____. »The Truth Will Set You Free!«, in: *The American Progress*, 1/26 (15. Februar 1934), S. 1.

_____. »People! People!! PEOPLE!!!«, in: *The American Progress*, 1/27 (22. Februar 1934), S. 1.

_____. »Vigilance!«, in: *The American Progress*, 1/28 (1. März 1934), S. 1.

_____. »Why Change Tyrants?«, in: *The American Progress*, 1/30 (15. März 1934), S. 1.

_____. »Why Stand Ye Here Idle?«, in: *The American Progress*, 1/32 (29. März 1934), S. 1.

_____. »The Way Out«, in: *The American Progress*, 1/33 (5. April 1934), S. 1.

_____. »Moratoriums Necessary«, in: *The American Progress*, 1/35 (7. August 1934), S. 1.

_____. »The Educational Program Of The Share Our Wealth Society«, in: *The American Progress*, 2/4 (März 1935) S. 3.

_____. »Share Our Wealth is Coming«, in: *The American Progress*, 2/5 (April 1935), S. 1.

_____. »Forcing the Truth to Light«, in: *The American Progress*, 2/6 (Mai 1935), S. 1.

_____. »What Is It They Want to Undo?«, in: *The American Progress*, 2/13 (7. Dezember 1935), S. 7.

Loriaux, Michael, *France After Hegemony: International Change and Financial Reform*, Ithaca, NY, 1991.

Los Angeles Times, »Divergent Views on Sales Tax Law«, 11. Mai 1921, S. I5.

———. »Sales Tax Plan«, 21. Mai 1921, S. I14.
———. »Auto Industry for Sales Tax«, 24. Mai 1921, S. I4.
———. »Pending Tax Bill O.K.'d«, 6. Oktober 1921, S. I1.
———. »Not Satisfied with Tax Bill«, 25. November 1921, S. I6.
———. »Torrid Charges Name Gov. Long«, 27. März 1929, S. 2.
———. »Hooey, Huey! Cry Gourmets«, 18. Februar 1931, S. 5.
———. »›Kingfish‹ Tells New Tax Plan«, 6. Oktober 1933, S. 4.
———. »Pension Tax Plan Opposed«, 11. April 1942, S. 6.
The Louisiana Weekly, »Huey Long is Dead«, 14. September 1935, S. 8.
Lounsbury, Michael/Paul M. Hirsch (Hg.), *Markets on Trial: The Economic Sociology of the U.S. Financial Crisis*, New York 2010.
Lowrey, Annie, »French Duo See (Well) Past Tax Rise for Richest«, in: *The New York Times*, 17. April 2012, S. A1.
Lucas, Robert E., Jr., »Supply-Side Economics: An Analytical Review«, in: *Oxford Economic Papers* 42/2 (1990), S. 293–316.
Lundqvist, Lennart J., *The Hare and the Tortoise: Clean Air Policies in the United States and Sweden*, Ann Arbor 1980.
Luxemburg, Rosa, *Die Akkumulation des Kapitals* [1913], Gesammelte Werke, Bd. 6, Berlin 1923.

MacCormac, John, »Senators Consider 3 Sales-Tax Plans«, in: *The New York Times*, 5. September 1942, S. 1.
Mackay, Charles, *Extraordinary Popular Delusions and the Madness of Crowds* [1841], Hampshire, UK, 2003; dt.: *Zeichen und Wunder. Aus den Annalen des Wahns*, Frankfurt am Main 1992.
Mackenzie, Donald, »The Credit Crisis as a Problem in the Sociology of Knowledge«, in: *American Journal of Sociology* 116/6 (2011), S. 1778–1841.
Maddison, Angus, *Monitoring the World Economy*, Paris 1995.
———. *The World Economy Volume 1: A Millennial Perspective*; dt.: *Die Weltwirtschaft: eine Milleniumsperspektive*, OECD 2004; https://doi.org/10.1787/9789264065000-de [Juni 2024].
———. *The World Economy Volume 2: Historical Statistics*, Paris 2006, https://doi.org/10.1787/9789264104143-en [Juni 2024].
Mahoney, James, »Path Dependence in Historical Sociology«, in: *Theory and Society* 29/4 (2000), S. 507–548.
———. *The Legacies of Liberalism*, Baltimore, MD, 2001.
Maier, Charles S., »The Politics of Productivity: Foundations of American International Economic Policy after World War II«, in: *International Organization* 31/4 (1977), S. 607–633.
Maioni, Antonia, »Parting at the Crossroads: The Development of Health Insurance in Canada and the United States, 1940–1965«, in: *Comparative Politics* 29/4 (1997), S. 411–431.

———. *Parting at the Crossroads*, Princeton 1998.
Mamun, Abdullah/M. Kabir Hassan/Neal Maroney, »The Wealth and Risk Effects of the Gramm-Leach-Bliley Act (GLBA) on the U.S. Banking Industry«, in: *Journal of Business Finance & Accounting* 32/1–2 (2005), S. 351–388.
Mamun, Abdullah/M. Kabir Hassan/Van Son Lai, »The Impact of the Gramm-Leach Bliley Act on the Financial Services Industry«, in: *Journal of Economics and Finance* 28/3 (2004), S. 333–347.
Mann, Bruce H., *Republic of Debtors: Bankruptcy in the Age of American Independence*, Cambridge 2002.
Mares, Isabela, *The Politics of Social Risk: Business and Welfare State Development*, Cambridge 2003; dt.: *Warum die Wirtschaft den Sozialstaat braucht: ein historischer Ländervergleich*, Frankfurt am Main 2004.
Martin, Isaac, *The Permanent Tax Revolt*, Berkeley 2008
Martin, Isaac/Ajay Mehrotra/Monica Prasad, *The New Fiscal Sociology*, Cambridge 2009.
Massey, Douglas S./Nancy A. Denton, *American Apartheid: Segregation and the Making of the Underclass*, Cambridge 1993.
Mayer, George H., *The Political Career of Floyd B. Olson*, St. Paul 1951.
McArthur, D., *Foreign Railways of the World, Vol. 1*, St. Louis, MO, 1884.
McCaffery, Edward J./Linda R. Cohen, »Shakedown at Gucci Gulch: The New Logic of Collective Action«, in: *North Carolina Law Review* 84/4 (2005/06), S. 1089–1158.
McCraw, Thomas K., *Prophets of Regulation*, Cambridge 1984.
McCreary, Eugene, »Social Welfare and Business: The Krupp Welfare Program, 1860–1914«, in: *Business History Review* 42/1 (1968), S. 24–49.
McElvaine, Robert S., *The Great Depression: America, 1929–1941*, New York 1984.
McGerr, Michael, *A Fierce Discontent*, Oxford 2003.
McGrattan, Ellen R./Edward C. Prescott, »The 1929 Stock Market: Irving Fisher Was Right«, in: *International Economic Review* 45/4 (2004), S. 991–1009.
McGuire, Robert A., »Economic Causes of Late-Nineteenth Century Agrarian Unrest: New Evidence«, in: *The Journal of Economic History* 41/4 (1981), S. 835–852.
McKnight, Joseph W., »Protection of the Family Home from Seizure by Creditors: The Sources and Evolution of a Legal Principle«, in: *Southwestern Historical Quarterly* 86/3 (1983), S. 369–399.
McMath, Robert C., Jr., *Populist Vanguard: A History of the Southern Farmers' Alliance*, Chapel Hill 1975.
———. *American Populism: A Social History, 1877–1898*, New York 1992.
Mehrotra, Ajay, »›More Mighty Than the Waves of the Sea‹: Toilers, Tariffs, and the Income Tax Movement, 1880–1913«, in: *Labor History* 45/2 (2004), S. 165–198.
———. »The Public Control of Corporate Power: Revisiting the 1909 U.S. Cor-

porate Tax from a Comparative Perspective«, in: *Theoretical Inquiries in Law* 11/2 (2010), S. 497–538.

Meier, Kenneth, *Politics and the Bureaucracy: Policymaking in the Fourth Branch of Government*, North Scituate, MA, 1979.

Meltzer, Allan H., *A History of the Federal Reserve, Vol. 1: 1913–1951*, Chicago 2003.

Mendoza, Enrique G./Assaf Razin/Linda L. Tesar, »Effective Tax Rates in Macroeconomics: Cross-country Estimates of Tax Rates on Factor Incomes and Consumption«, in: *Journal of Monetary Economics* 34/3 (1994), S. 297–323.

Mettler, Suzanne, *The Submerged State: How Invisible Government Policies Undermine American Democracy*, Chicago 2011.

Micheletti, Michele, *The Swedish Farmers' Movement and Government Agricultural Policy*, New York 1990.

Miller, Merton H., »Financial Innovation: The Last Twenty Years and the Next«, in: *Journal of Financial and Quantitative Analysis* 21/4 (1986), S. 459–471.

Miller, Michael B., *The Bon Marché: Bourgeois Culture and the Department Store, 1869–1920*, Princeton 1994.

Milward, Alan S., *The Reconstruction of Western Europe 1945–51*, Berkeley, CA, 1984.

Mintz, Morton, »›Heroine‹ of FDA Keeps Bad Drug Off of Market«, in: *The Washington Post*, 15. Jul 1962, S. A1, A8.

Mishkin, Frederic S., »The Household Balance Sheet and the Great Depression«, in: *The Journal of Economic History* 38/4 (1978), S. 918–937.

Mishra, Ramesh, *The Welfare State in Capitalist Society: Policies of Retrenchment and Maintenance in Europe, North America and Australia*, Toronto 1990.

Mitchell, Brian R., *International Historical Statistics, The Americas 1750–1988*, New York 1993.

_____. *International Historical Statistics, Europe 1750–1993*, London 1998.

Monroe, Albert, 2001. »How the Federal Housing Administration Affects Homeownership«, Harvard University Joint Center for Housing Studies Working Paper; 2001, https://www.jchs.harvard.edu/sites/default/files/monroe_w02-4.pdf [Juni 2024].

Morantz, Alison D., »There's No Place Like Home: Homestead Exemption and Judicial Constructions of Family in Nineteenth-Century America«, in: *Law and History Review* 24/2 (2006), S. 245–295.

Morgan, Donald P., »Rating Banks: Risk and Uncertainty in an Opaque Industry«, in: *The American Economic Review* 92/4 (2002), S. 874–888.

Morgan, Kimberly J./Monica Prasad, »The Origins of Tax Systems«, in: *American Journal of Sociology* 114/5 (2009), S. 1350–1394.

Morning Tribune, »The Plan Came from Him«, 22. August 1931, S. 9.

Moss, B. H., »Radicalism and Social Reform in France: Progressive Employers and the Comité Mascuraud, 1899–1914«, in: *French History* 11/2 (1977), S. 170–189.

Moss, David, *When All Else Fails: Government as the Ultimate Risk Manager*, Cambridge 2004.

———. »An Ounce of Prevention: The Power of Public Risk Management in Stabilizing the Financial System«, Working Paper 09–087, Harvard Business School, Boston, MA, 2009.

Mulligan, Casey, »Was There a Commercial Real Estate Bubble?«, 2010, http://economix.blogs.nytimes.com/2010/01/13/was-there-a-commercial-real-estate-bubble/ [Juni 2024].

Murnane, M. Susan, »Selling Scientific Taxation: The Treasury Department's Campaign for Tax Reform in the 1920s«, in: *Law and Social Inquiry* 29/4 (2004), S. 819–856.

Musson, A. E., *The Growth of British Industry*, New York 1978.

National Archives, Records of the Committee on Finance, 1901–1946, Washington, DC.

Naylor, James, *The New Democracy: Challenging the Social Order in Industrial Ontario, 1914–1925*, Toronto 1991.

Naylor, R. Thomas, *The History of Canadian Business: 1897–1914* [1975], Montreal 1997.

Neal, Steve, »House Power Ullman Faces Uphill Race«, in: *Chicago Tribune*, 27. August 1980, S. 1, 4.

Neale, Faith R./Pamela P. Peterson, »The Effect of the Gramm-Leach-Bliley Act on the Insurance Industry«, in: *Journal of Economics and Business* 57/4 (2005), S. 317–338.

Nelson, Richard R./Gavin Wright, »The Rise and Fall of American Technological Leadership: The Postwar Era in Historical Perspective«, in: *Journal of Economic Literature* 30/4 (1992), S. 1931–1964.

Newman, Katherine S./Rourke L. O'Brien, *Taxing the Poor: Doing Damage to the Truly Disadvantaged*, Berkeley/Los Angeles 2011.

The New York Times, »Prepare to Press for Tax on Sales«, 11. April 1921, S. 1.

———. »The Sales Tax in Congress«, 12. April 1921, S. 15.

———. »Urges Corporation Tax«, 13. April 1921, S. 3.

———. »Credit Men Oppose General Sales Tax«, 11. Mai 1921, S. 35.

———. »Labor Will Fight Against Sales Tax«, 12. Mai 1921, S. 9.

———. »Clash Over Sales Tax«, 14. Mai 1921, S. 8.

———. »Harding Signs Emergency Tariff«, 28. Mai 1921, S. 2.

———. »Snarls in Congress Threaten to Block Harding Policies«, 20. Juni 1921, S. 1.

———. »Smoot Will Offer New Revenue Bill«, 31. August 1921, S. 11.

———. »Why We Are Badly Taxed«, 22. Oktober 1921, S. 12.

———. »Bar Sales Tax Now, Want It For Bonus«, 3. November 1921, S. 1.

———. »Reject Sales Tax By 43 to 25 Vote«, 4. November 1921, S. 1.

―――. »Senate Again Votes Sales Tax Down«, 5. November 1921, S. 15.
―――. »Tax Bill Passed by Vote of 38 to 24 in Early Morning«, 8. November 1921, S. 1.
―――. »Sales Tax Rejected by Subcommittee as Raiser of Bonus«, 5. Februar 1922, S. 1.
―――. »Politicians Fight in New Orleans Hotel Lobby When Ex-Governor Calls a Candidate a Liar«, 16. November 1927, S. 2.
―――. »Fisher Sees Stocks Permanently High«, 16. Oktober 1929, S. 8.
―――. »Accuses Gov. Long of Kidnapping Plot«, 7. September 1930, S. 15.
―――. »Watson Condemns Tax Revision Ideas«, 12. September 1931, S. 35.
―――. »Shun Louisiana Bonds. New York Houses Doubt Legality While Governorship Disputed«, 30. Oktober 1931, S. 36.
―――. »Democrats in House Face Split on Taxes; Raskob Takes Hand«, 12. März 1932, S. 1.
―――. »Woll Denounces Sales Tax Plan«, 13. März 1932, S. 26.
―――. »Urge Substitutes for the Sales Tax«, 15. März 1932, S. 5.
―――. »Tax Rebels March on a State Capitol«, 17. März 1932, S. 3.
―――. »Sales Tax is Urged by State Chamber«, 11. März 1942, S. 15.
―――. »Urges 5 % Sales Tax«, 18. August 1942, S. 33.
―――. »Mr. Doughton on Taxes«, 9. März 1951, S. 24.
―――. »Governors Oppose Federal Sales Tax«, 14. Juni 1953, S. 61.
Nicholas, Tom, »Does Innovation Cause Stock Market Runups? Evidence from the Great Crash«, in: *American Economic Review* 98/4 (2008), S. 1370–1396.
Niemi, William L./David J. Plante, »Antecedents of Resistance: Populism and the Possibilities for Democratic Globalizations«, in: *New Political Science* 30/4 (2008), S. 427–447.
Niemi-Kiesiläinen, Johanna, »Changing Directions in Consumer Bankruptcy Law and Practice in Europe and U.S.A«, in: *Journal of Consumer Policy* 20/2 (1997), S. 133–142.
Noel, Francis Regis, *A History of the Bankruptcy Law*, Washington, DC, 1919.
Nord, Philip G., *The Politics of Resentment: Shopkeeper Protest in Nineteenth-Century Paris*, (1986) New Brunswick, NJ, 2005.
Norr, Martin, »Taxation in France«, in: *Tax Law Review* 21/3 (1966), S. 387–398.
Norris, Pippa/Ronald Inglehart, »God, Guns and Gays: Supply and Demand of Religion in the US and Western Europe«, in: *Public Policy Research* 12/4 (2006), S. 224–233.
North, Douglass, *Growth and Welfare in the American Past: A New Economic History*, Englewood Cliffs, NJ, 1966.
Nourse, Edwin G., *Government in Relation to Agriculture*. Washington, DC, 1940.
Novak, William, *The People's Welfare*, Chicago 1994.
―――. »The Myth of the ›Weak‹ American State«, in: *American Historical Review* 113/3 (2008), S. 752–772.

O'Brien, Patrick, »A Reexamination of the Senate Farm Bloc 1921–1933«, in: *Agricultural History* 47/3 (1973), S. 248–263.

Olmstead, Alan L./Paul W. Rhode, »Beef, Veal, Pork, and Lamb – Slaughtering, Production, and Price: 1899–1999«, Tabelle Da995-1019 in: Susan B. Carter/Scott Sigmund Gartner/Michael R. Haines/Alan L. Olmstead/Richard Sutch/Gavin Wright (Hg.), *Historical Statistics of the United States, Earliest Times to the Present: Millennial Edition*, New York 2006.

———. *Creating Abundance: Biological Innovation and American Agricultural Development*, Cambridge 2008.

Olney, Martha L., »Demand for Consumer Durable Goods in 20th Century America«, in: *Explorations in Economic History* 27/3 (1990), S. 322–349.

———. *Buy Now, Pay Later: Advertising, Credit, and Consumer Durables in the 1920s*, Chapel Hill 1991.

———. »When Your Word Is Not Enough: Race, Collateral, and Household Credit«, in: *The Journal of Economic History* 58/2 (1998), S. 408–431.

Organisation for Economic Cooperation and Development (OECD), *Long-Term Trends in Tax Revenues of OECD Member Countries 1955–1980*, Paris 1981.

———. *Growing Unequal? Income Distribution and Poverty in OECD Countries*, Paris 2008; dt.: *Mehr Ungleichheit trotz Wachstum? Einkommensverteilung und Armut in OECD-Ländern*, Paris 2008.

———. *OECD National Accounts Statistics* (database), https://doi.org/10.1787/data-00369-en [Juni 2024].

———. »Revenue Statistics: Comparative Tables«, *OECD Tax Statistics* (database), https://doi.org/10.1787/data-00262-en [Juni 2024].

———. *Dataset on Final Consumption Expenditures*, https://doi.org/10.1787/data-00005-en [Juni 2024].

Orhangazi, Özgür, »Financialisation and Capital Accumulation in the Non-Financial Corporate Sector: A Theoretical and Empirical Investigation on the U.S. Economy: 1973–2003«, in: *Cambridge Journal of Economics* 32/6 (2008), S. 863–886.

Orloff, Ann Shola/Theda Skocpol, »Why Not Equal Protection? Explaining the Politics of Public Social Spending in Britain, 1900–1911, and the United States, 1880s–1920s«, in: *American Sociological Review* 49/6 (1984), S. 726–750.

O'Rourke, Kevin H., »The European Grain Invasion, 1870–1913«, in: *The Journal of Economic History* 57/4 (1997), S. 775–801.

O'Rourke, Kevin H./Jeffrey G. Williamson, *Globalization and History: The Evolution of a Nineteenth-Century Atlantic Economy*, Cambridge 1999.

Orren, Karen, *Belated Feudalism: Labor, the Law, and Liberal Development in the United States*, Cambridge 1991.

Overy, Richard J., *The Nazi Economic Recovery, 1932–1938*, London 1996.

Owen, Geoffrey, *From Empire to Europe: The Decline and Revival of British Industry Since the Second World War*, London 1999.

Owen, Stephen Walker, Jr., *The Politics of Tax Reform in France, 1906–1926*, PhD Diss., University of California, Berkeley 1982.

Park, Gene, *Spending Without Taxation: FILP and the Politics of Public Finance in Japan*, Stanford 2011.

Parker, Randall E., *The Economics of the Great Depression: A Twenty-First Century Look Back at the Economics of the Interwar Era*, Cheltenham, UK, 2007.

Passell, Peter, »Economic Scene«, in: *The New York Times*, 3. Februar 1988, S. D2.

———. »The Tax Code Heads into the Operating Room«, in: *The New York Times*, 3. September 1995, S. F1.

Pavanelli, Giovanni, »The Great Depression in Irving Fisher's Thought«, in: Ingo Barens/Volker Caspari/Bertram Schefold (Hg.), *Political Events and Economic Ideas*, Cheltenham, UK, 2004, S. 289–305.

Pecorino, Paul, »Tax Structure and Growth in a Model with Human Capital«, in: *Journal of Public Economics* 52/2 (1993), S. 251–271.

———. »The Growth Rate Effects of Tax Reform«, in: *Oxford Economic Papers* 46/3 (1994), S. 492–501.

Peek, Joe/Eric Rosengren, »Bank Regulation and the Credit Crunch«, in: *Journal of Banking and Finance* 19/3–4 (1995), S. 679–692.

Pekkarinen, Jukka, »Keynesianism and the Scandinavian Models of Economic Policy«, in: Peter A. Hall (Hg.), *The Political Power of Economic Ideas: Keynesianism across Nations*, Princeton 1989, S. 311–345.

Phillips, Jim/Michael French, »Adulteration and Food Law, 1899–1939«, in: *Twentieth Century British History* 9/3 (1998), S. 350–369.

Pierson, Paul, *Dismantling the Welfare State? Reagan, Thatcher, and the Politics of Retrenchment*, Cambridge 1995.

———. »Path Dependence, Increasing Returns, and the Study of Politics«, in: *American Political Science Review* 94/2 (2000), S. 251–267.

Piketty, Thomas, »Top Incomes Over the Twentieth Century: A Summary of Main Findings«, in: A.B. Atkinson/Thomas Piketty (Hg.), *Top Incomes Over the Twentieth Century*, Oxford 2007, S. 34–56.

Piketty, Thomas/Emanuel Saez, »Income Inequality in the United States, 1913–1998«, in: *Quarterly Journal of Economics* 143/1 (2003), S. 1–39.

———. »How Progressive is the U.S. Federal Tax System? A Historical and International Perspective«, in: *Journal of Economic Perspectives* 21/1 (2007), S. 3–24.

Pine, Art, »Ullman to Rework Value Added Tax to Satisfy Objections«, in: *The Washington Post*, 21. Januar 1980, S. D12.

———. »Opponent Seeks to Cook Ullman in His Own VAT«, in: *The Washington Post*, 10. Februar 1980, S. G1, G4.

Piore, Michael/Charles Sabel, *The Second Industrial Divide*, New York 1984; dt.: *Das Ende der Massenproduktion: Studie über die Requalifizierung der Arbeit und die Rückkehr der Ökonomie in die Gesellschaft*, Berlin 1985.

Polanyi, Karl, *The Great Transformation*, (1944) Boston 2001; dt.: *The Great Transformation: Politische und ökonomische Ursprünge von Gesellschaften und Wirtschaftssystemen*, Frankfurt am Main 1978.

Pollack, Norman, *The Populist Response to Industrial America: Midwestern Populist Thought*, Cambridge 1962.

Pomeranz, Kenneth, *The Great Divergence: China, Europe, and the Making of the Modern World Economy*, Princeton 2000.

Pontusson, Jonas, »The American Welfare State in Comparative Perspective: Reflections on Alberto Alesina and Edward L. Glaeser, ›Fighting Poverty in the US and Europe‹«, in: *Perspectives on Politics* 4/2(2006), S. 315–326.

Poppendieck, Janet, »Hunger in America: Typification and Response«, in: Donna Maurer/Jeffrey Sobal (Hg.), *Eating Agendas*, New York 1995, S. 11–34.

Portney, Kent E., »State Tax Preference Orderings and Partisan Control of Government«, in: *Policy Studies Journal* 9/1 (1980), S. 87–95.

Posner, Elliot, »Making Rules for Global Finance: Transatlantic Regulatory Cooperation at the Turn of the Millennium«, in: *International Organization* 63/4 (2009), S. 665–699.

Postel, Charles, *The Populist Vision*, Oxford 2007.

Prasad, Monica, »Why is France So French?«, in: *American Journal of Sociology* 111/2 (2005), S. 357–407.

─────. *The Politics of Free Markets*, Chicago 2006.

─────. »Three Theories of the Crisis«, in: *Accounts: ASA Economic Sociology Newsletter* 8/2 (2009), S. 1–4.

─────. »Tax ›Expenditures‹ and Welfare States«, in: *Journal of Policy History* 23/2 (2011), S. 251–266.

─────. »The Origins of Neoliberalism in the Reagan Tax Cut of 1981«, in: *Journal of Policy History* 24/3 (2012), S. 351–383.

Prasad, Monica/Yingying Deng, »Taxation and the Worlds of Welfare«, in: *Socio-Economic Review* 7/3 (2009), S. 431–457.

Preston, H. H., »The McFadden Banking Act«, in: *American Economic Review* 17/2 (1927), S. 201–218.

Purdy, Sean, »›It Was Tough on Everybody‹: Low-Income Families and Housing Hardship in Post-World War II Toronto«, in: *Journal of Social History* 37/2 (2003), S. 457–482.

Purnanandam, Amiyatosh K., »Originate-to-Distribute Model and the Sub-Prime Mortgage Crisis«, American Finance Association 2010 Atlanta Meetings Paper, 2009, https://doi.org/10.2139/ssrn.1167786 [Juni 2024].

Quadagno, Jill, »Welfare Capitalism and the Social Security Act of 1935«, in: *American Sociological Review* 49/5 (1984), S. 632–647.

─────. *The Transformation of Old Age Security: Class and Politics in the American Welfare State*, Chicago 1988.

———. *The Color of Welfare: How Racism Undermined the War on Poverty*, Oxford 1994.

———. »Why the United States Has No National Health Insurance: Stakeholder Mobilization Against the Welfare State, 1945–1996«, in: *Journal of Health and Social Behavior*, 45 (Sonderheft 2004), S. 25–44.

Quigley, John M., »Federal Credit and Insurance Programs: Housing«, in: *Federal Reserve Bank of St. Louis Review* 88/4 (2006), S. 281–309.

Quinn, Sarah, *American Securitization: Finance, Technology, and the Politics of Debt*, PhD Diss., University of California, Berkeley 2010.

———. »The Credit State«, University of Michigan/University of Washington, Manuskript in Arbeit, o. J.

Radford, Gail, *Modern Housing for America: Policy Struggles in the New Deal*, Chicago 1996.

Rainwater, Lee/Timothy Smeeding, *Poor Kids in a Rich Country*, New York 2004.

Rajan, Raghuram G., »Has Finance Made the World Riskier?«, in: *European Financial Management* 12/4 (2006), S. 499–533.

———. *Fault Lines: How Hidden Fractures Still Threaten the World Economy*, Princeton 2010; dt.: *Fault Lines – Verwerfungen: Warum sie noch immer die Weltwirtschaft bedrohen und was jetzt zu tun ist*, München 2012.

Rajan, Raghuram G./Rodney Ramcharan, »Constituencies and Legislation: The Fight over the McFadden Act of 1927«, 2010, https://doi.org/10.2139/ssrn.1889333 [Juni 2024].

Rajan, Raghuram G./Luigi Zingales, »Financial Dependence and Growth«, in: *American Economic Review* 88/3 (1998), S. 559–586.

———. »The Great Reversals: The Politics of Financial Development in the Twentieth Century«, in: *Journal of Financial Economics* 69/1 (2003), S. 5–50.

Rampell, Catherine, »A Tax at Every Turn«, in: *The New York Times*, 11. Dezember 2009, S. B1.

Ramsay, Iain, »Consumer Credit Society and Consumer Bankruptcy: Reflections on Credit Cards in the Informational Economy«, in: Johanna Niemi-Kiesiläinen/Iain Ramsay/William Whitford (Hg.), *Consumer Bankruptcy in a Global Perspective*, Oxford 2003, S. 17–39.

Randolph, A. Philip, »Randolph Analyzes World Economic Situation as it Affects Race«, in: *Chicago Defender*, 21. Januar 1933, S. 10.

Rasmussen, Wayne D., »The Civil War: A Catalyst of Agricultural Revolution«, in: *Agricultural History* 39/4), S. 187–195.

Ratner, Sidney, *American Taxation: Its History as a Social Force in Democracy*, New York 1942.

Rattner, Steven, »Ullman Scrambling After a 13th Term«, in: *The New York Times*, 17. August 1980, S. 31.

Reid, Donald, »Industrial Paternalism: Discourse and Practice in Nineteenth-

Century French Mining and Metallurgy«, in: *Comparative Studies in Society and History* 27/4), S. 579–607.

Reinert, Erik S., *How Rich Countries Got Rich ... and Why Poor Countries Stay Poor*, London 2007; dt.: *Warum manche Länder reich und andere arm sind: wie der Westen seine Geschichte ignoriert und deshalb seine Wirtschaftsmacht verliert*, Stuttgart 2014.

Rich, Spencer, »House Democrats Push Health Care Proposals«, in: *The Washington Post*, 1. Juli 1992, S. A19.

Ritschl, Albrecht, »Deficit Spending in the Nazi Recovery, 1933–1938: A Critical Reassessment«, in: *Journal of the Japanese and International Economies* 16/4 (2002), S. 559–582.

Ritter, Gretchen, *Goldbugs and Greenbacks: The Antimonopoly Tradition and the Politics of Finance in America, 1865–1896*, Cambridge 1997.

Robinson, Joan, »The Second Crisis of Economic Theory«, in: *American Economic Review* 62/1–2 (1972), S. 1–10.

Rockoff, Hugh, »Some Evidence on the Real Price of Gold, Its Costs of Production, and Commodity Prices«, in: Michael D. Bordo/Anna J. Schwartz (Hg.), *A Retrospective on the Classical Gold Standard, 1821–1931*, Chicago 1984, S. 613–649.

Rodgers, Daniel, *Atlantic Crossings: Social Politics in a Progressive Age*, Cambridge 1998; dt.: *Atlantiküberquerungen: die Politik der Sozialreform 1870–1945*, Stuttgart 2010.

Roe, Mark, *Strong Managers, Weak Owners: The Political Roots of American Corporate Finance*, Princeton 1994.

Rogowski, Ronald, *Commerce and Coalitions: How Trade Affects Domestic Political Alignments*, Princeton 1989.

Romer, Christina, »What Ended the Great Depression?«, in: *The Journal of Economic History* 52/4 (1992), S. 757–784.

———. »The Nation in Depression«, in: *Journal of Economic Perspectives* 7/2 (1993), S. 19–39.

Rosanvallon, Pierre, »The Development of Keynesianism in France«, in: Peter A. Hall (Hg.), *The Political Power of Economic Ideas: Keynesianism across Nations*, Princeton 1989, S. 171–193.

Rosen, Jan M., »Tax Watch: The Likely Forms of New Taxes«, in: *The New York Times*, 19. Dezember 1988, S. D2.

Rosenberg, Nathan, *Exploring the Black Box: Technology, Economics, and History*, Cambridge 1994.

Rothbard, Murray N., *America's Great Depression* [1963], Auburn, AL, 2008.

Rothstein, Bo, *Just Institutions Matter: The Moral and Political Logic of the Universal Welfare State*, Cambridge 1998.

Rousseau, Peter L./Richard Sylla, »Emerging Financial Markets and Early U.S. Growth«, in: *Explorations in Economic History* 42/1 (2005), S. 1–26.

Sandage, Scott, *Born Losers: A History of Failure in America*, Cambridge 2005.
Sanders, Elizabeth, *Roots of Reform*, Chicago 1999.
Scheiber, Noam, »The Escape Artist«, in: *The New Republic* 242/3 (2011), S. 13–17.
Schlesinger, Arthur M., Jr., *The Coming of the New Deal* [1958], New York 2003.
──── . *The Politics of Upheaval* [1960], New York 2003.
Schneiberg, Marc/Tim Bartley, »Regulating American Industries: Markets, Politics, and the Institutional Determinants of Fire Insurance Regulation«, in: *American Journal of Sociology* 107/1 (2001), S. 101–146.
Schneiberg, Marc/Marissa King/Thomas Smith, »Social Movements and Organizational Form: Cooperative Alternatives to Corporations in the American Insurance, Dairy, and Grain Industries«, in: *American Sociological Review* 73/4 (2008), S. 635–667.
Schwartz, Herman, *Subprime Nation: American Power, Global Capital, and the Housing Bubble*, Ithaca, NY, 2009.
──── . »Housing, the Welfare State, and the Global Financial Crisis: What Is the Connection?«, in: *Politics and Society* 40/1 (2012), S. 35–58.
Schwartz, Herman/Leonard Seabrooke, »Varieties of Residential Capitalism in the International Political Economy: Old Welfare States and the New Politics of Housing«, in: *Comparative European Politics* 6/3 (2008), S. 237–261.
Schwarz, Jordan A., »John Nance Garner and the Sales Tax Rebellion of 1932«, in: *Journal of Southern History* 30/2 (1964), S. 162–180.
Scranton, Philip, *Endless Novelty: Specialty Production and American Industrialization, 1865–1925*, Princeton 1997.
Scruggs, Lyle/James Allan, »Welfare-State Decommodification in 18 OECD Countries: A Replication and Revision«, in: *Journal of European Social Policy* 16/1 (2006), S. 55–72.
Seaberry, Jane, »Treasury Dept. Releases VAT Study«, in: *The Washington Post*, 22. Dezember 1984, S. B1, B2.
Seligman, Edwin R.A., »The General Property Tax«, in: *Political Science Quarterly* 5/1 (1890), S. 24–64.
──── . »The Economic Influence of the War on the United States«, in: *The Economic Journal* 26/102 (1916), S. 145–160.
Sellon, Gordon H., Jr./Deana VanNahmen, »The Securitization of Housing Finance«, in: *Economic Review*, 73/7 (1988), S. 3–20.
Shafer, Byron E., »American Exceptionalism«, *Annual Review of Political Science* 2 (1999), S. 445–463.
Sheingate, Adam, *The Rise of the Agricultural Welfare State: Institutions and Interest Group Power in the United States, France, and Japan*, Princeton 2001.
──── . »Why Can't Americans See the State?«, in: *The Forum* 7/4 (2009), S. 1–14, https://doi.org/10.2202/1540-8884.1336 [Juni 2024].
Sherman, Max/Steven Strauss, »Thalidomide: A Twenty-Five Year Perspective«, in: *Food Drug Cosmetic Law Journal* 41/4 (1986), S. 458–466.

Shirai, Sayuri, »The Impact of the U.S. Mortgage Crisis on the World and East Asia«, MPRA Paper No. 14722, 2009, http://mpra.ub.uni-muenchen. de/14722/ [Juni 2024].

Shoup, Carl S., »Taxation in France«, in: *National Tax Journal*, 8/4 (1955), S. 325–344.

Shover, John L., *Cornbelt Rebellion – The Farmers' Holiday Association*, Urbana, Il, 1965.

Shulman, Stuart W., »The Origin of the Federal Farm Loan Act: Issue Emergence and Agenda-Setting in the Progressive Era Print Press«, in: Jane Adams (Hg.), *Fighting for the Farm: Rural America Transformed*, Philadelphia 2003, S. 113–128.

Siklos, Pierre L., *The Changing Face of Central Banking: Evolutionary Trends Since World War II.*, Cambridge 2002.

Simon, Karla W., »Fringe Benefits and Tax Reform Historical Blunders and a Proposal for Structural Change«, in: *University of Florida Law Review* 36/5 (1984), S. 871–956.

Simpson, Amos E., »The Struggle for Control of the German Economy, 1936–37«, in: *The Journal of Modern History* 31/1 (1959), S. 37–45.

Singer, David Andrew, *Regulating Capital: Setting Standards for the International Financial System*, Ithaca, NY, 1997.

Skeel, David A., Jr., *Debt's Dominion: A History of Bankruptcy Law in America*, Princeton 2001.

Skocpol, Theda, »Bringing the State Back In: Strategies of Analysis in Current Research«, in: Dietrich Rueschemeyer/Theda Skocpol (Hg.), *Bringing the State Back In*, Cambridge 1985, S. 3–38.

——————. *Protecting Soldiers and Mothers: The Political Origins of Social Policy in the United States*, Cambridge 1995.

Skocpol, Theda/Kenneth Finegold, »State Capacity and Economic Intervention in the Early New Deal«, in: *Political Science Quarterly* 97/2 (1982), S. 255–278.

Skowronek, Stephen, *Building a New American State: The Expansion of National Administrative Capacities, 1877–1920*, Cambridge 1982.

Slater, Don, *Consumer Culture and Modernity*, Cambridge, UK, 1997.

Smeeding, Timothy, »Public Policy, Economic Inequality, and Poverty: The United States in Comparative Perspective«, in: *Social Science Quarterly* 86/s1 (2005), S. 955–983.

——————. »Poor People in Rich Nations: The United States in Comparative Perspective«, in: *Journal of Economic Perspectives* 20/1 (2006), S. 69–90.

Smith, Kevin B./Michael J. Licari, *Public Administration: Power and Politics in the Fourth Branch of Government*, Oxford 2006.

Smith, Timothy B., »The Ideology of Charity, the Image of the English Poor Law, and Debates over the Right to Assistance in France, 1830–1905«, in: *The Historical Journal* 40/4 (1997), S. 997–1032.

Snyder, Robert E., *Cotton Crisis*, Chapel Hill/London 1984.
Sokolovsky, Joan, »The Making of National Health Insurance in Britain and Canada: Institutional Analysis and its Limits«, in: *Journal of Historical Sociology* 11/2 (1998), S. 247–280.
Solvick, Stanley D., »William Howard Taft and the Payne-Aldrich Tariff«, in: *Mississippi Valley Historical Review* 50/3 (1963), S. 424–442.
Sombart, Werner, *Warum gibt es in den Vereinigten Staaten keinen Sozialismus?*, Tübingen 1906.
Sørensen, Peter Birch, *Measuring the Tax Burden on Capital and Labor*, Cambridge 2004.
Southworth, Shirley D., *Branch Banking in the United States*, New York 1928.
Sparrow, James, »Buying Our Boys Back: The Mass Foundations of Fiscal Citizenship in World War II«, in: *Journal of Policy History* 2072 (2008), S. 263–286.
Stearns, Peter N., *Paths to Authority: The Middle Class and the Industrial Labor Force in France, 1820–1848*, Urbana, IL, 1978.
Steinmetz, George, »Return to Empire: The New U.S. Imperialism in Comparative Historical Perspective«, in: *Sociological Theory* 23/4 (2005), S. 339–367.
Steinmo, Sven, »Social Democracy vs. Socialism: Goal Adaptation in Social Democratic Sweden«, in: *Politics and Society* 16/4 (1988), S. 403–446.
_____. »Political Institutions and Tax Policy in the United States, Sweden, and Britain«, in: *World Politics* 41/4 (1989), S. 500–535.
_____. *Taxation and Democracy*, New Haven, CT, 1993.
_____. »The End of Redistribution? International Pressures and Domestic Tax Policy Choices«, in: *Challenge* 37/6 (1994), S. 9–17.
Steinmo, Sven/Kathleen Thelen/Frank Longstreth, *Structuring Politics: Historical Institutionalism in Comparative Analysis*, Cambridge 1992.
Stephens, John, *The Transition from Capitalism to Socialism*, London 1979.
Stevens, Beth, »Blurring the Boundaries: How the Federal Government Has Influenced Welfare Benefits in the Private Sector«, in: Margaret Weir/Ann Shola Orloff/Theda Skocpol (Hg.), *The Politics of Social Policy in the United States*, Princeton 1988, S. 123–148.
Stigler, George J., »The Economists and the Problem of Monopoly«, in: *American Economic Review* 72/2 (1982), S. 1–11.
_____. »The Origin of the Sherman Act«, in: *The Journal of Legal Studies* 14/1 (1985), S. 1–12.
Stinchcombe, Arthur, »The Functional Theory of Social Insurance«, in: *Politics and Society* 14/4 (1985), S. 411–430.
Stiroh, Kevin J./Adrienne Rumble, »The Dark Side of Diversification: The Case of U.S. Financial Holding Companies«, in: *Journal of Banking and Finance* 30/8 (2006), S. 2131–2161.
Stockhammer, Engelbert, »Financialisation and the Slowdown of Accumulation«, in: *Cambridge Journal of Economics* 28/5 (2004), S. 719–741.

Stücker, Britta, »Konsum auf Kredit in der Bundesrepublik«, in: Alfred Reckendrees/Toni Pierenkemper (Hg.), *Die bundesdeutsche Massenkonsumgesellschaft, 1950 – 2000*, Berlin 2007, S. 63 – 88.

Sugrue, Thomas J., *The Origins of the Urban Crisis: Race and Inequality in Postwar Detroit*, Princeton 2005.

Sullivan, Teresa A./Elizabeth Warren/Jay Lawrence Westbrook, *The Fragile Middle Class: Americans in Debt*, New Haven, CT, 2000.

———. »Less Stigma or More Financial Distress: An Empirical Analysis of the Extraordinary Increase in Bankruptcy Filings«, in: *Stanford Law Review* 59/2 (2006/07), S. 213 – 256.

Summers, Lawrence H., »Capital Taxation and Accumulation in a Life Cycle Growth Model«, in: *American Economic Review* 71/4 (1981), S. 533 – 544.

Sutch, Richard, »Gross Domestic Product: 1790 – 2002 [Continuous Annual Series]«, Tabelle Ca9-19, in: Susan B. Carter/Scott Sigmund Gartner/Michael R. Haines/Alan L. Olmstead/Richard Sutch/Gavin Wright (Hg.), *Historical Statistics of the United States, Earliest Times to the Present: Millennial Edition*, New York 2006, http://dx.doi.org/10.1017/ISBN-9780511132971.Ca1-26 [Juni 2024].

Svennilson, Ingvar, *Growth and Stagnation in the European Economy*, Genf 1954.

Swain, Martha H., *Pat Harrison: The New Deal Years*, Jackson, MS, 1978.

Swann, Jonathan P., »The FDA and the Practice of Pharmacy: Prescription Drug Regulation Before 1968«, in: Jonathon Erlen/Joseph F. Spillane (Hg.), *Federal Drug Control*, Binghamton, NY, 2004, S. 145 – 174.

Sweeney, Dennis, *Work, Race, and the Emergence of Radical Right Corporatism in Imperial Germany*, Ann Arbor 2009.

Sweezy, Paul M., »Rosa Luxemburg's ›The Accumulation of Capital‹«, in: *Science & Society* 31/4 (1967), S. 474 – 485.

Swenson, Peter, »Bad Manors and the Good Welfare State: A Nordic Perspective on Jacoby's Modern Manors and American Welfare Capitalism«, in: *Industrial Relations* 38/2 (1999), S. 145 – 153.

———. *Capitalists Against Markets: The Making of Labor Markets and Welfare States in the United States and Sweden*, New York 2002.

Swinnen, Johan F. M., »The Growth of Agricultural Protection in Europe in the 19th and 20th Centuries«, in: *The World Economy* 32/11 (2009), S. 1499 – 1537.

Tabarrok, Alexander, »The Separation of Commercial and Investment Banking: The Morgans vs. the Rockefellers«, in: *Quarterly Journal of Austrian Economics* 1/1 (1998), S. 1 – 18.

Tabb, Charles J., »Lessons from the Globalization of Consumer Bankruptcy«, in: *Law and Social Inquiry* 30/4 (2005), S. 763 – 782.

Tanzi, Vito/Ludger Schuknecht, *Public Spending in the 20th Century: A Global Perspective*, Cambridge 2000.

Tarullo, Daniel K., *Banking on Basel: The Future of International Financial Regulation*, Washington, DC, 2008.

Taussig, Helen B., »A Study of the German Outbreak of Phocomelia«, in: *Journal of the American Medical Association* 180/1106 (1962), S. 840–844.

Temin, Peter, *Did Monetary Forces Cause the Great Depression?*, New York 1976.

─────. *Lessons from the Great Depression*, Cambridge 1989.

─────. »Socialism and Wages in the Recovery from the Great Depression in the United States and Germany«, in: *The Journal of Economic History* 50/2 (1990), S. 297–307.

Thane, Pat, »The Working Class and State ›Welfare‹ in Britain, 1880–1914«, in: *The Historical Journal* 27/4 (1984), S. 877–900.

Thelen, Kathleen, *How Institutions Evolve: The Political Economy of Skills in Germany, Britain, the United States, and Japan*, Cambridge 2004.

Therborn, Göran, »The Prospects of Labour and the Transformation of Advanced Capitalism«, in: *New Left Review* 145 (Mai–Juni 1984), S. 5–38.

Therborn, Göran/Joop Roebroek, »The Irreversible Welfare State: Its Recent Maturation, its Encounter with the Economic Crisis, and Its Future Prospects«, in: *International Journal of Health Services* 16/3 (1986), S. 319–338.

Thomasson, Melissa A., »The Importance of Group Coverage: How Tax Policy Shaped U.S. Health Insurance«, in: *The American Economic Review* 93/4 (2003), S. 1373–1384.

Thompson, Edward Palmer, *The Making of the English Working Class*, New York 1963; dt.: *Die Entstehung der englischen Arbeiterklasse*, Frankfurt am Main 1987.

Thorndike, Joseph, »The Unfair Advantage of the Few«, in: Isaac Martin/Ajay Mehrotra/Monica Prasad (Hg.), *The New Fiscal Sociology*, Cambridge 2009, S. 29–47.

Tilly, Charles, »War Making and State Making as Organized Crime«, in: Peter Evans/Dietrich Rueschemeyer/Theda Skocpol (Hg.), *Bringing the State Back In*, Cambridge 1985, S. 169–191.

The Times-Picayune, »Conflict of Farm Counsels«, 10. August 1931, S. 8.

─────. »Long Advocates Limiting World Cotton Output«, 19. August 1931, S. 1.

Tocqueville, Alexis de, *De la démocratie en Amérique*, 2 Bde., Paris 1835; dt.: *Über die Demokratie in Amerika* [1836], München 1976.

Tomaskovic-Devey, Donald/Ken-Hou Lin, »Income Dynamics, Economic Rents, and the Financialization of the U.S. Economy«, in: *American Sociological Review* 76/4 (2011), S. 538–559.

Tracy, Michael, *Government and Agriculture in Western Europe 1880–1988* [1964], New York 1989.

Troesken, Werner, »The Letters of John Sherman and the Origins of Antitrust«, in: *The Review of Austrian Economics* 15/4 (2002), S. 275–295.

Trumbull, Gunnar, »The Political Construction of Economic Interest: Consumer Credit in Postwar France and America«, unveröffentl. Manuskript, 2010.

———. »Regulating for Legitimacy: Consumer Credit Access in France and America«, Harvard Business School, Working Paper 11-047, 2010.

———. »Credit Access and Social Welfare: The Rise of Consumer Lending in the United States and France«, in: Politics and Society 40/1 (2012), S. 9-34.

Trussell, C. P., »Plan Rejected«, in: The New York Times, 9. September 1942, S. 1.

Turner, Frederick Jackson, The Frontier in American History, (1920) Mineola, NY, 1996; dt.: Die Grenze: ihre Bedeutung in der amerikanischen Geschichte, Bremen-Horn 1947.

Turner, Henry Ashby, German Big Business and the Rise of Hitler, New York 1985; dt.: Die Großunternehmer und der Aufstieg Hitlers, Berlin 1985.

United States Congress, Congressional Record, 67 Cong., First Sess. Vol. 61, Pt. 7, Washington, DC, 1921.

———. Congressional Record, 69 Cong., First Sess. Vol. 67, Pt. 3, Washington, DC, 1926.

———. Congressional Record, 72 Cong., First Sess. Vol. 75, Pt. 7, Washington, DC, 1932.

———. Congressional Record, 72 Cong., First Sess. Vol. 75, Pt. 10, Washington, DC, 1932.

———. Congressional Record, 99 Cong., First Sess. Vol. 131, Pt. 25. Washington, DC, 1985.

———. Congressional Record, 106 Cong., First Sess. Vol. 145, Pt. 20, Washington, DC, 1999.

———. House, Committee on Banking and Currency, Credit Crunch and Reform of Financial Institutions, Part 1, 93 Cong., First Sess., Washington, DC, 1973.

United States Internal Revenue Service, The Excise Tax Law Approved July 1, 1862, New York 1863.

Vail, Mark, Recasting Welfare Capitalism: Economic Adjustment in Contemporary France and Germany, Philadelphia 2010.

Valelly, Richard M., Radicalism in the States: The Minnesota Farmer-Labor Party and American Political Economy, Chicago 1989.

Van Hook, James C., Rebuilding Germany: The Creation of the Social Market Economy, 1945-1957, Cambridge 2004.

Ventry, Dennis J., Jr., »The Accidental Deduction: A History and Critique of the Tax Subsidy for Mortgage Interest«, in: Law and Contemporary Problems 73/1 (2010), S. 233-284.

Veracini, Lorenzo, Settler Colonialism: A Theoretical Overview, Basingstoke, UK, 2010.

Verdier, Daniel, Democracy and International Trade, Princeton 1994.

———. Moving Money: Banking and Finance in the Industrialized World, Cambridge 2002.

Vernon, J. R., »The 1920–21 Deflation: The Role of Aggregate Supply«, in: *Economic Inquiry* 29/3 (1991), S. 572–580.

Verweij, Marco, »Why Is the River Rhine Cleaner than the Great Lakes (Despite Looser Regulation?)«, in: *Law and Society Review* 24 (2000), S. 1007–1054.

Vogel, David, *National Styles of Regulation*, Ithaca, NY, 1986.

Volkerink, Bjørn/Jakob de Haan, »Fragmented Government Effects on Fiscal Policy: New Evidence«, in: *Public Choice* 109 (2001), S. 221–242, https://doi.org/10.1023/A:1013048518308 [Juni 2024].

Voth, Hans-Joachim, »With a Bang, Not a Whimper: Pricking Germany's ›Stock Market Bubble‹ in 1927 and the Slide into Depression«, in: *Journal of Economic History* 63/1 (2003), S. 65–99.

Wadhwani, R. Daniel, »The Institutional Foundations of Personal Finance: Innovation in U.S. Savings Banks, 1880s–1920s«, in: *Business History Review* 85/3 (2011), S. 499–528.

Walker, Norman, »Labor Hits Nixon for ›Brazen‹ Speech«, in: *The Washington Post and Times Herald*, 27. September 1958, S. A2.

The Wall Street Journal, »Crisis in Taxation Confronts the Country«, 10. Mai 1921, S. 13.

_____. »To Speed Committee Action on Tax Bill«, 13. April 1932, S. 5.

_____. »Mills Recalled to Tax Hearing«, 14. April 1932, S. 13.

_____. »Newspaper Specials«, 16. September 1933, S. 3.

_____. »U.S. Taxes in 1938 on Stockholder's Share of Corporate Earnings Higher in Upper Brackets Than in Britain, France, Germany and Canada«, 26. Februar 1940, S. 3.

_____. »Sales Tax Urged as Substitute in Revenue Program: New York C. of C. Submits Graduated Proposal to House Committee Method Is Opposed by Treasury«, 11. März 1942, S. 3.

_____. »Senate Committee Favors Retaining Present Tax Allowance for Losses on Investments«, 6. August 1942, S. 4.

_____. »›Muley Bob‹ Doughton is Quitting Congress After His 21st Term«, 16. Februar 1952, S. 1.

Wallace, Henry A., »How Permanent is the Farm Program?«, 5. Dezember 1939, Center for Legislative Archives, Record Group 46, Records of the U.S. Senate, 76th Congress, Box No. 185, Papers Relating to Specific Bills and Resolutions, Sen 76A-E6, H.R. 10413-H.R. 10683, Folder H.R. 10413, National Archives and Records Administration, Washington, DC.

Wardell, Willam M., »Introduction of New Therapeutic Drugs in the United States and Great Britain: An International Comparison«, in: *Clinical Pharmacology and Therapeutics* 14/5 (1973), S. 773–790.

Wardell, William M./Louis Lasagna, *Regulation and Drug Development*, Washington, DC, 1975.

Warren, Charles, *Bankruptcy in United States History*, Cambridge 1935.
Warren, Elizabeth/Amelia Tyagi, *The Two Income Trap*, New York 2004.
The Washington Post, »Militia Raids New Orleans Gaming Clubs«, 13. August 1928, S. 1.
―――. »German Officer Forgives Host, Pajamaed Governor«, 5. März 1930, S. 4.
―――. »Sales Tax Opposed by More Leaders«, 13. September 1931, S. M3.
―――. »Alternate Tax Plans Given Senate by Mills«, 19. April 1932, S. 1.
―――. »AFL Asks U.S., State, Local Tax Parley«, 20. März 1942, S. 14.
―――. »Voting Down a VAT«, 16. Dezember 1985, S. A14.
Watson, Matthew, »House Price Keynesianism and the Contradictions of the Modern Investor Subject«, in: *Housing Studies* 25/3 (2010), S. 413–426.
Webb, Walter Prescott, *The Great Frontier* [1952], Reno 1980.
Weir, Margaret/Ann Shola Orloff/Theda Skocpol, »Understanding American Social Politics«, in: dies. (Hg.), *The Politics of Social Policy in the United States*, Princeton 1988, S. 3–36.
Weir, Margaret/Theda Skocpol, »State Structure and the Possibilities for ›Keynesian‹ Responses to the Great Depression in Sweden, Britain, and the United States«, in: Peter B. Evans/Dietrich Rueschemeyer/Theda Skocpol (Hg.), *Bringing the State Back In*, Cambridge 1985, S. 107–163.
Weisman, Steven R., *The Great Tax Wars: Lincoln to Wilson – The Fierce Battles over Money and Power That Transformed the Nation*, New York 2002.
Weiss, Marc A., »Marketing and Financing Home Ownership: Mortgage Lending and Public Policy in the United States, 1918–1989«, in: *Business and Economic History* 18 (1989), S. 109–118.
Westin, Alan Furman, »The Populist Movement and the Campaign of 1896«, in: *Journal of Politics* 15/1 (1953), S. 3–41.
Wexler, Martin E., »A Comparison of Canadian and American Housing Policies«, in: *Urban Studies* 33/10 (1996), S. 1909–1921.
―――. »Housing and Social Policy – An Historical Perspective on Canadian-American Differences – A Reply«, in: *Urban Studies* 36/7 (1999), S. 1177–1180.
Wheelock, David C., »Regulation and Bank Failures: New Evidence from the Agricultural Collapse of the 1920s«, in: *The Journal of Economic History* 52/4 (1992), S. 806–825.
White, Eugene Nelson, »The Political Economy of Banking Regulation«, in: *The Journal of Economic History* 42/1 (1982), S. 33–40.
―――. »A Reinterpretation of the Banking Crisis of 1930«, in: *The Journal of Economic History* 44/1 (1984), S. 119–138.
White, Jimm F., »Medical Reimbursement Plans for Close Corporation Stockholders-Employees«, in: *Wayne Law Review* 15/14 (1968/69), S. 1601–1616.
White, Richard D., Jr., *Kingfish: The Reign of Huey P. Long*, New York 2006.
Wicker, Elmus, »A Reconsideration of the Causes of the Banking Panic of 1930«, in: *The Journal of Economic History* 40/3 (1980), S. 571–583.

Widmalm, Frida, »Tax Structure and Growth: Are Some Taxes Better than Others?«, in: *Public Choice* 107/3–4 (2001), S. 199–219.
Wiener, Jonathan B./Michael D. Rogers, »Comparing Precaution in the United States and Europe«, in: *Journal of Risk Research* 5/4 (2002), S. 317–349.
Wiener, Jonathan B./Michael D. Rogers/James K. Hammitt, *The Reality of Precaution: Comparing Risk Regulation in the United States and Europe*, Washington, DC, 2011.
Wiktorowicz, Mary E., »Emergent Patterns in the Regulation of Pharmaceuticals: Institutions and Interests in the United States, Canada, Britain and France«, in: *Journal of Health Politics, Policy and Law* 28/4 (2003), S. 615–658, https://doi.org/10.1215/03616878-28-4-615 [Juni 2024].
Wilensky, Harold L., *The Welfare State and Equality: Structural and Ideological Roots of Public Expenditures*, Berkeley/Los Angeles 1975.
_____. *Rich Democracies: Political Economy, Public Policy, and Performance*, Berkeley/Los Angeles 2002.
Williams, T. Harry, *Huey Long*, New York 1981.
Williams, T. Harry, Papers, Mss. 2489, 2510, Louisiana and Lower Mississippi Valley Collections, LSU Libraries, Baton Rouge, LA.
Williamson, K. M., »The Literature on the Sales Tax«, in: *The Quarterly Journal of Economics* 35/4 (1921), S. 618–633.
Wills, Garry, *A Necessary Evil: A History of American Distrust of Government*, New York 1999.
Wilson, Graham K., *The Politics of Safety and Health*, Oxford 1985.
Wimbish, William A., »Should the Government Own the Railroads?«, in: *The Sewanee Review* 2073 (1912), S. 318–332.
Wiprud, Arne Clarence, *The Federal Farm Loan System in Operation*, New York 1921.
Wojnilower, Albert M., »The Central Role of Credit Crunches in Recent Financial History«, in: *Brookings Papers on Economic Activity* 1980/2 (1980), S. 277–326.
Wood, John H., *A History of Central Banking in Great Britain and the United States*, Cambridge 2005.
Woofter, T. J. Jr., »Rural Relief and the Back-to-the-Farm Movement«, in: *Social Forces* 14/3 (1935/36), S. 382–388.
World Bank, *World Development Indicators Online (WDI)* database, 2012, http://data.worldbank.org [Juni 2024].
Wright, Gavin, »The Origins of American Industrial Success, 1879–1940«, in: *American Economic Review* 80/4 (1990), S. 651–668.
Wright, P., »Untoward Effects Associated with Practolol Administration: Oculomucodutaneous Syndrome«, in: *British Medical Journal* 1 (15. März 1975), S. 595–598; https://doi.org/10.1136/bmj.1.5958.595 [Juni 2024].

Yarmie, Andrew, »Employers and Exceptionalism: A Cross-Border Comparison of Washington State and British Columbia, 1890–1935«, in: *Pacific Historical Review* 72/4 (2003), S. 561–615.

Yates, P. Lamartine, *Forty Years of Foreign Trade*, London 1959.

Yearley, Clifton K., *Money Machines: The Breakdown and Reform of Governmental and Party Finance in the North, 1860–1920*, New York 1970.

Yildirim, H. Semih/Seung-Woog (Austin) Kwag/M. Cary Collins, »An Examination of the Equity Market Response to the Gramm-Leach-Bliley Act Across Commercial Banking, Investment Banking, and Insurance Firms«, *Journal of Business Finance & Accounting* 33/9–10 (2006), S. 1629–1649.

Zelenak, Lawrence A., »The Federal Retail Sales Tax that Wasn't: An Actual History and an Alternate History«, in: *Law and Contemporary Problems* 73/1 (2010), S. 149–205.

———. »Foreword: The Fabulous Invalid Nears 100«, in: *Law and Contemporary Problems* 73/1 (2010), S. I–VII.

Zysman, John, *Governments, Markets, and Growth: Financial Systems and the Politics of Industrial Change*, Ithaca, NY, 1983.

Danksagung

Dieses Projekt wurde von der National Science Foundation (NSF) unter der Fördernummer 0847725 gefördert. Ein Burkhardt Fellowship des American Council of Learned Societies (ACLS) und die Unterstützung durch die Northwestern University ermöglichten mir in einer wichtigen Phase ein Forschungsfreisemester. Alle Thesen und Interpretationen in diesem Buch sind Ausdruck meiner eigenen Auffassungen und werden nicht notwendig von der NSF oder dem ACLS geteilt.

Ich danke der University of Chicago Press und meiner Mitautorin Kimberly Morgan für die Erlaubnis, Teile des Aufsatzes »The Origins of Tax Systems: A French-American Comparison« wieder abzudrucken, der ursprünglich im *American Journal of Sociology* erschien. In diesem Buch bilden sie den ersten Abschnitt des 5. Kapitels, »Die Ursprünge der progressiven Einkommenssteuer in den USA«.

Teile meiner Argumentation habe ich auf der Policy History Conference, der American Sociological Association Conference, der Minitagung »Past and Present« der Sektion für vergleichende Geschichte der American Sociological Association sowie an der University of California in Los Angeles, der University of British Columbia, der Brown University, der University of Chicago, der University of Virginia, der Newberry Library und auf mehreren Jahrestreffen der Social Science History Association vorgestellt. Ich bin dankbar für Anregungen aus dem Publikum bei diesen Begegnungen. Insbesondere danke ich Herman Schwartz von der University of Virginia und Marion Fourcade auf der Tagung »Past and Present« für ihre besonders hilfreichen Kommentare. Michael Aronson, Michael Bernstein, Bruce Carruthers, Greta Krippner, Michael Lansing, Jan Logemann und Sarah Quinn unterzogen Teile des Manuskripts einer wohlüberlegten Kritik, desgleichen Jason Beckfield, David Brady, Cheol-Sung

Lee und Andrés Villarreal, die auch bei den Statistiken halfen (und selbstverständlich nicht für eventuell verbliebene Fehler verantwortlich sind).

Äußerst dankbar bin ich mehreren Menschen, die die frühe Fassung des Gesamtmanuskripts lasen: Steve Rosenberg, Hamza Yilmaz und Gary Herrigel kämpften sich durch einen ungeordneten ersten Entwurf und schenkten mir die Ermutigung und Kritik, die ich benötigte, um ihn zu verbessern. Jim Mahoney, Art Stinchcombe, Louis Cain und Ajay Mehrotra brachten Fachkunde aus vier verschieden Zweigen der Sozialwissenschaften ein, wiesen mich auf relevante Quellen hin und taten ihr Bestes, um mich vor Irrtümern zu bewahren. Isaak Martin schrieb fast ein ganzes Kapitel als Reaktion auf das Manuskript, an dem ich mich bei meiner Überarbeitung orientierte. Die anonymen Rezensenten der Harvard University Press (wie sich später herausstellte, waren es Elizabeth Sanders und Richard Lachmann) steuerten kompromisslose Kommentare bei, die das Buch beträchtlich verbesserten – tatsächlich wurde es dank dieser Kommentare zu einem ganz anderen Buch. Bruce Raeburn und Judy Bolton gewährten mir eine unschätzbare Unterstützung bei der Arbeit in den Spezialsammlungen der Tulane University beziehungsweise der Louisiana State University. An der Northwestern University boten das Department of Sociology, das Institute for Policy Research und der Comparative Historical Social Science Workshop mir eine ideale intellektuelle Heimat mit lebhaften, in einer gemeinschaftsorientierten Atmosphäre geführten Debatten.

Meine Eltern und meine Geschwister inspirieren mich jeden Tag. Mit siebzig Jahren und immer noch in einer Krebsbehandlung befindlich, ritt meine Mutter auf dem Rücken eines Pferdes einen Berg im Himalaja hinauf, um den Vaishno-Devi-Tempel zu besuchen. Wegen des Mutes, den sie ihr Leben lang bewies, ist sie meine Heldin. Je älter ich werde, desto mehr schätze ich die freudige Bereitschaft meines Vaters, die Herausforderungen der Welt anzunehmen, und die Zuversicht, die ihn aus einem winzigen Dorf in Indien ans andere Ende der Erde führte. Er wird immer mein Vorbild sein.

Dieses Buch widme ich Stefan Henning, der das gesamte Manuskript redigierte und sich in seinem Leben mehr mit der Geschichte des Steuerwesens auseinandergesetzt hat, als man es von einem Religionsanthropologen erwarten sollte. Er wusste nicht, worauf er sich an diesem Aprilabend in Ann Arbor einließ, als ein unerwartetes Gespräch unser beider Leben veränderte. Die neun Jahre, die seither vergangen sind, bilden meine ganz private Ökonomie des Überflusses.

Wolfgang Knöbl

Laudatio zur Verleihung des Siegfried-Landshut-Preises

Eine Forscherin oder einen Forscher für einen von einem Forschungsinstitut zu vergebenden Preis zu identifizieren, ist eine ebenso leichte wie schwierige Angelegenheit. Natürlich muss die mögliche Preisträgerin eine herausragende Wissenschaftlerin sein. Davon gibt es einige. Insofern ist die alljährliche Übung hier am Hamburger Institut für Sozialforschung (HIS) eigentlich eine leichte, wenn sich unsere Wissenschaftlerinnen und Wissenschaftler zusammensetzen, um über mögliche Kandidatinnen und Kandidaten zu diskutieren. Freilich haben diese es sich zur Aufgabe gemacht, solche zu suchen, die zum Institut und zum Namensgeber des Preises, Siegfried Landshut, passen. Und hier wird es dann schon schwieriger, weil man natürlich in einem interdisziplinären Forschungsinstitut nicht Preisträger oder Preisträgerinnen auszeichnen will, die zwar vielleicht brillant sind, aber nur auf einem sehr engen Spezialgebiet des jeweiligen Faches, *und nur dort*, ihre wissenschaftlichen Leistungen vollbracht haben. Und kann – so die sofort sich stellende Frage – der spätere Laudator, und einen solchen benötigt man ja bei einer Preisverleihung, wirklich am Abend der Preisverleihung in plausibler Weise den Konnex zwischen Siegfried Landshut auf der einen Seite und der Preisträgerin beziehungsweise dem Preisträger auf der anderen herstellen?

Nun, die Wissenschaft hier am HIS hat eine extrem gute Wahl getroffen, die mir die Laudatio einigermaßen einfach macht. Denn mit Monica Prasad hat sie eine Preisträgerin gefunden, durch deren Œuvre sich nicht nur der internationale Vergleich zieht. Monica Prasad hat sich zudem in souveräner Weise in so unterschiedlichen Feldern wie der historischen Soziologie, der Wirtschaftssoziologie, der Fiskalsoziologie, der politischen Soziologie und der soziologischen Theorie bewegt und dort jeweils ganz eigenständige Argumente entwickelt und imponierende Resultate vorgelegt. Ja, mehr noch! Monica Prasad hat (vermutlich unwissentlich) einen Punkt Siegfried Landshuts aufgegriffen, der diesem immer ganz wichtig war. Landshut, dieser von den Nazis ins Exil getriebene deutschjüdische Politikwissenschaftler, der in den frühen 1950er Jahren nach Deutschland und an die Universität Hamburg zurückgekehrt war, ist politisch nicht so einfach zu verorten. Landshut kannte seinen Max Weber ebenso gut wie seinen Karl Marx, war aber mit Sicherheit kein Marxist. Dennoch hat er Letzteren vor allem aus einem Grund geschätzt und damit mehr oder minder explizit auch Weber kritisiert: Landshut lobte Marx stets dafür, dass er wusste, warum und wofür er politische Ökonomie betrieb. Dies, so Landshuts Einschätzung, sei bei Max Weber dann schon anders gewesen, weil dieser aufgrund der starken Betonung der Objektivitätsproblematik kaum mehr die Frage stellte, warum er überhaupt Sozialwissenschaften betreibt. Eine Antwort darauf, so Landshut, müssen Sozialwissenschaftler aber haben, eine Disziplin, auch die Soziologie, braucht Orientierung, muss also folgende Fragen beantworten können: Wozu Soziologie und was ist für dieses Fach wesentlich und was nicht?

Nun, Monica Prasad hat insbesondere in den letzten fünf bis zehn Jahren in hochinteressanten Texten darauf eine Antwort gegeben: Die Soziologie ist und sollte vor allem eine problemlösende Disziplin sein. Was für deutsche Ohren zunächst etwas ungewohnt klingen mag, hoffe ich, im Laufe meiner Ausführungen näher erläutern zu können. Nur so viel jetzt: Soziologie ist nicht in erster Linie Beschreibung, auch nicht Kritik; Hauptaufgabe der Soziologie ist vielmehr die Identifizierung sozialer Probleme und – unter Wahrung des Objektivitätsideals (es geht also nicht um politischen Aktivismus) – das Auffinden kausaler Prozesse, um die Möglichkeit zu eröffnen, Probleme, seien diese nun Ungleichheit, Armut oder Rassismus etc., zu lösen. Eine Soziologie, so Prasad, die das nicht tut, ist eine, die droht zu verarmen beziehungsweise sich selbst ihrer Existenzgrundlagen zu berauben. Aber der Reihe nach!

Monica Prasad studierte Englisch und Religious Studies, bevor sie an die University of Chicago ging, um dort schließlich ihren Master in Soziologie und dann im Jahr 2000 ihre von Andrew Abbott und George Steinmetz betreute Dissertation fertigzustellen. Daraus ging dann ihr Buch *The Politics of Free Markets* hervor, eine vergleichende Studie zu neoliberalen Politikansätzen in Großbritannien, Frankreich, Deutschland und den Vereinigten Staaten von Amerika. In dieser brillanten Studie gelang es Prasad nicht nur, die landläufige Rede vom unaufhaltsamen

Siegeszug des Neoliberalismus zu hinterfragen, indem sie demonstrierte, wie unterschiedlich die politischen Prozesse waren, die in den vier Ländern nach 1945 zu jeweils sehr verschiedenen Ergebnissen in den 1970er, 1980er und 1990er Jahren führten. Sie zeigte auch – und daran sollte sie in folgenden Aufsätzen und Büchern weiterarbeiten –, dass die Treiber des Neoliberalismus durchaus nicht die »üblichen Verdächtigen« waren: Es waren Vorstellungen hinsichtlich einer auf Wachstum getrimmten Industriepolitik, die auf schon länger bestehende, sehr disparate Staats- und Steuerstrukturen trafen, was dann *politische* Akteure *(nicht* in erster Linie *wirtschaftliche)* dazu trieb, in den 1970er Jahren auf eine neoliberale Agenda zu setzen. Dies war vor allem in Großbritannien und den USA der Fall, nicht jedoch in Frankreich und Deutschland, und zwar aus dem noch zu erörternden Grund, weil die USA (und Großbritannien) gegen jede übliche Intuition und Vermutung ein sehr viel progressiveres und damit auf Umverteilung setzendes Steuersystem hatten und gerade dadurch bestimmte Effekte eintreten konnten, denen man in Deutschland und Frankreich entkam. Dazu gleich mehr. Prasad jedenfalls verdichtete fast zeitgleich mit dem Erscheinen ihres Buches ihre Einsichten nochmals in einem großartigen Aufsatz im *American Journal of Sociology*, der den witzigen Titel trägt »Why is France so French?«. Prasad zeigt in diesem Artikel, dass der französische Staat nach 1945 nie das Ziel hatte, soziale Gerechtigkeit herzustellen, setzte er doch sehr viel stärker auf Industrialisierung. Was es an wohlfahrtsstaatlichen Strukturen gab, hatte zur Basis das Versicherungsprinzip, von dem vor allem die Mittelschicht profitierte. Gar nicht so anders wie im deutschen Fall ging es also nicht um Umverteilung. Dabei war nun das ganze staatliche System in Frankreich – und das ist eine Geschichte, die ins 19. Jahrhundert zurückreicht – finanziell auf *eher unsichtbare indirekte* Steuern aufgebaut, also auf tendenziell regressiv wirkende Steuern, die – weil oft versteckt – nicht so einfach politisiert werden konnten und können. Steuerrevolten waren deshalb in Frankreich kaum gegeben. In den USA war das anders. Mit den dortigen progressiven direkten Steuern kam es insbesondere in Kalifornien zu derartigen Revolten, als sich nicht zuletzt aufgrund von Inflation die ökonomischen Rahmenbedingungen vor allem für die Mittelschicht verschlechterte, weshalb dann auch die Wähler und die Politik in den 1970er Jahren plötzlich ein Ziel finden konnten – die Senkung von Steuern! Die Forderungen nach dem schlanken Staat (und alle damit einhergehenden neoliberalen Politikvorstellungen) waren also keine, die irgendwelche Unternehmerverbände und Kapitalisten formuliert oder die irgendwelche Intellektuelle sich auf die Fahne geschrieben hätten, sondern solche, die im politischen Prozess im Wechselspiel zwischen Politikern und ihren Wählerinnen implementiert worden sind.

Prasad wurde wohl – so würde ich es deuten – im Verlauf ihrer Untersuchungen zu neoliberalen Politiken immer klarer, dass die Frage nach Steuern für Erklärungsansätze in der Politik ganz zentral ist, gleichzeitig aber eine etablierte Fiskalsoziologie kaum existierte. Es war deshalb einer ihrer wichtigsten intellektuellen Schritte nach 2006, dass sie, mittlerweile auf eine Professur an der Northwestern University berufen, sich um eine solche kümmerte und dann 2009 einen bahnbrechenden Sammelband herausbrachte mit dem selbsterklärenden Titel *The New Fiscal Sociology*, in dem in systematischer Weise die politisch-soziologische Bedeutung von Steuern zum Thema wurde, was dann auch Kolleginnen und Kollegen hier am Hamburger Institut für Sozialforschung wie etwa Lars Döpking enorm beeinflusst hat. Prasad beließ es aber nicht dabei, die Fiskalsoziologie systematisch und theoretisch zu durchdenken. Vielmehr ging sie nun einem Rätsel nach, auf das sie schon in ihrer Dissertation gestoßen war: Wie kann es sein, dass dieser vermeintlich so liberale und deshalb vermeintlich so schwache US-amerikanische Staat ein System progressiver direkter Steuern hatte, wie sie dies ja in ihrer Dissertation hatte feststellen müssen? Was waren die Ursachen? Das war das Thema ihres 2012 erschienenen Buches *The Land of Too Much: American Abundance and the Paradox of Poverty*, das aus viel zu vielen Gründen bemerkenswert ist, als dass ich sie alle hier aufzählen könnte.

Das vielleicht für ein deutsches Publikum überraschendste Merkmal dieses Buches ist folgendes: Prasad zieht zur Erklärung der Tatsache, dass ausgerechnet die USA lange Zeit, nämlich bis in die 1970er Jahre hinein, im Unterschied zu vielen europäischen Ländern ein höchst progressiv wirkendes direktes Steuersystem hatten, die Geschichte der Landwirtschaft heran. In der deutschen Soziologie, die kaum je die Agrargeschichte wahrgenommen hat, wäre man vermutlich auf eine solche Idee nicht gekommen! Aber Prasad geht nun genau diesen Schritt und zeigt, wie die US-amerikanische Agrarökonomie im letzten Drittel des 19. Jahrhunderts zur produktivsten der Welt wurde mit daraus folgenden enormen Exportchancen, die sie auch zu nutzen versuchte. Die Farmer begannen, den Weltmarkt zu dominieren, was vor allem in Europa schnell dazu führte, dass man schon Anfang des 20. Jahrhunderts mittels Zollerhöhungen protektionistische Maßnahmen ergriff, um die heimische Landwirtschaft vor der Konkurrenz zu schützen. In den USA selbst führte die wachsende Produktivität der Landwirtschaft gleichzeitig zu einem Preiswettbewerb, der viele Farmer an den Rand des Ruins brachte, weil unter den Bedingungen des Goldstandards die Preise für ihre Produkte immer weiter fielen. Dadurch amortisierten sich ihre früher auf der Basis von Krediten getätigten Investitionen nicht mehr, geschweige denn, dass sie neu investieren konnten. Die Farmer verschuldeten sich also, dies vor allem im Ersten Weltkrieg und dann in den 1930er Jahren, als mit der großen Depression eine weitere Phase des Preisverfalls und somit der bäuerlichen Verschuldung eingeläutet wurde. In dieser Situation kam es dann zu einer Art politischen Übereinkunft zwischen Farmern und Arbeitern, die sich *gegen indirekte Verbrauchssteuern* aussprachen (was ihnen aus unterschiedlichen Gründen finanziell geschadet hätte) und für die Einführung von progressiv wirkenden direkten Steuern, um die Steuerlast nach oben, also hin zu den wohlhabenden Schichten, zu verschieben, dorthin, wo sich durch die Industrialisierung der meiste Reichtum angesammelt hatte. Politisch konnten sie beziehungsweise die regierende Demokratische Partei dies dann auch umsetzen. Gleichzeitig wurde staatlicherseits die ökonomische Krise der großen Depression (im Unterschied etwa zu Deutschland) nicht durch Sparen bekämpft, sondern durch die Ausweitung des Konsums: Der US-amerikanische Staat ermöglichte es zur Überwindung der ökonomischen Krise sowohl den Farmern als auch der Mittelschicht, günstige Kredite für agrarische Investitionen und Häuserkäufe aufzunehmen, was einen frühen Schritt in die Finanzialisierung bedeutete – lange vor den 1970er Jahren. Die Nebenfolgen all dieser politischen Prozesse, so Prasad, ist nun aber paradoxerweise, dass nach 1945 in einem Land wie den USA, das einen vergleichsweise starken, weil auf direkten progressiven Steuern basierenden Staatsapparat hatte, gleichzeitig Strukturen geschaffen wurden, die gerade die Armutsbekämpfung enorm schwierig machten, die also dazu führten, dass die Vereinigten Staaten innerhalb der OECD-Welt mit den größten Armutsproblemen kämpfen. Das verschärfte sich noch, als es in den 1970er Jahren dazu kam, dass diese direkten Steuern – Stichwort: Steuerrebellion – massiv zurückgefahren wurden. Eine auf Konsumausweitung basierende politische Ökonomie, in der man genau deshalb auch glaubte, wenig für den Aufbau wohlfahrtsstaatlicher Strukturen tun zu müssen, manövrierte sich in eine Situation, in der Armut und deren Bekämpfung kaum mehr zum Thema wurden.

Prasad sollte diese Materie auch später noch beschäftigen, sodass sie 2018 ein weiteres Buch, mit dem Titel *Starving the Beast: Ronald Reagan and the Tax Cut Revolution*, veröffentlichte – wiederum ein enorm innovatives Werk mit Bezug auf die Frage, wer die treibenden Kräfte hinter dieser die US-amerikanische Politik als Ganze prägenden politischen Wende war. Zum Schluss möchte ich ein eher theoretisches Projekt ansprechen, dem sich Prasad in den letzten fünf bis zehn Jahren gewidmet hat und das ich ganz zu Beginn meiner Laudatio schon angedeutet habe – dem Projekt einer problemlösenden Soziologie. Prasad hat dieses in mehreren Aufsätzen Ende der 2010er Jahre vorbereitet, bevor dann 2021 *Problem-solving Sociology* erschien, ein Buch, das sich zwar an *graduate students* richtet, aber meines Erachtens auch von einem theorieinteressierten Fachpublikum gelesen werden sollte, ja müsste. Was ist *Problem-solving Sociology*? Nun, es ist sicherlich keine angewandte Forschung, wie man das vielleicht aufgrund der Namensgebung vermuten könnte, auch keine Auftragsforschung. Die Forscherinnen und Forscher, darauf beharrt Prasad, definieren ihre Probleme selbst, sie sind nicht Gehilfen der Politik oder anderer offizieller oder semioffizieller institutioneller Kontexte. Prasad setzt sich aber auch von einer »Public Sociology« im Sinne Michael Burawoys ab, der allzu leicht professionelle Standards zugunsten einer Stellungnahme für die Anliegen politischer Aktivisten preisgeben will. Demgegenüber beharrt Prasad auf eben diesen professionellen Kriterien, macht sie sich doch stark für die Objektivitätsposition eines Max Weber: Es muss westlichen Wissenschaftlerinnen immer auch (ohne dem Ethnozentrismus-Vorwurf zu verfallen) möglich sein, Strukturen in der sogenannten Dritten Welt zu untersuchen und gegebenenfalls kritisch zu beleuchten, solange die Methoden und Ergebnisse von allen nachvollzogen werden können. Und umgekehrt gilt natürlich dasselbe. Normative Verbote in dieser Hinsicht lehnt Prasad ab. Vielmehr ist es ihr Anliegen, normative Fragen in analytische zu verwandeln – wiederum durchaus in großer Nähe zu Max Weber. Aber gleichzeitig verdankt sie dem frühen amerikanischen Pragmatismus um John Dewey und William James, auch den Autoren der Chicago School of Sociology, sehr viel mehr, als man das von einer Weberianerin erwarten würde. Und diesbezüglich ist sie auch nicht eine solche. Sie macht vielmehr klar, dass es den Pragmatisten und den Soziologinnen in Chicago zur Wende vom 19. ins 20. Jahrhundert immer darum ging, Probleme zu lösen. Genau das ist auch ihr Programm, weshalb sie – und dies ist das Aufregende ihrer Position – durchaus kritisch Typen von Soziologien darstellt, die nur beschreiben, ohne zu verallgemeinern und sich dadurch Lösungswegen verweigern. Sie kritisiert Soziologinnen und Soziologen, die nur kritisieren, anstatt kausale Prozesse ausfindig zu machen, deren Kenntnis ja erst Interventionen und damit Lösungen ermöglichen. Das hört sich zunächst eher abstrakt an. Und doch sind Prasads Aussagen enorm aufschlussreich – und praktisch. Um nur einen Aspekt zu nennen: Prasad rät dringend dazu, allmählich von einer Soziologie Abstand zu nehmen, die nur auf die Opfer von Ungerechtigkeit, Ungleichheit, Umweltschäden etc. blickt. So normativ geboten es scheint, sich gerade den Armen, den Migranten, den Bedrängten, den Geschädigten zu nähern, sie zu verstehen, ihnen beiseitezustehen (und wie viele Soziologen haben nicht genau aus diesem Anliegen heraus ihren Weg in die Soziologie gefunden) – so wenig fruchtbar ist das in ihren Augen. Prasad sagt, wer Probleme lösen will, muss etwas über die »villains« wissen, über die Schurken. Dies sind manchmal Einzelpersonen, manchmal und vielleicht sogar häufiger natürlich auch institutionelle Arrangements, die genau diese Armut, diese Ungerechtigkeit, diese Diskriminierung herbeiführen. Das Studium der »villains« lehrt uns meist sehr viel mehr über die Entstehung von Armut, von Diskriminierung, von Schädigung als nur der Blick auf die Opfer. Die Soziologie muss mithilfe dieses Blickwinkels aktiv werden, *aktiv*, nicht aktivistisch!

Und meine Vermutung ist, dass – wie schon angemerkt – der Politikwissenschaftler Siegfried Landshut eine solche Soziologie durchaus attraktiv, mindestens aber hochinteressant gefunden hätte. Und *auch* deswegen ist die nun seit einigen Monaten an der Johns Hopkins University lehrende Monica Prasad genau die richtige Person, die unsere Wissenschaftlerinnen und Wissenschaftler hier am Hamburger Institut für Sozialforschung für den Siegfried-Landshut-Preis 2023 ausgesucht haben. Monica Prasad, ich gratuliere Ihnen ganz herzlich hierzu!

Marion Fourcade

Zählen, benennen, ordnen

Eine Soziologie des Unterscheidens

Hamburger Edition

Klappenbroschur,
152 S., € 25,–
978-3-86854-364-3

»Eine solche Dystopie liest sich als zeitdiagnostische Warnung vor einer automatisierten Klassifizierung und Hierarchisierung von Gesellschaft entlang ökonomischer Effizienzkriterien.«
Kölner Zeitschrift für Soziologie und Sozialpsychologie

Siegfried
Landshut
Preis

Die Rückkehr der Ungleichheit

Mike Savage

Sozialer Wandel und die Lasten der Vergangenheit

Hamburger Edition

gebunden, 464 S.,
50 Abb., € 45,–
978-3-86854-377-3

»Der Soziologe Mike Savage zeigt in einer fulminanten Langzeitstudie auf, wie ökonomische Ungleichheit allerorten Konflikte schürt. [Ein] rundum beeindruckendes Buch [mit] scharfsinnigen Analysen.« SZ

Siegfried
Landshut
Preis